NURCAN GROSS

VERSTRICKT, VERNETZT, VERPUZZELT

Höre nie auf nachzudenken, denke nie daran, aufzuhören Fragen zu stellen!

VINDOBONA VERLAG · SEIT 1946

Bibliografische Information
der Deutschen Nationalbibliothek:

Die Deutsche Nationalbibliothek
verzeichnet diese Publikation in
der Deutschen Nationalbibliografie.
Detaillierte bibliografische Daten
sind im Internet über
http://www.d-nb.de abrufbar.

Alle Rechte der Verbreitung,
auch durch Film, Funk und Fernsehen,
fotomechanische Wiedergabe,
Tonträger, elektronische Datenträger und
auszugsweisen Nachdruck,
sind vorbehalten.

www.vindobonaverlag.com

© 2025 Vindobona Verlag
in der novum publishing gmbh
Rathausgasse 73, A-7311 Neckenmarkt
office@vindobonaverlag.com

ISBN 978-3-903574-57-1
Lektorat: Jasmin Fürbach
Umschlag- & innenabbildungen:
Nurcan Gross
Umschlaggestaltung, Layout & Satz:
Vindobona Verlag

Die von der Autorin zur Verfügung
gestellten Abbildungen wurden in der
bestmöglichen Qualität gedruckt.

Gedruckt in der Europäischen Union
auf umweltfreundlichem, chlor- und
säurefrei gebleichtem Papier.

An meinen lieben Sohn, meinen lieben Enkel und
deren Generationen, für die kommenden,
freien und lichtvollen Zeiten ...

Inhaltsverzeichnis

Teil 1
GESUNDHEITSASPEKTE

Teil 2
UMWELT, HUNGER, ZERSTÖRUNG DER NATUR UND AUSBEUTUNG DER MENSCHEN UND TIERE

VORWORT

„Die ganze Welt ist eine Bühne und alle, Frauen und Männer, bloße Spieler."

Basierend auf Shakespeares berühmtem Zitat stellen wir fest, dass die Mehrheit der Menschen fast ausschließlich in der Rolle des passiven Zuschauers verharrt. Es ist nicht so, dass sie sich dessen bewusst sind, welche Rolle sie annehmen, vielmehr ist es bereitwillige Akzeptanz, als wäre es die Normalität. In jeder Hinsicht wurden wir stets zu den Überzeugungen verleitet, dass unsere Gesellschaftsstrukturen von heute die vollkommenste und ideale Lebensweise darstellen, wie sie bereits einige Generationen vor uns bewahrt haben. Deshalb hat sich diese Sichtweise als essenziell für das, was wahr ist, in uns eingeprägt und spiegelt sich in einer Selbstverständlichkeit wider. Aber Achtung: Ist es etwas anderes als das, was die Drehbuchautoren für uns vorzüglich zitiert haben? Schließlich blickten wir alle als Spätgeborene auf ein bereits existierendes System und nahmen bisher alles, was der Normalität entsprach, an. Weil diese sogenannte Normalität betrügerisch in einem feinen Gewand präsentiert wird, merken wir nicht einmal, wie sie sich gegen die Menschheit überall und in allem **verstrickt und vernetzt**.

Wie kann man als Neuling anders agieren und wie hoch ist die Wahrscheinlichkeit, dass die Richtigkeit des Systems hinterfragt wird?

Wie denn auch, wenn die Eltern bereits in diesem Netz angeheftet waren, ist es nicht wirklich leicht, sich von dem Gegenteil zu überzeugen. Außerdem sind wir uns bewusst, dass die Verleugnung einen Akt der Sinnlosigkeit darstellt; dass jeder, der dies tut, sofort in Verruf gerät. Darum vermeiden wir es vorsichtshalber und halten uns an die für uns vorgesehene Haltung des Schweigens.

Werfen wir einen Blick auf die Weltbühne des Systems und betrachten wir sie aus der Perspektive des unaufhaltsam voranschreitenden Spektakels eines Theaters. So stellen wir uns dieses Schauspiel vor, das mit einer hervorragenden Bühnentechnik, Bühnenbild und einer meisterhaften Inszenierung ausgestattet ist. Die führenden Mitglieder des Publikums sitzen dank ihrer finanziellen und eigennützigen Verbindungen in den ersten Reihen. Einige von ihnen sitzen sogar in privaten Logen. Diejenigen, die nicht in der Lage sind, einen Sitzplatz zu ergattern, werden wohl abwesend sein, sobald die Konzentration im Laufe der Zeit abnimmt. Da sieht man ja schon, wie dieses System aufgebaut wurde und anhand der ungerecht verteilten Rollen lässt sich der Status der Bevölkerung bereits im Zuschauerbereich erkennen. Wir werden ständig in jeder Hinsicht voneinander getrennt und dadurch auch geschwächt. Insbesondere auf der materialistischen Ebene sind wir von oben bis unten facettenreich kategorisiert. Es ist ja kein Wunder, dass man sich grundsätzlich an die Prinzipien von »**Divide et Impera**« (teile und herrsche) halten muss, um die Kontrolle der Bevölkerung leichter verwalten zu können. Dabei, wenn es um eine hochzivilisierte Gesellschaft geht, muss Folgendes absolut unbestreitbar sein: Denn ein solches System, das auf Ungleichheit und Trennung basiert, wird niemals mit der fortgeschrittenen Zivilisation der Menschheit in Einklang stehen können. Solange unser Fokus auf eine materialistische Weltanschauung gerichtet ist, werden wir dort weiterhin unangefochten sitzen bleiben. Doch ob wir wollen oder nicht, wir sind gezwungen, das Geschehen auf der Bühne mitansehen zu müssen. Stellenweise steigt die Spannung angesichts des merkwürdigen und aufregenden Potenzials der Ereignisse, die sich auf der Bühne entfalten. Wer kennt es nicht?

Die Ereignisse sind mittlerweile in einem Stadium der Eskalation; hasserfüllte Kriege haben bereits begonnen, sodass die Ignoranz der Massen nicht mehr gerechtfertigt werden kann.

Während die Szenen nacheinander überlappend präsentiert werden, erfasst niemand wirklich, was hier gespielt wird. Wir würden spätestens dann, abhängig von der eigenen Geschwindigkeit der Kenntnisnahme, an einem bestimmten Punkt angelangt sein, an dem man fragen müsste:

„Stimmt hier etwas nicht?"

Tatsachen sind die regelmäßigen Wiederholungen von Bildern, Tönen und Requisiten sowie die wiederkehrenden Auftritte von Schauspielern. Obwohl es einige Unterschiede zwischen vorherigen Ereignissen gibt, sind es doch immer wieder dieselben Deutungen, Bemerkungen und Zielsetzungen. Insbesondere werden manipulative Faktoren immer wieder verharmlost, während der Verdacht auf Korruption fein säuberlich verborgen bleibt. Es ist so, als würde uns ein Zaubertrick vorgeführt; sobald wir verstehen, wie dieser Trick funktioniert, werden wir nie wieder in diese Falle tappen müssen. Dies führt zu einer unaufhaltsamen Zunahme der Neugier und schließlich wird man sich fragen:

„Was spielt sich hinter den Kulissen ab?"

Wer sind die eigentlichen Drahtzieher dieser Inszenierung?

Aus welchen Gründen wurden solche Spielstätten gebaut und eingerichtet auf der Weltbühne?

Vor allem in den letzten 20 bis 30 Jahren wurden nahezu alle Staaten der Welt mit solchen Spielbühnen ausgestattet. Zielgerecht werden Hauptakteure, Regisseure und Szenarien ausgewählt. Diese Szenarien passen zum jeweiligen Nationalstaat, repräsentieren einen religiösen, traditionellen oder kulturellen Kontext. Man sagt, bereits vor vielen Jahren, in CIA-Archiven wurden die Porträts der einzelnen Nationalstaaten erstellt und kategorisiert, d. h. man weiß genau; welcher Nationalstaat reagiert auf was und wie, oder wie man dessen Bevölkerung vereinen oder auseinander reizen kann.

Wir sind ständig mit einer Reihe von Plagen, Seuchen, Skandalen, Attentaten und Kriegen konfrontiert, und ihr Ausmaß ist enorm. Wir sind uns bewusst, dass wir all dies nicht selbst billigen, und es wird sogar als empörend für uns angesehen. Dennoch stehen wir da wie gelähmt und nehmen alles an, was im Drehbuch stand. Könnte all das, was wir in letzter Zeit durchgemacht haben, eine Reihe von geplanten Ereignissen sein?

Die Tatsache, dass eine Handvoll Machteliten die Welt umgestalten will, klingt für uns wie eine Verschwörungstheorie. Aber wenn wir genauer hinsehen und die Fakten auswerten, ist es eine einfache, mathematische Rechnungsaufgabe, die man begreifen kann. Darüber hinaus geben diese Eliten selbst es zu. Weil: Sie haben alle Macht der Welt, brauchen sich nicht zu fürchten, müssen nichts verheimlichen und sie haben keine Hemmungen mehr vor uns. Sie meinen ganz genau wie **Jean-Claude Juncker** (Ex-Präsident der EU):

„Wir beschließen etwas, stellen das dann in den Raum und warten einige Zeit ab, was passiert. Wenn es dann kein großes Geschrei gibt und keine Aufstände, weil die meisten gar nicht begreifen, was da beschlossen wurde, dann machen wir weiter." (in die Brüsseler Republik, Der Spiegel, 27. Dezember 1999.)

Also, es werden bestimmte Pläne den Schritt für Schritt umgesetzt, bis es kein Zurück mehr gibt. Wem gelingt es hier nicht, so leicht zu verifizieren?

Immerhin hat das System seit Jahrhunderten uns an sie gefesselt. Es ist dem Glauben an unsere Freiheit, an Gerechtigkeit, Demokratie und angebliche Menschenrechten mit einer fast törichten Naivität verfallen. Unter verschiedenen Namen, die die Tatsache verbergen, dass jeder von ihnen am Ende denselben Zweck erfüllt, wurden Menschen in alle Arten von Regierungsformen gebracht. Und auch heute noch gibt es in einigen Ländern repressive totalitäre Regime, Diktaturen und Überwachungssysteme, sowohl religiöse als auch linkspolitisch orientierte. Was auch immer der Eifer ist: Ist es die existenzielle Struktur eines zentralen systemorientierten, totalitären Verwaltungsaktes, nämlich einer **„Neuen Weltordnung"**, die jenseits all dieser Regime weltweit geplant und angestrebt wird?

Für diejenigen, die gerne sagen würden, was ihnen beigebracht wurde, wie: „Ach was, wie kommst du drauf, das ist bloß eine Verschwörungstheorie", erinnere ich an die Worte von Banker **David Rockefeller: „Einige denken, wir seien Teil einer Geheimorganisation, die gegen die Interessen der Ver-**

einigten Staaten arbeitet, nennen mich und meine Familie „Internationalisten" und Verschwörer und sagen: Wir schaffen eine globale, politische und wirtschaftliche Struktur für eine einzige, weltweit integrierte Welt. Wenn du es so willst, wenn das der Vorwurf ist, dann bin ich schuldig und bin stolz darauf."

Ich denke, Rockefellers Rede ist so offen und so ehrlich, dass er einen Handdruck verdient, oder nicht?

In einem anderen, zum Nachdenken anregenden Zitat kommt der Banker **James Paul Warburg** (Der Berater der Roosevelt) zu der Überlegung: **„Wir werden eine Weltregierung haben, ob wir wollen oder nicht. Die einzige Frage ist, ob diese Weltregierung durch Eroberung oder durch Zustimmung des Volkes erreicht wird."**[1]

Ein weiterer Diskurs stammt von **Richard Newton** Gardner: **„Kurz, dass „Haus der Weltordnung" wird man eher von unten nach oben hin statt von oben nach unten herab aufbauen müssen. (…) Denn wenn es darum geht, die nationale Souveränität zu zerstören, ist es viel effektiver, sie Stück für Stück erodieren zu lassen als den altmodischen Frontalangriff durchzuführen."** [2]

Kommt Ihnen das, was wir heute erleben, bekannt vor?

Die globale Krise ist bereits in vollem Gange und sind wir uns dessen nicht bewusst?

Ob eine Weltbevölkerung von mehr als 8 Milliarden die Notwendigkeit mit sich bringt, sie zu kontrollieren?

Erleben wir Energie- und Nahrungsmittelknappheit?

Ein Überblick scheint schwierig zu sein, weil unsere Denk- und Wissensgrenzen ständig in einem bestimmten Takt gehal-

---

1 https://dieunbestechlichen.com/2020/05/zitate-zur-neuen-weltordnung-weltregierung-video/
2 CFR Foreign Affairs Magazine, April 1974. https://dieunbestechlichen.com/2020/05/zitate-zur-neuen-weltordnung-weltregierung-video/)

ten und die uns vermittelten Fakten durch die Medien ebenso verzerrt wie verändert werden. Während wir weiterhin durch tägliche Ablenkungen eingenickt werden, werden die „**Multiparasitischen Kräfte**", die seit Jahrhunderten existieren, immer stärker und schneller voranschreiten.

Gewiss wissen wir so wenig, was sich alles hinter dem Vorhang abspielt und beweisen können wir auch nicht richtig durch die absichtlich verlegten Stolpersteine. Aber das, was wir wissen und mitbekommen ist offensichtlich. Sie haben sich zum Ziel gesetzt, mit allen Mitteln den Menschen Schaden zuzufügen, so weit wie möglich, um die Erdpopulation zu reduzieren. Sie bestimmen, welche Schadstoffe an uns zu verordnen sind und wie sie verabreicht werden sollen. Des Weiteren wird uns diese als verharmlosend dargestellt, ist es aber nicht der Fall; „die Fangarme der unsichtbaren Feinde der Menschheit reichen von Chemikalien in Lebensmitteln über Luftverschmutzung, E-Magnetfelder, Zivilisationskrankheiten bis hin zur Pharmaindustrie, Impfstoffen, Welthunger, Zerstörung ökologischer Lebensgrundlagen, Ausbeutung von Tieren und Menschen in jeder verheerenden Hinsicht".

Mit den Worten von **Winston Churchill**, einem hochgradigen Freimaurer: **„Jeder Mensch stolpert im Laufe seines Lebens irgendwann über die Wahrheit, doch die meisten stehen auf, klopfen sich den Staub ab und gehen weiter, als wäre nichts gewesen."**

Worüber sie in diesem Buch stolpern werden, ist eine Reihe von Enthüllungen von vorsätzlichen Schäden an der Menschheit. Wenn Sie es weiter ignorieren, als wäre nichts geschehen, kann dies ein großer Fehler für Ihre Zukunft und die nächsten Generationen sein!

3D Erdkugel

Sind sie jetzt bereit, sich auf eine spannende Reise von Puzzleteil zu Puzzleteil zu begeben?

TEIL 1

GESUNDHEITSASPEKTE

UNSERE LEBENSMITTEL
(ODER STERBENSMITTEL?)

Das unmittelbar wesentliche Element unseres Lebens ist die Nahrung, die nach Luft und Wasser kommt. Wenn unsere Nahrung für die Bereitstellung von Lebensenergie von solcher Bedeutung ist und wenn es auch böse Absichten gibt, wird sie zu einer Waffe, die es zu ergreifen gilt. Und deshalb werden die Jahrzehnte schleichender Lebensmittelvergiftung ignoriert?

Dann ist doch klar, dass auf der Lebensmittelverpackung nur das „Verfallsdatum" als Warnung gekennzeichnet wird, und es steht nicht geschrieben, dass es durch eine bestimmte Anhäufung von Chemikalien gesundheitsschädlich oder sogar tödlich sein kann. Beginnen wir also mit dem ersten wichtigen **„Puzzleteil"**, dem Nahrungsmittel.

Die Frage ist: Wie gesund ist die Nahrung, die wir zu uns nehmen, enthält sie unnatürliche Bestandteile und sogar Chemikalien oder Giftstoffe, wenn ja, warum wird dies erlaubt und nicht verboten?

Die Frage ist gut, aber sie ist eine gewöhnliche Frage, die uns täglich fast überall begegnet. Es wird oft von Ernährungswissenschaftlern, Ärzten und Angehörigen der Gesundheitsberufe über solche Themen gesprochen, aber von uns nicht immer wahrgenommen. Dennoch, hier geht es nicht um das, was gesund und was ungesund an den Lebensmitteln ist, die wir zu uns nehmen, sondern ganz spezifisch um die Chemikalien und Giftstoffe, die in ihnen drin sind. Die dann unseren Stoffwechsel und damit unser natürliches biologisches Gleichgewicht stören, und letztendlich die Verursacher der Zivilisationskrankheiten sein werden. Wir wissen genau, was gesund ist und was nicht. Aber obwohl wir wissen, dass es manchmal ungesund ist, besteht kein Zweifel, wie verlockend und appetitlich manche Geschmacksreize sind, bei denen wir uns nicht zurückhalten können, von denen wir weiter kosten wollen. Manchmal bremsen wir uns selbst, manchmal scheitern wir.

Eigentlich liegt das Problem nicht bei uns, das System selbst ist falsch!

Und die Zahl derer, die diesem System freiwillig dienen, meist zu ihrem eigenen Vorteil, ist gar nicht so klein.

Nehmen wir also die Nahrungsmittel, die wir für gesund halten – zum Beispiel Obst, Gemüse, Getreide und so weiter. Denken Sie, sie sind allesamt rein und natürlich?

Theoretisch kann man sagen, dass heute fast nichts Natürliches mehr übriggeblieben ist, genauer gesagt: Ihr Zugang zu uns ist unter Verschluss, oder vielmehr: Sie sind alle vergriffen, genetisch manipuliert, mit Chemikalien und Zusatzstoffen gewürzt oder halbsynthetisch hergestellt worden. Schauen Sie sich die Produkte der Fast-Food-Restaurantketten an, die Beweise liegen vor. Ein Hamburger, der von bekannten, weitverbreiteten Fast-Food-Ketten stammt, ist nach mehreren Wochen noch immer intakt. Er hat keine Schimmelbildung, keine Trockenheit und ist wie ein Gummi geblieben. Welche Chemikalien und Zusatzstoffe könnten darin enthalten sein? (mehr Details im Abschnitt Fast-Food)

Würden wir nach dem Grund für die Verwendung von übernatürlichen Stoffen fragen, würde man uns sagen, dass diese Chemikalien keine schädlichen Auswirkungen auf die menschliche Physiologie haben. Es stimmt zwar, dass diese Chemikalien uns nicht sofort vergiften und töten. Dennoch wird diese Ansammlung von Schadstoffen nicht in den kommenden 30 bis 40 Jahren ein gewisses Akkumulationsniveau erreichen und sich als Krankheit manifestieren?

Das ist eine ziemlich lange Zeit für das menschliche Leben, es nimmt fast ein halbes Leben ein. Und während wir mit unserem täglichen Leben beschäftigt sind, denken wir nicht darüber nach oder können uns nicht über all dies Gedanken machen. Weil wir permanent mit den Anforderungen des gesellschaftlichen Systems konfrontiert sind, blieb uns **keine Zeit** dafür.

Aber bei einigen sensiblen Menschen tauchen die ersten Symptome früher auf, vielleicht in 10 oder 20 Jahren, oder begrüßen uns sogar schon in der Kindheit oder Jugend. Ein weiterer Grund, den wir gern ignorieren, ist, dass eine Reihe von Krankheiten nicht bei uns allen auftritt, aber als Träger des genetischen Materials von den Eltern an die Kinder weitergegeben wird. Dies kann auch geschehen, wenn die Eltern selbst keine Anzeichen einer **Krankheit** zeigen. Das bedeutet, dass wir nicht nur für unseren eigenen Körper verantwortlich sind, sondern auch für unsere Kinder und Enkelkinder. Kurz gesagt: Wir sind in einer kollektiven Integrität mit den nächsten Generationen.

Was können wir also tun?

Wir müssen essen und der Körper braucht Nahrung. Hier beginnen schon die Fragen. Menschen sind physiologisch so individuell, dass fremde Inhaltsstoffe bei verschiedenen Menschen ganz unterschiedliche Wirkungen haben können. Mit all den bisher verfügbaren Informationen über Chemikalien und Zusatzstoffe, denen verschiedene schädliche Wirkungen nachgesagt werden, ist es nicht einfach, eine Verallgemeinerung für jeden zu machen. Infolgedessen bleiben die Chemikalien und Toxine, die angeblich unter den schädlichen Grenzwerten liegen, weiter bestehen. Dank der Lebensmittel- und Landwirtschaftsindustrie, denn selbst, wenn es nur 0,01 % pro Jahr sind, ist es immer noch ein Toxin. Solche Toxine reichern sich immer mehr in unserem Körper an und sind irgendwann bereit, unser biologisches Gleichgewicht zu stören.

Wäre es nicht etwa Besorgniserregend, wenn diese sogenannten Politiker, Wissenschaftler, Gesundheitsexperten dieses Thema nicht ernst nehmen und versuchen würden, eine Maßnahme zum Wohle der Gesellschaft zu ergreifen, ganz im Gegenteil, wenn Verträge und Vereinbarungen mit globalen Organisationen, Unternehmen ohne zu zögern unterzeichnet würden?

Es gibt noch mehr, was den Menschen empört, wie zum Beispiel, den Handel mit unserem wertvollen einheimischen Saatgut zu behindern und uns importiertes Saatgut aufzudrängen! Wie ist hier die Stellungnahme der **UPOV** (Internationale Vereinigung für den Schutz neuer Pflanzensorten), die die Interessen der Gentechnikindustrie und der Saatgutunternehmen vertritt?

Nach den Vereinbarungen der **UPOV** mit den Staaten müssen Landwirte plötzlich gezwungenermaßen eine Lizenzgebühr von 80 % des Neusaatguteinkaufspreises für das selbst erzeugte Saatgut zahlen und sehen sich mit den zunehmenden Kontrollen des Verbandes der Saatguthersteller konfrontiert. Da können Sie sehen, wie gierig globale Unternehmer sind, um mehr Macht auszuüben und die größten Kuchenstücke für sich zu gewinnen. Wurden wir hier als naive Verbraucher etikettiert?

Sind wir wirklich naiv oder stumpfen die Chemikalien, die wir ständig konsumieren, systematisch unsere Abwehrkraft und sogar unsere Denkfähigkeit ab?

An dem, was **Nietzsche** sagte, war wirklich etwas Wahres dran:

„Du musst nicht nur mit dem Munde, sondern auch mit dem Kopfe essen, damit dich nicht die Naschhaftigkeit des Mundes zugrunde richtet."

Denken wir stets daran, dass der menschliche Körper kein industrielles Konstrukt ist!

Wir teilen hier unsere Lebensmittel in drei Gruppen auf:

1. Lebensmittel, die noch nicht verarbeitet wurden, zum Beispiel Hülsenfrüchte, Getreide, Gemüse, Früchte usw. (übrigens: Gentechnisch veränderte Lebensmittel beziehe ich hier nicht mit ein, darauf werden wir in einem separaten Abschnitt zurückkommen.), kurz gesagt: Hier geht es um unsere Rohkostquellen vor und nach der Produktion. Enthalten sie Pestiziden, Chemikalien und was könnten diese Giftstoffe sein, die bei ihrem Anbau zugesetzt werden und unseren Stoffwechsel schädigen?

2. Verarbeitete Lebensmittel, zum Beispiel Fertiggerichte, zuckerhaltige Lebensmittel, Snacks, Konserven, Tiefkühlkost,

Fertigsaucen, Fast-Food usw. und die darin enthaltenen Chemikalien, schädlichen Zusatzstoffe.

3. Diejenigen, die zu dieser letzten Gruppe gehören, werden als eine wichtige und gesunde Nahrungsquelle bezeichnet und haben sich jahrelang ständig in unseren Köpfen eingraviert, die tatsächlich mehr Schaden als Nutzen anrichten und viele Krankheiten wie Herzerkrankungen, Krebs, Rheuma, Osteoporose, Dioxinverschmutzung, Verdauungsprobleme verursachen. Für manche wird das nicht gerade angenehm zu hören sein, aber man muss sich früher oder später damit auseinandersetzen: Es geht um Fleisch und andere tierische Produkte.

UNVERARBEITETE LEBENSMITTEL: ROHKOST

Denken wie überhaupt nach, wie und ob unsere pflanzlichen Nahrungsquellen, die wir heute konsumieren, Chemikalien enthalten und wie diese in unser Verdauungssystem über die Nahrungsquellen gelangen?

Und sogar bis zu unseren Babys im vorgeburtlichen Mutterleib oder während der Stillzeit nach der Geburt Schaden verursachen könnten? Sind sie natürlich und harmlos?

Was bedeutet das „Bio-Produkt", und was ist der Unterschied zwischen Bio-Produkten und herkömmlichen, konventionellen Produkten?

Wenn wir ein Produkt als Bio-Produkt bezeichnen, muss es biologisch angebaut worden sein. Das heißt: ohne Chemikalien oder synthetische Substanzen und niemals unter Verwendung von gentechnisch verändertem Saatgut (GVO). Gleichzeitig sollte es für ökologische Bedingungen geeignet sein. Es ist eine Eins-zu-Eins-Anbaumethode, die sich auf das Agrarökosystem fokussiert und die menschlichen Organismen und die Umwelt berücksichtigt. Bio-Produkte dürfen keine Pestizide enthalten, denn der Einsatz von Chemikalien in konventionellen Produkten führt dazu, dass Pestizide auf Obst und Gemüse zurückbleiben. Diese Pestizide können die Hormonstruktur stören und Gesundheitsprobleme wie erhöhtes Bauchfett oder Insulinresistenz verursachen. Studien besagen, dass schwangere Frauen, die nicht-biologische Produkte essen, möglicherweise ein höheres Risiko für Fettleibigkeit bei ihren Kindern haben.

Darüber hinaus sollte das Feld, auf dem die ökologische Produktion durchgeführt wird, in einer Entfernung liegen, die nicht von Industrieanlagen – insbesondere solchen mit chemischem Inhalt –, Autobahnen, Abfällen, verschmutzten Oberflächen- und Grundwässern beeinträchtigt wird. Dies weist darauf hin, dass das Bio-Produkt gesünder ist und höhere Nährwerte hat,

da es keine chemischen Rückstände enthält. Langsam kommen
wir an die Sache heran, nämlich die Nahrung der Menschen, die
genau das ist, was sie sein sollte.

Na dann, jetzt haben wir zwei Fragen in Sicht:

1. Frage: Woher wissen wir, ob das „Bio-Produkt" wirklich Bio
ist und wie wird es kontrolliert?

2. Frage: Warum gibt es zwei verschiedenen Kategorien von
Produkten, die deutlich voneinander abweichen und wieso gibt
es nicht ausschließlich die Produkte, die für den Menschen gesund und naturfreundlich sind? (Diese Frage erweist sich inte-
ressanter als die erste, stimmt's?)

1. Antwort: Wie erkennt man Bio-Produkte?
Es wird gesagt, dass wir sie nicht an Geschmack, Geruch oder
Aussehen erkennen können. Es kann jedoch durch Analysen
im Labor nachvollzogen werden. Controller müssen 5 Prozent
des Produkts analysieren (Hmm! ... Was passiert mit den restlichen 95 Prozent?). Die Aussage, dass ein Produkt hormonfrei ist, ist nur ein Prozess, der auf dem Ergebnis der Analyse
basiert. Das Produkt kann zwar hormonfrei sein, aber dieses
Ergebnis bedeutet nicht, dass das Saatgut des Produkts frei
von Pestiziden ist, dass eine umweltfreundliche Produktion
durchgeführt wird, dass Grund- und Oberflächenwasserres-
sourcen geschützt sind und keine chemischen Düngemittel
verwendet werden. Also, nur aufgrund der Pestizidrückstands-
analysen mit dem Hinweis **„Es wurden keine Rückstände
festgestellt"** gilt, dass es sich bei dem Produkt um ein Bio-
Produkt handelt. In einem kontrollierten und zertifizierten
Produktionssystem müssen die Hersteller bio-zertifiziertes
Saatgut verwenden, die Produkte müssen ein Bio-Produktlo-
go haben. Die vom Ministerium autorisierten Kontroll- und
Zertifizierungsstellen müssen mindestens einmal im Jahr
Inspektionen durchführen. (Ist in der übrigen Zeit die reine

Eignung der Produktion für die von uns erwähnten Bedingungen des ökologischen Landbaus nur dem Gewissen des Produzenten überlassen?)

Darüber hinaus haben Inspektoren die Befugnis, Hersteller in Zweifelsfällen ohne Vorankündigung zu inspizieren. Diejenigen, die Bio-Produkte verkaufen, werden zeitweise vom Ministerium kontrolliert, wie dies bei konventionellen Produkten der Fall ist. Aber diejenigen, die Bio-Produkte außerhalb der Bio-Märkte verkaufen, basieren jedoch nicht auf einem einzigen Standard, sondern auf einem Mindestniveau und bestehen aus Kontrollen, die an konventionellen Produkten durchgeführt werden. In der Zwischenzeit stehen die Produkte in den Marktketten unter der Kontrolle der Supermarktverantwortlichen. Also, VERTRAUEN Sie dem Verkäufer, wenn Sie wollen.

Die Lagerung, Verpackung und der Transport der Produkte sollten auch unter Vermeidung der organischen Zerstörungs-/ Beeinflussungspraktiken des Produkts erfolgen. Es sollte nicht zusammen mit anderen herkömmlichen Produkten aufbewahrt werden, beides sollte nicht zusammen transportiert werden und während des Verpackens nicht mit schädlichen Zusatzstoffen, Gasen und haltbarkeitsverlängernden Strahlen in Kontakt kommen. Einziger Nachteil ist, Bio-Produkte sind etwas teurer. Der Grund, warum Bio-Produkte teurer sind als herkömmliche Produkte, ist der Transport des Produkts zum Hauptmarkt, das sind manchmal ziemlich weite Entfernungen. Dazu kommen jährliche Zahlungen an Kontroll- und Zertifizierungsstellen, Labore, Analysegebühren, Gebühren für zertifizierte Pflanzenschutzmittel, Bio-Saatgut, Bio-Dünger und zusätzliche Kosten. Ertragsverluste erhöhen die Kosten dieser Produkte stärker als bei anderen herkömmlichen Produkten.

Fazit: All das ist gebilligt, erfreulich, scheint für den Verbraucher willkommen zu sein, außer dass es teurer ist. Es sollte für bewusste Verbraucher geeignet sein, die die Kapazität haben, mehr Geld für ihre Lebensmittel auszugeben. **Also, demnach**

können die Verbraucher mit eingeschränkten finanziellen Mitteln keine Bio-Produkte essen!

Haben wir es richtig gehört?

Aber gewiss doch!

Doch darüber brauchen Sie sich keine Sorgen zu machen, denn laut Aussage eines anonymen Mitarbeiters einer Kontroll- und Zertifizierungsfirma: „Schätzungsweise 70 % der biologisch produzierten Produkte sind nicht vollständig Bio, sondern nur 30 % davon sind echt.“

Schmutziges Geschäft mit dem Bio-Siegel

Durch den Verzicht auf herkömmliche Düngemittel und Pestizide ist der Anbau von Bio-Lebensmitteln deutlich teurer, was sich letztlich im Preis niederschlägt, den der Kunde an der Supermarktkasse bezahlt. In der Regel ist den Lebensmitteln nicht zu entnehmen, ob es sich um Bio- oder konventionellen Anbau handelt. Wohl oder übel müssen wir uns auf das Bio-Siegel bzw. die Produktkennzeichnung verlassen.

Wo mit nur einem Siegel fast doppelt so viel Geld auf einmal verdient werden kann, da ist automatisch auch ein riesiges Betrugspotenzial vorhanden!

Aufgrund der Profitgier kommen immer wieder diverse Lebensmittelskandale ans Licht, in denen traditionelle Produkte einfach als Bio gekennzeichnet werden. Ein Beispiel dafür ist ein Vorfall in Italien, wo eine Betrügerbande über viele Jahre hinweg über 700.000 Tonnen konventionell erzeugte Lebensmittel auf den Markt brachte und sie als Bio-Ware teuer exportierte, unter anderem nach Deutschland. Ebenso der Fall um die Bio-Eier von mehreren Landwirtschaftsbetrieben in Mecklenburg-Vorpommern. Hier sollen Millionen Eier illegal als Bio-Eier in den Handel gebracht worden sein, was einen Gewinn von fast einer Million Euro pro Jahr bedeutet.

Neben wirtschaftlichen Interessen gibt es teilweise auch politische Verstrickungen und Abhängigkeiten: zum Beispiel wie bei dem äthiopischen Unternehmen Ambasel Trading, das sogenannten Bio-Sesam herstellt und somit für seinen Anbau eine EU-Bio-Zertifizierung besitzt. Da das Unternehmen jedoch der Regierungspartei gehört, sind Kontrollen vor Ort kaum möglich.

Und wie immer müssen wir uns nur auf das Staatsministerium, Kontroll- und Zertifizierungsstellen, Händler von zertifiziertem Bio-Saatgut und Bio-Dünger, dann auf die Erzeuger, Vermarkter/Großhändler, die es auf den Markt bringen, und schließlich auf die Händler verlassen. So einfach ist das, oder?

2. Antwort: Warum werden nicht nur Bio-Produkte produziert, sondern konventionelle Produkte, die Chemikalien enthalten?

Weil es die Effizienz erhöht, ohne viel Energie zu verbrauchen, erhöht es den Gewinn zusammen mit dem Ertrag. Dies geschieht auf Kosten der Gesundheit von Menschen, Tier und Natur. Geht es nur um Profit?

Vielleicht gibt es noch mehr Gründe?

Erinnern wir uns, was im Vorwort geschrieben wurde: Die Netzwerke, die die multiparasitäre Macht um die Welt gesponnen hat, sind nicht nur in der Lebensmittelindustrie anzutreffen, sondern umfassen auch die chemischen, pharmazeutischen und anderen Industrien. Wir können es nicht nur von unserer Position aus betrachten, sondern von oben, im Sinne eines mehrdimensionalen Schachspiels.

multidimensionales Schachspiel

Vergleich zwischen ökologischem Landbau und konventioneller Landwirtschaft

Ökologischer Landbau	Konventioneller Landbau
Der Fokus liegt auf der Herstellung umweltfreundlicher, gesunder Lebensmittel.	Alles ist erlaubt.
Land, auf dem Bio-Produkte angebaut werden, sollten in isolierteren Gebieten sein, weg von Autobahn, Industrie, Abfall usw.	Der Fokus liegt auf maximaler Effizienz. Umweltverschmutzung und Gesundheit werden nicht berücksichtigt.
Die Ansammlung von gesättigtem Humus im Boden nimmt zu.	Es verursacht Humusverlust.
Verwendung von Bio-Saatgut, kein GVO- und Hybridsaatgut.	Es spielt keine Rolle.
Die Verwendung chemisch-synthetischer Stoffe, Pestizide, chemischer Düngemittel, Wachstumshormone und modifizierten Genen ist verboten.	Erlaubt ist der Einsatz aller Arten chemisch-synthetischer Stoffe, anorganischer Düngemittel, synthetischer Pestizide und Wachstumsförderer.
Um die Erhöhung der Artenvielfalt zu unterstützen, werden Unkräuter nicht vollständig zerstört, sondern nur kontrolliert. Die Lebensräume der Lebewesen im Boden verbessern sich.	Unregelmäßig, keine koordinierte Anbauwache.
Die Methode der Bodenbearbeitung ist regelmäßig. Ein koordinierter Anbau ist obligatorisch überwacht.	Verwendung aller Arten von Saatgut, GVO- und Hybridsaatgut.

In der heutigen, modernen Agrarwelt werden große Mengen an landwirtschaftlichen Giften verwendet – Pestizide, Biozide, chemische Düngemittel usw. Sie schaden nicht nur der menschlichen Gesundheit, sondern zerstören auch viele harmlose Lebewesen in der Natur, vergiften den Humus des Bodens, des Untergrunds und der Oberfläche, ebenso die Gewässer, daher sind Flora und Fauna davon betroffen. Kurz gesagt, der Mensch fügt dem gesamten Ökosystem bewusst oder unbewusst großen Schaden zu, indem er das Gleichgewicht der Natur stört.

Chemie in Landwirtschaft

Auszug von **Arca Atay**[3] – Koordinator für Umwelt und ländlichen Raum der Gemeinde Bursa/Türkei: Er sagt: „Die Dichte der Chemikalien, die seit den 1970er Jahren verwendet wurden, als sich der Industrialisierungsprozess auf der ganzen Welt auch in der Landwirtschaft widerspiegelte, die in den 1980er Jahren ihren Höhepunkt erreichte, und die Nachfrage der Verbraucher nach gesünderen Lebensmitteln angesichts der negativen Auswirkungen dieser Agrochemikalien auf die Umwelt und die menschliche Gesundheit, hat das Interesse an ökologischem Landbau erhöht." Er sagt weiter: „Wissenschaftliche Studien belegen, dass ökologische Produkte mehr Nährstoffgehalt haben als herkömmliche Produkte. Darüber hinaus ist zu beachten, dass Produktion und Verwendung von industriellen landwirtschaftlichen Inputs Faktoren sind, die den globalen Klimawandel auslösen. Daher ist die bio-ökologische Landwirtschaft das effizienteste landwirtschaftliche System zur Verringerung der CO_2-Emissionen und zur Bekämpfung des Klimawandels."

Warum stellen wir also nicht einfach auf Bio um?
Kann es sein, dass die ökologische Landwirtschaft nicht genug Produktertragskapazität hat, um die Bedürfnisse der Menschen

---

3 https://www.indyturk.com/node/205041/haber/%C3%BCreticiler-ve-uzmanlar-agroekoloji-ile-ticarile%C5%9Fmenin-arka-plan%C4%B1n%C4%B1-anlatt%C4%B1-organik

zu erfüllen, und wir deshalb eine industrielle Landwirtschaft brauchen?

Atay beantwortet diese Frage wie folgt: „Diese Lüge wird seit Jahren von der industriellen Landwirtschaft und der damit verbundenen Lebensmittelindustrie geäußert, und es sind Saatgut-, Agrochemikalien-, GVO-Saatgutunternehmen und Lebensmittelmonopole, die diese Lüge wiederholen. Sie zerstören ökologische, natürliche und nachhaltige Landwirtschaft, damit sie von ihrem Verkauf weiter profitieren können, unabhängig von Umwelt und Gesundheitsproblemen.“

Pestizide in der Landwirtschaft – Schwarze Liste der gefährlichsten Pestizide[4]

Greenpeace hat 2010 eine Liste von 451 weltweit eingesetzten Pestiziden veröffentlicht, die besonders gesundheits- und umweltgefährdend sind. Rund ein Drittel davon ist auch in der europäischen Lebensmittelproduktion zugelassen. Für die Studie „Die schwarze Liste der Pestizide“ haben zwei unabhängige Experten im Auftrag von Greenpeace alle relevanten international eingesetzten 1.150 Pflanzenschutzmittel nach ihrer Gefährlichkeit für Menschen und Umwelt überprüft.

„In der konventionellen Landwirtschaft werden nach wie vor Chemikalien verwendet, die Menschen krank machen und die Natur zerstören können“, sagt **Manfred Santen**, Chemieexperte von **Greenpeace**. „Sowohl die Anwendung von Spritzmitteln als auch der Verzehr von behandeltem Obst, Gemüse und Getreide birgt gesundheitliche Risiken. Pestizide belasten zudem das Grundwasser, Amphibien, Insekten und Vögel. Nicht nur die Politik, sondern auch die Wirtschaft muss dafür sorgen, dass gefährliche Pestizide aus dem Verkehr gezogen werden.“

---

4 https://www.greenpeace.de/biodiversitaet/landwirtschaft/anbau/
  schwarze-liste-gefaehrlichsten-pestizide-0?BannerID=032200001500
  1483&gclid=Cj0KCQjwlemWBhDUARIsAFp1rLUX3TaeqIcDo5tGfN0z
  BUP3HwRb3MdHHW8WYCKCa7TC6pMPE2H-qmsaAmsBEALw_wcB

Werfen wir einen kurzen Blick darauf; was sind diese Pestizide?

Als Pestizide werden viele unterschiedliche Stoffe und Stoffkombinationen bezeichnet, die als „Pflanzenschutzmittel" oder als Biozide eingesetzt werden. Sie sind besonders giftig für Pflanzen, Insekten oder Pilze. Als Wirkstoffe werden verschiedene chemische Gruppen verwendet. Neben reinen organischen Stoffen wie Amiden, Aniliden, Carbamaten, Pyrethroiden oder Benzimidazolen kommen auch organische Zinn- und Phosphorverbindungen, Mineralöle und viele andere Stoffe zum Einsatz. Obwohl die gesundheitlichen und ökologischen Folgen seit Langem bekannt sind, nimmt der Einsatz von Pestiziden weltweit zu. Gebrauchsfertige Agrochemikalien bestehen in der Regel aus einer Mischung mehrerer Wirkstoffe sowie Emulgatoren, Stabilisatoren und anderen inaktiven Verbindungen, die den Einsatz eines Wirkstoffs als Pflanzenschutzmittel ermöglichen. Heute gibt es über 500 Pflanzenschutzmittel, die sich je nach chemischer Struktur oder Wirkungsbereich unterscheiden, und über 2.000 Handelsnamen an Pflanzenschutzmitteln mit unterschiedlichen Formulierungen enthalten. Zu den Hauptprodukten gehören: Herbizide, Pestizide, Molluskizide, Fungizide und Mineraldünger usw. Außerdem werden hier noch Stoffe hergestellt, die in Europa **aus ökologischen oder gesundheitlichen Gründen nicht erlaubt sind**, und sie werden weiter in andere Länder exportiert. Auch einige deutsche Unternehmen sind in diesem Geschäft tätig. **Um die Wahrheit zu sagen: Aus Profitgier produzieren wir ständig Gifte, die für Umwelt, Mensch und Tier höchst bedenklich sind.**

Glyphosat: Pestizid oder krebserregende Chemikalie?

Am gefährlichsten ist zum Beispiel **Glyphosat**[5]: Glyphosat ist der weltweit am meisten genutzte **Unkrautvernichter**. Die Produktion ist zwischen 1994 und 2014 um mehr als das 14-fache gestiegen, von rund 50.000 auf 825.000 Tonnen. In Deutschland werden auf rund 40 Prozent der Felder glyphosathaltige Mittel eingesetzt. Der ursprüngliche Hersteller **Monsanto**, der das Mittel beispielsweise unter dem Namen Roundup vertreibt, ist für die Landwirtschaft sehr bedeutend geworden. In fast allen Ländern weltweit dient der Wirkstoff Glyphosat dazu, Unkräuter auf Feldern zu vernichten. Nachdem eine Untersuchung der internationalen Krebsforschungsagentur unter dem Schirm der WHO Glyphosat als „wahrscheinlich krebserregend“ einstufte, fühlten sich viele Umweltschützer und Kritiker bestätigt. Sie machen Glyphosat verantwortlich für viele Krebskranke und für langfristige Umweltfolgen wie den Rückgang der Insekten. Doch viele nachfolgende Einstufungen und Studien widersprechen einer Krebsgefahr für den Menschen.

Auch **Bayer** machte mit Glyphosat Schlagzeilen: Der deutsche Pharma- und Chemiekonzern Bayer ist in den USA wegen angeblicher Krebserregung gegen ein Glyphosat-Produkt verklagt worden. Bayer hat sich nach einer langwierigen Gerichtsverhandlung auf den Weg gemacht und wird fast 11 Milliarden Dollar Schadenersatz zahlen. Wissenschaftler sind der Meinung, dass das Mittel verboten werden sollte.

Diese Chemikalie verursacht im Allgemeinen auf drei Arten Vergiftungen: Diese Vergiftung tritt mit der **Nahrung** auf, die wir zu uns nehmen, durch **Berührung der Haut** und durch das **Atmen**, insbesondere bei der Person, die sprüht. Nach Untersuchungen der WHO werden jedes Jahr fast 30 Millionen Menschen durch Pestizide vergiftet, aber 80.000 Menschen sterben

---

5 https://www.quarks.de/umwelt/landwirtschaft/wie-gefaehrlich-ist-glyphosat/

daran. Vor allem an Orten mit intensiver Treibhausproduktion werden Millionen Liter Chemikalien auf dem Boden verstreut. Darauf aufbauend lassen sich die negativen Auswirkungen dieses unabsichtlichen und übermäßigen Drogenkonsums wie folgt auflisten: Er kann den Tod anderer Lebewesen wie Fische, Vögel und Bienen verursachen, er kann durch Vermischung mit Wasserressourcen, Seen und Flüssen Verschmutzung verursachen, er kann mit Regen oder Bewässerungswasser unter die Erde gehen und unterirdische Wasserressourcen kontaminieren. Die Übertragung auf den Menschen ist durch die Nahrungskette und die Aufnahme anderer Tiere möglich, die nicht direkt abgezielt wurden.

Tatsächlich haben Studien gezeigt, dass diese Chemierückstände sogar in der Muttermilch vorkommen.

Geburtsfehler in Verbindung mit Glyphosat:[6]
Eine Gruppe von Wissenschaftlern fasst eine umfassende Überprüfung der vorhandenen Daten zusammen, die zeigen, wie die europäischen Aufsichtsbehörden wussten, dass das Glyphosat von Monsanto mindestens seit 2002 eine Reihe von Geburtsfehlbildungen verursacht hat.

Nach einer anderen Studie im Jahr 2011 wurden die gleichen Ergebnisse erzielt (Roundup and birth defects: Is the public being kept in the dark? Earth Open Source). Die Studie weist auf Fehlgeburten und Fehlbildungen bei Neugeborenen aus Argentinien und Paraguay hin, deren Eltern in der Nähe der Gen-Sojafelder leben. Behörden wussten seit den 1980er Jahren und die Industrie seit den 1990er Jahren, dass Roundup schon bei geringen

---

6 http://earthopensource.org/files/pdfs/Roundup-and-birth-defects/
  RoundupandBirthDefectsv5.pdf
  https://www.umweltinstitut.org/wp-content/
  uploads/2022/11/20140306_UIM_Brief_UIM-an-BfR-Anhang-I.pdf
  https://www.zeit.de/wissen/gesundheit/2018-11/fehlbildungen-
  neugeborene-kindermedizin-frankreich-schwangerschaft-pestizide-
  umweltgifte

Mengen die Fruchtbarkeit beeinträchtigt. Behörden haben von Missbildungen bei Föten von Ratten und Kaninchen gewusst.

Am 6. November 2018 veröffentlichte die **Zeit-Online** einen Artikel mit dem Titel „**Schädigen Pestizide die Babys schon im Bauch?**".

Seit Jahren werden in drei Landstrichen Frankreichs immer wieder Neugeborene ohne Arme oder Hände geboren. Die hohe Zahl von Geburtsfehlern könnte mit Mitteln der Landwirtschaft zusammenhängen. Die Mütter der betroffenen Neugeborenen lebten nahe beieinander, in kleinen Dörfern auf dem Land. Gesundheitsministerin Agnès Buzyn sagte (Frankreich, 2017–2020): „Vielleicht liegt es an etwas, das die Schwangeren gegessen, getrunken oder eingeatmet haben?"

Warum begann die Chemie in der Landwirtschaft; warum ist sie notwendig?

Es begann im Zuge der Intensivierung der Landwirtschaft im 19. und frühen 20. Jahrhundert vor allem nach dem Zweiten Weltkrieg wurde sie zunehmend in hohem Maße eingesetzt. Mit der zunehmenden Bevölkerungsdichte, dem Ausbau des Verkehrsnetzes, der Industrialisierung vieler Städte, der Entstehung großstädtischer Lebensräume und der Intensivierung der Ernteproduktionsmethoden ist die Notwendigkeit entstanden, einen immer schnelleren, größeren Maßstab nach der neuen Ordnung zu gestalten. So musste die traditionelle Landwirtschaft, die seit Hunderten von Jahren existiert, ihren Platz der modernen Landwirtschaft überlassen. Die chemische Industrie, die nach dem Zweiten Weltkrieg in großem Umfang eingesetzt wurde, und die Landwirtschaft vor allem in den letzten 50 bis 60 Jahren – bei alledem wurde das Alte durch das Neue ersetzt, das mit vielversprechenden Modernisierungen kam. Am Anfang wurde zur Vereinfachung mit der Mechanisierung begonnen, gefolgt von großen Industrie-, Pharma- und Chemieunternehmen, die attraktive Angebote zur Steigerung des Produkts boten, was zu einem Schritt in Richtung Chemisierung führte. Fortan, die chemische Industrie schreitet erfolgreich voran, entwickelt hochwirksame Pestizide zur Bekämpfung von tierischen Schädlingen, Pilzen und Unkräutern, und auf diese Weise können alle Schädlinge zerstört werden. Mittlerweile werden immer mehr und noch stärkere chemische Gifte hergestellt und verwendet. Schließlich, was dazu führte, dass die Lebensräume vieler Pflanzen- und Tierarten sich verändert haben, sind einige davon zurückentwickelt oder gar verschwunden. Einige Lebewesen vermehrten sich jedoch stark in diesem Veränderungsprozess und wurden noch „schädlicher" für die Pflanzen. Gleichzeitig entstand zugunsten der chemischen Industrie der **Teufelskreis 1.,** der sich zwangsläufig in der Natur wiederholte, indem versucht wurde, neue Pflanzenkrankheiten mit neuen Chemikalien zu bekämpfen. Parallel dazu lief ein weiterer **Teufelskreis 2.,** in dem Menschen, die diese Produkte konsumierten, viele Zivilisationskrankheiten aufwiesen, am häufigsten Krebs, Herz-Kreislauf-Erkrankungen, Geburtsanomalien, Schäden am Nervensystem usw. (Über Zivilisationskrankheiten werden wir im nächsten Kapitel sprechen.). Natürlich nahm die Medizin den Kampf gegen sie auf, während die pharmazeutische Industrie sich fröhlich die Hände aneinander rieb.

Leider hat diese Chemisierung heute oft verheerende Folgen für Umwelt und harmlose Lebewesen. Einer der wichtigsten unter diesen Nachteilen ist die langfristige Nebenwirkung der Umweltverschmutzung und sogar der Luftverschmutzung durch Verdunstung. Ziel ist es, optimistisch gesehen, diesen Schaden mit der Entwicklung von Chemie und Technik zu bekämpfen und die Erträge für die wachsende Weltbevölkerung zu sichern und zu steigern. Mit der Chemie wurden beachtliche Erfolge im Pflanzenschutz erzielt und die sind offenbar unverzichtbar geworden. Darüber hinaus erforderte das Phänomen der erhöhten Resistenz bei Schädlingen den Einsatz anderer Chemikalien, zum Beispiel von Insektiziden wie DDT; der Verbraucherschutz wurde nach deren Rückständen auf landwirtschaftlichen Produkten erhöht. Man sagt: Dank intensiver, langjähriger Recherche und der gesetzlichen Höchstgrenze ist der Verbraucher mittlerweile relativ zuverlässig geschützt. Stimmt das, ist das so?

Gibt es alternative organische Düngemittel?
Natürlich gibt es sie!

Es gibt viele biologische Pestizidalternativen, wie das Pflanzen einiger insektenvermeidender Pflanzen neben Gemüse und Obst, die Verwendung einer aus Knoblauch gewonnenen Substanz als Insektizid oder die Herstellung von Dünger aus Regenwürmern. Traditionelle Bauern verwenden diese Methoden häufig. Warum werden stattdessen immer noch chemische Düngemittel verwendet?

Ganz einfach: So produzieren Landwirte in kürzerer Zeit mehr und machen mehr Gewinn. **Denn: Die Abhängigkeit vom „System" macht es unumgänglich!**

Fazit: Viele der Lebensmittel, die wir essen, enthalten Giftstoffe. Rohes Gemüse mit chemischen Rückständen auf unserem Tisch kann Krebs, Genmutationen, Fortpflanzungsstörungen, akute und chronische Vergiftungen verursachen! Viele der chemischen Medikamente, die zum Schutz von Pflanzen vor Schädlingen eingesetzt werden, sind schädlich für Mensch und Natur. So sehr, dass sich die Auswirkungen von Kunstdünger und chemischen Mitteln in der Landwirtschaft in Form von saurem Regen und Umweltvergiftungen zeigen, während Hunderte von Menschen, die in der Landwirtschaft tätig sind, aufgrund von Vergiftungen durch diese Stoffe ihr Leben verlieren. Als Folge des Unbewussten und übermäßigen Einsatzes von Hormonen und Chemie entsteht eine nachweislich schädliche Wirkung sowie hohle und geschmacklose Gemüse und Früchte, die durch Hormone vergrößert und durch chemische Medikamente verfärbt sind und deren Wirkung nicht einmal gemindert werden können, wenn wir sie waschen. Besonders früh geerntetes Obst und Gemüse enthält Hormone. Diese Produktion, die unter Verwendung von chemischen Düngemitteln, Hormonen und anderen syntheti-

schen Substanzen erfolgt, zerstört letztendlich die natürliche
Struktur des Produkts und spielt mit dem genetischen Code. In
letzter Zeit haben sich die Bemühungen zum Schutz landwirtschaftlicher Produkte auf der ganzen Welt darauf konzentriert,
eine Alternative zu chemischen Pestiziden zu schaffen.

Doch wie gut können wir wissen, ob diese Vorhaben wirklich von bestimmten herrschenden und profitgierigen Kreisen
unterstützt werden.

VERARBEITETE LEBENSMITTEL: FERTIGGERICHTE

Die meisten Lebensmittel, die die Supermarktregale schmücken, bestehen aus verarbeiteten Lebensmitteln, fast alle enthalten Chemikalien oder Zusatzstoffe, die für den menschlichen Körper schädlich sind. Zumindest gibt es spezielle Konservierungsstoffe, die bei der Verpackung verwendet werden, um die Haltbarkeit zu verlängern, oder eine Reihe von gesundheitsschädlichen Methoden, die angewendet werden. Keine Übertreibung, jedes Jahr werden Hunderte neuer chemischer Zusatzstoffe in der Lebensmittelindustrie verwendet. All dies ist gesundheitsschädlich, aber einige sind noch schädlicher als andere.

Glauben wir, dass große Mengen an fertigen Lebensmitteln in der Industrie wie in unserer heimischen Küche zubereitet werden?

Nein, nicht doch! Stellen Sie sich vor, Sie backen zu Hause einen Kuchen, Sie nehmen Ihre Rührschüssel, fügen Ihre Zutaten hinzu, das Rezept enthält 4 bis 5 Zutaten, während der fertige Kuchen mindestens 12 bis 15 Zutaten hat, und noch dazu beim Verpacken ein bestimmtes Verfahren eingehalten werden muss. Leider werden diese Kuchen mit Dutzenden von Zusatzstoffen, Konservierungsmitteln, Ölen hergestellt, mit Weichmachern versetzt, von denen Sie noch nie gehört haben. Natürlich konsumiert ein Mensch nicht wissentlich oder willentlich ein Lebensmittel, das ihm selbst schadet. Bei einem billigen Lebensmittel sollten wir besonders misstrauisch sein, weil seine Zutaten nicht unbedingt aus natürlichen Nährstoffen bestehen, zum Beispiel Milchpulver statt Milch, oder Mehlpulver statt Eiern oder Fleisch. Ich möchte Ihnen nicht den Magen verderben, aber Sie müssen beim Verzehr von Fleisch und Fleischprodukten aufpassen, was Sie essen, insbesondere bei den attraktiven und billigen Produkten in Fast-Food-Restaurants. Die werden aus diesen Mehlen hergestellt. Denken Sie darüber nach, wenn der Preis für ein Kilo Fleisch etwa 15 € (Stand 2021, Rindergulasch zw. 13–16 €) beträgt, kann der Preis für ein Kilo Wurst zwischen 10 und 15 € (Billigangebote im Supermarkt sogar zwischen 1,99 und 6,50 €) betragen?

Eine weitere bemerkenswerte Sache ist die Haltbarkeit der Produkte: Je länger ein Verfallsdatum ist, desto mehr Zusatzstoffe werden hinzugefügt, das sagt uns etwas über ihre Schädlichkeit. Wenn wir ein paar Beispiele für Fertiggerichte nennen möchten, können wir die folgenden Produkte auflisten: gefrorene und nicht gefrorene Lebensmittel für alle Arten von Verzehr wie Pizza, Frikadellen, Fruchtjoghurt, Puddings, Kuchen, alle verarbeiteten Snacks-Chips, gewürzte Nüsse, gesüßte Produkte, Fertigsuppen, Bouillon, Saucen, Ketchup, Mayonnaise, fertige Säfte, gefärbte und kohlensäurehaltige Getränke, Fruchtpulver, fertige Mischungen, Fleisch und Fleischprodukte usw. Kurz gesagt: Hier kann man alle verpackten Lebensmittel dazuzählen. Diese Zusatzstoffe werden den Lebensmitteln zu verschiedenen Zwecken zugesetzt, einige zur Verlängerung der Haltbarkeit, andere zur Geschmacksverbesserung und andere zur Attraktivität ihres Aussehens – zum Beispiel Farbstoffe in Getränken, Salami, Wurst, die meisten von ihnen enthalten synthetische Farbstoffe (Einige Lebensmittelhersteller verwenden angeblich Textilfarbstoffe, statt Lebensmittelfarbe.). Einige Krankheiten könnten durch diese Stoffe entstehen oder die Auslöser könnten in den Zusatzstoffen zu finden sein: zum Beispiel Bluthochdruck, Auslöser für Herzerkrankungen, Krebs, ein Anstieg des Cholesterins, Reduzierung der Gehirnfunktionen, Alzheimer, Demenz, Darm- und Verdauungsprobleme, Asthma und ähnliche Atemwegserkrankungen, viele Allergien und verschiedene Hauterkrankungen wie Ekzeme, Fettansammlung und Fettleibigkeit. Außerdem können das Wachstum und die Entwicklung von Säuglingen und Kleinkindern körperlich und/oder geistig beeinträchtigt werden. **Zurück zur eigenen, naturgemäßen Ernährung des Menschen ist heute kein Ideal mehr, sondern eine dringende Notwendigkeit!**

Warum werden all diese schädlichen und sogar giftigen Stoffe unseren Lebensmitteln zugesetzt und warum haben wir dies bewusst in Kauf genommen?

Geschieht es für mehr Profit in der Branche oder gibt es einen anderen Grund, den wir nicht kennen?

Bevor wir nach dem Grund suchen, sollten wir wissen, was der **Codex Alimentarius**[7] ist. Viele von uns haben noch nie davon gehört. Seit ihrer Gründung im Jahre 1963 ist die Codex Alimentarius Kommission ganz fleißig, um globale Standards, Richtlinien und Verfahrensregelungen für die Lebens- und Ernährungsmittelindustrie zu schaffen. Heute gehören 189 Mitglieder aus allen Regionen der Welt an. Alle Staaten der Europäischen Union sind Mitglied im Codex Alimentarius. Die Europäische Union hat sich im Jahr 2003 der Codex-Alimentarius-Kommission angeschlossen. Es ist anzunehmen, dass nicht jeder Staat freiwillig Mitglied wurde. Vielmehr sind die Staaten mit oder ohne Willen verpflichtet, die von der Kommission festgelegten Richtlinien und Regeln zu befolgen.

Man sagt[8]: Die Entscheidungsprozesse der Codex-Alimentarius-Kommission sind voreingenommen, unausgewogen und es fehlt ihnen an Transparenz. Nichtregierungsorganisationen werden kaum in Entscheidungsprozessen einbezogen und die Zivilbevölkerung hat kein Mitspracherecht. Entwicklungsländer können ebenfalls kaum Einfluss ausüben, da es ihnen an Experten und finanziellen Mitteln zur Teilnahme an den Sit-

---

7 Wikipedia: Der Codex Alimentarius ist eine Sammlung von Normen für die Lebensmittelsicherheit und Produkt Qualität der Vereinten Nationen, die von der Ernährungs- und Landwirtschaftsorganisation und der Weltgesundheitsorganisation erstmals 1963 herausgegeben wurde.

8 https://www.pan-germany.org/download/codex-kurz.pdf
https://www.pravda-tv.com/2020/11/die-bedrohung-ihrer-nahrungsergaenzungsmittel-durch-codex-alimentarius-ist-nicht-verschwunden-sie-ist-nur-eingeschlafen-jetzt-kommt-sie-zurueck/
https://www.bibliotecapleyades.net/sociopolitica/sociopol_globalfood49.htm

zungen fehlt. Die Codex-Alimentarius-Kommission, die von Bill Gates kontrollierte Weltgesundheitsorganisation (WHO) und die Ernährungs- und Landwirtschaftsorganisation der Vereinten Nationen (FAO) finanziert wird, ist von großer politischer Bedeutung, da Nahrungsmittel als politisches Instrument betrachtet werden. Die Preußische Allgemeine (Online) hat dieses Thema mit dem Titel „Wie unser Essen zum Instrument kleiner, mächtiger Kreise wird" in den Ausdruck gebracht. Sie schrieb am 14.05.2023: Ohne Nahrung sind wir alle dem Hungertod geweiht. Insofern hatte der ehemalige US-Außenminister Henry Kissinger vollkommen recht, als er 1974 schrieb: „Wer die Nahrung kontrolliert, kontrolliert die Menschen." Das gilt schon seit Anbeginn der Geschichte. Nahrungsentzug ist genauso wirksam wie der Einsatz von Waffen, wenn es darum geht, den Gegner auszulöschen. Also sollten wir uns wundern, wenn viele Anti-Codex-Organisationen behaupten, dass Nazi Kriegsverbrecher – insbesondere Fritz Ter Meer und Hermann Schmitz – wichtige Architekten dieser Organisation waren?

In der jüngsten Überarbeitung des Codex Alimentarius stimmen viele Gesundheitsexperten dem zu: **„Die neuen Regeln sehen aus wie Massenmord!"**

So sehr, dass Codex-Regeln, sobald sie in Kraft treten, völlig unumkehrbar werden. Zum Beispiel: Alle Mikronährstoffe (wie Vitamine und Mineralien) sollten als Giftstoffe betrachtet und aus allen Lebensmitteln entfernt werden, oder alle Nährstoffe mit gesundheitlichen Auswirkungen (z. B. Vitamine A, B, C und D, Zink und Magnesium) werden in therapeutisch wirksamen Mengen als inakzeptabel eingestuft. Ihre Rate sollte reduziert werden. Dabei werden aus **Industrieabfällen** hergestellte Substanzen wie gefährliches Fluorid enthalten bleiben. Und das alles ist ganz bestimmt mehr als unbedenklich. Wer immer der Meinung ist, dass dieses System zum Wohle der Menschheit beiträgt, kann diesem nicht mehr helfen.

Werfen Sie einen Blick auf die Liste einiger wichtiger Lebensmittelzusatzstoffe unten, achten Sie als informierter Verbraucher darauf und vermeiden Sie diese Zutaten so weit wie möglich, um zumindest einen positiven Aufruf an die nächste Generation zu richten.

Hier sind 8 chemische Lebensmittelzutaten, die Sie vermeiden sollten[9]:

1) Natriumbenzoat: z. B.; Fruchtsäfte, eingelegtes Gemüse sowie Sauergurken, kohlensäurehaltige Getränke, fertige Salatdressings, Gewürze

2) BHA & BHT (Butylhydroxyanisol & Butylhydroxytoluol): z. B. Kartoffelchips, Butter, Cerealien, Instantpürees, zubereitete Fleischprodukte, Trockengetränke und Dessertmischungen, Kaugummi

3) MSG (Mononatriumglutamat): z. B.; Konserven, Trockenseifenmischungen, Tiefkühlkost, Fast-Food, fertige Salatdressings

4) Künstliche Süßstoffe: z. B.: Die meisten Diätprodukte sind kalorienarme Lebensmittel. Namen künstlicher Süßstoffe: Acesulfam-Kalium, Aspartam, Glycerol, HSH, Isomalt, Lactitol, Maltitol, Polydextrose, Sakharin, Sorbitol, Sucralose

5) Kaliumbenzoat: Auch als E212 bezeichnet, wird dieser Inhaltsstoff verwendet, um Teig weicher und weißer zu machen. Z. B. fertige Sandwiches, Tiefkühlpizzen, vorgefertigte Backwaren

6) Acrylamid: z. B.; Bratkartoffeln, Instant-Chips, fast alle Lebensmittel, die über 120 Grad zubereitet werden

---

9 Yeşilist Web: WebMD, LiveScience, University Of Chicago,US National Library of Medicine National Institutes of Health

7) Natriumnitrit oder Nitrat: z. B. Käse, Fertigfleischprodukte, fleischhaltige Produkte

8) Maissirup (Fructose): z. B.; kohlensäurehaltige Getränke, Snacks, konzentrierte Fruchtsäfte, Kaffeemischungen

Wissenschaftliche Studie:
Eine Ernährung mit verarbeiteten Lebensmitteln erhöht das Risiko eines vorzeitigen Todes![10]
Laut einer in **JAMA Internal Medicine** veröffentlichten Studie erhöht eine Ernährung mit ultraverarbeiteten Lebensmitteln, definiert als „verzehrfertige oder kochfertige Zubereitungen … in der Regel in Kombination mit Zusatzstoffen", das Risiko eines frühen Todes durch Herzkrankheiten und andere Erkrankungen. Die Forscher sichteten die Ernährungsweisen von 44.551 Teilnehmern und verfolgten die Sterblichkeitsraten. Eine 10-prozentige Steigerung des Verbrauchs von ultra-prozessierten Lebensmitteln erhöhte die Salz-, Zucker- und gesättigte Fettzufuhr und verringerte die Ballaststoffzufuhr und führte zu einem um 14 Prozent erhöhten Risiko für den Tod durch Hypertonie, Krebs, Fettleibigkeit und Dyslipidämie.

---

10 Referenz: Schnabel L, Kesse-Guyot E, Allès B, et al. Association between ultraprocessed food consumption and risk of mortality among middle-aged adults in France. JAMA Intern Med. Published online February 11, 2019.
https://www.provegan.info/de/studien/studien-bluthochdruck/
studie-eine-ernaehrung-mit-verarbeiteten-lebensmitteln-erhoeht-
das-risiko-eines-vorzeitigen-todes/

SOGENANNTE GESUNDE NAHRUNGSQUELLEN

Zweifellos sind einige Lebensmittel, die seit Jahren als gesund propagiert und dementsprechend in unserem Bewusstsein konditioniert werden, diejenigen, die in der Lage sind, eine unverzichtbare und reichhaltige Nährstoffquelle für die menschliche Ernährung zu sein. Insbesondere Fleisch und Fleischwaren: Sind diese wirklich gesund, oder werden wir auch hier manipuliert?

Wann läuten endlich bei uns die Alarmglocken; das ist wohl individuell unterschiedlich, denn das Schlafbedürfnis ist schließlich bei jedem anders.

Was sind gesunde Produkte und was ist bei diesen Produkten zu beachten?

Getrocknete Früchte:
Getrocknete Früchte haben einen geringeren Wassergehalt als frische Früchte. Dies erhöht die Konzentration aller übrigen Bestandteile, darum enthalten sie eine große Menge an Antioxidantien und versorgen den Körper mit verschiedenen Vitaminen, Mineralien und sekundären Pflanzenstoffen. Darüber hinaus sorgt der hohe Ballaststoffgehalt für ein langanhaltendes Sättigungsgefühl und hat eine verdauungsregulierende Wirkung. Gleichzeitig sind Trockenfrüchte Speicher für wichtige Mineralstoffe wie Calcium, Magnesium und Kalium. Getrocknete Feigen sind die führenden Lieferanten von muskel- und nervenstärkendem Magnesium. Was ist also falsch daran?

Sind Trockenfrüchte gesund oder eine Art Zucker? Zunächst einmal müssen wir hier wissen, welches Verfahren in der Trocknungsphase verwendet wird. Der Produktionsprozess bestimmt den Nährwert des Produkts, und unverarbeitete, süße Früchte können als gesunder Snack bezeichnet werden, wenn sie in der

Sonne getrocknet wurden. Aber das verarbeitete, **zusätzlich gesüßte oder mit Sulfiten – also: Schwefel – konservierte Produkt ist wertlos.**

Warum wird getrockneten Früchten Schwefel zugesetzt?
Die Verwendung von Schwefel in der Lebensmittelproduktion ist ein zulässiger Zusatzstoff. Schwefeldioxid wird in der Regel gasförmig oder in Wasser gelöst eingesetzt. Andere verwendete Schwefelverbindungen sind Sulfite. Der Zusatz von Schwefel hat wichtige Funktionen: Er verhindert das Braunwerden der Farbe, hemmt die Wirkung von Enzymen (durch Blockieren, Verhindern oder Unterdrücken), damit die Früchte länger ihre Farbe behalten. Bei Aprikosen ist der Unterschied zwischen geschwefelten und ungeschwefelten Früchten deutlich sichtbar, die geschwefelten Früchte sind leuchtend orange, während die ungeschwefelten Früchte braun gesprenkelt und matt erscheinend. Schwefel wirkt hier als Antioxidans. Schwefel wirkt auch als Konservierungsmittel, da es das Wachstum von Bakterien, Pilzen und Hefen hemmt und Fäulnis verhindert, wodurch die Haltbarkeit von Trockenfrüchten verlängert wird. Diese Praxis kann gesundheitliche Folgen haben, insbesondere bei empfindlichen Personen können Kopfschmerzen, Übelkeit und Magenprobleme auftreten, und auch Personen mit Asthma und Allergien sollten besondere Vorsicht walten lassen. Daher sollte unbedingt auf der Verpackung von Trockenfrüchten angegeben werden, dass sie geschwefelt sind.

Frühstückscerealien, Müsli:
„Müsli ist eine gesunde, ballaststoff- und proteinreiche Frühstücksoption, bestehend aus rohen Haferflocken und hauptsächlich Frühstückszerealien, einer Vielzahl von Samen, Nüssen und getrockneten Früchten." Es wurde uns so vorgestellt, aber die meisten, die in den Supermarktregalen zu finden sind, sind Zuckerbomben und enthalten viel Zucker, Fett und verschiedene Zusatzstoffe. Wenn wir ein Beispiel geben: Manche „Knuspermüsli" enthalten 24 Gramm reinen Zucker (Gluko-

sesirup und raffinierter Zucker). Darüber hinaus haben die meisten etwa 15 Gramm Fett (pro 100 Gramm) zugesetzt. Mit rund 450 Kalorien ist so ein knuspriges Müsli nicht anders als ein Teller Schokolade. Außerdem sollte man unbedingt die Inhaltsstoffe lesen, wenn da Palmöl drinnen ist – es findet sich meist in vielen Produkten –, sollte man wissen, dass es ungesund ist. Anstatt fertige Mischungen zu kaufen, warum bereiten wir sie nicht selbst zu, mit Haferflocken, Zerealien, Kleie, Obst und Nüssen?

Palmöl:
Die Behauptung, dass dieses Öl Krebs verursacht, steht an der Spitze der gesundheitlichen Bedenken. Die Europäische Behörde für Lebensmittelsicherheit (EFSA) sagt, dass bei der Raffination von Palmöl bei Temperaturen über 200 Grad mehr krebserregende Stoffe entstehen als bei anderen Pflanzenölen. Vielleicht kaufen wir es nicht als flüssiges Öl, aber es kommt in vielen Produkten vor, die wir verwenden. Geschnittene Fertigbrote, Schokolade, Kekse, Margarine, Instantsuppe, Pizza, Pommes, etc. Nutella zum Beispiel enthält 22 Prozent Palmöl. Es wird geschätzt, dass die Hälfte der in Supermärkten verkauften Produkte Palmöl verwendet.

Margarine:
Ist Margarine, die in unseren Küchen nicht fehlt, eigentlich das Kunstprodukt der Lebensmittelindustrie, soll es gesund sein?

Denken Sie darüber nach, wie wird Pflanzenöl so gemacht, dass es wie diese feste Butter aussieht?

Dies ist nur mit industriellen, chemischen Prozessen und Zusatzstoffen möglich. Um Margarine fest zu bekommen, kann man flüssige Fette verfestigen. Dabei können aber ungesunde transfette entstehen. Die sind schlecht für das Herz-Kreislauf-System. Laut einer Studie der Harvard Medical School erhöhte der Verzehr von Margarine die Wahrscheinlichkeit, an Herzerkrankungen zu erkranken, bei Frauen um 53 % im Vergleich zu Butter. Gibt es also Nachteile?

Um die Schäden von Margarine zusammenzufassen:
Margarine erhöht das Risiko einer koronaren Herzkrankheit um
das Dreifache, erhöht den Cholesterinspiegel und LDL (schlechtes Cholesterin), senkt HDL (gutes Cholesterin). Es mindert die
Qualität der Muttermilch, schwächt das Immunsystem, vermin-
dert die Insulinreaktion der Bauchspeicheldrüse und führt zu
Diabetes. Neben dem hohen Anteil an gesättigten Fettsäuren
ist auch der Anteil an Transfettsäuren recht hoch. Diese Fettsäuren, deren Existenz gerade erst entdeckt wurde, bedrohen
ernsthaft die Gefäßgesundheit.

Seit 2005 muss die **FDA** (Food and Drug Administration)
angeben, wie viel Transfettsäure auf jedem verpackten Lebensmittel enthalten ist. Atherosklerose und koronare Herzkrankheit entwickeln sich, wenn Transfettsäuren indirekt den Cholesterinspiegel erhöhen. Wie Sie sehen können, ist Margarine
ein sehr schädliches Öl, obwohl angegeben wird, dass es vollständig pflanzlich und cholesterinfrei ist.

Energie- und Proteinriegel, Proteinpulver:
Tatsächlich gelten auch für diese Produkte die Punkte, die Sie beim
Müsli beachten müssen. Es wird gesagt, dass Energieriegel, die
speziell für Sportler hergestellt werden, die intensiv trainieren,
viel Energie und Protein enthalten. Dass sie nicht gesund sein
können, wird aber schon beim Blick auf die Zutatenliste deutlich, es sind 20 bis 30 verschiedene Zutaten, meist Zuckerersatz-
stoffe wie Glycerin oder Maltitol (E 965), gehärtetes Palmöl, das
sowohl für die Gesundheit als auch für die Umwelt bedenklich
ist, enthalten. Lebensmittel, die so stark verarbeitet und daher
ihrer ganzen Natürlichkeit beraubt sind, können einfach nur ungesund sein. Angeboten werden reine Proteinpulver und Proteinriegel bis hin zu isolierten Aminosäurepräparaten. Letzteres ist
noch nicht ausreichend erforscht und kann der menschlichen
Gesundheit ebenfalls schaden. Die Grundlage all dieser Produkte sind Milcheiweiß (Casein- und Molkeneiweiß), Weizen- und
Sojaeiweiß. Hier wird nicht einmal erwähnt, ob die verwendeten
Produkte wie Soja und Weizen GVO-Produkte sind oder nicht.

Fettreduzierte/Diät-Produkte:
Halten die Produkte, was sie versprechen? Da sie zu viele Zusatzstoffe enthalten, kann man sie nicht gerade als gesund bezeichnen. Und die Forschung zur Gewichtsabnahme zeigt, dass stark verarbeitete Produkte zur Gewichtsabnahme wenig bis gar nicht zum Gewichtsverlust beitragen. Wie hört sich das an? „Mit fettarmen Produkten kann man gesund abnehmen."

Ein sehr verlockender, gut klingender Gedanke, nicht wahr?

Ach, diese Werbungen!

Doch die Fakten sehen ganz anders aus. Die Industriemafia hat alles im Griff und ist sehr geschickt darin, Menschen zu manipulieren. Light-Produkte im Supermarkt nehmen von Tag zu Tag zu. Viele Schlankheitskonsumenten greifen zu Lebensmitteln mit niedrigem Fett- und Zuckergehalt, weil sie als gesünder gelten als die Originale. Tatsächlich findet man heute von fast jedem Produkt eine Light-Version, zum Beispiel von Milch, Joghurt, Getränken, Chips, Mayonnaise, Margarine oder Kuchen, Keksen bis hin zu Schokolade. Doch wir tun unserem Körper mit einer solchen Ernährungsweise keinen Gefallen, denn der natürliche Fettgehalt einiger Lebensmittel macht sie nützlich, gut schmeckend, vor allem bei Milchprodukten, und auch einige Vitamine werden vom Körper verstoffwechselt. Was gut schmeckt, macht auch satt und hält so länger satt. Wird das Öl künstlich rausgeholt, entsteht ein geschmackloses und unnatürliches Produkt. Das heißt, es müssen viel Zucker und einige andere künstliche Aromen beigemischt werden, um die Tatsache zu verbergen, dass es überhaupt keinen Geschmack hat. Ich glaube nicht, dass es einfach ist, unseren Körper auszutricksen, er merkt das, und zögert nicht, Sie zu quälen, indem er das Hungergefühl verstärkt.

Es ist wichtig zu beachten, dass jedes Körpervolumen auf anderes gebildet wird. Dies bedeutet, dass die körperlichen Reaktionen und der Kalorienbedarf jedes Menschen auch unterschiedlich sind. Eine Verallgemeinerung kann nicht für jeden Menschen so einfach festgelegt werden. Vielleicht spielen die Kalorien, die wir zu uns nehmen, keine Rolle, was zählt, ist das

Gleichgewicht zwischen der täglichen Kalorienzufuhr und den Kalorien, die der Körper individuell benötigt, um sie zu verarbeiten. Wenn das Gleichgewicht stimmt, wird die unerwünschte Fettspeicherung in jedem Fall eliminiert. Das heißt, dass erstens die Kalorien, die Sie aufnehmen, unter Ihrem körperlichen Bedarf liegen müssen, und zweitens, wenn Sie es übersteigen, sie egal mit welcher Aktivität verbrennen können, dann bedeutet dies, dass Sie abnehmen werden.

Typ: Es gibt viele Websites im Internet, auf denen Sie Ihren Kalorienbedarf berechnen können, zum Beispiel:
https://www.foodspring.de/kalorienrechner#kalorienbedarf

FLEISCH UND FLEISCHPRODUKTE

Dass der Verzehr von Fleisch einen hohen Stellenwert hat und der Eiweißbedarf des menschlichen Körpers nur durch tierische Produkte gedeckt werden kann, wurde uns schon früh als Schulwissen vermittelt. Als logische Folge davon haben viele von uns es als unbestrittene Tatsache akzeptiert, ohne darüber nachzudenken. Aber wer darüber nachdenkt, es hinterfragt und recherchiert, beginnt zu erkennen, dass es nicht den geringsten triftigen Grund für den Fleischkonsum gibt. Im Gegenteil, er verursacht eine Menge Ärger und Schaden (ich hoffe, Sie tun dies, bevor gesundheitliche Probleme auftreten). Gerade in der heutigen Massentierzucht – wir können sie auch Massenfleischproduktion nennen – weisen die angewandten Methoden, der Gehalt an Nährstoffen der Tiere sowie viele bei Tieren eingesetzte Arzneimittel darauf hin, dass Fleischverzehr keine natürliche Nahrungsquelle mehr ist, aber fast eine Bio-Waffe, die auf lange Sicht zum Schaden der Menschheit eingesetzt wird. **Mehr als 70 % der weltweit produzierten Antibiotika werden nicht für die menschliche Gesundheit, sondern in der Massentierhaltung eingesetzt.**

Theoretisch könnten bei menschentypgerechter Ernährung viele der folgenden Krankheiten wegfallen, die in den Industrieländern allgemein verbreitet sind: Herz- und Kreislauf-Erkrankungen, Krebs, Übergewicht, Allergien, Hautkrankheiten, Osteoporose, Rheuma, Diabetes etc. Allerdings gibt es unter Experten erhebliche Meinungsverschiedenheiten über die grundlegenden Eigenschaften der menschlichen Ernährung. Einerseits wird beispielsweise der vermehrte Fleischkonsum in der menschlichen Ernährung als artgerecht erachtet, als unbedingte Notwendigkeit dargestellt, andererseits zieht er eine bedingungslose Beschränkung des Fleischkonsums unter Berufung auf die Vielheit von Krankheiten nach sich. Die Menschen haben keinen schlüssigen Grund, Fleisch zu essen, das Gegenteil ist der Fall. Ein weiteres Argument derjenigen, die verteidigen, dass der Verzehr von Fleisch eine reichhaltige Nahrungsquelle sei, ist, dass unsere Vorfahren immer Fleischfresser waren. Stimmt das?

Es ist zu einem häufig diskutierten Thema geworden. Dann lassen Sie uns diese Frage selbst stellen: **Ist der Mensch Pflanzenfresser oder Fleischfresser, warum essen Menschen Fleisch?**

Ist die menschliche Anatomie für den Verzehr von Fleisch geeignet oder eher für den Verzehr pflanzlicher Lebensmittel wie Gemüse, Obst, Getreide?

In der Tat, wenn wir uns die Anatomie und Körperfunktionen von fleisch- und pflanzenfressenden Tieren ansehen, insbesondere das Verdauungssystem, und dann mit dem Menschen vergleichen, wird deutlich, zu welcher Gruppe die Menschen gehören, vielleicht genug Beweise, um solchen Debatten ein Ende zu bereiten. Zum Beispiel: Damit wir die Stärke in den Wurzelpflanzen verdauen können, muss sie in Zuckerpartikel umgewandelt werden. Der menschliche Speichel enthält wie bei pflanzenfressenden Tieren das Stärke abbauende Enzym Amylase. Fleischfresser schlucken ihre Nahrung, ohne viel zu kauen, Menschen und Pflanzenfresser müssen die Nahrung gründlich kauen und mit Speichel auf die Verdauung vorbereiten. Schauen Sie sich an, wie Tiere Wasser trinken, das können Sie bei Katzen und Hunden sehen, sie benutzen ihre Zunge wie einen Löffel, während wir Menschen Wasser trinken, saugen wir es, bevor wir es runterschlucken. Diese Art zu trinken ähnelt genauso den pflanzenfressenden Tieren.

Ist das alles?

Nein, es gibt noch mehr Ähnlichkeiten. **Werfen wir einen Blick auf die Liste:**[11]

---

11 Quelle: „Vegetarisches Leben", Armin Risi – Ronald Zürer; 5., 11. und 12. Zeilen, dazu hin gefügt.)

Fleischfressende Säugetiere	Pflanzenfressende Säugetiere
Sie haben Krallen.	Sie haben keine Krallen.
Sie haben keine Hautporen, sie können nicht schwitzen und der Körper kühlt durch Verdunstung über die Zunge zum Wärmeausgleich.	Die Hautatmung erfolgt durch Millionen von Poren, die verhindern den Anstieg der Körpertemperatur durch Schwitzen.
Klappzähne (nur Auf- und Abwärtsbewegung); Mund weit.	Kauzähne (auch seitlich verschiebbar); Mundloch ist klein.
Sie haben scharfe, spitze Vorderzähne, keine abgeflachten Backenzähne zum Mahlen von Nahrung.	Sie haben keine scharfen, spitzen Vorderzähne, sondern abgeflachte Backenzähne zum Mahlen pflanzlicher Nahrung.
Sie haben oft eine sehr raue Zunge, mit der sie Fleischfasern und Sehnen von Knochen und Knorpeln abkratzen können.	Die Zungen von Pflanzenfressern und Menschen sind relativ glatt.
Kleine Speicheldrüsen im Mund, saurer Speichel; kein Ptyalin-Enzym zur Vorverdauung von Getreide.	Gut entwickelte Speicheldrüsen im Mund (notwendig für die Vorverdauung von Getreide u. Früchten), alkalischer Speichel; Amylase, zu viel Ptyalin.
Der Magen hat die Form eines runden Sacks, es gibt keinen Gärungsmagen, glatte Darmoberfläche.	Der Magen hat eine längliche Form und gleichzeitig eine komplexe Darmstruktur; Darmzotten, manchmal mehr als ein Gärmagen.
Salzsäure im Magen 10-mal stärker als beim Menschen (zur Verdauung zäher tierischer Muskeln, Knochen und zur Neutralisierung von Giftstoffen im Fleisch).	Schwache Magensäure.
Das Verdauungssystem ist zwei- bis dreimal länger als der Körper (sodass verderbendes Fleisch sehr schnell aus dem Körper ausgestoßen wird).	Der Verdauungstrakt ist bis zu fünf- bis sechsmal so lang wie der Körper (nur bei Nichtwiederkäuern).

Die Leber filtert mit dem Enzym Uricase 10-15-mal mehr Harnsäure (diese wird bei jedem Fleischverzehr produziert) als ein nicht fleischfressendes Tier.	Es verfügt nicht über das Enzym Uricase zum Abbau der gefährlichen Harnsäure (Die menschliche Leber kann nur eine geringe Menge Harnsäure filtern.).
Der Urin eines Fleischfressers ist immer sauer, egal zu welcher Tageszeit.	Pflanzenfresser und Menschen haben tatsächlich basischen Urin. (Durch die vermehrte Übersäuerung vieler Menschen – durch Nahrung – haben sie jedoch oft den sauren Urin eines Fleischfressers.)
Da Fleisch nur eine geringe Menge an Vitamin C enthält, müssen Fleischfresser es selbst herstellen können, und genau das tun sie auch.	Pflanzenfresser und Menschen können kein Vitamin C produzieren. (Das liegt daran, dass wir in unserer Entwicklungsgeschichte immer frisches Obst und Gemüse gegessen haben, das dieses Vitamin in roher Form im Überschuss enthält.)

Für viele Menschen ist der Verzehr von Fleisch eine Selbstverständlichkeit, die keinerlei Bedenken auslöst. Es wurde uns bereits in jungen Jahren eingeprägt, Fleisch als die wichtigste und unverzichtbare Nahrungsquelle zu betrachten. Selbst viele Ernährungswissenschaftler, Gesundheits- und Medizinexperten, die dies nicht infrage stellen oder eigenhändig forschen, werden diese Ansicht weiterhin vertreten. Denn während ihres Grundstudiums haben sie gelernt, dass Fleischkonsum eine zentrale Rolle bei der Ernährung spielen würde.

Aber einige Gesundheitsexperten sind sich der Problematik bewusst. Einer von ihnen ist Dr. Med. **Ernst Walter Henrich**, der erzählt: „Seit über 20 Jahren beschäftige ich mich intensiv mit der Bedeutung der Ernährung für die Gesundheit. (…) Wie die meisten Verbraucher und Ärzte glaubte ich, dass Fleisch wichtig als Protein- und Eisenquelle und Milch unersetzlich für Kalzium und starke Knochen sei. (…) Deshalb habe ich mich entschieden, hart daran zu arbeiten, ob es möglich ist, ein gesundes

Leben ohne tierische Produkte zu führen. Was ich erfuhr, war ein Schock für mich. Ernährungsstudien zeigten das Gegenteil von allem, was üblicherweise von den meisten Ernährungswissenschaftlern, Ärzten und Journalisten verwendet wird. (...) Die Welt der Ernährung ist voller Lügen. Alle Nährstoffe, die der menschliche Körper für eine optimale Gesundheit benötigt, sind in pflanzlichen Produkten reichlich vorhanden, wenn ich auf die Nährstoffvielfalt und die Zufuhr von Vitamin B12 achte. Natürlich sind auch Eiweiß, Eisen und Calcium bei einer rein pflanzlichen Ernährung kein Problem!"

Einige werden nun fragen, wo liegt denn der Beweis, dass der Herr **Henrich** recht haben könnte?

Es gibt zahlreiche Studien, die uns Beweise dafür liefern können. Es stellt sich die Frage: Was können wir ernst nehmen und als seriös betrachten, welche aber auch nicht?

Viele wissenschaftliche Forschungen wurden von der Fleischindustrie selbst unterstützt und finanziert. Es ist bekannt, in welche Richtung uns die hier erhältlichen Ergebnisse führen werden. Alle anderen sind entweder unter den Tisch gekehrt, verschwunden oder sie sind manipuliert. Eine davon ist diese wissenschaftliche Studie: „Fleischesser haben ein geringeres Maß an Ausdauer und Kraft bei körperlicher Aktivität als Vegetarier", so stellte die Studie fest. Kein Wunder, eine vegetarische Kost, vor allem frisches Obst und Gemüse, hat eine lebendige Energiequelle. Das Überraschende ist, dass diese Forschung vor mehr als 100 Jahren durchgeführt wurde, aber die Ergebnisse sind fast unbekannt. Im Gegensatz zu dieser Studie wird der Fleischkonsum heute noch als von Bedeutung für die sportliche Leistung angesehen.

Sogar möglicherweise deshalb ernährten sich die römischen Gladiatoren vegetarisch.[12] Forensiker der Universitäten Wien und Bern untersuchten mit spektroskopischen Methoden die Ernährung der Krieger (2. bis 3. Jh. n. Chr.) anhand von Kno-

______

12 https://taz.de/Studie-ueber-Gladiatoren/!5029916/

chenfunden auf einem Gladiatorenfriedhof in Ephesus (Altes Römisches Reich). Das Ergebnis zeigt, dass Gladiatoren hauptsächlich pflanzliche Lebensmittel mit Getreide aßen. Man kann vermuten, dass die Knochenstudie jetzt mehr wissenschaftliche Beweise liefern könnte. Dies erscheint auch in der Enzyklopädie **Naturalis Historia** des römischen Gelehrten **Plinius des Älteren**. Plinius bezeichnete die tapferen, muskulösen Männer einfach so als „**Gerstenfresser**".

Wissenschaftliche Studien:

1) 2,3 Millionen Todesfälle pro Jahr durch Fleischkonsum![13]
Zwei Drittel der Betroffenen sterben an einem Schlaganfall – die übrigen vor allem an einer Erkrankung der Herzkranzgefäße, Typ-2-Diabetes oder an Darmkrebs. Dabei gehen die Autoren um Marco Springmann von der Universität Oxford zum Beispiel davon aus, dass rotes Fleisch tatsächlich Krebs verursacht. Die Krebsforschungsagentur der Weltgesundheitsorganisation hat aber nur verarbeitetes Fleisch als klar „krebserregend" eingestuft. Unverarbeitetes rotes Fleisch – etwa von Rind, Schwein oder Schaf – beurteilt die Agentur lediglich als „wahrscheinlich krebserregend", weil die Datenlage nicht so eindeutig ist wie für Fleischerzeugnisse.

Die Studie zeigt, dass eine zusätzliche Gesundheitssteuer auf rotes und verarbeitetes Fleisch jedes Jahr mehr als 220.000 Todesfälle verhindern und über 40 Milliarden US-Dollar an Gesundheitskosten einsparen könnte. „Was wir essen, beeinflusst in hohem Maße unsere persönliche Gesundheit und die globale Umwelt", sagt Dr. Marco Springmann, Leiter der Studie.

---

13 https://taz.de/Gesundheitsgefahr-durch-Fleisch/!5546513/#:~:text=Weltweit%20lassen%20sich%20der%20Studie,2-Diabetes%20oder%20an%20Darmkrebs.

2) Tierisches Protein steht in Verbindung mit dem Tod durch Krebs, Diabetes und Herzerkrankungen![14]

Laut einer im Fachmagazin **American Journal of Clinical Nutrition** online veröffentlichten Studie erhöht die vermehrte Zufuhr von tierischem Protein das Todesrisiko bei Patienten mit Krebs, Diabetes und Herzkrankheiten. Die Forscher untersuchten die Ernährung von 2.641 Teilnehmern aus der Kuopio Ischaemic Heart Disease Risk Factor Study und verglichen die Proteinzufuhr mit dem Tod durch chronische Krankheiten. Diejenigen, die anstelle von pflanzlichem Protein mehr Fleisch und Eiweiß aus tierischen Quellen konsumierten, erhöhten das Risiko, an chronischen Krankheiten zu sterben um 23 Prozent. Mögliche Gründe für das erhöhte Risiko sind eine verminderte Nierenfunktion und eine erhöhte Produktion von Krebs auslösenden Hormonen, die mit einer höheren Proteinaufnahme aus tierischen Quellen verbunden sind.

3) Tierisches Fett erhöht Demenz-Risiko deutlich![15]

Viele gesättigte Fettsäuren aus tierischen Fetten in der Ernährung erhöhen das Risiko für Demenz und Alzheimer erheblich. Das ist das Ergebnis einer Meta-Analyse, also einer Studie, die mehrere Studien zusammenfasst. Menschen, die zu viel tierisches Fett zu sich nahmen, hatten ein um 39 % erhöhtes Alzheimer-Risiko und ein um 105 % erhöhtes Demenzrisiko. 4

14 Referenz: Virtanen HEK, Voutilainen S, Koskinen TT, et al. Dietary proteins and protein sources and risk of death: the Kuopio Ischaemic Heart Disease Risk Factor Study. Am J Clin Nutr. Published online April 9, 2019. https://www.provegan.info/de/studien/alle-studien/studie-tierliches-protein-steht-in-verbindung-mit-dem-tod-durch-krebs-diabetes-und-herzerkrankunge/

15 Referenz: Ruan Y, Tang J, Guo X, Li K, Li D. Dietary Fat Intake and Risk of Alzheimer's Disease and Dementia: A Meta-Analysis of Cohort Studies. Curr Alzheimer Res. Epub 2018 Apr 27. https://www.provegan.info/de/infothek/aktuelles/tierliches-fett-erhoeht-demenz-risiko-deutlich/

Gramm gesättigtes Fett pro Tag erhöhen das Risiko der Alzheimer-Krankheit um 15 %.

Es gibt Hunderte weitere wissenschaftliche Forschungen dieser Art. Das regt zum Nachdenken an. Zunehmend mehr weltweite medizinische Forschungen und wissenschaftliche Erkenntnisse zeigen: Fleischkonsum verursacht viele Krankheiten, zumindest hat er eine auslösende Rolle bei der Entstehung bestimmter Krankheiten. Viele Menschen, auch diejenigen, die aus Liebe zum Tier Vegetarier sind, sind sich nicht darüber im Klaren, dass der Verzehr von Fleisch nicht nur gesundheitliche Probleme mit sich bringt, sondern auch andere Aspekte, die darüber hinausgehen. Vor allem Industrieländer gehen mit ihrem Fleischkonsum nicht nur selbst Krankheitsrisiken ein, sondern spielen auch eine Rolle für den weltweiten Hunger und dazu die Umweltverschmutzung. Wer von uns ist sich des kurzen und qualvollen Lebens eines Schlachttiers von der Geburt bis zur Hinrichtung bewusst?

Zum Beispiel, dass Kalb und Mutterkuh, die unmittelbar nach der Geburt getrennt werden, noch stundenlang schreiend einander suchen. Dieses Kalb wird, bevor es einmal Milch von seiner Mutter trinken kann, ohne jemals das Licht des Tages zu sehen, sofort isoliert. Dann wird es für einige Wochen in eine Kiste gepackt, die zu eng ist und wo es sich kaum umdrehen kann, und unter Zwang gemästet. Schließlich wird es in den Schlachthof geschickt, und das noch gerade lebende Wesen wird wenig später auf der Fleischbank zu einem blutigen Haufen Fleisch.

Wenn Sie sich dieses Bild vorstellen, denken Sie, dass es mit einem Horrorfilm konkurrieren kann? (siehe. 2. Kapitel „Tierausbeutung")

Sobald ein Tier geschlachtet wird und stirbt, werden in seinen Körperteilen je nach Temperatur und Umwelteinflüssen sofort Zersetzungsbakterien aktiviert. Krankheitserreger (alle krankheitserregenden Organismen und Substanzen) im Verdauungstrakt eines toten Tieres können relativ schnell in die Muskeln gelangen, was ein ernsthaftes Gesundheitsrisiko darstellen kann. Denken Sie darüber nach: Das Tier wird geschlachtet, in Stücke geschnitten, transportiert und wechselt den Besitzer, bis es den Ort erreicht, an dem Sie es kaufen. In der Zwischenzeit vergehen vielleicht 3 oder 4 Tage (manchmal eine Woche oder sogar mehr), obwohl das Fleisch sofort gekühlt wird, aber diese Kühlkette kann von Zeit zu Zeit unterbrochen werden. Der Verwesungsprozess beginnt, wie wir gerade erwähnt haben, sofort mit dem Tod, zuerst in einer erschlafften und weichen Muskulatur, gefolgt von der erwähnten Todesstarre, weil die Blutzufuhr und die Sauerstoffaufnahme unterbrochen sind, und 30 bis 45 Minuten nach dem Tod beginnt die Darmbarriere zu brechen, das heißt: Fäkale Bakterien können in die Bauchhöhle gelangen. Nachdem die Körpersteifheit gelöst ist, besiedeln Mikroorganismen den Körper und beginnen, ihn zu zersetzen. Rindfleisch zum Beispiel soll die beste Qualität haben, wenn es mehrere Wochen im kalten Kühlschrank gelagert wurde. Dies verzögert die Entstehung von Bakterien, die das Fleisch verderben, aber genau genommen wird der Zersetzungsprozess (mit den oben genannten Mikroorganismen) verwendet, um die beste Qualität zu erzeugen. In diesem Sinne, wenn Sie nicht den Appetit verlieren, können wir derart gehaltenes Fleisch tatsächlich „**Kadaver**" nennen. (Guten Appetit!)

Faktoren, die die Fleischqualität vor der Schlachtung beeinflussen:
Faktoren wie genetische Struktur, Pflege- und Fütterungsbedingungen, Art, Rasse und Alter von Schlachttieren haben einen großen Einfluss auf die Qualität des Fleisches, das von dem jeweiligen Tier gewonnen werden soll. Auch die bei der Schlachtung von Tieren angewandten Schlachtmethoden und die Einhaltung der Hygiene- und Hygienevorschriften in der Schlachtumgebung tragen wesentlich zur Erhaltung der Fleischqualität bei. Aufgrund der Transportbedingungen von Schlachttieren zu Schlachthöfen führt die Tatsache, dass sie vor der Schlachtung nicht ausreichend ausgeruht sind, zu einer Verschlechterung der Fleischqualität. Daher spielt das Ruhen der Metzgertiere von 6

bis 12 Stunden vor der Schlachtung eine wichtige Rolle für die Erhaltung der Fleischqualität.

Faktoren, die die Schlachtung und die Fleischqualität nach der Schlachtung beeinflussen:

Auch die bei der Schlachtung von Schlachttieren angewandten Methoden und die nach der Schlachtung auftretenden Prozesse haben einen erheblichen Einfluss auf die Fleischqualität. Beim Direktschnitt mit dem Messer wird dem Kadaver mehr Blut abgenommen als beim Schockschnitt. Mit zunehmender Blutmenge, die nach dem Schlachten im Schlachtkörper verbleibt, nimmt die Fleischqualität ab und die Haltbarkeit dieses Fleisches wird verkürzt. Die Belastung der Tiere vor der Schlachtung führt zu einer Abnahme der Fleischqualität nach der Schlachtung. Daher sollte es seriell und unmittelbar nach dem Transport des Fleisches in die Ruheräume (bei 0 bis 4 °C) erfolgen; das ist wichtig für die Erhaltung der Fleischqualität. Im Handel wird Rindfleisch „erster Wahl" meist in Scheiben, „zweiter Wahl" entweder in Scheiben oder in Würfel geschnitten, „dritter Wahl" meist als Hackfleisch zum Verkauf angeboten.

Alles, was wir essen, beeinflusst unseren Stoffwechsel und die Inhaltsstoffe unserer Nahrung verwandeln sich mit den richtigen Lebensmitteln in eine gesunde Lebensenergie. Stören wir das biologische Gleichgewicht mit ungesunden Lebensmitteln, laden wir alle Arten von Krankheiten ein. Wenn es sich bei dem, was wir essen, um tierische Lebensmittel handeln, ist es für unsere absolute Gesundheit von großer Bedeutung, dass wir wissen, was diese Tiere vor der Schlachtung gefressen haben, und welche Medikamente sie verwendet haben.

Womit werden Schlachttiere heute gefüttert?

Das Vieh durchstreift die Weide frisst Gras, Körner oder Stroh und die Hühner, ernähren sie sich von Samen, Körnern, Würmern?

Es muss doch glückliche Tiere geben, die so gefüttert werden, aber in Wohngebieten von Industriemetropolen ist das nicht möglich. Die einst lebenden Besitzer des Fleisches, das Sie in den Geschäften kaufen, haben noch nie einen solchen natürlichen Ernährungsluxus gekostet. Sie mussten spezielles Futter zu sich nehmen, das mit Hormonen und Zusatzstoffen ausgestattet war, die es ihnen ermöglichte, schnell zu wachsen und Fett anzusetzen. Als ob dies nicht genug wäre, wurden sie ständig mit unnötigen Antibiotika, Medikamenten und vielen anderen chemischen Mitteln in der Massentierhaltung vollgepumpt!

Genauso wie die **„Ertragsleistung"** in der konventionellen Landwirtschaft, gilt auch in der konventionellen Tierhaltung nämlich das Ziel**: mehr Fleisch, mehr Gewinn!**

GVO-Futter:

Laut dem Autor des Buches „**GVO: zeitgenössische Versklavung",** **Prof. Dr. Kenan Demirkol,** ist es unmöglich zu wissen, welche Auswirkungen das GVO-Futter haben wird. Weil es verboten ist, daran zu forschen (interessant, warum?). Demirkol stellte fest, dass wir keine schlüssigen Beweise für GVO haben, aber wir haben wichtige Hinweise: „Verschiedene wissenschaftliche Studien haben gezeigt, dass künstliche Genpartikel in den inneren Organen von Tieren vorhanden sind."

Die meisten unserer Fleisch- und Milchprodukte stammen von Tieren, die sich mit GVO-Futter ernähren. Besorgniserregende neue Beweise deuten darauf hin, dass dieses GVO-Futter die Tiergesundheit schädigt, was zu Bedenken über die menschliche Gesundheit führt. Es gibt eine Vielzahl von glaubwürdigen wissenschaftlichen Studien, die eindeutig zeigen, warum GVO nicht verzehrt werden sollte, und es gibt auch eine Reihe von Wissenschaftlern, die sich ihnen entgegensetzen. Ein umstrittenes Thema ist die Gentechnik. Befürworter und Gegner stehen sich unversöhnlich gegenüber, sodass es für Interessierte nicht einfach ist, einen objektiven Überblick zu erhalten. Der Hintergrund muss klar und deutlich bekannt sein, damit fatale Folgen vermieden werden können. Also, ohne vom eigentlichen Thema abzuweichen, betrachten wir es als Teil des Puzzles nach der Redensart: „den Wald trotz lauter Bäume sehen und erkennen zu können".

Verarbeitete Fleischprodukte

Ein weiteres fragwürdiges Fleischthema betrifft die Schäden von verarbeiteten Fleischprodukten wie Salami, Wurst usw., vielleicht ist er dem Schaden, den frisch gekochtes Fleisch mit sich bringt, noch ein paar Schritte voraus. N-Nitrosoverbindungen sind krebserregende Stoffe, von denen angenommen wird, dass sie für einige der negativen Auswirkungen des Verzehrs von verarbeitetem Fleisch verantwortlich sind. Sie bestehen aus Nitrit, das verarbeiteten Fleischprodukten zugesetzt wird (Natriumnitrit). Natriumnitrit wird aus 3 Gründen als Zusatzstoff verwendet, um die rote/rosa Farbe des Fleisches zu erhalten, die Fettoxidation (Verschlechterung) zu unterdrücken, das Wachstum von Bakterien zu verhindern und den Geschmack zu verbessern und das Risiko einer Lebensmittelvergiftung zu verringern.

Wie wird verarbeitetes Fleisch hergestellt?
Wenn Menschen an verarbeitetes Fleisch denken, fallen ihnen im Allgemeinen Salami, Wurst, Aufschnitt ein. Bei der klassischen Herstellung von Salami oder Wurst wird Fleisch mit verschiedenen Gewürzen vermischt. Dann wird es in den Darm gefüllt und eine gewisse Zeit abgewartet. Der Zweck hierbei ist, das Fleisch aufzusäuern und reifen zu lassen. Das wird heute bei der industriellen Produktion übersehen! Während der Fermentation wird der Inhalt des Fleisches angereichert. Auch hier kommt die Darmwand zum Einsatz. Bei der industriellen Produktion wird das Fleisch nicht mit Hefe angereichert.

Proteine im Fleisch werden durch Enzyme aufgespalten und verarbeitet. Diese wärmebehandelten Fleischsorten werden zu viel günstigeren Preisen angeboten als die mit klassischen Methoden zubereiteten. Wurst oder Salami werden in synthetische Membranen statt in Därme gefüllt. In industriell verarbeitetem Fleisch besteht die Gefahr von krankheitserregenden Bakterien. Abgesehen davon können Mikroorganismen und Pilze auch in verarbeitetem Fleisch gefunden werden. Um dies zu verhindern, werden den Produkten Konservierungsstoffe wie Nitrate und

Benzoate zugesetzt. Auf diese Weise kann das Fleisch nicht mehr verderben. Das ist das Geheimnis, etwa einen Hamburger so lange intakt zu halten. Nachdem diese Substanzen jedoch dem Fleisch zugesetzt wurden, verliert das daraus entstehende Produkt seinen natürlichen Geschmack. Darum werden verschiedene Zusatzstoffe verwendet, um das Aroma künstlich wieder zu erzeugen. Mononatriumglutamat, bekannt als chinesisches Salz, ist eines davon.

Ist Nitrat gesundheitsschädlich?

Nitrat kann im Körper durch spezielle Bakterien in Nitrit umgewandelt werden und in Verbindung mit Magensäure kann es krebserregend sein. Vor allem Kleinkinder und Babys sollten sich von Produkten fernhalten, die diese Substanz enthalten, weil es die Sauerstoffaufnahme im Blut hemmt. Im schlimmsten Fall kann das Baby ersticken. Alle bisherigen Studien zeigen, dass verarbeitetes Fleisch ungesund ist. Auch die Bildung von Magen- und Darmkrebs, insbesondere des Verdauungssystems, nimmt zu. Wissenschaftler sind der Meinung, dass der Verzicht auf Nitrat Tausende von Krebsfällen verhindern könnte, bei denen jährlich Menschen sterben. Wer zu viel verarbeitetes Fleisch isst, hat ein erhöhtes Krebsrisiko.

Wissenschaftliche Studien:

1) Bereits kleine Mengen verarbeiteten Fleisches erhöhen das Krebsrisiko![16]

Laut einer in der Fachzeitschrift **International Journal of Epidemiology** veröffentlichten Studie kann ein einziges Stück

---

16 Referenz: Bradbury KE, Murphy N, Key TJ. Diet and colorectal cancer in UK Biobank: a prospective study. Int J Epidemiol. Published online April 17, 2019. https://www.provegan.info/de/studien/studien-krebs/studie-bereits-kleine-mengen-verarbeiteten-fleisches-erhoehen-das-krebsrisiko/

Speck, das täglich verzehrt wird, das Risiko für Darmkrebs um 20 Prozent erhöhen. Die Forscher verglichen den Verzehr von verarbeitetem Fleisch mit dem Krebsrisiko und stellten fest, dass der Verzehr von 25 Gramm verarbeitetem Fleisch pro Tag, etwa eine Scheibe Schinken oder Speck, das Krebsrisiko um etwa 20 Prozent erhöhte, verglichen mit denen, die am wenigsten konsumierten. Die Zugabe von 50 g Fleisch pro Tag oder eine Portion Roastbeef oder Lamm erhöhte das Risiko um 19 Prozent. Diejenigen, die mehr Ballaststoffe aus Brot und Getreide verzehrten, reduzierten ihr Risiko um 14 Prozent. Die Autoren empfehlen, die Aufnahme von rotem und verarbeitetem Fleisch zu reduzieren, um das Krebsrisiko gering zu halten.

2) Verarbeitetes Fleisch erhöht das Brustkrebsrisiko![17]

Laut einer im **European Journal of Cancer** veröffentlichten Studie erhöht der Fleischkonsum das Risiko für Brustkrebs. Die Forscher untersuchten den Fleischkonsum und die Krebsinzidenzraten für 262.195 Frauen aus der UK Biobank über einen Zeitraum von 7 Jahren. Diejenigen, die am meisten verarbeitetes Fleisch pro Tag konsumierten (durchschnittlich 20,2 Gramm pro Tag oder weniger als die Hälfte eines normalen Hotdogs), steigerten ihr Risiko um 21 Prozent im Vergleich zu denen, die am wenigsten konsumierten. In dieser Studie wurde verarbeitetes Fleisch als Speck, Schinken, Würstchen, Fleischpasteten, Kebab, Burger und Chicken-Nuggets definiert. Die Autoren führten auch eine Meta-Analyse von 11 Studien durch und stellten fest, dass das Krebsrisiko insgesamt und das Krebsrisiko nach der Menopause mit dem Verzehr von verarbeitetem Fleisch erhöht waren.

---

17 Referenz: Anderson JJ, Darwis NDM, Mackay DF, et al. Red and processed meat consumption and breast cancer: UK Biobank cohort study and meta-analysis. Eur J Cancer. 2017;90:73-82.
https://www.provegan.info/de/studien/alle-studien/studie-verarbeitetes-fleisch-erhoeht-das-brustkrebsrisiko-1/

Milch und Milchprodukte

Der moderne Mensch neigt dazu, die Frage nach der Notwendigkeit des Milchkonsums bedingungslos zu billigen. Diese Ansicht ist vor allem kultureller Natur und dem Einfluss der Werbung in den letzten Jahren geschuldet. Wie beim Fleisch, ist auch bei der Milch bewiesen, dass der Mensch ohne sie besser leben kann. Die Milchindustrie erzählt seit vielen Jahren Geschichten über den Milchkonsum; gesundes Kalzium und viele Nährstoffe werden erwähnt. Aber vieles wird auch geheim gehalten. Das Gerücht, das Kalzium in der Milch sei wichtig für Knochen und Zähne, ist längst entkräftet. Denn die Situation ist genau umgekehrt. Der Konsum von Milchprodukten verhindert tendenziell, dass der Körper Kalzium verwertet. Und dieses Calcium kann viel besser durch Gemüse aufgenommen werden als durch Milch. Es wird auch vermutet, dass es einen Zusammenhang zwischen Osteoporose und Milchkonsum gibt.

Tierische Milch – naturbelassen und vor allem industriell verarbeitet – ist also naturgemäß keine geeignete Nahrung für Menschen. Heute trifft dieses Phänomen umso mehr zu, da als Nahrungsmittel genutzte Tiere mit Antibiotika, Hormonen oder Anabolika behandelt oder über das Futter zugeführt werden. Dadurch können Rückstände der Medikamente im Fleisch und Milch der Tiere (in einer 5-fachen Konzentration durch Milch und etwa 14-fache Konzentration durch Fleisch) verbleiben und somit ein Gesundheitsrisiko für die Verbraucher darstellen. Selbst bei hohen Konzentrationen können diese Schadstoffe über die Muttermilch auf das eigene Kind übertragen werden. Weltweit werden 70 % der Antibiotika nicht an die Humanmedizin, sondern an die Massentierhaltung verabraucht, oftmals als vorbeugende Maßnahme. Tierische Milch hat daher ein erhöhtes Risiko für Allergien beim Menschen; sie bedeutet eine ungewollte Antibiotika-Einnahme, Übersäuerung, mehr Cholesterin, Eiweiß usw.

Der weltberühmte Kinderarzt Dr. Benjamin Spock (1903–1998), sagte in seinem jahrzehntealten Bestseller „**Spock's**

Baby and Child Care", dass neben Muttermilch auch die richtige, vegane Ernährung ideal für Babys und Kleinkinder sei.

Das wurde auch von der weltweit größten Organisation professioneller Lebensmittel- und Ernährungswissenschaftler bestätigt: Die **American Association of Nutritionists** sagte in ihren offiziellen Positionspapieren: „Eine gut geplante vegane oder andere Art der vegetarischen Ernährung ist für alle Lebensphasen geeignet, einschließlich Schwangerschaft, Stillzeit, Kindheit und Jugend." (American Dietetic Association 2003/103)

Ethische Argumente:

Bei Kühen ist es wie beim Menschen, sie geben nur Milch, wenn sie Würfe haben. Kühe werden künstlich besamt, ihre Nachkommen werden sofort nach der Geburt weggebracht und für Stunden und Tage im Stehen an Maschinen angebunden. Oft sind die Brüste der Muttertiere wund, entzündet, und dies ist eine äußerst schmerzhafte Prozedur. Dann werden Antibiotika und andere Medikamente eingesetzt. Was grotesk ist, sind die Abbildungen von glücklichen grasenden Kühen auf Milchkartons, die eigentlich nichts weiter als ein Haufen Elend sind.

Wenn das nicht deine Mutter ist, gehört auch diese Milch nicht dir!

Denken Sie daran: Der Mensch ist das einzige Säugetier, das im Erwachsenenalter noch Babynahrung zu sich nimmt und gleichzeitig mit dem, was seiner Art fremd ist, weiterlebt. Während gesunde Muttermilch, die stets perfekt an das Wachstum des Babys angepasst ist, von grundlegender Bedeutung für die körperliche und psychische Entwicklung des Kindes ist, birgt artfremde Milch viele Probleme. Eine Kuh produziert Milch, die für das Kalb und seine Bedürfnisse geeignet ist, Bedürfnisse, die für das menschliche Kind völlig anders sind. Ein Kalb steht von den ersten Minuten an auf den Beinen und wächst schnell, daher braucht es die richtige Ernährung. Ein Menschenkind kann nicht gleich aufstehen, es wächst in einem anderen Rhythmus auf und entwickelt in erster Linie sein Gehirn. Tierische Milch konzentriert sich jedoch nicht auf das Gehirn, sondern unterstützt die allgemeine Wachstumsdynamik, die für das Überleben des Jungtiers notwendig ist. Sobald das Tier alt wird, hört es instinktiv auf, Milch zu trinken. Es trinkt also nicht einmal mehr die Milch seiner eigenen Artgenossen!

Pasteurisierte Milch:

Im Allgemeinen wird die Pasteurisierung durchgeführt, um die Haltbarkeit etwa von Milch zu gewährleisten, indem fast alle schädlichen Pathogenen, Mikroorganismen in der Milch zerstört werden, die auf unterschiedliche Temperaturen und zu unterschiedlichen Zeiten erhitzt wird. Zum Beispiel die Pasteurisierung bei sehr hoher Temperatur: Bei solchen Pasteurisierungsprozessen wird Milch 2 bis 4 Sekunden lang auf 135 °C bis 140 °C erhitzt. Somit ist die Haltbarkeit für lange Zeit dauerhaft. Andererseits verdirbt pasteurisierte Milch den Nährwertgehalt der Milch – der Prozess zerstört Enzyme. Es macht chemisch keinen Unterschied (außer, dass die Milch dann weniger Bakterien enthält), aber ihre Vitalität wird zerstört. Das ist ein Grund, warum Kinder, die hauptsächlich pasteurisierte Milch trinken, schlechtere Zähne haben. Einen noch schlechteren Effekt hatte die Pasteurisierung von Milch in einem Kälberversuch. Sie starben innerhalb von drei Wochen, nachdem sie nur mit der pasteurisierten Milch von ihrer Mutterkuh gefüttert wurden! Wieso das denn? Weil die Vitalität der Milch (Enzyme) zerstört wird, sodass das Kalb sich nicht mehr mit einer lebenswichtigen Ressource versorgen konnte.

Dank der großen PR-Melkmaschine der Milchindustrie wird Kuhmilch seit Langem als bevorzugte Kalziumquelle angepriesen. Wenn Sie Milchprodukte (Käse, Joghurt oder Eiscreme) konsumieren, fördern Sie wahrscheinlich auch eine Vielzahl von Gesundheitsproblemen, von denen Laktoseintoleranz nur eines ist. Milch ist nicht nur schlecht für den Menschen, sondern auch für die Kühe selbst!

12 Gründe, keine Kuhmilch mehr zu trinken:[18]

1. Schwache Knochen: Trotz der Meinung, dass Kalzium gut für die Knochen ist, ist das Gegenteil der Fall. Kuhmilch entzieht aus unseren Knochen tatsächlich Kalzium. Tierische Proteine produzieren Säure, wenn sie abgebaut werden, und Kalzium ist ein ausgezeichneter Säureneutralisator. Um die Säuren zu neutralisieren und auszuspülen, muss unser Körper auf das in der Milch enthaltene Calcium und einen Teil unserer eigenen Calciumreserven zurückgreifen. Aus diesem Grund hat eine medizinische Studie nach der anderen gezeigt, dass Menschen, die viel Kuhmilch konsumieren, deutlich höhere Frakturraten aufweisen als Menschen, die wenig oder keine Milch trinken.

2. Prostatakrebs: Milch und Käse werden mit einem erhöhten Risiko für Prostatakrebs in Verbindung gebracht.

3. Laktoseintoleranz: Die Laktose in Kuhmilch kann für den Menschen schwer verdaulich sein und Übelkeit, Krämp-

---

18 https://medizin-heute.net/12-gruende-keine-kuhmilch-mehr-zu-trinken

fe, Blähungen und Durchfall verursachen. Schwierigkeiten mit der Milchverdauung können sich auch später im Leben entwickeln und zu einer fortschreitenden Verschlechterung der Symptome führen.

4. Akne: In mehreren Studien wurde der Verzehr aller Arten von Milchprodukten mit einer erhöhten Prävalenz von Akne (Häufigkeit bestehender Fälle in einer definierten Population an einem bestimmten Ort im Laufe der Zeit) und Schweregrad bei Jungen und Mädchen in Verbindung gebracht. Oft ist Milchkonsum die Ursache für schwere Akne.

5. Cholesterin: Eine einzelne Portion Milch kann bis zu 24 mg herzschädigendes Cholesterin enthalten. Eine Portion Käse (30 g) enthält 30 mg. Allerdings enthält kein pflanzliches Lebensmittel Cholesterin.

6. Eierstockkrebs: Eierstockkrebs ist eine zunehmend häufige Krebsart bei Frauen geworden. In einer schwedischen und einer niederländischen Studie war die Wahrscheinlichkeit, dass Frauen, die öfter Milchprodukte konsumierten, an serösem Eierstockkrebs erkrankten, doppelt so hoch.

7. Milchallergien: Milchallergien sind von einem anderen Kaliber als die Milchzuckerunverträglichkeit und können potenziell starke und gefährliche Reaktionen (normalerweise bei kleinen Kindern) wie Erbrechen oder Anaphylaxie hervorrufen.

8. Antibiotika: Kühe werden oft mit Antibiotika vollgepumpt, um sie über Wasser zu halten und Krankheiten vorzubeugen, da die Fabrik unter schmutzigen Bedingungen Milch produziert. Dieser Antibiotikamissbrauch führt auch zu einer Zunahme antibiotikaresistenter Bakterien. Wenn Menschen mit diesen Bakterien infiziert sind, reduzieren Antibiotika bestenfalls ihre Wirksamkeit und machen sie im schlimmsten Fall machtlos und anfällig für Krankheiten.

9. Gesättigte Fettsäuren: Eine einzelne Portion Vollmilch kann mehr als 20 Prozent der empfohlenen Tagesdosis an gesättigten Fettsäuren enthalten. Wenn Sie drei Portionen Vollmilch zu sich nehmen, erreichen Sie 60 Prozent des Tages, noch bevor Sie etwas essen.

10. Gewichtszunahme: Trotz Behauptungen der Industrie fand eine Studie mit mehr als 12.000 Kindern heraus, dass sie umso mehr an Gewicht zunehmen, je mehr Milch sie trinken, und dass Magermilch und 1-Prozent-Milch tatsächlich mehr Gewichtszunahme verursachen als das Trinken von 3-Prozent- oder Vollmilch. Die Studie ergab auch, dass das Ersetzen von Limonade durch Milch nicht zu Gewichtsverlust führte.

11.Natrium: Käse, 100 gr. kann bis zu 1.400 mg Natrium pro Kopf enthalten. Sorten wie Halloumi, Feta und Edamer sind so mit Natrium beladen, dass sie tatsächlich salziger sind als Meerwasser.

12. Käse macht süchtig: Käse wird aus Milch hergestellt und hat einen hohen Kaseingehalt. Casomorphine werden während der Verdauung aus Milcheiweiß gebildet. Und es gibt einen evolutionären Grund, warum Milch Casomorphin enthält (eine Art Morphinderivat. Es macht süchtig. Eine Variante ist Kasein, und raten Sie mal? Ja, Milch.): Es ermutigt die Nachkommen, sich mit ihren Müttern zu verbinden. Außerdem macht Milch die Tiere nicht nur satt, sondern beruhigt sie auch. Muttermilch enthält ebenfalls Casomorphine, jedoch in einer viel geringeren Dosis als Kuhmilch. In Käse sind Casomorphine (Peptide von Milchproteinen, die während der Verdauung entstehen) viel konzentrierter als Milch. Dadurch erzeugen Casomorphine auch eine medikamentenähnliche Wirkung: Der Blutdruck wird gesenkt, das Schmerzempfinden wird reduziert und ein schläfriger Entspannungszustand tritt ein. Und unser Körper gewöhnt sich sehr schnell an diese Situation. Danach sehnen wir uns immer, mehr zu essen, bedeutet also: mehr Käse mehr Art von Vergiftung.

Milchkühe pressten Mitte des 20. Jahrhunderts noch 2.349 Liter aus ihren Eutern – heute sind es mit 8.059 Litern deutlich mehr als das Dreifache. Umgerechnet produzieren die „Hochleistungsmaschinen" damit 26 Liter Milch am Tag!
Finden Sie es nicht brutal?

Wissenschaftliche Studie: Milchprodukte erhöhen das Risiko eines vorzeitigen Todes! (2019)

Laut einer im BMJ veröffentlichten Studie haben Erwachsene, die die meisten Milchprodukte konsumieren, das höchste Risiko eines vorzeitigen Todes. Unter den 217.755 Teilnehmern der drei großen Harvard-Kohortenstudien, der Nurses Health Study, der Nurses Health Study II und der Follow-up-Studie von Healthcare Professionals, hatten diejenigen, die die meisten Milchprodukte konsumierten, das höchste Risiko für Gesamtmortalität, kardiovaskuläre Mortalität und Krebs-Mortalität. Wissenschaftler haben auch herausgefunden, dass das Todesrisiko reduziert wird, wenn Milchprodukte durch Bohnen, Vollkornprodukte oder Nüsse ersetzt werden.

Zitate zum Nachdenken:

„Achte auf deine Gedanken, denn sie werden zu Worten. Achte auf deine Worte, denn sie werden zu Handlungen. Achte auf deine Handlungen, denn sie werden zu Gewohnheiten. Achte auf deine Gewohnheiten, denn sie werden dein Charakter. Achte auf deinen Charakter, denn er wird dein Schicksal!“
Mahatma Gandhi

„Je weniger die Leute wissen, wie Würste und Gesetze gemacht werden, desto besser schlafen sie!“
Otto von Bismarck

„Wer das Öl kontrolliert, ist in der Lage, ganze Nationen zu kontrollieren; wer die Nahrung kontrolliert, kontrolliert die Menschen und wer das Geld kontrolliert, beherrscht die Welt!“
Henry Kissinger

„Du hast nur einziges Habgut, das dir gehört, und das ist dein Körper; wenn du ihn verachtest, wird er sich bitter rächen, aber wenn du ihn gut versorgst, wirst du immer einen Platz auf seinem Haupt haben!“

Nurcan Gross

Eier

Wir können das Ei auch „flüssiges Fleisch" nennen. Sie beginnen im langen Darmtrakt des Menschen schneller zu faulen als Fleisch. Eier enthalten von allen Lebensmitteln mit 150 bis 220 Millionen den höchsten Anteil an Fäulnisbakterien pro Gramm und vermehren sich in unglaublichem Tempo. Salmonella ist ein krankheitserregendes Bakterium, das unangenehme Lebensmittelvergiftungen verursacht. Laut dem Center for Disease Control (CDC) können Salmonella-Bakterien sowohl außerhalb als auch innerhalb des Eies gefunden werden. Andere mögliche Schäden: Gewichtszunahme bei übermäßigem Verzehr, denn der Fettgehalt ist hoch – ein Ei hat ca. 75 Kalorien –, es enthält viel Cholesterin; wenn zu viel Cholesterin im Blut ist, wirkt es sich nachteilig auf die Arterienwände aus. Außerdem kann es Allergien und Hautkrankheiten auslösen. Mit anderen Worten, gehören Eier nicht gerade zu den gesündesten und am besten verdaulichen Nahrungsmitteln.

Wissenschaftliche Studie: Eierkonsum erhöht das Sterberisiko! [19]

Der Verzehr von Eiern erhöht das Todesrisiko durch allgemeine und kardiovaskuläre Erkrankungen. Das ist das Ergebnis einer im **European Journal of Nutrition** veröffentlichten Studie. Die Forscher verglichen den Verzehr von Eiern mit dem Sterberisiko bei 20.562 Teilnehmern ohne Krebs oder Herzerkrankungen. Nach durchschnittlich 8,2 Jahren hatten diejenigen, die mehr als vier Eier pro Woche aßen, ein höheres Risiko, an allen Ursachen, Herzkrankheiten und Krebs zu sterben, als diejenigen, die keine Eier oder weniger Eier pro Woche aßen. Der

---

19 Referans: Ruggiero E, Di Castelnuovo A, Costanzo S, et al. Egg consumption and risk of all-cause and cause-specific mortality in an Italian adult population. Eur J Nutr. Published online March 24, 2021. doi: 10.1007/s00394-021-02536-w

mäßige Verzehr von zwei bis vier Eiern pro Woche erhöhte das Krebssterblichkeitsrisiko (Sterblichkeitsrate) und die Sterblichkeit von allen Ursachen und Herzkrankheiten um 22 % bzw. 43 %. Patienten mit Bluthochdruck und Hyperlipidämie hatten ein erhöhtes Sterberisiko, wenn sie einmal pro Woche Eier verzehrten. Mehr Cholesterin in der Nahrung und höheres Gesamtcholesterin aus der Aufnahme von Eiern waren für ein erhöhtes Sterberisiko verantwortlich. Diese Ergebnisse legen nahe, dass Ernährungsrichtlinien den Verzehr von Eiern einstellen sollten, insbesondere für Hochrisikopersonen mit Bluthochdruck und Hyperlipidämie.

Wissenschaftliche Studie: Cholesterin aus Eiern verursacht vor- zeitigen Tod![20]

Laut einer in der medizinischen Fachzeitschrift **Plos Medicine** veröffentlichten Studie erhöht Cholesterin aus dem Verzehr von Eiern das Risiko eines vorzeitigen Todes durch Herzerkrankungen. Die Wissenschaftler untersuchten bei mehr als 500.000 Teilnehmern die Cholesterinaufnahme über die Nahrung und den Verzehr von Eiweiß (Eigelb), Vollei und Ei-Ersatz und verzeichneten Todesfälle durch Herzerkrankungen. Bereits der Verzehr eines halben Eies pro Tag war mit mehr Todesfällen durch Herzkrankheiten, Krebs und anderen Ursachen verbunden. Das Sterberisiko stieg um bis zu 24 % pro 300 Milligramm Cholesterin pro Tag. Die Autoren brachten das Risiko des Eierkonsums mit einem erhöhten Cholesterinspiegel im Blut in Verbindung und schlugen vor, Eier durch andere Proteinquellen wie Nüsse oder Hülsenfrüchte zu ersetzen, um die Herzgesundheit zu stabilisieren.

---

20 Referans: Zhuang P, Wu F, Mao L, et al. Egg and cholesterol consumption and mortality from cardiovascular and different causes in the United States: A population-based cohort study. PLoS Med. 2021;18:e1003508-e1003531. doi: 10.1371/journal.pmed.1003508

Meerestiere

Tatsächlich gelten fast alle Probleme, mit denen wir uns bei Fleisch und Fleischprodukten befassen, auch für Fisch und andere aquatische Produkte. Betrachtet man darüber hinaus die gesundheitsgefährdenden Schäden an Wasserlebewesen durch Umweltbelastungsfaktoren (auf Umweltbelastungen wird in Kapitel 2 eingegangen), so stoßen wir in diesem Zusammenhang auf die Notwendigkeit, den Konsum ernsthaft zu hinterfragen. Darüber hinaus gibt es eine Massenproduktion von Wassertieren, wie es Massenvieh an Land gibt. Es heißt mit einem schön klingenden Namen „**Aquakultur**", als würde es etwas was Edles beschreiben.

Was ist Aquakultur?
Kostengünstige und einfache kontrollierte Produktion von Wasserorganismen in Meer- und/oder Binnengewässern. Fische leben normalerweise in Tanks mit Stahlkonstruktion oder in Käfigen im Wasser. Da sie einen begrenzten Bewegungsumfang haben und starkem Stress ausgesetzt sind, haben sie häufig Verletzungen und Krankheiten, sodass der Einsatz von Antibiotika und anderen Chemikalien erforderlich ist. Da viele Fischfarmen ihre Käfige aus Kostengründen im Meer halten, gelangen diese Medikamente und Antibiotika auch direkt ins Meer, wo sie sich auch jetzt noch befinden. Also sind auch andere in der Nähe lebende Wasserlebewesen davon betroffen? Durch Fischereierzeugnisse verursachte Krankheiten wie etwa allergische Reaktionen, anaphylaktischer Schock (eine schwerwiegende, potenziell lebensbedrohliche allergische Reaktion, die sofort behandelt werden muss), Scombrotoxin (verursacht durch den Verzehr von Fischprodukten, die unter ungeeigneten Bedingungen gelagert wurden), Tetraminvergiftung, Vergiftung durch paralitische Schalentiere wie Salmonellen oder viele andere Viruserkrankungen sowie Hepatitis-A-Virus.[21]

---

21 Ein Darmvirus, das von Schalentieren, die in verschmutztem Wasser wachsen, auf den Menschen übertragen werden kann.

VEGETARISMUS

Früher oder später muss die Menschheit kollektiv zum Vegetarismus übergehen, ob sie es will oder nicht. Denn in vielerlei
Hinsicht scheint es unwahrscheinlich, dass der Mensch weiterhin seinen Fleischkonsum aufrechterhält.
Warum?

**Die 4 wichtigsten Gründe, warum wir Vegetarier wer-
den sollten:**

- **Für unsere Gesundheit:**
Wie wir bereits im Abschnitt „Fleisch und Fleischprodukte"
erwähnt haben, verursacht der Fleischkonsum verschiedene Krankheiten, um Tiere ruhig zu halten, um mit verschiedenen Infektionen umzugehen und um sie Fett zu machen,
werden – sogar routinemäßig – Antibiotika, Beruhigungsmittel, Hormone, Zusatzstoffe und andere Medikamente
verwendet. Wenn du Fleisch isst, nimmst du all diese in
deinen Körper auf und es ist nicht bekannt, wie es sich in
Zukunft auf deine Gesundheit auswirken wird. In Amerika
werden 55 % der Antibiotika für Tiere verwendet, weltweit
über 70 %, und der Anteil der Staphylokokken-Bazillen[22], die
Resistenzen gegen Penicillin entwickeln, stieg 1960 von 14 %
auf 1988 auf 91 %. Was meint ihr, heute nach 40 Jahren auf
wie viele % es gestiegen sein könnte?

---

22 Staphylokokken sind kugelförmige Bakterien, die zur normalen Flora von Haut und Schleimhäuten beim Menschen zählen. Allerdings
gibt es Arten, die Infektionen, z. B. eitrige Hautinfektionen, Lebensmittelvergiftungen auslösen.

- **Um den Welthunger zu stoppen:**
Wussten Sie, dass das Problem des Hungers in der Welt über Nacht verschwinden würde, wenn Menschen die Pflanzen selbst verzehren würden, statt die Pflanzen, die sie anbauen, zu ernten und an Tiere zu verfüttern?
Agrarflächen bedeckten auf der Erde im Jahr 2019 insgesamt 4,8 Milliarden Hektar. Davon waren knapp 1,6 Milliarden Hektar landwirtschaftliche Anbaufläche, auf der zum Beispiel Getreide oder **Tierfutter** kultiviert wurde. Pro Tag frisst eine ausgewachsene Kuh zwischen 50 bis 80 kg Frischmasse (je nach Rasse), und trinkt dazu etwa 50 Liter Wasser. Denken Sie daran, dass auf ca. 20 Hektar Land zwar nur genug Rindfleisch produziert wird, um ca. 10 Menschen zu ernähren, es aber tatsächlich genug Weizen produzieren kann, um 500 Menschen zu ernähren. (Details: „Welthunger")

- **Ethische Gründe:**
Veganer essen kein tierisches Fleisch oder tierische Produkte, weil sie ihre Produktionsprozesse nicht mit ihren eigenen moralischen Werten in Einklang bringen können. Getötete Tiere sterben in Verzweiflung, Angst und Schmerz. Dieses Massaker wird fast überall gnadenlos und unmenschlich durchgeführt. Tiere können genauso Schmerz und Angst empfinden wie Menschen. Wer möchte seine letzten Stunden lieber auf einer LKW-Ladefläche verbringen, eingesperrt mit Hunderten von verängstigten Tieren, und dann plötzlich brutal in eine blutgetränkte, stinkende Todeskammer geschoben werden? Wer immer Fleisch isst, gilt als Tolerant und Befürworter dieser Behandlung von Tieren. (Details: „Tierausbeutung")
Außerdem fragt man sich: Wie viele Menschen unter uns, abgesehen von Metzgern, würden ein Lebewesen, ohne zu zucken, töten, nicht weil sie hungrig sind, sondern nur aus Freude daran, das Fleisch dieses Tieres zu essen? Wer kann ein solches liebenswürdiges Lebewesen, das noch atmet, sich bewegt, zuschaut, schlachten?

Wenn wir sie nicht mit unseren eigenen Händen töten, bleiben wir ignorant und verantwortungslos, aber andererseits stehen die verpackten, toten Teile einst lebendiger Körper still in den Regalen wie jeder andere Gegenstand, und wir kaufen ihn unter dem Namen Lebensmittel.

- **Zum Schutz der Natur:**
  Die Süßwasserressourcen der Welt werden zunehmend durch Nutztiere zerstört, und Viehzüchter sind die größten Wasserverschmutzer. Im globalen Durchschnitt sind es über 15.400 Liter pro Kilogramm Rindfleisch. Rinder verbrauchen selber zwischen 40 und 50 Liter Wasser pro Tag. Bei Milchkühen ist der Wasserverbrauch von der Milchmenge abhängig. Er beträgt 60 bis 125 Liter am Tag. Die Hälfte der Regenwälder der Welt wird gerodet, um Platz für das Grasen der Rinder für Ihren Fleischverzehr zu schaffen. 20 % der Treibhausgase entstehen durch das Abbrennen von Wäldern. Durch die Zerstörung des Regenwaldes sterben jedes Jahr 1.000 Tierarten aus. (Details: „Ökologische Lebensgrundlagenzerstörung" und „Umweltverschmutzung")

Was genau steckt hinter einem Kilogramm Rinderkörperstück?
Um ein einziges Kilo Körperteil vom Tier (ca. 300/350 kg Fleischmenge) als Nahrungsmittel zu erzeugen, braucht man Folgendes: Wasserbedarf: 15.400 Liter, Treibhausgase: 22 Kilogramm, Nutzfläche: 27 bis 49 Quadratmeter, Getreide: 3,9 bis 9,4 Kilogramm. Wir dürfen nicht vergessen; es ist in unseren Köpfen tief verwurzelt, dass Fleisch eine natürliche und notwendige Nahrung ist, aber das, was gegessen wird, sind nichts anderes als Teile eines Kadavers. Pflanzen sind lebendig, und Pflanzenzellen leben und wachsen sogar noch lange nach der Ernte. Die Zellen kommunizieren energetisch miteinander. Wenn wir pflanzliche Lebensmittel essen –vor allem roh – nehmen wir deren Lebensenergie auf und wandeln sie in einem gut funktionierenden Stoffwechsel leicht in unsere eigene Energie um.

Veganer verzichten auf tierische Produkte, weil sie das Angebot in den Supermärkten verändern wollen. **Die Erfolge zeigen sich bereits jetzt** – der Umsatz mit veganen (und vegetarischen) Produkten ist in den Jahren 2017 bis 2019 um etwa 65 Prozent angestiegen.

Auch eine Studie der University of Oxford kommt zu dem Schluss, dass durch die Ernährung der Weltbevölkerung mit Gemüse Millionen Leben gerettet und die Treibhausgasemissionen deutlich reduziert werden könnten. Die Studie bestätigt auch die wirtschaftlichen Gründe für den Nährstoffaustausch.

1.) Studie: Beeren und Früchte schützen vor Alzheimer![23]
Laut einer im **American Journal of Clinical Nutrition** veröffentlichten Studie tragen Flavonoide in Beeren, Äpfeln und anderen pflanzlichen Lebensmitteln zum Schutz vor Alzheimer und der damit verbundenen Demenz bei. Die Forscher überprüften die Daten der Ernährung von 2.801 Personen und verglichen die Flavonoid-Aufnahme mit den Inzidenzraten für Demenz. Die Personen, die die höchste Flavonoid-Aufnahme aus Orangen, Birnen, Erdbeeren und anderen pflanzlichen Lebensmitteln aufwiesen, hatten ein um 40 % geringeres Risiko von Demenz als diejenigen mit der niedrigsten Flavonoid-Aufnahme. Diese pflanzlichen Nahrungsmittel verbessern die Durchblutung des Gehirns, was im späteren Leben vor kognitiven Defiziten schützen kann. Die Autoren führen das verringerte Risiko auf antioxidative und anti-neuroinflammatorische Effekte zurück, die mit der Aufnahme von Flavonoiden verbunden sind.

---

23 Referenz: Shishtar E, Rogers GT, Blumberg JB, Au R, Jacques PF. Long-term dietary flavonoid intake and risk of Alzheimer disease and related dementias in the Framingham Offspring Cohort. Am J Clin Nutr. Published online April 22, 2020.
https://www.provegan.info/de/studien/studien-demenz-alzheimer/studie-beeren-und-fruechte-schuetzen-vor-alzheimer/

2.) Studie: Veganer haben wesentlich niedrigere Sterblichkeitsraten als Fleischesser![24]

Die Studie wurde im **JAMA Internal Medicine Journal** veröffentlicht und entfacht die Debatte über die zunehmend beliebtere vegane Ernährungsweise inmitten widersprüchlicher medizinischer Ratschläge und Beweise für ihre Auswirkungen auf die Gesundheit der Befürworter. Die Forschung wurde von Wissenschaftlern des Massachusetts General Hospital durchgeführt, die im Laufe von dreißig Jahren die Gesundheits- und Ernährungsaufzeichnungen von mehr als 130.000 Menschen überwachten. Sie fanden heraus, dass jeder dreiprozentige Anstieg der Kalorien aus Pflanzenprotein das Todesrisiko um 10 Prozent senkte. Die Zahl steigt auf 12 Prozent für das Risiko, an einer Herzkrankheit zu sterben. Im Gegensatz dazu führte eine Erhöhung des Anteils an tierischem Eiweiß in der Ernährung zu einem um zwei Prozent erhöhten Todesrisiko. Dies erhöhte die Wahrscheinlichkeit, an einer Herzkrankheit zu sterben. Der Ersatz von Pflanzeneiweiß durch Eier führte zu einer Verringerung des Todesrisikos um 19 Prozent, und die Beseitigung von unverarbeitetem rotem Fleisch führte zu einem Rückgang von 12 Prozent.

Fazit: Ist sich der Mensch nicht bewusst, was er mit seiner Fleischleidenschaft noch riskiert? Erstens ist es schädlich für die eigene Gesundheit, verursacht Nahrungs- und Wasserknappheit, Welthunger, Entwaldung, die Zerstörung der Wälder, die Zerstörung des Bodens durch Überdüngung, Umweltzerstörung, Wüstenbildung, Wasser und Luftverschmutzung, Methangas aus der Fabrik. Viehhaltung verursacht weltweit Schäden, die direkt oder indirekt zu einer exponentiellen Zerstörung führen. Angesichts all dieser Probleme stellt sich die Frage: **„Wie kann jemand daran denken, einen anderen Lebensstil als Vegetarismus zu leben?"**

---

24 http://www.independent.co.uk/life-style/health-and-families/
   health-news/vegan-meat-life-expectancy-eggs-dairy-
   research-a7168036.html)

FAST-FOOD (SCHNELLIMBISS ODER SCHNELLE VERGIFTUNG!)

Fast Food, also die schnelle Zubereitung und Einnahme von Snacks für unterwegs, entstand in den 1950er Jahren in den USA und ist inzwischen zu einem unverzichtbaren Lebensmittelvergnügen in unserer modernen Welt geworden. In den 50er Jahren in den USA entstanden, eröffnete 1948 die erste McDonald's-Filiale und 23 Jahre später schaffte es der **Fast-Food**-Riese nach München. Viele bekannte Restaurantketten haben die gesamte Oberfläche der Welt bedeckt und breiten sich Tag für Tag weiter aus. In jedem Land, in jeder Stadt und sogar in allen Hauptvierteln der großen Städte ist eine Filiale eröffnet worden, sodass sie als Wegweiser in unser Unterbewusstsein eingedrungen sind. Besonders Kinder interessieren sich sehr für Fast-Food. Niedlich, bunt, herrlich gestaltete Kinderspielplätze innen und außen, Kindermenüs mit Geschenken, verlockende Lebensmittelpakete – das erinnert mich an das Märchen von Hänsel und Gretel! (Wer es nicht weiß, ge-kürzt: Hänsel und Gretel verirren sich im Wald, stoßen auf ein köstliches, appetitliches Haus, das komplett aus Kuchen und Sü-ßigkeiten besteht, und nähern sich, ohne zu zögern. Aber während ihre Aufmerksamkeit auf den Charme und den Geschmack dieses Kuchenhauses gerichtet ist, wissen sie nicht, dass es eine Hexe gibt, die in diesem Haus lebt und Kinder frisst.)

Unsere Jugend ist nicht viel anders als die Protagonisten aus unserem Märchen; für ihren täglichen Konsum geben sie meist Geld für billiges Essen aus und nutzen es sogar als Treffpunkt. Wenn also die Eltern dazu neigen, ihre Kindheitserinnerungen mit diesen Kuchenhäusern in Einklang zu bringen, gibt es für Kinder und Jugendliche keinen Grund, es zu hinterfragen. Und wenn auch die Staatsmänner, insbesondere das Gesundheitsministerium, Medizin- und Gesundheitsexperten sowie Ernährungswissenschaftler diese Kuchenhäuser nicht als besorgniserregend betrachten und weiterhin genehmigen, dann gilt es doch auch für uns, sich nicht mit diesem gesundheitlichen Thema beschäftigen zu müssen. Ist es nicht so?

Warum ist Fast-Food schädlich?[25]

1) **Fast-Food ähnliche Lebensmittel zerstören die guten Bakterien im Darm.** Nach neuesten Forschungsergebnissen leben in unserem Verdauungssystem und Darm Milliarden vonverschiedenen Arten von Bakterien und Mikroorganismen. Diese Bakterien helfen uns, einige der Lebensmittel, die wir zu uns nehmen, zu verdauen. Noch wichtiger ist, dass sie unseren Darm vor verschiedenen Krankheiten schützen. Der Verzehr von zu vielen Fast-Food-Produkten führt zu einer drastischen Abnahme der Anzahl unserer bakteriellen Freunde im Verdauungssystem. Ein Professor in den USA beauftragte seinen Sohn, 10 Tage lang Fast-Food zu essen, um dies zu studieren. Dann sah er sich an, was passiert war. Fast alle Bakterien im Verdauungssystem des Jungen waren verschwunden.

2) **Der Konsum von Fast-Food verursacht Depressionen.** Es gibt auch einen ernstzunehmenden Zusammenhang zwischen dem Konsum von Fast-Food und der psychischen Gesundheit. Es wurde festgestellt, dass der Verzehr von zu viel Fast-Food Depressionen verursacht. In einer Studie mit 9.000 Personen zeigte sich, dass Menschen mit hohem Fast-Food-Konsum anfälliger für Depressionen waren. Laut Wissenschaftlern verhindert der übermäßige Verzehr von Fast-Food, dass wir genug von einigen Fettsäuren und Vitaminen bekommen, die sich positiv auf unseren psychischen Zustand auswirken.

3) **Es erhöht das Risiko, an Asthma zu erkranken.** Eine Studie untersuchte 500.000 Kinder weltweit. Es stellte sich he-

---

25 www.uzmanlar.com/healthy-living/nutrition-healthy-life/fast-food-foods-will-depress-you-8-harm-2017/

raus, dass das Risiko, an Asthma zu erkranken, bei Kindern, die mehr als dreimal pro Woche Fast-Food konsumieren, viel höher war als bei Kindern, die dies nicht tun. Forscher konnten die Beziehung zwischen Asthma und Fast-Food nicht eindeutig erklären. Aber sie spekulieren, dass die hohe Menge an gesättigten Fettsäuren in dieser Art von Lebensmitteln diesen Zustand verursacht.

4) Es verursacht Ekzeme und allergische Hauterkrankungen. Auch die Inhaltsstoffe in Fast-Food-Produkten machen Ihre Haut empfindlicher für Allergene. Es gibt wissenschaftliche Beweise dafür, dass Ekzeme und allergische Hauterkrankungen bei Personen, die häufig Fast-Food konsumieren, stark zunehmen.

5) Fast-Food schädigt die Leber. Intensiver Fast-Food-Konsum kann auch eines unserer wichtigsten Organe, die Leber, schädigen. An einer Universität in Schweden wurde ein Experiment durchgeführt. Die Probanden aßen zwei Mahlzeiten am Tag Fast-Food und machten überhaupt keinen Sport. Nach einer Weile stieg der Fettgehalt der Leberzellen von 1,1 Prozent auf 2,8 Prozent. Was ein sehr ernstes Problem ist. Denn durch die Fettvermehrung in den Zellen kann die Leber nach einiger Zeit versagen.

6) Da es die geistigen Aktivitäten verlangsamt, verschlechtert es die Schulnoten der Schüler. Eine weitere Tatsache ist, dass der Verzehr von Fast-Food die geistigen Aktivitäten verlangsamt. An der Ohio State University in den USA wurde eine Studie durchgeführt, um festzustellen, ob es einen Zusammenhang zwischen dem Verzehr von Fast-Food und Prüfungsnoten bei Kindern gibt. 8.000 Kinder wurden untersucht. Es stellte sich heraus, dass die Noten der Kinder, die das Essen aßen, deutlich schlechter waren als die der anderen. Darüber hinaus wurden ähnliche Studien an anderen Universitäten durchgeführt. Es hat sich gezeigt, dass mit zunehmendem Fast-Food-Konsum die Noten abnehmen. Den Forschern zufolge liegt das daran, dass diejenigen, sich vorwiegend von Fast-Food ernähren, nicht genügend Omega-3-Fettsäuren bekommen. Es ist bekannt, dass Omega 3 eine wichtige Rolle bei der elektrischen Leitung in Nervenzellen spielt. Bei einem Mangel an Omega-3-Fettsäuren treten unter anderem Konzentrationsschwierigkeiten, Vergesslichkeit und Müdigkeit auf.

7) **Es macht Sie anfällig für Diabetes.** Wenn Sie viel Fast-Food konsumieren, steigt Ihr Risiko, eine Krankheit namens Insulinresistenz zu entwickeln, erheblich. Dies bringt die Möglichkeit mit sich, nach einiger Zeit Diabetiker zu werden. Laut einer Studie entwickeln Kinder, die nur zwei Fast-Food-Mahlzeiten pro Woche essen, eine doppelt so hohe Insulinresistenz wie Kinder, die dies nicht tun.

8) **Es verrottet die Zähne.** Ein weiterer Nachteil von Fast-Food-Produkten besteht darin, dass sie die Zähne schnell verderben lassen. Eine Studie ergab, dass nach dem Eintritt von Fast-Food-Ketten in ein Land die Mund- und Zahngesundheitsprobleme zunahmen, insbesondere bei Kindern. Das ist natürlich kein Zufall, denn Fast-Food-Produkte enthalten viel Zucker.

9) **Es schadet dem Gehirn, verursacht kein Sättigungsgefühl.** In einer australischen **Studie** fanden Forscher heraus, dass Fast-Food dem Gehirn schadet. Es hat nicht nur Einfluss auf das Gewicht – eine **Studie** legt nun nahe, dass sich auch das Gehirn bei zu viel Fast-Food verändert. Wissenschaftler haben 110 Menschen zwischen 17 und 35 Jahren untersucht. Anschließend wurden die Probanden in zwei Gruppen aufgeteilt: Eine Hälfte bekam auch den Rest der Woche durchgängig nur Fast-Food zu essen. Die Kontrollgruppe durfte gesundes Essen zu sich nehmen. Die Forscher kamen zu dem Schluss, dass Fast Food zu übermäßigem Essen führen kann, da ungesunde Ernährung den Hippocampus beeinflusst, den Bereich des Gehirns, der sonst unter anderem das Sättigungsgefühl steuert.

Super Size Me

Morgan Spurlock, der Regisseur und auch Hauptdarsteller des Dokumentarfilms „**Super Size Me**“ im Jahr 2004, musste während der Dreharbeiten des Lebensmittelexperiments ständig kauen. Filmemacher **Spurlock** hat 30 Tage lang ausschließlich Hamburger, Pommes und Softdrinks konsumiert und muss nun indirekt die Konsequenzen tragen. Medienberichten zufolge nimmt Spurlock nach diesem Experiment immer noch schneller an Gewicht zu als zuvor, obwohl er nach diesem Experiment zu seinem normalen Lebensstil zurückgekehrt ist. Das liegt an zusätzlich gebildeten Fettzellen, die zwar kleiner geworden sind, aber nicht mehr verloren gehen und mehr Fett einlagern wollen.

Spurlocks eigenes Experiment endete mit einer schweren Belastung für seinen Körper und seine Seele. Der Regisseur nahm in einem Monat 25 Kilogramm zu, während sein sexueller Wille und vitale Motivationen stark abnahmen. Trotzdem bereut er es nicht, seinen Körper auf diese Weise missbraucht zu haben. Der Dokumentarfilmmacher hat sich für seine Kunst geopfert, um dem Film eine Persönlichkeit zu geben. Er sagte, dass niemand über einen trockenen Bericht sprechen oder sich darum kümmern würde. Letztendlich ist dies das Produkt einer Industrie, von der erwartet wird, dass sie in den USA jährlich 115 Milliarden US-Dollar erwirtschaftet, während Fettleibigkeit nachweislich 300.000 Todesfälle und 117 Milliarden US-Dollar an medizinischen Kosten pro Jahr verursacht.

„Fleisch- und Milchkonzerne richten mehr Klimaschaden an als die Ölindustrie.“ Die fünf größten Fleisch- und Milchkonzerne der Welt sind für mehr Treibhausgasemissionen verantwortlich als die großen Ölkonzerne. Das ist das Ergebnis einer neuen Studie. Damit schaden sie dem Klima viel mehr als bisher angenommen. Wenn die Industrie weiterhin in diesem Tempo wächst, wird die gesamte Viehzucht bis 2050 rund 80 Prozent des weltweiten Treibhausgasbudgets verbrauchen.

UNSERE GETRÄNKE

Bei schönem Wetter in einem Café, was wäre das Getränk, das Sie bestellen würden?

Die überwiegende Mehrheit von uns greift zu Cola und anderen kohlensäurehaltigen Getränken. Wir konsumieren 3,3 Milliarden solcher Getränke pro Jahr. Allein im vergangenen Jahr lag der Pro-Kopf-Verbrauch an gesüßten Limonaden in Deutschland laut einer Studie bei 75,5 Litern. Während der Verbrauch von kohlensäurehaltigen Getränken pro Kopf in Deutschland – noch vor Limonade – bei rund 32,3 Litern Cola und Cola-Mischgetränken im Jahr liegt, nähert sich diese Rate in den USA 750 Flaschen an. Potenzielle Konsumenten sind insbesondere die junge Bevölkerung. Mit anderen Worten, es ist das Segment zwischen 15–30 Jahren, das die Ernährung am wenigsten hinterfragt und gleichzeitig über die größte körperliche Vitalität und Gesundheit verfügt. Diese Gewohnheit, die wir uns im Laufe der Zeit angeeignet und akzeptiert haben, setzt uns regelmäßig gesundheitlichen Risiken aus. Solche süßen Getränke machen nicht nur dicker, sondern erhöhen auch die Rate vorzeitiger Todesfälle. Zucker und künstliche Süßstoffe haben unterschiedliche Wirkungen, aber beide machen uns irgendwann krank. Erfrischungsgetränke galten lange Zeit als ungesund, sie erhöhen die Kalorienaufnahme ohne zu sättigen und sind daher eine häufige Ursache für Übergewicht und Typ-2-Diabetes.

Kohlensäurehaltige Getränke

Trotz jahrelanger Warnungen von Experten sind sie die am häufigsten konsumierten Getränke. Laut einer neuen Studie sind tägliche Limonaden auf lange Sicht genauso schädlich für die Leber wie Alkohol. Die Wissenschaftler werteten Getränkedaten von mehr als 450.000 Menschen aus zehn europäischen

Ländern aus. Das Durchschnittsalter der Teilnehmer lag bei 51 Jahren. Forscher haben sie über 19 Jahre begleitet und ihre Lebens- und Ernährungsgewohnheiten untersucht. Erfrischungsgetränke umfassten Getränke wie Limonade, Cola, Säfte und Energydrinks, unabhängig davon, ob sie mit Zucker oder Süßstoff gesüßt waren. Teilnehmer, die täglich mehr als zwei Gläser (250 Milliliter) zuckerhaltige Getränke konsumierten, hatten ein acht Prozent höheres Risiko, an einer Krankheit zu sterben als diejenigen, die einmal im Monat tranken. Mit Süßstoff gesüßte Getränke erhöhten das Risiko für Herz-Kreislauf-Erkrankungen vor allem ab einem halben Liter am Tag. Einerseits unterstützen zuckerhaltige Getränke vor allem Erkrankungen des Magen-Darm-Traktes.

Das erschreckende Fazit einer Studie der Weltgesundheitsorganisation: Erfrischungs- und zuckerhaltige Getränke mit künstlichem Zuckerzusatz können das Herzinfarktrisiko deutlich erhöhen und sogar zum Tod führen. In einer Langzeitstudie mit mehr als 450.000 Teilnehmern haben Forscher der International Agency for Research on Cancer (IARC) die gesundheitlichen Auswirkungen eines übermäßigen Konsums von Erfrischungsgetränken über 16 Jahre getestet. Die Ergebnisse wurden im US-Journal „**JAMA Internal Medicine**" veröffentlicht. Die Studie zeigt, dass Erfrischungsgetränke, insbesondere solche, die Zuckeraustauschstoffe enthalten – sogar bei zwei Gläsern pro Tag – das Gesundheitsrisiko erheblich erhöhen können.

Cola:[26]
1886 erfand der Arzt und Apotheker Dr. John S. Pemberton ein Gesundheitstonikum aus frischen Zutaten und Gewürzen aus der ganzen Welt. Er mischte den Sirup mit Sodawasser und verkaufte die Mischung im Glas bei „Jacob's Pharmacy" als Stärkungsmittel gegen **Müdigkeit und Kopfschmerzen. Schmeckt**

---

26 https://repas.ru/de/the-origin-of-coca-cola-what-is-cocacola-made-of.html

gut, macht munter, kühlt, erfrischt und fördert die Verdauung, oder?

Cola hat längst Kultstatus und steht immer wieder unter Verdacht. So sehr, dass seine vollen Zutaten und natürlichen Aromen seit der Geschäftsgründung ein echtes Geheimnis waren. Über diese Formel, die nur zwei Coke-Manager kennen sollen, wird viel spekuliert: Ist sie wirklich gesund? Sie soll für viele Risiken und Krankheiten verantwortlich sein. Zum Beispiel für Diabetes, brüchige Knochen und schlechte Zähne.

Zutaten, die auf jeder Dose oder Flasche kohlensäurehaltigem Wasser aufgeführt sind: natürliche Aromen, Koffein, Farbstoff E 150d, Phosphorsäure, Karamell und außerdem enthalten 100 ml Cola durchschnittlich 10,6 gr. Zucker. Cola hat noch einen weiteren Rohstoff, der geheim sein soll und ihm angeblich seine wahre Farbe verleiht: den **Cochineal-Käfer**. Dieses als Karminkäfer bekannte Insekt wird häufig in der kosmetischen und pharmazeutischen Industrie verwendet. Es wird gesagt, dass die schwarze Farbe von Cola von der Flüssigkeit stammt, die durch das Zerkleinern dieser Insekten gewonnen wird. Dafür gibt es noch keine offiziellen Beweise. Sollten wir uns darüber wundern? NATÜRLICH NICHT!

Gemäß den Forschungsergebnissen wurde festgestellt, dass es einen natürlichen karminroten Farbstoff oder ein Nebenprodukt aus diesen Insekten gibt. „Es ist ein wirklich seltsamer Geschmack!“ Wie am Moskauer Ernährungsforschungsinstitut erwähnt, ist Cochineal der gebräuchliche Name für mehrere Insektenarten aus verschiedenen Familien unter der Ordnung Coccidus, deren Weibchen verwendet werden, um die rote Farbe – Karmin – zu erhalten. Das ist genau die Farbe des Cola-Etiketts. Der am meisten geschätzte Käfer dieser Art lebt im Koineal-Kaktus, seine Heimat ist Mexiko. Obwohl das Rezept wirklich alt ist, wurde diese traditionelle Art der Herstellung in den 20er Jahren des letzten Jahrhunderts mit der Entwicklung der Herstellung synthetischer Farbstoffe stark reduziert. Natürliches Karmin wird jedoch immer noch in einigen Industrien (Lebensmittel, Parfümerie usw.) sowie zum Färben mikroskopischer Präparate verwendet.

Was genau passiert mit Ihrem Körper nach dem Konsum von Cola?

- In den ersten 10 Minuten gelangen 10 Teelöffel Zucker in Ihren Kreislauf. Normalerweise ist so viel Zucker ein Auslöser für Erbrechen, während Phosphorsäure dieses Gefühl verhindert und es unter Kontrolle bringt.
- Ihr Blutzucker beginnt in den ersten 20 Minuten zu steigen. Dies führt zu einem Anstieg des Insulins. Ihre Leber beginnt mit der Ausschüttung dieses Hormons, Zucker in Fett umzuwandeln.
- Koffein wird innerhalb der ersten 40 Minuten vollständig absorbiert. Koffein beeinflusst Ihr Nervensystem und erweitert Ihre Pupillen. Bei erhöhtem Blutdruck bringt die Leber mehr Zucker in Ihren Blutkreislauf.
- In den ersten 45 Minuten produziert Ihr Körper **den Botenstoff Dopamin.** Dopamin ist auch als Glückshormon und für seine stimulierende, manchmal schmerzlindernde Wirkung bekannt.
- Nach 60 Minuten steigt die Kalziumausscheidung im Urin aufgrund der hohen Zuckerdosis an. Darüber hinaus verliert der Körper über den Urin Natrium, Elektrolyte und Wasser. Der Blutzuckerspiegel fällt nun rapide ab und wir fühlen uns schlagartig müde. Die Folge: dass im Körper ein Zustand des Zusammenbruchs und der Erschöpfung beginnt.

Ein hilfreicher Tipp zum Thema Cola: Ein weiteres Merkmal von Cola ist: Es ist fürs Toilettenputzen geeignet. Alles, was Sie tun müssen, ist, die Cola in die zu reinigende Stelle zu gießen und eine Stunde zu warten, bis die Säure einwirkt, bei übermäßiger Verschmutzung eine Packung Backpulver darüber gießen und eine Stunde warten. Bei sehr starker Verschmutzung über Nacht einwirken lassen, gegebenenfalls wiederholen Sie den Vorgang nochmals. Danach können Sie Ihre Reinigung durch Reiben mit einer Bürste fortsetzen.

Eine weitere Empfehlung ist das Entfernen von Rostflecken: Tauchen Sie den Gegenstand, von dem Sie Rost entfernen möchten, in ein Glas mit frischer Cola, oder wenn der Gegenstand zu groß ist, betupfen Sie ein Tuch mit Cola und wischen Sie ihn ab. Die im Getränk enthaltene Phosphorsäure löst den Korrosionsprozess aus, danach lässt er sich leichter abwischen.

Hört jemand auf, Cola zu trinken, wenn er entdeckt, dass Cola ein großartiger Bio-Reiniger ist?

Energydrinks:

Das in diesen Getränken enthaltene Koffein kann unangenehme Nebenwirkungen hervorrufen. Dies gilt insbesondere dann, wenn Energydrinks in größeren Mengen konsumiert werden. Schlafstörungen, Kopfschmerzen, Magen-Darm-Störungen und Reizbarkeit können auftreten. Daher sollten Personen, die auf Koffein überempfindlich reagieren, keine Energydrinks trinken. Ebenso sollten Energydrinks nicht von schwangeren Frauen, stillenden Müttern und Patienten mit Bluthochdruck konsumiert werden. Auch sind Energydrinks vor allem wegen ihres hohen Koffeingehalts niemals für Kinder und Jugendliche geeignet. Besonders wichtig ist es, Energydrinks in Verbindung mit körperlicher Aktivität und Alkohol zu vermeiden. Andernfalls können andere schwerwiegende Nebenwirkungen auftreten, darunter Herzrhythmusstörungen, Nierenversagen und Krampfanfälle, insbesondere, wenn mehrere Energydrinks konsumiert werden.

Es gibt auch diejenigen, die Energydrinks mit Alkohol mischen und dann versuchen, Auto zu fahren![27]

Laut einer Studie von Associate Professor Cecile A. Marczinski vom Department of Psychology an der University of Northern Kentucky verlassen Menschen, die Alkohol mit Energydrinks mischen, dreimal häufiger die Bar betrunken und fahren viermal häufiger betrunken als diejenigen, die es nicht tun. Der Facharzt D. Sener sagt, dass es ein Missverständnis sei, dass

---

27 https://www.gesundheit.de/ernaehrung/richtig-trinken/trinken-und-gesundheit/energydrinks

Energydrinks die Wirkung von Alkohol reduzieren könnten. Im Gegenteil, die Kombination von Taurin und Koffein mit überschüssigem Alkohol kann tödliche Folgen haben. Beispiele dafür gibt es bereits: Zwei Menschen, die in Schweden einen Cocktail aus Alkohol und Energydrinks tranken, starben, sagte Dan Andersson, ein Arzt am Stockholmer Südkrankenhauses, denn: „Wenn Sie dehydriert sind, und zu viele Energydrinks mit Alkohol mischen, kann es sehr gefährlich sein."

Ebenfalls in Schweden, ein 31-jähriges Opfer hatte nach zwei Dosen Energydrinks auf der Tanzfläche einen Herzstillstand erlitten.

Smoothies:

Ein weiteres ungesundes Getränk, das als „gesund" verkauft wird, sind Smoothies. Zunächst einmal sind günstige Instant-Smoothies echte (Frucht-)Zuckerbomben. Die empfohlene Tageszuckergrenze von 25 Gramm ist bei einer Flasche mit mehr als 250 Kalorien schnell überschritten. Innerhalb weniger Minuten bringen Sie auch Ihren Blutzuckerspiegel durcheinander. Gesund sind Smoothies nur, wenn sie pur gemixt werden und neben frischem Obst viel grünes Blattgemüse enthalten.[28]

Wie Experten der Harvard School of Public Health in Boston feststellten, sind Säfte und beliebte Smoothies nicht so gesund, wie wir denken. Im Gegenteil, sie fördern Krankheiten. In ihrer 24-jährigen Studie mit fast 190.000 Teilnehmern kamen die Wissenschaftler zu dem Schluss, dass abgepacktes Obst das Risiko für Diabetes mellitus erhöht. Trauben, Äpfel, Birnen und Heidelbeeren wirken sich jedoch positiv auf den Insulinhaushalt aus, sofern sie verzehrt werden. Der Grund dafür liegt auf der Hand: Bevor Äpfel oder Orangen in den Tetra Pak oder die Flasche kommen, durchlaufen sie mehrere technische Prozesse. Bei diesem Prozess verlieren Früchte wertvolle Nährstoffe,

---

28 www.fitbook.de, August 2020

die für den Körper notwendig sind. Übrig bleibt eine Mischung aus Wasser und Zucker.

Fruchtsäfte:

Der Unterschied zwischen Smoothies und Säften besteht darin, dass Smoothies die Ballaststoffe von Obst und Gemüse enthalten. In Wahrheit unterscheiden sich billige Säfte und Smoothies nicht von gefärbtem Wasser. Cola, Fanta und Sprite sind wahre Zuckerbomben, aber Saft, obwohl oft als gesunder Durstlöscher vermarktet, ist in Bezug auf Zucker und Kaloriengehalt genauso ungesund. Eine im Jama Network veröffentlichte Studie besagt, dass der Konsum von zu viel Saft das Todesrisiko erhöht.

Was Sie beim Verzehr von Fruchtsäften beachten sollten:[29]

1. **Fruchtsäfte haben so viele Kalorien wie Erfrischungsgetränke:** Ihr Blutzuckerspiegel steigt nach einem Glas Orangensaft leicht an, fällt danach aber schneller ab, was oft den Drang nach mehr Essen auslöst.

2. **Fruchtsäfte sind nicht so gesund wie reines Obst:** „Obst ist gesund, also sollte Fruchtsaft auch gesund sein." Das kommt uns logisch vor, aber: Die Aussage stimmt nicht! Aus ernährungsphysiologischer Sicht kann ein Saft niemals einen Apfel oder eine Orange ersetzen. Denn damit die Frucht zu Fruchtsaft wird und ihre Haltbarkeit gewährleistet, durchläuft sie eine Reihe von Prozessen: Die Frucht wird zerkleinert, gepresst, pasteurisiert, alles unter dem Einfluss von hohem Druck und Hitze. Vitamine sind jedoch hitzeempfindlich und werden bei hohen Temperaturen abgebaut, viele Vitamine befinden sich unter der Fruchtschale, die sich beim Pressen meist nicht auflösen. Aus diesen Gründen enthält Saft viel

---

29 https://www.womenshealth.de/food/gesunde-ernaehrung/5-gruende-warum-fruchtsaft-schlecht-fuer-die-figur-ist/

weniger Vitamine, Mineralien und sekundäre Pflanzen und Ballaststoffe als die ursprüngliche Frucht.

3. Fruchtzucker ist kein „gesunder" Zucker: Fruchtsaft enthält neben Glucose (Traubenzucker) auch Fructose. Da Fructose (Fruchtzucker) im Gegensatz zu Glucose unabhängig von Insulin verstoffwechselt wird, erhält das Gehirn nach einer Portion Fructose kein Sättigungssignal. Dies führt dazu, dass Sie schnell mehr zu sich nehmen als Ihr Körper benötigt. Überschüssige Fruktose gelangt schließlich in die Leber, wo Abfallprodukte landen. Wenn also mehr Fruktose in die Leber gelangt, als sie verarbeiten kann, wird dieser Überschuss in Fett umgewandelt. (Glukose wird als Energie verwendet, während Fruktose hauptsächlich als Fett für die spätere Verwendung gespeichert wird. Maissirup ist das am häufigsten verwendete Süßungsmittel in Fertiggerichten, das in den letzten Jahren entwickelt wurde.)

Ice Tea – Eistee/Kaffee:

Die auf dem Markt erhältlichen Sorten enthalten wie Fruchtsaftgetränke viel Zucker, künstliche Süßstoffe und viele ungesunde Zusatzstoffe. Im Allgemeinen ist es am wichtigsten, sich von attraktiven, verpackten Lebensmitteln mit niedrigen Preisen fernzuhalten. Denn glauben Sie, dass der Inhalt eines Produkts, das viel billiger verkauft wird, als die zu erwartenden Bestandteile kosten würden, gesund sein kann?

Das Wasser:

Zuallererst sollten wir die Frage erwähnen, ob Sprudelwasser gesund oder ungesund ist?

Wasser mit Kohlensäure ist ein beliebter Durstlöscher in Deutschland; ein Großteil der Bevölkerung trinkt lieber Mineralwasser als stilles Wasser. Viele wissen nicht, dass die Kohlensäure eigentlich als Konservierungsmittel dient. Sie macht das Wasser und auch andere Getränke haltbarer und verhindert, dass sich Keime nach dem Öffnen der Flasche im Getränk ausbreiten können. Aber was stellt die Kohlensäure eigentlich in unserem Körper an? Man sagt, wer Probleme mit dem Magen hat, sollte Wasser mit Kohlensäure vermeiden, weil durch das Trinken von kohlensäurehaltigem Wasser mehr Kohlendioxid in den Magen gelangt, was der Mensch nicht von Natur aus gewohnt ist. Kohlensäure kann schnell zu Verdauungsproblemen und einem Blähbauch führen.

Wissenschaftlich wurde auch bereits bewiesen, dass die Kohlensäure den Druck auf die Magenwände erhöht und sich die Magenwände dehnen lassen. Dadurch wird das Volumen des Magens größer und infolgedessen das Sättigungsgefühl unterdrückt, der Körper produziert mehr appetitanregende Ghrelin-Hormone und man isst mehr als erforderlich. Also, wer abnehmen will: Finger weg von kohlensäurehaltigen Getränken.

Außerdem, es gibt zwei sehr wichtige Gesundheitsgefahren im Trinkwasser, die unbedingt beachtet werden müssen. Das erste ist „**Fluorid**", ein Zusatzstoff, dem wir besonders im Mineralwasser begegnen, der ausnahmslos „EIN GIFT" ist. Was genau das ist und welche Gesundheitsschäden es verursacht, wird weiter unten ausführlich besprochen. Die zweite Gesundheitsgefahr sind „**PET-Plastikflaschen**".

PET-Plastikflaschen

Der Grund, warum PET-Flaschen schädlich sind, ist eine Substanz, die wir „Bisphenol A" oder „BPA" im Kunststoff der Flasche nennen. Die Gefahr von BPA ist in vielen Produkten in unserem alltäglichen Leben verborgen sowie in Aufbewahrungsbehältern, Flaschen, Gläsern und vielen anderen Gegenständen aus Kunststoff. Wir nehmen Weichmacher und Nervengifte aus PET-Flaschen auf. Diese Gifte können Verdauungsstörungen, Kopfschmerzen und Hautausschlag verursachen. Auch das Herz kann dadurch gestresst werden. Forscher an der School of Public Health der Harvard University haben schreckliche Ergebnisse aus ihren Studien an Studenten gezogen. In dieser Studie wurde festgestellt: Bei der Untersuchung des Urins von Studenten, die eine Woche lang Wasser aus Plastikflaschen tranken, zeigte sich, dass der BPA-Gehalt im Körper um 69 Prozent anstieg. Ebenfalls 2018 untersuchte die Lebensmittelchemikerin Darena Schymanski von der Universität Münster in Zusammenarbeit mit dem Chemischen Veterinärforschungsamt Münsterland-Emscher Lippe 38 Wässer auf das Vorhandensein von Mikroplastik aus PET-Mehrweg- und Einwegflaschen sowie Getränkekartons. In jeder der Proben wurden Plastikpartikel gefunden. Andere vorläufige Untersuchungen deuten darauf hin, dass Partikel entzündliche Reaktionen hervorrufen können. Auf diese Weise reagiert der Körper auf Fremdkörper. Und chronische Entzündungen (normalerweise eine Schutzreaktion des Körpers durch Schäden oder Mikroben) gelten unter anderem als auslösende Faktoren für Krebs.

Das Umweltbundesamt (UBA) hat in einer Studie menschliche Zelllinien aus Haut, Lunge und Leber untersucht. Plastikpartikel unter einem Mikrometer dringen nachweislich in Zellen ein und verursachen Entzündungsreaktionen in Haut und Lunge.

Ist es nicht wichtig, Plastik so weit wie möglich aus dem Alltag zu entfernen und durch nachhaltigere Alternativen zu ersetzen, nicht nur für die eigene Gesundheit, sondern auch für den Umweltschutz?

WAS IST FLUORID, WIE SCHÄDLICH IST ES?

Fluor ist ein chemisches Element; in reiner Form ist es ein hochgiftiges Gas. Das Fluorid, das Trinkwasser und Zahnpasta zugesetzt wird, wird im Labor synthetisiert. Fluorid ist die Bezeichnung für das neutrale Fluoratom, wenn es ein Elektron aufnimmt und zu einem Ion wird. Tatsächlich ist Fluorid in diesem Zustand eine giftige Substanz. Aber was immer es ist und zu welchem Zweck es angewendet wird, es taucht ständig auf eine oder andere Weise auf und dringt irgendwie in unseren Körper ein. Zum Beispiel: Bei den Zahnpaste-Werbungen heißt es, dass Fluorid für unsere Zahngesundheit von großer Bedeutung ist und vor Karies schützt. Aber, selbst wenn es für diesen Grund entworfen wurde, gibt es denn nicht noch andere Nebenwirkungen? Allerdings: Die in der Lebensmittelbranche dem Trinkwasser, der Zahnpasta oder dem Raffinade-Salz hinzugegebenen Stoffe sind Abfallprodukte aus der Herstellung von Industrien.

EPA-Wissenschaftler **Dr. Robert Carlton** hat sich mit Fluorid beschäftigt. Es sagt, es sei „**der schwerwiegendste Fall von wissenschaftlichem Betrug des Jahrhunderts**", und **Dr. M. O. Bruker** schreibt in seinem Buch „**Vorsicht vor Fluor**", dass der Stoff nicht nur sinnlos, sondern auch gefährlich sei. Ein anderer Wissenschaftler, ein Krebsforscher in den USA, **Dr. Dean Burk** sagt, dass Fluorid von allen Chemikalien eine der Hauptursachen für Krebs ist. In einer Studie über Naturvölker wurde festgestellt, dass Menschen, die ohne Fluoridzusatz leben, kaum Karies haben. Das änderte sich jedoch schnell, als sie mit den Ernährungsgewohnheiten unserer Zivilisation in Berührung kamen. Was beweist, dass gesunde Zähne durch eine gesunde Ernährung und nicht durch Fluorid aufgebaut werden können. Noch dazu: Fluorid greift die Amalgamfüllungen im Mund an und setzt die darin enthaltenen Schwermetalle frei.

Wissenschaftliche Studie:
Sie maßen die Fluoridaufnahme aus dem Trinkwasser bei 400
schwangeren Frauen aus sechs kanadischen Städten im Zeitraum
von 2008 bis 2012. In einigen Städten wurde dem Trinkwasser
Fluorid zugesetzt, in anderen nicht. Einige Jahre später führten sie Intelligenztests mit den drei- bis vierjährigen Kindern
dieser Frauen durch. Sie fanden heraus, dass bei einer täglichen
Aufnahme von einem Milligramm Fluorid der IQ der Kinder um
durchschnittlich 3,7 Punkte sank. Was die Forscher jedoch nicht
erklären konnten: Tatsächlich waren nur Jungen davon betroffen. Der IQ lag bei nur 4,5 Punkten pro Milligramm. Dieser Zusammenhang konnte bei Mädchen nicht festgestellt werden.

Diese Substanz ist auch Bestandteil von Psychopharmaka.
Fluorid fördert, wie von Toxikologe **Dr. Phillis Mullenix** angegeben, **ADHS**[30]. Selbst kleine wiederholte Dosen können das Gehirn schädigen. Das Besorgniserregende ist, dass man auf diese
Weise vergiftet wird und allmählich den freien Willen des Menschen abschaltet, und es kommt immer mehr zu einer geistigen
Passivität, d. h. die Kraft des Widerspruchs und Widerstands
wird gebrochen. Fluorid hat auf die Zirbeldrüse eine nachteilige
Wirkung. Es wurde beobachtet, dass Personen, die über einen
längeren Zeitraum Fluorid eingenommen haben, nicht mehr in
der Lage waren, ihren eigenen Willen durchzusetzen. Fluorid ist
nämlich ein Sedativum[31], das in nahezu fünfundzwanzig Prozent aller auf dem Markt befindlichen Beruhigungsmittel enthalten ist und man benutzt es auch als Rattengift. Deshalb wird
es schon seit Langem vorsätzlich im Militär eingesetzt. Deshalb
wird es schon seit Langem vorsätzlich im Militär eingesetzt.
Während des Zweiten Weltkriegs verwendeten die russischen

---

30 Aufmerksamkeitsdefizit-Hyperaktivitätsstörung, eine Störung, die
   äußerst erhebliche akademische, soziale und psychiatrische Probleme verursachen kann und deren nachteilige Auswirkungen ein Leben lang anhalten können.
31 Ein Sedativum oder Beruhigungsmittel ist ein Arzneimittel, das eine
   allgemein beruhigende bzw. aktivitätsdämpfende Wirkung hat.

und deutschen Kommandanten der Konzentrationslager Fluorid in dem Trinkwasser für die Häftlinge.[32]

Als Beispiel: Im türkischen Militär wurde eine neue Zahnpasta vom Kommando der pharmazeutischen Fabrik des Verteidigungsministeriums entwickelt. Die neue Zahnpasta wird kostenlos an Soldaten der Streitkräfte verteilt. Beamte des Pharmaceutical Factory Command behaupten, dass das neue Produkt von höherer Qualität ist als viele Produkte auf dem Markt. Auf der roten Ordima-Schachtel wird es mit den Worten „Ordima Toothpaste with its Strong Formula, Health for Your Teeth, Freshness for Your Breath" beworben. Auch hier lenkt der Ausdruck „**7 Effective Active Fluoride System**" die Aufmerksamkeit auf die Tube.[33]

Zuerst wurde es verwendet, um Gefangene und Soldaten unter Kontrolle zu halten, wird es nun verwendet, um die Bevölkerung in Schach zu halten?

Wie wird Fluorid hergestellt und wo kommt es vor?

Eine weitere wichtige Tatsache ist, dass Fluor ein giftiges Abfallprodukt aus der Aluminiumherstellung ist und sogar giftiger ist als Chrom und Blei. Im Jahr 1950 wurde beim Einleiten des mit Fluorid belasteten Wassers in den Columbia-Fluss (USA) ein großes Fischsterben verursacht. Da die Entsorgungskosten extrem hoch waren, wurde nach einer umweltfreundlichen Entsorgungsalternative gesucht. Zu diesem Zweck richteten Industrien, die Fluor als Abfall produzieren, Forschungsabteilungen ein und brachten die Menschen bald dazu, die angeblichen Vorteile davon zu akzeptieren. Weil sie dachten, dass kleine Menge Fluorid den Menschen nicht schaden würde und auch zur Vor-

---

32 https://www.pravda-tv.com/2019/01/flourid-wenn-der-maerchenonkel-zweimal-klingelt-oder-wie-man-die-bevoelkerung-dazu-bringt-taeglich-gift-zu-schlucken/

33 https://www.memurlar.net/haber/138524/askere-ozel-dis-macunu-ordima.html

beugung von Karies eingesetzt werden können, wurde Fluorid ins Trinkwasser gemischt und der Zahnpasta hinzugefügt.

Fluorid erhaltene Produkte:
Intensiv kommt es in fluoridhaltigen Zahnpasten, Salzen und im Mineralwasser vor. Es ist in Schwarztee, Fertigsuppen, Hühnerbouillon, kohlensäurehaltigen Getränken, Instant-Fruchtsäften, verpackten oder verarbeiteten Lebensmitteln und vielen Zigaretten enthalten.

Was sind die Schäden und Nebenwirkungen von Fluorid?
Tatsächlich sind große Mengen Fluorid schädlich, und eine Überdosierung kann giftig werden und Übelkeit, Erbrechen oder Fluorose verursachen. Experten warnen jedoch davor, dass sich eine Fluoridvergiftung frühestens ab einer Menge von 350 mg bemerkbar macht. Da Fluorid eine langfristige Anreicherungseigenschaft im Körper hat, kann es schwierig sein, es loszuwerden. Sogar die Wirkung von Antioxidantien werden durch diese giftige Substanz erschwert. Es ist erwiesen, dass nur 60 % des Fluorids, das in einen gesunden Körper gelangt, über Urin und Schweiß ausgeschieden wird, der Rest setzt sich in den Knochen und im Gehirn an. Bei Säuglingen und Kindern ist die Situation noch schlimmer, sie entfernen nur 20 % des aufgenommenen Fluorids aus dem Körper.

Laut Studien ist die Häufigkeit von niedrigem IQ bei Kindern, die in Gebieten mit hohem Fluoridgehalt in ihren Gewässern leben, fünfmal höher als in anderen Regionen. Mit anderen Worten: Es kann einen niedrigen IQ auslösen, da es dem Gehirn schadet. Fluorid, das sich im Nervensystem ansammelt, verursacht Verhaltensstörungen, und Fluorid, das sich im Skelettsystem ansammelt, verursacht eine Krankheit namens „Skelettfluorose", die sich mit rheumaähnlichen Merkmalen äußert und zu fortgeschrittenen Knochenverformungen führen kann. Denn Fluorid setzt sich sowohl in den Knochen als auch im Gehirn ab. Schilddrüsenhormone sorgen für Knochenaufbau und -wachstum bei Kindern; eine Langzeitanwendung kann Probleme bei der Sekretion von Schilddrüsenhormonen verursachen. Daher kann eine übermäßige Fluoridaufnahme in jungen Jahren die Entwicklung verlangsamen und die Dehnung und Stärkung der Knochen einschränken, indem das Calciumphosphat des Knochens abgebaut wird. Ein weiterer Schaden von Fluorid betrifft das Fortpflanzungssystem. In Tierversuchen wurde festgestellt, dass hohe Fluoriddosen die männlichen Fortpflanzungsorgane schädigen und zu Unfruchtbarkeit führen.

Außerdem ist die Schädigung des Gehirns, also des Zentralnervensystems, durch diesen Stoff recht hoch. Es gibt viele Hinweise darauf, dass sich Fluorid im Gehirn ansammeln, Verhaltensänderungen verursachen und langfristig zu Alzheimer führen kann. Gleichzeitig kann es zu einer Ansammlung im Trommelfell kommen, sodass hohe Frequenzen nicht mehr wahrgenommen werden können und ein Hörverlust eintritt. Fluoride verdicken auch das Blut, indem sie mit Calcium im Blut Calciumfluorid CF2 bilden. Anstatt Fluorid aus dem Lebensraum zu entfernen, nimmt der Patient Blutgerinnungshemmer vom Arzt. Dieser Prozess setzt sich fort, bis die Nieren streiken und die Giftstoffe sich auf alle Gewebestrukturen ausbreiten und schmerzhaft werden.

Fazit: Was ich daraus folgere, ist, dass die Abfälle bei der Aluminiumherstellung naturverträglich entsorgt werden müssen. Aber: Deshalb werden sie besonders in Wasser, Salz und Zahnpasta gemischt?

Na bitte! Als Rattengift und als Bestandteil von Pestiziden genutzte Fluoride sollen für die Gesundheit des Menschen – aber wirklich – unbedenklich sein?

ALKOHOL, ZIGARETTEN/TABAK

Hauptsächlich werfen wir nun eher einen Blick hinter die Kulissen der Branche als vielmehr auf die allseits bekannten Gesundheitsschäden einzugehen, denn sowohl Raucher als auch Nichtraucher sind sich dieser Schäden sehr wohl bewusst. Wir sind dran gewöhnt, und tun es einfach weiter und sogar der sogenannte Raucherhusten soll für uns ganz normal sein. Dies ist jedoch völlig inakzeptabel und alles andere als natürlich. Das ist ziemlich offensichtlich: Was der physische Körper dem Menschen sagen will, kündigt sich bei ihm mit seiner Reaktion an. Fast jeder ist zu stur, um auf den Rat anderer zu hören, aber erst, wenn er auf sich selbst hört, ist er bereit für positive Veränderungen. Wann lernt der Mensch endlich, der andere doch so fürsorglich liebt, und dennoch nicht erkennt, dass er seinem eigenen Körper die gleiche Sorgfalt und Liebe widmen sollte?

Regelmäßig konsumierter Alkohol verursacht Lebererkrankungen und vor allem Zirrhose. Bei langfristigem Alkoholkonsum versagt die Leber. Die Nieren sind ein weiteres Organ, das unter Alkoholeinfluss krank wird. Alkoholkonsum führt zu einer Austrocknung der Nieren und zu schweren Nierenschäden, wenn der Alkoholkonsum über einen längeren Zeitraum fortgesetzt wird. Auch das Nervensystem und das Gehirn bekommen ihren Anteil an den Schäden durch Alkohol. Wenn Alkohol in das Blut gelangt und das Kontakthemmungssystem[34] beeinträchtigt und stört, löst es verschiedene Krebserkrankungen aus. Gedächtnisverlust und verschiedene Gehirnerkrankungen treten auch aufgrund der Schäden durch Alkohol auf. Magen-

---

34 Die Zellkontakthemmung, auch Kontaktinhibition genannt, bezeichnet die Eigenschaft von Zellen, das Zellwachstum und die Zellteilung ab einer bestimmten Zelldichte einzustellen.

und Darmblutungen, Blutdruckerkrankungen, Verschlechterung der Herzfunktion sind ebenfalls Probleme, die wir zu den gesundheitlichen Schäden durch Alkohol zählen können. Kurz gesagt, Alkohol wirkt sich zusätzlich zu den Schäden, die er an Leber, Magen, Bauchspeicheldrüse und Nervensystem verursacht, negativ auf Herz, Muskeln, Knochen, blutbildende Organe, Immunsystem, Haut und sogar die Drüsen aus, die verschiedene Hormone produzieren.

Die Krebsrisikowarnung für Alkohol wurde auf Druck der Industrielobby entfernt.

Ein Versuch, weltweit eine Krebswarnung auf Flaschen alkoholischer Getränke anzubringen, wurde auf Druck eines großen Alkoholproduzenten verworfen. Es wird festgestellt, dass Studien zu diesem Thema aufgrund des Drucks der Alkoholindustrie einen schweren Schlag erlitten haben. Kanada war das erste Land, das eine Krebswarnung auf Alkoholflaschen einführte. Das achtmonatige, gemeinsame Forschungsprojekt von Public Health Ontario und dem Canadian Research Institute wurde am 22. November 2017 gestartet, um drei wichtige Warnhinweise zu testen. Allerdings wurden die Arbeiten nur vier Wochen nach Beginn einer ersten Warnanwendung durch die Yukon Liquor Corp. eingestellt. Obwohl die Forschung Anfang April wieder aufgenommen wurde, wurde die Dauer der Studie halbiert. Etiketten, die zeigten, dass Alkohol mit einem Krebsrisiko in Verbindung gebracht wird, wurden entfernt, insbesondere wurde betont, dass Alkoholkonsum das Risiko für verschiedene Krebsarten erhöhen kann. Es mangelte an genauen Informationen über Krebsrisiken und gleichzeitig breitet sich Fehlinformationen in der Öffentlichkeit aus, deshalb sollten die Verbraucher dringend informiert werden. Es sollte bekannt sein, dass die Sorge über die Zunahme des Krebsrisikos in Zusammenhang mit Alkoholkonsum in den letzten Jahrzehnten auf internationaler Ebene zugenommen hat, und dass selbst ein geringer Konsum pro Tag das Krebsrisiko erhöhen kann. Die Europäische Region der Weltgesundheitsorganisation erklärte, die zwei Tage vor dem Weltkrebstag am 4. Februar 2018 veröffentlicht wurde, dass Alkohol mit sieben verschiedenen Krebsarten in Verbindung gebracht wird: Dickdarm, Brust, Speiseröhre, Kehlkopf, Mund, oberer Rachen und Leber.

Während die Alkoholindustrie im Rahmen der Grundsätze der öffentlichen Gesundheit Beschränkungen und Verbote für Werbung und Verkaufsförderung auferlegt, zögert sie nicht, ihre eigenen Nachrichten und Anzeigen zu veröffentlichen und auf Mittel zurückzugreifen, um den Alkoholkonsum zu fördern. Es ist erwünscht, den Umsatz mit Anzeigen zu steigern. Verführerische Bilder in den Medien zeigen, dass jeder Alkoholkonsum mit Erotik, Geselligkeit und Spaß verbunden ist und gute Gefühle verspricht. Vor allem junge Erwachsene tappen in diese Falle – sie bilden eine große Risikogruppe. Langfristige gesundheitliche Auswirkungen sind also nicht nur auf Leber-, Herz-, onkologische und psychiatrische Erkrankungen beschränkt; einige von ihnen können auch tödlich sein.

Soziologe **Dieter Korczak**: „Industrien wie die Alkoholindustrie, die Zigarettenindustrie, die Finanzindustrie lösen einen Mechanismus aus, den sie haben, wenn sie die Regulierung umgehen wollen. Diese Industrien übernehmen eine Regel der freien Regulierung, die ihre eigene Verantwortung beinhaltet, dass Alkohol nicht an unter 16-Jährige gegeben werden sollte, schwangere Frauen sollten nicht trinken. Das klappt meistens nicht!"

„Alcohol – Global Drugs"[35]

Andreas Pichlers neuer Dokumentarfilm geht der Frage nach, warum wir so süchtig nach Alkohol sind. Der Film endet mit einem klaren Schlusswort und einer Warnung: **„Jedes Jahr sterben weltweit 3 Millionen Menschen an Alkoholkon-**

---

35 https://www.epd-film.de/filmkritiken/alkohol-der-globale-rausch

sum – alle 10 Sekunden ein Mensch. Das ist viel mehr als Kriminalität, Verkehrsunfälle und illegale Drogen zusammen." Die Kamera blickt auf eine wenig befahrene Straße, Menschen gehen vorbei, ein Drittel von ihnen ist dem Tode geweiht. Alkohol ist eine Droge: legal, allgegenwärtig und doch tödlich. Vorbei sind die Mythen, dass ein Glas Wein am Tag gesund sein soll, ein bisschen Alkohol nicht schadet und man ihn unbesorgt trinken kann. Alkohol ist schon in geringen Mengen schädlich für Geist, Körper, Haut, Organe und Knochen. Es begünstigt Krebs, Konzentrationsschwäche und sozialen Abstieg. Gleichzeitig ist Alkohol ein riesiges Geschäft, das Steuereinnahmen in Milliardenhöhe generiert und eine ganze Industrie schützt und manchmal aggressiv neue Märkte erschließt. Es liegt im Interesse aller Staaten, dass getrunken wird. Auch, wenn die Kosten für die Behandlung der durch Alkohol verursachten Schäden die Einnahmen bei weitem übersteigen. Da die Einnahmen direkt in die öffentlichen Kassen fließen, werden die Kosten von den Betroffenen, ihren Familien und den Krankenkassen getragen. Alkohol befriedigt ein zutiefst menschliches Bedürfnis nach Rausch, aber auf so hinterhältige Weise, dass das Gehirn immer mehr braucht, um die begehrten Botenstoffe auszuschütten.

Zigarette/Tabak

Wenn es um die Schäden des Rauchens geht, denken wir als Erstes an die Lunge. In der Tat schädigt das Rauchen tatsächlich fast jedes Organ in unserem Körper. Grund dafür sind bekanntermaßen die Inhaltsstoffe der Zigaretten. Sie enthalten mehr als 4.000 Chemikalien; mehr als 70 dieser Substanzen verursachen Krebs. Diese Chemikalien sind in großen Mengen im Tabakrauch enthalten, zum Beispiel: Formaldehyd, Cyanid, Ammoniak, Kohlenmonoxid, Naphthalin, Cadmium. Außerdem: Laut dem neuesten Bericht der Weltgesundheitsorganisation sterben weltweit 8.200.000 Menschen an Krebs pro Jahr.

Die Internationale Agentur für Krebsforschung schätzt, dass es im Jahr 2020 weltweit etwa 9,96 Millionen Todesfälle durch Krebs gibt. Die Zahl der Krebsneuerkrankungen lag im selben Jahr bei rund 19,3 Millionen und diese Tendenz steigt jedes Jahr. Rauchen ist die Hauptursache von Lungen-, Kehlkopf-, Mund-, Zungen-, Magen-, Zwölffingerdarm-, Dünn- und Dickdarm-, Leber-, Haut-, Brust-, Gebärmutter- und Prostatakrebs sowie Augen- und Gehirntumoren. **Eine Person, die täglich eine Schachtel Zigaretten raucht, hat ein 20-mal höheres Lungenkrebsrisiko als ein Nichtraucher!**

Außerdem:
- **Atemprobleme bei Kindern:** Kinder, deren Eltern rauchen, haben ein 6-mal höheres Risiko, an Atemwegserkrankungen zu erkranken – + sowie Erkältungen, Mittelohrentzündungen, Bronchitis, Asthma und Lungenentzündung.
- **Frühgeburt:** Eine schwangere Frau, die nur fünf Zigaretten am Tag raucht, ist einem unglaublichen Risiko ausgesetzt, eine Frühgeburt zu bekommen.
- **Herzkrankheiten:** Raucher erleiden 4-mal häufiger einen Herzinfarkt als Nichtraucher.
- **Diabetes:** Rauchen zerstört mit der Zeit die Fähigkeit des Körpers, Insulin abzusondern. Dies führt zu Diabetes.
- **Gangrän:**[36] Da die Lungen ineffizient werden, wird dem Körper nur sehr wenig Sauerstoff zugeführt. Der menschliche Körper muss diese sehr geringe Sauerstoffmenge an die inneren Organe verteilen. Daher sterben Zellen aus den Fingerspitzen, die am weitesten vom Herzen entfernt sind, schnell kettenweise ab. Oftmals müssen Arme oder Beine amputiert werden.

---

36 Eine Gangrän bezeichnet man auch als Gewebsnekrose. Es handelt sich dabei um das Absterben von Gewebe durch eine länger andauernde Durchblutungsstörung.

- **Krebs:** Das Risiko, an allen Arten von Krebserkrankungen zu erkranken, steigt z. B. wie Brust, Gebärmutter, Prostata, Rachen, Kehlkopf, Magen, Leber.
- **Unfruchtbarkeit:** Wenn nur ein Partner eines Paares raucht, erhöht sich das Risiko, keine Kinder zu bekommen, um das 3-Fache.
- **Vorzeitige Hautalterung:** Regelmäßiges Rauchen stört die Hautstruktur und verursacht Falten. Außerdem verfärben sich die Zähne gelb und verdunkeln sich.
- **Heilungsschwierigkeiten:** Die Wunden von Rauchern sind viel schwieriger zu heilen als bei Nichtrauchern. Außerdem ist möglich, dass postoperative Wunden nicht heilen.

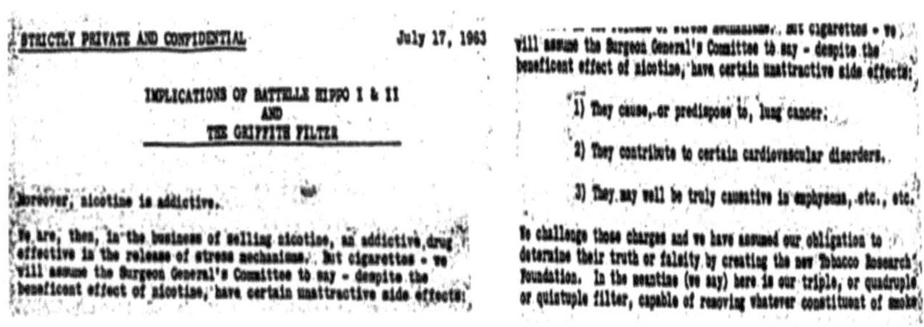

Dokument, Offenlegung eines Industriedokuments von 1963/1969; Er erklärte das Prinzip: Bild 1.; „Zweifel erzeugen, damit die Öffentlichkeit verwirrt wird, was sie glauben soll". Bild 2.; „Nikotin macht süchtig, wir sind im Nikotin Geschäft. Wir werden Krankheitsrisiken durch neue Vergründungen abwehren. In der Zwischenzeit erklären wir unsere Doppel-, Dreifach-, Vierfach- und Fünffachfilter."

In den frühen Zeiten behaupteten die Tabakindustrie und einige Raucher, dass das Krebsrisiko eliminiert werden könne, wenn nur Filterzigaretten verwendet würden. Mittlerweile wurde der Schluss gezogen, dass das Unsinn ist und es keinen Nutzen in der Verringerung des Krebsrisikos gibt. Gleichzeitig reduzierte der Wechsel zu Light-Zigaretten das Risiko für rauchbedingten Krebs nicht. In den frühen 1950er Jahren wurde der Zusammenhang zwischen Rauchen und Krebs festgestellt. War die Tabakindustrie davon verzweifelt?

Wohl kaum!

Sie werden sich entweder vom Markt zurückziehen oder lügen! 1954 schloss sich die Zigarettenindustrie zusammen und gründete den „**Tobacco Industry Research**"-Council, der „Forschung" verbreitete, die besagte, dass Zigaretten keinen Krebs verursachen.

Zigaretten sind radioaktiv[37]

Die Tabakindustrie verheimlichte Studien zu gefährlichen Isotopen in Tabakdrogen. Wie frühere, vertrauliche, interne Dokumente der Tabakindustrie gezeigt haben, ist der Tabakindustrie die radioaktive Verseuchung ihrer Produkte seit fast einem halben Jahrhundert bekannt. Hersteller von Nikotinmedikamenten setzen sich seit Jahrzehnten in wissenschaftlichen Studien mit diesem Problem auseinander. Die Ergebnisse wurden jedoch unter Verschluss gehalten, um keinen öffentlichen Alarm auszulösen oder das Geschäft der Tabakindustrie zu schädigen. Verbesserte Filter wurden aus den gleichen Gründen nie verwendet. Krebsraucher wurden bewusst als Kollateralschaden betrachtet.

In einem Bericht mit dem Titel „Rauchen und Gesundheit", der Anfang 1964 vom das Gesundheitsministerium der Vereinigten Staaten veröffentlicht wurde, kam ein Team von zehn hochka-

____

37 http://www.aktiv-rauchfrei.de/aktuell/1217

rätigen Wissenschaftlern zu dem klaren Schluss, dass Rauchen der Gesundheit erheblichen Schaden zufügt. Am 22. Januar 1964 berichtete Der Spiegel und fasste die Einzelheiten des 387-seitigen Berichts in einem Satz zusammen: „Das Rauchen in den Vereinigten Staaten ist so gesundheitsgefährdend, dass es angemessene Gegenmaßnahmen rechtfertigt". Zehn Wissenschaftler kamen zu dem Schluss, dass das Risiko, an Lungenkrebs zu erkranken, „für Raucher zehnmal höher ist als für Nichtraucher". Dieses Risiko erhöht sich für starke Raucher, die mehr als eine Packung pro Tag rauchen, um das Zwanzigfache. (...)

Damals dachten viele Wissenschaftler, die Hauptursache für die tödliche Wirkung des Rauchens sei die Radioaktivität. Um sich einen Informationsvorsprung zu verschaffen und die öffentliche Debatte zu steuern, haben Beschäftigte der Tabakindustrie Messmethoden zum Beispiel für den Poloniumgehalt in Tabak und den Urangehalt in Düngemitteln erforscht. Es gibt Hunderte von Untersuchungsberichten über Polonium in den zuvor geheim gehaltenen Dokumenten der Tabakindustrie. Noch heute schweigen die Hersteller über die Gefahr von radioaktivem Polonium in Tabakprodukten, um Konflikte mit möglichen Folgen zu vermeiden, die den Umsatz reduzieren und Schadensersatzforderungen jegliche Grundlage entziehen. Auf den Webseiten der Tabakindustrie gibt es vage Hinweise darauf, dass es keine „sicheren Zigaretten" gibt, aber die besondere Gefahr des radioaktiven Tabaks, die die Tabakindustrie seit Jahrzehnten untersucht, bleibt im Verborgenen. **Letztendlich: Der Raucher übernimmt den Schaden, sogar freiwillig!**

Elektronische Zigarette (E-Zigarette)

Eine elektronische Zigarette ist ein Gerät mit einem Mechanismus, der eine nikotinhaltige Flüssigkeit erhitzt und sie so verdampft. Der Dampf einer E-Zigarette enthält Giftstoffe. Wie es so schön heißt, ist es nicht harmlos, sondern enthält

Substanzen, die als gefährlich für die menschliche Gesundheit bekannt sind. E-Zigaretten enthalten ähnliche Chemikalien wie Zigaretten (Formaldehyd, Acetaldehyd, Acrolein, Diethylenglykol, Nickel, Chrom, Blei usw.). Obwohl behauptet wird, dass diese Zigaretten keinen Tabak enthalten, enthalten sie Nikotin, das abhängig macht. Hinzu kommen viele technische Defekte wie auslaufende Patronen, versehentliche Nikotinaufnahme nach Patronenwechsel und die Möglichkeit unbeabsichtigt hoher Nikotindosen. Erlaubt sind nach einer EU-Richtlinie folgende Zutaten: Glycerin, Propylenglykol, Nikotin und verschiedene Aromen. Dünne und sehr feine, flüssige Partikel, Nikotin und krebserzeugende Substanzen werden freigesetzt. Diese Substanzen führen zu einer Wirkung auf unsere Gesundheit, die mit elektronischen Zigaretten verbunden ist. Die US-amerikanische Food and Drug Administration (FDA) hat 2009 18 Arten von Patronen für elektronische Zigaretten auf dem Markt untersucht und festgestellt, dass elektronische Zigaretten nicht harmlos sind, wie am Ende dieser Studien gezeigt wurde. In elektronischen Zigaretten einiger Marken wurden krebserregende Substanzen gefunden. Es wird erklärte, dass die Gesundheitswarnungen zu diesem Thema unzureichend seien.

2018 wurden in einer Studie außerdem **Spuren von Metallen** im Dampf von E-Zigaretten verschiedener Fabrikate gefunden, teilweise in gesundheitsschädlichen Konzentrationen. Die Wissenschaftler vermuteten, dass es sich um Loslösungen aus der Heizspirale handelte. Was die Schwermetalle in dieser Dosis bewirken, ist unklar.

UNSERE LUFT: LUFTVERSCHMUTZUNG

Das erste dringende Bedürfnis von Lebewesen ist die Luftaufnahme, und wir tun dies automatisch innerhalb eines perfekt gestalteten physiologischen Systems, ohne einen Moment darüber nachzudenken, wie wichtig es ist. Unter der Annahme, dass die Atmung für unser Leben so wichtig ist, sind wir uns dennoch der gesundheitlichen Belastungen – abhängig von der Lage unseres Lebensraums – bewusst?

Was verursacht Luftverschmutzung und welchen Schaden hat sie?
Dafür gibt es viele Gründe: Im modernen industriellen Kollektivismus ist Luftverschmutzung oft menschlichen Ursprungs.
Die Gründe dafür liegen vor allem in folgenden Branchen:
* Industrie, alle Arten von Produktionsabfällen, einschließlich Kohle Kraftwerke
* Transport und Versand (Land-, Luft- und Seetransport)
* Landwirtschaft, Gewächshausanbau (chemische Dünger und Pestizide, Gase)
* Massentierhaltung
* dampfende Abfälle aus Häusern in Wohngebieten (Kochen, Heizen)
* Chemtrails, im Gegensatz zu anderen Gassprays, von denen gesagt wird, dass sie absichtlich schädliche und giftige Gase sind, die von Flugzeugen aus der Luft auf Siedlungen versprüht werden

Jeder weiß, dass in Städten, insbesondere in den Wohngebieten großer Metropolen, die Luftverschmutzung viel intensiver ist als in kleinen Siedlungen oder ländlichen Gebieten. Die Luftverschmutzung kennt jedoch keine Grenzen, und mit dem Wind werden Schadstoffe in der Luft ständig über die ganze

Welt verteilt. Mikroverunreinigungen, als feste Partikel wie Staub, Rauch oder Ruß oder als Gase wie CO_2, werden in Form von Ammoniak, Stickoxiden und Schwefeloxiden in die Luft abgegeben. Diese emittierten Stoffe sind Primärschadstoffe. Durch Luft, Wind, Wärme und Sonneneinstrahlung gehen sie eine chemische Reaktion ein, vermischen sich miteinander und es entstehen Sekundärluftschadstoffe mit unterschiedlichen Wirkungen und Reaktionen. Aus diesem Grund erreicht die Ozon- und Feinstaubbelastung in Städten vor allem im Sommer mitunter kritische Werte, weshalb sich die Luft, die wir atmen, in chemische Cocktails verwandelt. Darüber hinaus kann Luftverschmutzung durch natürliche Ursachen wie Vulkanausbrüche, Brände, Pollenflüge oder Staubstürme verursacht werden. Diese Ursachen sind jedoch im Allgemeinen von geringerer Bedeutung und nur vorübergehend.

Auswirkungen auf die Gesundheit:
Sekundäre Schadstoffe sind in der Regel schädlicher als die Ausgangsstoffe. Ozon ist in höheren Konzentrationen giftig und reizt die Atemwege. Feinstaub kann Krebs verursachen. Dies liegt daran, dass einige Partikel so klein sind, dass sie über Alveolen (mit Luft gefüllte mikroskopisch kleine Bläschen in der Lunge, wo die Atemwege enden) in den Blutkreislauf gelangen. Auf diese Weise können sie all unsere Körperzellen erreichen und dort unkontrollierte Reaktionen auslösen. Andererseits setzen sich grobe Schadstoffpartikel wie Rauch oder Ruß in der Lunge ab. Langfristige Exposition kann zu schwarzer Verfärbung, Gewebeschäden und schließlich Lungenkrebs führen, ähnlich wie bei Rauchern. Weitere gesundheitliche Folgen der Luftverschmutzung sind: Atemwegserkrankungen wie Asthma und COPD (chronisch obstruktive Lungenerkrankung), Herzinfarkt, Schlaganfall, Krebs – zum Beispiel Lungenkrebs –, in akuteren Fällen besteht Erstickungsgefahr. Die WHO (Weltgesundheitsorganisation) verzeichnet jährlich etwa 7 Millionen Todesfälle als Folge der Auswirkungen verschmutzter Luft!

Wissenschaftliche Studien:

1) Nahezu jede Körperzelle kann durch Luftverschmutzung geschädigt werden! (2019)
Eine Studie der Harvard University fand einen klaren Zusammenhang zwischen der Luftqualität und einer Zunahme von Krankheiten wie Herzinsuffizienz und Harnwegsinfektionen. Luftverschmutzung wird mit einer Reihe von Krankheiten in Verbindung gebracht, von Schlaganfällen bis hin zu Hirntumoren, Fehlgeburten und psychischen Problemen. Die Studie geht jedoch von der Hypothese aus, dass die Auswirkungen viel größer sein könnten als bisher angenommen, und dass fast jede Zelle im Körper von verschmutzter Luft betroffen sein könnte. Besonders betroffen sind ältere Menschen.

2) Kohle kann tödlich sein! (2019)
Weltweit sterben jedes Jahr Millionen an Menschen vorzeitig, weil die Verbrennung fossiler Brennstoffe wie Kohle, Benzin oder Öl die Luft verschmutzt und sie diese einatmen. Das ist das Ergebnis einer am 9. Februar in der Zeitschrift **Environmental Research** veröffentlichten Studie der Universitäten Harvard, Birmingham und Leicester sowie des University College London. Dass verschmutzte Luft extrem gesundheitsschädlich ist, ist seit Langem bekannt. Das Neue an dieser Studie: Sie zeigt, inwieweit insbesondere die Verbrennung fossiler Brennstoffe zur Luftverschmutzung beiträgt und damit die Gesundheit der Menschen gefährdet.

3) Luftverschmutzung beeinträchtigt die psychische Gesundheit!
Luftverschmutzung kann das Auftreten von psychischen Erkrankungen beeinflussen. Das ist das Ergebnis einer Untersuchung von Gesundheits- und Umweltdaten aus den USA und Dänemark. Wissenschaftler Atif Khan und Andrey Rzhetsky von der University of Chicago haben, wie im Fachblatt „**PLOS Biology**“ berichtet, gezeigt, dass bipolare Störungen (Bipolare Störung –

auch bekannt als manisch-depressive Erkrankung) vor allem in Gegenden mit schwacher Luftqualität auftreten. Sie hängen mit der Stimmung der Person zusammen. Sie fanden erhöhte Fallzahlen für andere Krankheiten (z. B. psychische Erkrankungen, die zu Beeinträchtigungen der Energie und der Fähigkeit führen, soziale Aktivitäten zu vollenden) und andere Krankheiten. Für die USA werteten Forscher die Krankenkassendaten von 151 Millionen Menschen aus. Sie untersuchten die Häufigkeit von vier psychiatrischen Erkrankungen (bipolare Störung, schwere Depression, Persönlichkeitsstörung und Schizophrenie) sowie neurologische Erkrankungen, Epilepsie und Parkinson. „Diese neurologischen und psychiatrischen Erkrankungen, die sowohl finanziell als auch sozial sehr kostspielig sind, scheinen mit der physischen Umgebung, insbesondere der Luftqualität, zusammenzuhängen", sagte die Khan University in einer Erklärung. Die Gesundheitsdaten verglichen die Forscher mit der Luftqualität des betreffenden Wohngebiets aus Angaben der US-Umweltschutzbehörde EPA.

Das Ergebnis: In Gebieten mit der schlechtesten Luftqualität litten 6 % mehr Menschen an schweren Depressionen als in Gebieten mit besonders guter Luft.

Was sehr nachdenklich macht, ist, wie viel mehr der menschliche Körper in der Lage ist, solche Lasten zu tragen, wenn wir all diese Belastungen beseitigen oder minimieren könnten, hätten wir dann eine Chance, die menschliche Lebensdauer über 120 oder 150 Jahre hinaus zu verlängern? Vielleicht haben wir doch diese Chance, aber wollen einige sie wirklich?

ELEKTROWELLEN, HANDYS, MIKROWELLEN, WLAN

Heute haben alle Arten von elektronischen Geräten, wohl oder übel, ihren Platz in unserem täglichen Leben eingenommen und sind für uns unverzichtbar geworden. Der durch die technische Lebensweise erzeugte (künstliche) „Elektrosmog" oder „E-Smog" umfasst sowohl viele niederfrequente, elektrische als auch hochfrequente, elektromagnetische Felder und führt auf diese Weise zu biologischen, zerstörerischen und sogar tödlichen Auswirkungen auf Menschen, Tier und Umwelt. Unsere Leidenschaft für all diese elektrischen Helfer bedeutet, dass wir heute in einem dichten Nebel leben, der unweigerlich von elektromagnetischen Wellen emittiert wird. Smartphones, Babyphone, Mikrowellenöfen, Wi-Fi usw., die uns ständig in unserem täglichen Leben begleiten. Viele Geräte im Haus emittieren elektromagnetische Strahlung und erzeugen unsichtbare Kraftfelder, die jedes elektrisch betriebene Gerät umgeben. Die Exposition gegenüber Elektrosmog bedroht zweifellos unsere Gesundheit in vielerlei Hinsicht und stellt eine unsichtbare Gefahr dar, insbesondere für Kinder und kranke Menschen.

Niederfrequente und magnetische Felder:
Ob Radio, Fernseher, Waschmaschine, Mikrowelle oder Elektroherd, all diese Geräte funktionieren nur mit der passenden Stromquelle. Solche Haushaltsgeräte werden in der Regel mit niederfrequentem Wechselstrom betrieben. Von Niederfrequenz spricht man, wenn die Frequenz des Stroms, also die Anzahl der Schwingungen pro Sekunde, kleiner als 100 Kilohertz ist. Beim Anschluss von Geräten an das Stromnetz sind sowohl die Zuleitungen als auch die Geräte selbst ständig von elektrischen Feldern umgeben, egal, ob das Gerät ein- oder ausgeschaltet ist. Sobald tatsächlich Strom verbraucht wird, entstehen zusätzliche Magnetfelder. Die Intensität dieser Felder hängt vom jeweili-

gen Stromverbrauch ab, wie elektrische Felder sind sie mit der
Quelle verbunden und nehmen mit zunehmender Entfernung
ab, jedoch können Magnetfelder in die Wände eindringen, dadurch auch in die Aufenthaltsräume der Menschen.

Hochfrequente Felder:
Hochfrequente Felder, Mobilfunk oder WLAN, aber auch Rundfunk oder Radar sind allesamt (künstlich erzeugte) hochfrequente, elektromagnetische Felder. In diesem Schwingungs-
bereich, der von 100 Kilohertz bis 300 Gigahertz reicht, treten
elektrische und magnetische Felder immer parallel auf. Zu den
Ressourcen gehören Radio- und Fernsehsender, Mobiltelefon-
sender und Mobiltelefone sowie Mikrowellenherde, digital verbesserte drahtlose Telekommunikation (DECT) oder drahtlose,
lokale Netzwerke. Hochfrequente Felder können von der Quelle,
beispielsweise einer Sendeantenne, getrennt und wellenförmig
ausgebreitet werden. Auch Rundfunk und Mobilfunk basieren
auf diesem Effekt.

Wie gefährlich sind sie wirklich?
Niederfrequente, elektrische und magnetische Felder können in
unsrem Körper elektrische Felder und Ströme erzeugen. Hochfrequente elektromagnetische Felder können biologisches Gewebe erhitzen. Bei Handys beispielsweise dringt die Strahlung
mehrere Zentimeter tief in das Gewebe ein. Die thermische Wirkung ist wissenschaftlich bewiesen. Elektromagnetische Felder
stellen in vieler Hinsicht ein Gesundheitsproblem dar, sodass
wir sie wirklich nicht unterschätzen sollten.

Sendemast: Mobilfunkantennen stehen immer wieder im Mittelpunkt der Diskussion, wenn es um Hochfrequenzbereiche
geht. Viele bewusste Menschen wollen nicht in der Nähe solcher Pole leben, weil sie Angst vor elektromagnetischen Strahlen haben. Den Strahlen von Handys und Sendemasten werden vielfältige gesundheitliche Auswirkungen nachgesagt, von
Kopfschmerzen, Übelkeit und Herzrasen bis hin zu Tinnitus

und Schlafstörungen. Es wird beobachtet, dass an vielen Masten im Umkreis von etwa einem Kilometer kaum Gras wächst, Bäume verdorren und sterben, in ihrer Nähe leben keine Tiere mehr, oder man sieht die toten Tiere: Es ist kein Zufall, wenn Vögel und Bienen in der Nähe elektromagnetischer Strahlen massenweise auf den Boden fallen.

Handy und Internet: Von Handys geht eine kurzzeitig relativ hohe Strahlung aus. Grundsätzlich gilt: je schlechter die Kommunikation, desto höher die Strahlen. Denn einige dieser magnetischen Wellen dringen beim Telefonieren in den Kopf ein.

Eine weitere Quelle hochfrequenter Felder sind schnurlose Telefone. Die werden standardmäßig in vielen Wohnungen und Büros verwendet. Sie senden Dauerstrahlen von der Basisstation aus, unabhängig davon, ob ein Telefongespräch geführt wird oder nicht. Dies steigt noch mehr mit der Anzahl der an die Station angeschlossenen Telefone. Die drahtlosen Funknetze in Büros und Arbeitsräumen sind vorhanden. Mit solchen WLAN-Stationen werden beispielsweise Computer mit dem Internet verbunden.

Wissenschaftliche Studien: LTE (Long Term Electrosmog) Strahlen verursachen Verhaltensänderungen![38]

Die LTE-Frequenz (1.846 GHz) wurde bereits in utero und postnatal auf Mäuse eingestrahlt. Schlussfolgerung: Wiederholte Bestrahlung mit niedriger Feldstärke im Mutterleib und kurz nach der Geburt zeigte eine verlängerte Wirkung bei erwachsenen männlichen Mäusen. Forscher führen das veränderte Verhalten auf Veränderungen im Stoffwechsel und im Hippocampus (Gedächtniskonsolidierung der Gehirnregion) zurück.

---

38 2019, Broom et al., https://www.emfdata.org/de/studien/
    detail&id=558

Die Auswirkungen schädlicher 5G-Netztechnik unter realen Bedingungen:[39]

Es wird darauf hingewiesen, dass die neue 5G-Technologie nicht nur Haut und Augen betrifft, sondern auch andere systemische Folgen hat. Betrachtet man die Strahlung zusammen mit anderen schädlichen Umwelteinwirkungen, die bisher nicht berücksichtigt wurden, so Kostoff et al., werden die negativen Wirkungen der Strahlung deutlich zunehmen. Die Forscher warnen: „Die Überlagerung einer bereits vorhandenen toxischen Substanz verschärft die bereits nachgewiesenen gesundheitsschädlichen Auswirkungen der drahtlosen Strahlungsumgebung mit 5G-Strahlung. Es sind noch viel mehr Forschung und Tests der potenziellen gesundheitlichen Auswirkungen von 5G unter realen Bedingungen erforderlich, bevor eine weitere Einführung garantiert werden kann.“

Veränderungen der Blutstruktur durch Elektrosmog

Rote Blutkörperchen spielen eine wichtige Rolle im Blut. Sie transportieren Sauerstoff von der Lunge zu den Zellen. Kombinierte Eisenatome werden blutrot. Eisenatome werden durch das Magnetfeld der Erde magnetisch aufgeladen. Aufgrund dieser Belastung können rote Blutkörperchen in die dünnsten Blutgefäße eindringen. Elektrosmog wirkt auf das Blut, zerstört die natürliche, magnetische Ladung und ersetzt sie durch eine elektrische. Die Folgen sind Mangelernährung der Zellen, Verklumpung der roten Blutkörperchen und Übersäuerung des Körpers. Sie bilden die Grundlage vieler Krankheiten wie Rheuma, Thrombose, Embolie und Infarkt.

---

39 2020, 5G-Review from Kostoff et al., https://www.emfdata.org/de/
   studien/detail&id=557

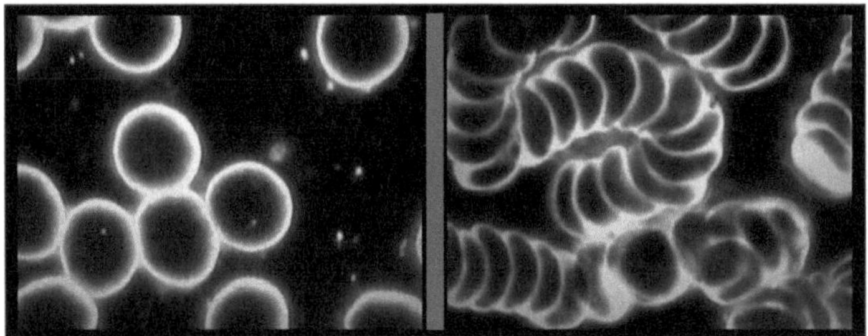

Vor Nutzung eines Mobiltelefons/Nach Nutzung eines Mobiltelefons, Bild aus einem Dunkelfeldmikroskop (Geldrollen)

Es kann Fälle von Motivationsmangel, Energieverlust und Müdigkeit geben. Unter dem Dunkelfeldmikroskop lassen sich bei Handytelefonaten von nur wenigen Minuten fast klebrige Klumpen roter Blutkörperchen erkennen, sogenannte „Geldrolleneffekte", die den Sauerstoffgehalt im Blut reduzieren – Thrombosen und Infarkte können eine Folge sein davon.

Warum ist 5G umstritten?

Das neue 5G-Mobilfunknetz ging 2020 in Betrieb. Netzbetreiber und Industrie wollen, dass das neue Netz so schnell wie möglich ausgebaut wird. Denn: Der neue Standard verspricht kurzum schnelles Internet. Seit dem Aufkommen von Smartphones sind aber auch Diskussionen über die Wirkung von Mobilfunkstrahlen auf den Menschen aktuell. Bisher waren die Frequenzen für das Mobilfunknetz niedriger. Für das 5G-Netz besteht das Problem, dass die Frequenz jetzt von 2 auf 3,7 Gigahertz und in Zukunft sogar auf 60 Gigahertz ansteigt. Je höher die Frequenz, desto geringer die Reichweite. Daher benötigt das 5G-Netz mehr Sendemasten, um das gleiche Gebiet abzudecken. Und nicht nur das: Viele Sender wurden bisher direkt auf Türme oder Dächer montiert. Neue 5G-Sendestationen können jedoch fast überall in kleinen Kästen installiert werden. Dies bedeutet auch, dass sie Ihnen bei der Montage an Straßenlaternen, Bushaltestellen oder Wänden viel näherkommen. Und auch mehr Strahlen werden emittiert. Zudem wird sich mit dem 5G-Netz die Strahlung in den Funkzellen anders verteilen. Die sogenannten **Beamforming-Signale** werden von der Sendestation dorthin gesendet, wo sie benötigt werden, was für eine besonders schnelle und effiziente Datenübertragung sorgt.

Ist das schädlich?

Die Internationale Kommission zum Schutz vor nichtionisierender Strahlung (ICNIRP), die einen Bericht über den Schaden der vom 5G-Netz emittierten Frequenzen erstellt hat, argumentiert, dass die hochfrequente Exposition schwerwiegende Auswirkungen auf die menschliche Gesundheit haben wird. Mehr als 240 Forscher des International EMF (Electro Magnetic Field) Scientists Board, das eine gemeinsame Erklärung zur Untersuchung der von 5G emittierten Strahlungsmenge veröffentlicht hat, argumentieren, dass die **Gesundheit von Menschen und Tier durch 5G gefährdet** sei.

Mit der Entwicklung von mehr Antennen, höheren Frequenzen, der neuen 5G-Mobilfunktechnologie setzt sich ein jahrzehntelanger Trend fort. Menschen sind zunehmend elektromagnetischer Strahlung ausgesetzt: WLAN, Heimnetzwerk, kabellose Kopfhörer, Babyphone, Autos, Handys. Ein zunehmender Datenbedarf erhöht die Strahlenbelastung weiter denn je, weil jedes Gerät mehr emittiert, wenn mehr Daten übertragen werden. **David Carpenter**, Direktor des Health and Environment Institute, University of Albany, USA: Gesundheitsforscher, einer der wichtigsten Stimulatoren elektromagnetischer Strahlung, sagt: „Natürliche elektromagnetische Felder hat es schon immer gegeben. Doch in den letzten Jahrzehnten hat die elektromagnetische Strahlung, die uns Menschen trifft, enorm zugenommen. Früher waren Radio und Fernsehen die Quellen elektromagnetischer Wellen. Heute gibt es überall Wi-Fi: Wir entwickeln selbstfahrende Autos, die elektromagnetische Felder zum Navigieren nutzen, jeder hat ein Handy. Und 5G wird die Strahlungsmenge weiter erhöhen.“

Das Forschungszentrum für elektromagnetische Umweltverträglichkeit an der Universität **Aachen** hat einen Bericht erstellt, der einen klaren Zusammenhang zwischen starken, hochfrequenten Feldern und krebskranken Mäusen zeigt. Da wurde beobachtet, dass das Gehirn, das Herz und das Nervensystem von Mäusen, die zwei Jahre lang neun Stunden am Tag einem elektromagnetischen Feld ausgesetzt waren, Veränderungen und einen erhöhten Zelltod erfuhren. Das Krebsforschungszentrum (CRUK) in **England** gab bekannt, dass die Nutzung von Mobiltelefonen von den 90er Jahren bis 2016 um 500 Prozent zugenommen hat und dementsprechend die Hirntumorfälle im Vergleich zu früher um 34 Prozent zugenommen haben.

Das International Cancer Research Center definierte Mobiltelefone 2011 als „einen Faktor, der Krebs verursachen kann". Trotz alledem stellt die Weltgesundheitsorganisation (WHO), die die gesundheitlichen Auswirkungen elektromagnetischer Felder auf den Menschen untersucht, fest, dass elektromagnetische Felder kein signifikantes Risiko für die öffentliche Gesundheit darstellen. Bevor man 5G infrage stellt, muss man meiner Meinung nach hinterfragen, **auf welcher Seite die Position der WHO steht?**

Sowohl eine amerikanische Forschergruppe des „**National Toxicology Program**" als auch ein Team in Bologna um die renommierte italienische Krebsforscherin **Fiorella Belpoggi** haben kürzlich berichtet, in umfangreichen Experimenten „eindeutige Beweise" für die tumorerzeugende Wirkung hochfrequenter Strahlung bei Mäusen gefunden zu haben. Eine vom Bundesamt für Strahlenschutz in Auftrag gegebene Studie zeigte 2015, dass Handystrahlung die Ausbreitung von Tumoren im Körper von Mäusen deutlich beschleunigt.

In dem 33-seitigen Bericht der Europäischen Union (EU) vom 9. Oktober 2019 wurde festgestellt, dass die Abhängigkeit von Mobilfunknetzen für die Anwendung dieser Technologie in Bezug auf die Sicherheitslücke im Zusammenhang mit 5G und damit den Kanälen, die dies können, hoch ist. Außerdem haben Cyberangriffe zugenommen. Dem Bericht zufolge können insbesondere staatlich geförderte Cyberangriffe von außerhalb der EU ernsthafte Sicherheitsprobleme verursachen. Abgesehen von der EU müssen viele Länder mit schwacher 5G-Infrastruktur auf der ganzen Welt die von ihnen verwendeten Geräte und Software importieren.

Strahlungen dringen unterschiedlich tief in Gewebe und Materialien ein.

Wie Mikrowellenstrahlung versetzt Handystrahlung Wassermoleküle in Schwingungen. Diese Reibung erzeugt Wärme und die Temperatur steigt in den Geweben und Zellen. Vor allem dort, wo wir mit einem Handy in Kontakt kommen. Vergessen wir nicht, dass der größte Teil des menschlichen Körpers aus Wasser besteht. Sobald der Sender die an das Telefon gesendeten Signale empfängt, dringt die Strahlung in den Körper ein. Die Häufigkeit bestimmt auch, wie tief es ist und welches Gewebe und welche Zellen betroffen sein können.

Kinder und Elektrosmog

Eltern sind sich der potenziellen Gesundheitsgefährdung elektromagnetischer Felder für Kinder oft naiverweise gar nicht bewusst oder glauben fälschlicherweise, dass gesetzliche Vorschriften ausreichenden Schutz bieten. Dies ist ein Irrglaube, denn Kinder und Jugendliche reagieren besonders empfindlich auf elektromagnetische Felder. Bei ihnen sind die Schutzfunktionen des Körpers noch nicht voll entwickelt. Zu beachten ist, dass die während der Entwicklungsphase auftretenden biologischen Schäden oft zu irreversiblen Folgen führen können. Es ist beispielsweise wissenschaftlich erwiesen, dass der Kopf von Kindern doppelt so viel Handystrahlung absorbiert wie der von Erwachsenen. Diese Strahlung ist nachweislich dreimal häufiger in einigen Bereichen ihres Gehirns und tritt 10-mal häufiger im Knochenmark auf. Diese Überlastung überschreitet oft die Grenzwerte, die sie bewältigen können. Sich auf Gesetze zu verlassen, die uns schützen, bedeutet buchstäblich, den Kopf in einen Bienenstock zu stecken, klar. Die Industrie selbst warnt im Kleingedruckten in der Bedienungsanleitung und überlässt uns damit die Verantwortung. **Wer liest wohl das Kleingedruckte?**

Babyphone:
Für viele Eltern ist das Babyphon unverzichtbar. Dies gibt ihnen das sichere Gefühl, jederzeit mit einem Ohr beim Kind zu sein. Wie die Analyse des Öko-Test-Magazins „Jahrbuch Kleinkinder 2013" zeigt, produzieren die meisten Babyphones jedoch viel ungesunden elektrischen Smog. Verantwortlich ist zunächst einmal die DECT-Technik, über die die Signale übertragen werden. Denn DECT-Babyphone arbeiten mit gepulsten, hochfrequenten Mikrowellen, die für die Gesundheit des Babys sehr belastend sein können.

Warnungen von Ärzten und Wissenschaftlern[40]

Pr. DR. A. Varga, Hygiene-Institut der Universität Heidelberg: „Wir haben Hühnereier in einem Brutschrank unterhalb unserer heutigen deutschen Grenzen mit Mikrowellen bestrahlt und damit ausnahmslos jeden Embryo abgetötet! Kein einziges Küken ist geschlüpft, keines hat die Strahlen überlebt. Aus der unbestrahlten Kontrollgruppe schlüpften ausnahmslos gesunde Tiere."

Dr. Med. Karl-Heinz Braun-von Gladiss: „Elektromagnetische Felder sind Türöffner für chemische Gifte im Gehirn. Gepulste elektromagnetische Hochfrequenzfelder reduzieren die

---

40 https://www.elektrosmog.com/mobilfunk-risiken-und-schutz/
    wissenschaftler-und-aerzte-warnen

Barrierefunktion der Blut-Hirn-Schranke und erhöhen dadurch
die Durchlässigkeit von nervenschädigenden Eiweißkörpern zu
Nervenstrukturen."

Prof. Dr. Ross Adey, Loma Linda University, Kalifornien:
„Wir wissen sehr gut, dass gepulste Signale eine stärkere Wirkung auf den Menschen haben als nicht gepulste Signale. Gepulste Mikrowellen greifen tief in biologische Prozesse ein."

Bundesanstalt für Arbeitsmedizin: „Periodisch gepulste Mikrowellen in der Intensität eines normalen Mobiltelefons beeinflussen die bioelektrische Aktivität des Gehirns. Es besteht kein Zweifel, dass Handywellen, die noch keine thermischen Effekte verursacht haben, biologisch wirksam sein können."

Prof. Kolb, Universität Hannover, EU-Forschungsprojekt: „Nach vorläufigen Ergebnissen wissen wir sicher, dass unter dem Einfluss von Magnet- und Hochfrequenzfeldern DNA-Schäden und Stressproteine produziert werden."

Prof. DR. Karl Hecht, Leiter des Pathologischen Instituts der Charité Berlin und Direktor des Instituts für Stressforschung: (nach Sichtung von 1.500 russischen Studien im Auftrag der Deutschen Bundesanstalt für Telekommunikation, 2001): „Die biologischen Wirkungen elektromagnetischer Felder sind unbestreitbar. Studien zu Krankheiten, insbesondere Leukämie und Krebs, werden fortgesetzt. Ergebnisse von Studien an Menschen und Tieren haben ähnliche Wirkungen gezeigt. Elektromagnetische Felder können als Störung angesehen werden, deren pathogene Wirkung erst Jahre später sichtbar wird."

Wilfried Kühling, Vorsitzender des Wissenschaftlichen Beirats des Bundes: „Die Handystrahlung gehört zur Gruppe der Mikrowellenstrahlung. Wie bei Mikrowellen ist die Wechselwirkung dieser Strahlung besonders ausgeprägt bei Wasser und Proteinen, also genau den Stoffen, aus denen unser Körper besteht. Handystrahlung wirkt sich also überdurchschnittlich stark auf unseren Körper aus!

Lebende Körperzellen stehen durch elektrische und chemische Prozesse miteinander in Kommunikation, und wir können dies im philosophischen Sinne als einen „Zusammenziehen"-Vorgang bezeichnen, entweder individuell oder kollektiv. Mikrowellen stören diese natürliche Kommunikation jedoch ständig und lösen dadurch biologische Fehlreaktionen aus. Zum Beispiel transportieren rote Blutkörperchen bei Telefonaten weniger Sauerstoff. Die Folge sind Kopfschmerzen. Da Mikrowellenstrahlung fast alle festen Gegenstände durchdringt, ist die Strahlenbelastung eine Notwendigkeit, der sich niemand entziehen kann."

Mikrowelle

Einfach ausgedrückt: Mikrowellen lassen die Wassermoleküle vibrieren, und auf der oberen Ebene dieser Vibrationen erzeugt die Reibung der beweglichen Partikel Wärme und erwärmt die Nahrung. Aber nur in Lebensmitteln, denn durch andere Materialien wie Porzellan oder Kunststoff dringen die Wellen fast ohne Wirkung ein. Dazu wird in Geräten eine Mikrowellenstrahlung mit einer Frequenz von 2,45 Gigahertz verwendet. In handelsüblichen Mikrowellenherden wird ein Teil der normalen Leistung von 100 bis 1.300 Watt zur Strahlungserzeugung verwendet. Der Drehteller sorgt für eine bessere Wärmeverteilung in den Speisen, da es „kalte" und „heiße Stellen" in den Produkten gibt, was sonst zu einer ungleichmäßigen Temperaturentwicklung führen würde. Jeder, der eine Mikrowelle besessen hat, weiß das, einige Bereiche von erhitzten Speisen können heiß bleiben, andere noch kühl oder nur warm.

Treffen Mikrowellen auf einen lebenden Körper, wird dort natürlich auch das vorhandene Wasser erhitzt, was zu irreparablen Schäden führen kann. Ohne Zweifel sind Mikrowellen gefährlich für biologische Zellen! Aus diesem Grund sind Mikrowellenöfen in einer abgeschirmten Struktur konstruiert, damit die Strahlen nicht nach außen dringen können, wenn das Metallgewebe und das Metallgitter hinter der Glasscheibe verstärkt sind. Wellen können jedoch nicht vollständig abgeschirmt werden, es können Undichtigkeiten auftreten. Auch, wenn die Maschen des Metallgitters sehr klein sind, können kleine Mikrowellendosen von zwölf Zentimetern Länge verrutschen. Wenn das Gerät nicht beschädigt ist, gibt es nur eine geringe Streustrahlung in unmittelbarer Nähe des Mikrowellenherds. Also, es stellt sich die Frage, ob diese Leck Strahlung gesundheitsgefährdend ist.

Also, die Frage ist, ob diese Leckstrahlung gefährlich ist. Falls Sie diesen Backofen weiter benutzen wollen, befolgen Sie auf jeden Fall strikt die Sicherheitshinweise und stellen Sie insbesondere keine Behälter oder Geschirr mit Metall darin ab.

Verändert sich die chemische Zusammensetzung von Lebensmitteln durch Mikrowellen?

Die Forscher bewässerten jeden Tag eine von zwei Topfblumen mit den gleichen Eigenschaften. Sie nahmen einen Teil des Wassers und erhitzten es in der Mikrowelle, während sie den zweiten Teil auf dem Herd erhitzten. Nach dem Abkühlen verwendeten sie Wasser, um die Pflanzen zu wässern. Am neunten Tag war die Blume, die mit dem Wasser der Mikrowelle bewässert wurde, ausgetrocknet und verlor ihre Vitalität, während die andere lebendig und normal war.

In einem anderen Experiment befasste sich **Barbara Hendel** aus England mit einer wissenschaftlichen Studie mit Katzen. Katzen, die in einem Raum unter künstlichem Licht gehalten wurden und nur Mikrowellenfutter, so viel wie sie wollten, fraßen, starben ohne Grund innerhalb eines Monats. Die molekulare Struktur der Nahrung hatte sich durch die kurzwelligen Strahlen der Mikrowelle so stark verändert, dass die Resonanz jeglicher Energieform nicht mehr messbar war.

Die Strahlen verändern die natürliche Struktur lebender Zellen (Blutzellen)!

Eine weitere, ziemlich bemerkenswerte Forschung ist eine Vergleichsstudie von 1991 in Lausanne; sie stammt von den Schweizer Biologen und Ernährungswissenschaftlern **Hans U. Hertel** und **Bernhard H. Blanc**. Noch vor wenigen Jahren recherchierte und bereitete **Hertel** eine These vor, mit der er die Schäden erläuterte, die ein Mikrowellenofen verursachen kann. Er wurde von der Industrie verklagt, und vor Gericht gestellt, danach wurde die Haftstrafe umgewandelt und er kam nur mit einer Geldstrafe davon. Später untersuchte Hertel zusammen mit Blanc die Veränderungen im menschlichen Körper und Blut durch Lebensmittel, die in einem Mikrowellenherd erhitzt und dann verzehrt wurden. Den Probanden wurde in der Mikrowelle zubereitetes Essen präsentiert. Es war besorgniserregend, Veränderungen im Blutbild zu beobachten, nachdem die Probanden auch nur einmal von diesen Nahrungsmitteln gegessen hatten. Das Ergebnis war verheerend: **„Es zeigt das Anfangsstadium eines pathologischen Prozesses, der Krebs verursacht! Mikrowellen können Krebs verursachen und hier muss dringend gehandelt werden!“**

Was glauben Sie, was, nach dieser Aussage mit den Wissenschaftlern passiert ist?

Sie erhielten großen Druck von den entsprechenden Industrien und haben sich von ihrer These zurückgezogen. Laut den durchgesickerten Nachrichten aus familiennahen Kreisen wurde gesagt, dass sie bedroht worden waren.

Die Menschheit hat in jeder Phase ihrer Geschichte immer wieder ehrenwerte Menschen hervorgebracht, die sich der Gefahren bewusst waren, dennoch nicht den Mut verloren, uns zu warnen und weiter aufzuklären!

Induktionsherde:[41]

---

41 http://www.naturalscience.org/de/themen/mikrowellen/
induktionsherd

Induktionsherde werden aufgrund der raschen Hitzeerzeugung als stromsparend und somit umweltschonend angepriesen. Nicht erwähnt wird dabei in der Regel, dass die von Induktionskochfeldern ausgehenden hochfrequenten, elektromagnetischen Felder – ähnlich denjenigen des Mikrowellenherds – die Gesundheit von Menschen, insbesondere von Kindern im Mutterleib, gefährden, weil sie die natürliche Schwingung von Zellen und Organen überlagern und stören. Wer auf seine Gesundheit achten will, sollte deshalb keinen Induktionsherd verwenden.

Zitate zum Nachdenken:

„Es spielt keine Rolle, wie langsam Sie gehen, solange Sie nicht anhalten!"
Konfuzius

„Der Kluge lernt aus allem und von jedem, der Normale aus seinen Erfahrungen und der Dumme weiß alles besser!"
Sokrates

„Entscheide lieber ungefähr richtig, als genau falsch!"
Johann Wolfgang von Goethe

„Eine Wahrheit kann erst wirken, wenn der Empfänger für sie reif ist. Nicht an der Wahrheit liegt es daher, wenn die Menschen noch so voller Unweisheit sind!"
Christian Morgenstern

„Wir befinden uns mitten in einem Krieg, der sich auf alle Aspekte des Lebens erstreckt. Wenn auch unser Feind unsichtbar ist, kann keiner behaupten, dass die Folgen dieses Angriffs nicht spürbar sind!"
Nurcan Gross

KOSMETIKINDUSTRIE

Die Kosmetikindustrie innoviert und vermarktet ihre Produkte ständig, sobald sie die Schwächen ihrer potenziellen Kunden versteht. Bei allem, was sie bereits kennen, gibt es für niemanden ein Entrinnen. Schneller, besser, schöner und attraktiver. Halten die Versprechen, was sie behaupten? Was viele nicht wissen oder denken: Die Körperpflege- und Kosmetikindustrie ist eine Teilbranche der chemischen Industrie. Kein Wunder also, dass viele Hersteller auch synthetische Chemikalien in ihren Produkten verarbeiten. Es scheint, dass Skandale in der schnelllebigen Welt der Kosmetik natürlich bestehen bleiben werden. Viele Hersteller wenden überzeugende, kleine, legale Tricks an, um für ihre Produkte zu werben. Zum Beispiel: Ärzte- oder Expertenmeinungen werden durch wissenschaftliche Studien gefördert. All diese bunte, ausgefallene Werbung hat einen Zweck, und zwar uns, die Verbraucher, dazu zu bringen, die Seriosität des Produkts zu akzeptieren. **Wir neigen im Allgemeinen dazu, uns auf die Meinung eines Experten zu verlassen, wenn es um Angelegenheiten außerhalb unseres Fachgebiets geht.**

Hier sprechen wir über Kosmetikprodukte, nicht nur für das Damen-Make-up, sondern ganz egal, ob für Männer oder Frauen, die Liste der Kosmetik- und Pflegeprodukte, die wir täglich verwenden, vom Shampoo über Körper- und Hautcremes bis hin zu Deodorants, Lotionen, Haarfärbemittel und sogar Produkten für die Kinderpflege ist riesig. Dabei spielt es keine Rolle, ob ein Produkt billig oder teuer ist, gefährliche Stoffe können überall enthalten sein, sogar in uns bekannten, teuren Marken. Die Liste der enthaltenen Inhaltsstoffe sollte vor dem Kauf gelesen werden. Leider ist unser Leben voller Chemikalien, von den Lebensmitteln, die wir kaufen, über die Produkte, die wir verwenden, bis hin zur Luft, die wir atmen. Es ist ein langsamer, heimtückischer Prozess. Sobald eine bestimmte Grenze erreicht ist, werden die Chemikalien zu Elementen, die die Integrität unseres Lebens bedrohen. Sollten wir also mit einer Lupe in der Tasche zum Einkaufen gehen?

Dies mag einigen von uns wie eine lächerliche Idee erscheinen, und noch dazu paranoid. Ich würde immer noch lieber als „paranoid" etikettiert werden, als rein ignorant zu sein!

In einer wissenschaftlichen Studie wurde festgestellt, dass ein Erwachsener mittleren Alters täglich durchschnittlich neun Kosmetikprodukte mit 126 verschiedenen Inhaltsstoffen verwendet. Es wurde festgestellt, dass britische Frauen jedes Jahr 2,26 kg Kosmetikprodukte hauptsächlich über die Haut und seltener oral aufnehmen. Diese enthielten beispielsweise krebserregende Substanzen, die durch Gesichtscremes aufgenommen werden, oder Arsen, das durch Lidschatten aufgenommen wird. Ein Ergebnis: Es ist riskanter, Chemikalien in Kosmetikprodukten durch die Haut aufzunehmen! Es gibt 28 Chemikalien in einem Lippenstift, 26 in einem Deo und 23 in einem Haarspray. Während all diese Substanzen in unserem Körper verschiedene Umwandlungen durchlaufen, verwenden die meisten von uns sie ohne Bedenken. Andererseits behaupten die Hersteller, dass diese Chemikalien und ihre Produkte sicher seien. Der grundlegende Sicherheitsschritt für Kosmetikanwender ist der Warnhinweis auf dem Produkt. Leider listen die meisten Hersteller aus Gründen des Patentschutzes nicht alle Inhaltsstoffe auf. Aber: In Blut und Fettgewebe der Nutzer wurden Rückstände von mehr als 400 toxischen Elementen gefunden. Unsere Haut ist das größte Organ unseres Körpers. Chemikalien durch die Haut aufzunehmen, ist riskanter als sie einzunehmen. Denn während die oral eingenommenen Substanzen bereits im Mund abgebaut werden, werden Chemikalien, die direkt über die Haut in den Körper gelangen und sich schnell in den Kreislauf eingliedern, im Verdauungssystem in Windeseile zu den Organen transportiert und dort eventuell jahrelang gespeichert.

Die schädliche Wirkung von Kosmetikprodukten kann zu Asthma und Krebs führen! Die von vielen Wissenschaftlern akzeptierte Definition von schädlichen Kosmetika drückt sich in den Ergebnissen aus, die nach einer Weile bei der täglichen Anwendung verschiedener Produkte auftreten. Unter diesen Ergebnissen können einige Menschen aufgrund der enthaltenen Farb- oder Duftstoffe allergische Reaktionen wie tränende Augen, Rötungen und Hautempfindlichkeit entwickeln. Dazu kommen Krebs, Asthma und die Verschlimmerung angeborener Erkrankungen. Während einige Kosmetika bei einmaliger Exposition keine Krankheiten verursachen, kann die zunehmende Wirkung der Chemikalie in fortgeschrittenen Stadien immer noch Schäden verursachen. Es erfolgt eine Verteilung und Akkumulation im ganzen Körper, insbesondere in der Haut, den Atemwegen und der Verdauung. Wenn die Zerstörungs- und Ausscheidungsrate im Körper langsamer ist als die Absorptionsrate, wird es für den Körper extrem toxisch. Es können Symptome auftreten, die Sie nicht mehr direkt mit der chemischen Belastung in Verbindung bringen können. Dazu können Schläfrigkeit, Schwäche, Reizbarkeit, Konzentrationsschwäche oder Gedächtnislücken gehören.[42]

Welche Chemikalien sind in Kosmetikprodukten enthalten?[43]

Paraben: Typen wie Methylparaben, Butylparaben, Ethylparaben und Propylparaben sind in fast allen Kosmetika enthalten, verhindern die Bildung von Bakterien und Schimmel und verlängern die Haltbarkeit des Produkts.

Dioxin: Es kommt in Medikamenten, Kosmetika, einigen Farben, Reinigungsmitteln und Plastikbehältern vor. In Reinigern, Shampoos und Badeschäumen mit schäumenden Eigenschaften; PEG, Oxinol, Nonoxynol, Polysorbat 60 und Polysorbat 80 sind mit Bezeichnungen wie Polyethylen, Polyethylenglykol,

---

42 https://kadin.com/kozmetik-urunlerin-zararlari

43 https://ekolojist.net/kozmetik-urundeki-bulunan-chemicals-ve-sagliga-zararlari/

Polyoxyethylen, -poly oder -oxinol enthalten, wobei insbesondere Ethylenoxid in Babyshampoos verwendet wird.

Synthetische Farbstoffe: FD&C- und D&C-Texte in den Inhaltsstoffen kosmetischer Produkte weisen darauf hin, dass in diesem Produkt künstliche Farbstoffe verwendet werden. Diese aus Erdöl und seinen Derivaten gewonnenen Farbstoffe fallen in die Kategorie der krebserregenden Stoffe und sind ernsthaft gesundheitsgefährdend. In diesen Kunststoffen werden Blei, Aluminium, Kalium und Barium auch als Stabilisatoren verwendet – zum Beispiel in Lippenstiften, um Verunreinigungen zu vermeiden.

Natriumlaurylsulfat (SLS): Es ist ein Inhaltsstoff, der in 90 Prozent der reinigenden Körperpflegeprodukte wie Zahnpasta, Shampoo, Rasiercreme, Seife, Waschmittel, Aknemedikamente, Gesichtsreiniger, Duschgel und Badeschaum verwendet wird. SLS verursacht Haut- und Augenreizungen und wird auch in Herbiziden und Pestiziden verwendet.

BHA und BHT: Es ist im Inhalt vieler kosmetischer Produkte und auch als Zusatzstoffe in Lebensmitteln enthalten. Als Ergebnis der Forschung verursacht die Langzeitanwendung von BHA und BHT allergische Reaktionen.

Pthalate (Phthalate): Diese Chemikalie wird verwendet, um den Kunststoffanteil aufzuweichen. Phthalate, die insbesondere in Nagellack, Parfüm, Lotion und Haarspray verwendet werden, erhöhen das Brustkrebsrisiko.

Formaldehyd: Formaldehyd, das in Produkten wie Seife, Shampoo, Duschgel, Nagellack und Wimpernkleber enthalten ist, wird Kosmetika gesetzlich mit einer Höchstmenge von 0,2 % zugesetzt, kann jedoch bei längerer Exposition die Atemwege und das Immunsystem schädigen.

Formol: Es ist eine krebserregende Substanz, die in Wimperntusche und Nagellack vorkommt. Diese Substanzen dringen durch die Haut- und Nagelecken in den Körper ein.

D&C Rote Pigmente: In Lidschatten, Hauttonika, Shampoos, Puder, Lippenstiften und Lippenbalsamen enthalten. Diese Pigmente sind synthetische Farben aus Kohlenteer und enthalten Schwermetallsalze. Studien zeigen, dass fast alle dieser

Stoffe krebserregend sind. Vor allem Xanthan, Monoazoaniline, Fluorane und Indigoide wirken porenverstopfend.

PABA (Para-Aminobenzoesäure, Padimate-O, Octyldimethyl PABA): Es ist in Gesichtsfeuchtigkeitscremes und Sonnenschutzmitteln enthalten. Studien zeigen, dass es Hautkrebs verursachen kann.

Oxybenzon: Das Hauptmerkmal von Oxybenzon, einer in Sonnenschutzmitteln verwendeten Chemikalie, ist, dass es ultraviolettes Licht absorbiert. Oxybenzon kann die Hormonregulation stören, Krebsentstehung verursachen und allergische Reaktionen auslösen.

Petrochemikalien: Petrochemikalien, die Chemikalien in Kosmetikprodukten sind, werden als Isopropylalkohol (oder Isopropanol), Methylalkohol (Methylalkohol oder Methanol), Butylalkohol (Butanol), Ethylalkohol (Ethylalkohol oder Ethanol) bezeichnet. Petrochemikalien haben sehr schädliche Langzeitwirkungen.

Antibakteriell/Triclosan: Es werden antibakterielle Eigenschaften nachgesagt, es kommt in vielen Produkten wie Flüssigseife und Zahnpasta vor. Diese Substanz zerstört sowohl schädliche Bakterien im Körper als auch nützliche Bakterien. Außerdem kann Triclosan mit dem Chlor im Wasser interagieren und sich in die krebserregenden Substanzen Chloroform und Dioxin verwandeln, die bei der Einbringung in die Haut eine direkte krebserregende Wirkung entfalten können.

Silikon: gefunden in Reinigungs- und Feuchtigkeitscremes, Sonnenschutzmitteln, Augencremes, Lidschatten, Bronzern, Lippenbalsam und Akne-Behandlungsprodukten. Die Hautoberfläche wird bedeckt und die Poren werden verstopft und versiegelt.

Lanolin: gefunden in Lippenbalsam, Glanz- und Feuchtigkeitscremes. Es kann Akne verursachen, indem es die Hautporen verstopft.

Künstliche Duftstoffe: Zusätzliche Produkte mit synthetischen Essenzen reizen die Haut, verursachen aber auch ein hormonelles Ungleichgewicht. Das Einatmen dieser Produkte kann auch Asthma auslösen und das Nervensystem und die Immunität schwächen.

Die Marketing-Tipps der Kosmetikindustrie[44]

Es ist vorgeschrieben, dass fast jedes Kosmetikprodukt dermatologisch getestet wurde, und die meisten wurden tatsächlich getestet, aber wurde hier das positive Ergebnis tatsächlich erreicht? Dies steht nicht geschrieben. Mit anderen Worten: Selbst, wenn das Produkt ein negatives Ergebnis erhalten hat, kann es ausreichen, den Hinweis „dermatologisch getestet" auf der Verpackung stehen zu haben. Werden die Versprechen, die wir in den großen Werbekampagnen sehen, eingehalten? Lassen Sie sich nicht auf den ersten Blick oder bei der ersten Anwendung von der positiven, optischen Wirkung des Produkts täuschen, denn hinter diesem Erfolg stecken einige Tricks.

Zum Beispiel:

Keine Falten mehr: Einige spezielle (besorgniserregende) Substanzen lassen die Haut anschwellen. Das Ergebnis: eine glattere Oberfläche.

Ihre Haut strahlt: Durch den Einsatz von Pigmenten kann das Licht auf der Haut reflektiert werden, sodass das Hautbild erstrahlt.

Poren beseitigen: Haben Sie sehr große Poren? Mithilfe von Paraffin werden die Poren verstopft und sorgen für ein glatteres Hautbild.

Weiches und glänzendes Haar: Die Silikone im Shampoo machen das Haar angeblich geschmeidig und glänzend. Denn sie legen sich wie eine Schicht um das Haar und lassen Pflegeprodukte nicht mehr eindringen.

Weiche Haut (Bodylotion): Nach dem Eincremen mit Silikonölen fühlt sich die Haut weicher an.

Obwohl die Produkte zu halten scheinen, was sie versprechen, ist dies aber ein Irrglaube; das Gegenteil ist der Fall, denn viele chemische Bestandteile schaden dem Körper mehr als sie nützen!

---

44 https://www.marirosa.de/news/schaedlich-konventionelle-
kosmetik

Deodorant/Aluminium

Viele Deodorants auf dem Markt enthalten Aluminium. Dies ist besonders bedenklich für die Gesundheit, da auf diese Weise gefährliche Stoffe in den Körper gelangen können. Verzichten Sie am besten auf aluminiumhaltige Deodorants. Viele Menschen verwenden immer noch Aluminium-Deos wegen der günstigen Preise oder aufgrund ihrer Unwissenheit. Aluminium, sowohl in Lebensmitteln als auch in Deodorants, verursacht jedoch nicht nur neurologische Schäden, sondern wird auch mit Brustkrebs und Alzheimer in Verbindung gebracht. Einen Teil des Aluminiums erlangen wir aus der Nahrung – vor allem in getrockneten Kräutern und Gewürzen, Schokolade, manchem Trinkwasser und einigen Medikamenten. Es gelangt direkt in den Körper.

Eine wichtige Quelle für die Aufnahme von Aluminium sind laut Experten Kosmetika. Zunächst einmal enthalten Antitranspirante, die den Achselschweiß durch Deodorants unterdrücken, in Wasser gelöstes Aluminiumchlorid oder verschiedene Aluminiumverbindungen. Sie verschließen vorübergehend die Ausgänge der Schweißdrüsen und bilden dort einen Pfropfen. Der entstehende Schweiß entweicht nicht mehr, aber ein Teil des Aluminiums gelangt in den Körper und kann sich bei häufiger Anwendung in erheblichen Mengen ansammeln. Aluminium, das in den Körper gelangt, breitet sich in verschiedenen Geweben aus, etwa die Hälfte davon kann sich in den Knochen und Lungen ansammeln und ins Gehirn gelangen. Der Aluminiumgehalt in allen Geweben kann mit dem Alter zunehmen. Da wir nicht wissen, wie viel Aluminium in unseren Körper gelangt, sollte laut Empfehlungen zumindest bei der Zubereitung und Aufbewahrung von Speisen auf Alutabletts, Aluminiumbehälter und Alufolien verzichtet werden. Gerade beim Kontakt mit sauren und salzigen Lebensmitteln kann bei fast allen Lebensmitteln zu viel Metall in die Lebensmittel gelangen.

Hat Aluminium eine Verbindung zu Alzheimer und Brustkrebs?

Die neurotoxische Wirkung von Aluminium bei Dialysepatienten hat zu der Vermutung geführt, dass Aluminium bei der Entstehung der Alzheimer-Krankheit eine Rolle spielen könnte. Bereits in den 1960er Jahren legten Tierversuche die Grundlage für diese Hypothese. Bei Meerschweinchen verursachte das Mischen von Aluminium mit Nahrung oder dessen Injektion ins Gehirn Gedächtnisstörungen und Veränderungen in Nervenzellen, ähnlich wie bei der Alzheimer-Krankheit. Weitere Beweise dafür kamen von Forschern, die hohe Mengen an Aluminium im Gehirn verstorbener Alzheimer-Patienten fanden. Neben Alzheimer diskutieren Wissenschaftler immer wieder über die Wirkung von Aluminium auf die Entstehung von Brustkrebs. Britische und italienische Forscher fanden 2011 erhöhte Mengen an Aluminium in der Brustflüssigkeit von Frauen mit Brustkrebs. Zudem lieferten Experimente eines Genfer Forschungsteams an Brustzellkulturen Hinweise darauf, dass auch Aluminium zumindest unter Laborbedingungen Mutationen hervorrufen kann.

Gifthaltige Hygieneartikel, Tampons, Binden, Windeln

Tampons, Binden und Bandagen können eine Vielzahl schädlicher Chemikalien enthalten. Obwohl traditionelle Produkte für die monatliche Hygiene im Leben einer Frau unverzichtbar sind, müssen wir auf die Produkte achten, die wir kaufen und verwenden. Solche Produkte eignen sich für unsere empfindlichste Hautstruktur und Schleimhäute. Da sie stundenlang in engem Kontakt mit dem Blut stehen, dringen sie schnell in unseren Körper ein, gelangen direkt in die Blutbahn und können dort verheerende Schäden anrichten. So wurden in Tests des Verbrauchermagazins ÖKOTEST in elf von fünfzehn Hygieneprodukten Chemikalien gefunden. Aus diesem Grund scheinen die meisten Tampons und Binden so giftig zu sein, dass sie nach dem Gebrauch nicht sofort abfallen und absterben. Ein ständiger Wassertropfen wird jedoch mit der Zeit sogar einen Stein schnitzen. Weitere Schadstoffe in Tampons und Binden sind Dioxin, Formaldehyd (zum Beispiel in Klebebändern unter Binden) und verschiedene Weichmacher.

TBT (Tributylzinn): Allein TBT schädigt das menschliche Hormonsystem in kleinsten Mengen, also im Milliarden-Gramm-Bereich.

Kunstseide (Viskose): Binden und Tampons enthalten ebenfalls Viskose, die für eine starke Saugkraft sorgen soll. Dies führt zu einer Verstärkung der schädlichen Wirkungen anderer Chemikalien. Bei der Verwendung von Tampons verbleiben oft kleine Fasern in der Vagina zurück. Durch Viskosefasern kann es zu kleinen Schnitten in der Gebärmutterwand kommen, die Infektionen verursachen können.

Giftstoffe in Windeln und ihre Auswirkungen:
2017 brach in Frankreich ein riesiger Skandal aus: Das Magazin „**60 Millions des Consommateurs**" enthüllte die Existenz vieler Schadstoffe, die nicht in Windeln sein sollten, und viele dieser Substanzen enthielten Gefahren für Kleinkinder. Als das Ereignis Schlagzeilen machte, beschloss man, sich die Zusammensetzung dieser Produkte genauer anzusehen. Aber hat sich etwas in den letzten fünf Jahren geändert? Sind jetzt alle Gefahren gebannt?

Eine Windelstudie aus dem Jahr 2017 identifizierte Chemikalien, die für Babys gefährlich sein könnten. Dazu gehörten Pestizide und synthetische Duftstoffe, deren Menge die Gesundheitsgrenzwerte überschritt. Die Schädlichsten davon sind: **Butylphenyl-Methylpropional, Hydroxysohexyl-3-Cyclohexene-Carboxaldehyde, PCB-DL**. Einige dieser gefundenen Schadstoffe stammen aus Rohstoffen, die zur Herstellung von Windeln verwendet werden, andere, wie etwa Duftstoffe, wurden diesen bewusst zugesetzt. Im Markennamen „Baby Dry" eines großen namhaften Herstellers wurden zwei als potenziell krebserregend eingestufte Arten von Pestiziden identifiziert.

Darüber hinaus wurden in diesen Drüsen auch Dioxine und ähnliche Toxine gefunden. Für jemanden, der kein Chemiker oder Biologe ist, ist es unmöglich, zu wissen, welche der Substanzen Schäden verursachen können!

Das Wissen, das man nur durch Hinhören erwirbt, die Rohstoffe des Bewusstseins, sind flüchtig und haben ein geringes Dauerpotential, wenn sie nicht weiterverarbeitet werden. Deshalb, RECHERCHIEREN SIE selbst!

PHARMAINDUSTRIE

Um die aktuellen Standpunkte der Pharmaindustrie zu verstehen, gilt es zunächst, einen kurzen Blick auf ihre Entstehungsgeschichte zu werfen und die technischen und wissenschaftlichen Auswirkungen zu wissen, die sie bis heute geprägt hat. Der Übergang von Pflanzen zu den ersten synthetischen Drogen begann ungefähr Mitte der 1800er Jahre, als die lokale pharmazeutische Praxis, die um Entdeckungen aus der Forschung erweitert wurde, viele Phasen durchlief. Sie bildet bis heute die Bausteine der pharmazeutischen Industrie. Vielleicht begann die erste bewusste Arzneimittelentdeckung, als der Assistent des deutschen Apothekers Friedrich Sertürner Morphin, das schmerzlindernde und schlaflösende Eigenschaften hat, aus Opium isolierte. Später begannen die Großhandelsproduktion und Anwendung anderer botanischer Medikamente wie Morphin (benannt nach Morpheus, dem griechischen Gott der Träume) und Chinin. Parallel dazu entwickelte sich auch die chemische Industrie, in der Farbstoffhersteller verschiedene organische Verbindungen aus Teer und anderen Mineralquellen perfektionierten und auch grundlegende Methoden zur organischen chemischen Synthese entwickelten. Die Entwicklung synthetischer chemischer Methoden ermöglichte es Wissenschaftlern, die Struktur chemischer Substanzen systematisch zu verändern, und der daraus resultierende Fortschritt in der Pharmakologischen Wissenschaft erweiterte auch ihre Fähigkeit, die biologischen Auswirkungen dieser strukturellen Veränderungen zu bewerten.

In der Vergangenheit wurden die meisten Medikamente entweder durch Isolierung des Wirkstoffs aus traditionellen Medikamenten oder durch Zufall entdeckt. Moderne Biotechnologie konzentriert sich oft darauf, Stoffwechselwege zu verstehen, die mit einem Krankheitszustand oder Erreger zusammenhängen, und diese Wege mithilfe von Molekularbiologie oder Biochemie zu manipulieren. 1827 gründete der Darmstädter Apotheker Heinrich Emanuel Merck die erste chemisch-pharmazeutische Fabrik. Traditionellerweise wurden zahlreiche frühe Arzneimittelentdeckungen von Universitäten und Forschungseinrichtungen durchgeführt. Zum größten Teil zeigen große multinationale Unternehmen vertikale Integration, indem sie an einer breiten Palette von pharmazeutischen Entdeckungen und Entwicklungen, Produktion, Qualitätskontrolle, Marketing und Vertrieb teilnehmen. Um das Potenzial neuer Arzneimittel zu erforschen, werden häufig Kooperationsvereinbarungen zwischen Forschungseinrichtungen und großen Pharmaunternehmen geschlossen. Die Pharmaindustrie entdeckt und produziert heute nicht nur Medikamente, sondern produziert und entwickelt auch Märkte, die Generika oder Markenprodukte und medizinische Geräte verkaufen können. Pharmaunternehmen unterliegen verschiedenen Gesetzen und Vorschriften, die die Patentierung, Prüfung, Sicherheit, Wirksamkeit und Vermarktung von Arzneimitteln Regeln vorgeben.

Viele wissen nicht, dass die Pharmaindustrie unter dem Dachverband der chemischen Industrie agiert. Es dauerte nicht lange, bis ein sehr profitables Geschäft entdeckt wurde, als die Industrialisierung mit Pillen, Tabletten und anderen Gesundheitsprodukten begann. Es ging um die Behandlung von Patienten. So wurde bald die traditionelle Pharmazie ersetzt: Die ersten Pharmaindustrien wurden gegründet. Sie verkaufen große Mengen ihrer Produkte über Ärzte an ihre Verbraucher (Patienten als Verbraucher zu bezeichnen, klingt nicht gut, aber das ist die Wahrheit). Ärzte verschreiben Patienten Verschiedenes – im Kontext von Angebot und Nachfrage – und legen die dafür Bedingungen fest.[45]

Patienten sind potenzielle Kunden von Pharmaunternehmen! Der höchste Profit kann vor allem bei Krebs und Schmerzmitteln erzielt werden!

---

45 https://tr.other.wiki/wiki/Pharmaceutical_industry

Druck der Pharma-Lobby:
Viele Pharmaunternehmen geben auch viel Geld für Forschungen und Studien aus. Das hebt die Branche von vielen anderen ab. Auch pharmazeutische Hersteller sind ständig auf der Suche nach neuen, innovativen und führenden Arzneimitteln, die Wettbewerbsvorteile versprechen. Pharmariesen wissen das sehr genau, sie müssen schneller sein, vor ihren Konkurrenten agieren und versuchen, mit einer cleveren Marketingtechnik neue Kunden zu gewinnen. Um beispielsweise die Kosten für ein bestimmtes Medikament zu senken, schließen gesetzliche Krankenkassen und Arzneimittelhersteller Rabattvereinbarungen ab.
Wenn Sie sich für ein Produkt entscheiden, erhalten Sie einen Rabatt!
Hier liegt der Vorteil der Krankenkasse darin, ihre Kosten zu senken und den Umsatz des Pharmaunternehmens zu sichern. Daraus ergibt sich ein Interessenkonflikt. Dies gefährdet sowohl das Wohl des Patienten als auch die Qualität des wissenschaftlichen Forschungsfortschritts. Mittlerweile ist die Pharmaindustrie durch ihre fleißige Lobbyarbeit so stark und mächtig geworden, so kann sie die Staaten der Politik beeinflussen und kaum ein Politiker kann sich entgegenstellen. Das bestätigte der frühere Gesundheitsminister **Horst Seehofer** 2006 in einem ZDF-Interview. Er wurde gefragt: „Heißt das denn, dass die Lobby wirklich so stark war dann – die Pharma-Lobby gegen die Politik – und Sie quasi dann da zurückziehen mussten?" Darüber äußert sich **Horst Seehofer** wie folgt: „Ja, das ist so. Seit 30 Jahren bis zur Stunde, dass **sinnvolle strukturelle Veränderungen** auch im Sinne von mehr sozialer Marktwirtschaft im deutschen Gesundheitswesen nicht möglich sind wegen des Widerstandes der Lobby-Verbände."[46]

---

46 https://www.diagnose-funk.org/aktuelles/artikel-archiv/
   detail?newsid=982
   https://www.wahrheiten.org/blog/2010/07/29/die-
   pharmaindustrie-der-maechtigste-moerder-der-welt/

Wie kann es sein, dass die Industrie stärker ist als die Politik selbst?

Pharmamarketing und Werbung

Es gibt eine wachsende und beunruhigende Debatte über das Arzneimittelmarketing und seine Auswirkungen. Werbung ist in Gesundheitsmagazinen und Mainstream-Medien im Marketing üblich. In einigen Ländern, insbesondere den USA, dürfen sie direkt in der Öffentlichkeit werben. Pharmaunternehmen beschäftigen häufig Handelsvertreter, um die eigenen Produkte direkt und persönlich an Ärzte und andere Gesundheitsdienstleister zu vermarkten. Es ist schwierig, die Tendenz eines Pharmaunternehmens logisch zu erfassen, allgegenwärtige Werbung zu verwenden, um sie mit anderen alltäglichen, häufig verwendeten Produkten zu paaren – zum Beispiel Seife, Shampoo. Niemand möchte von Medikamenten leben oder krank werden, und eine kranke Person setzt sich weder hin, um Medikamente zu vergleichen, noch denkt sie darüber nach, welches Medikament besser zu ihr passen könnte, die meisten hören nur auf den Rat ihres Arztes.

Wussten Sie, dass die pharmazeutische Industrie über ihre Vertreter Ärzten und anderen Menschen in Gesundheitsberufen ständig Geschenke anbietet, um ihre Produkte indirekt effektiver zu vermarkten?

Das ist nicht selten. Darüber hinaus laden sie gern junge Ärzte oder kurz vor dem Abschluss stehende Medizinstudenten zu kostenlosen Seminaren, Konferenzen und manchmal auch zum Essen ein. Zu den häufig vorkommenden Aktivitäten gehören auch die Finanzierung unabhängiger Gesundheitsorganisationen und Gesundheitsförderungskampagnen, die Lobbyarbeit für Ärzte und Politiker (mehr als jede andere Branche, zumindest in den USA), die Förderung von medizinischen Schulen oder die Ausbildung von Krankenschwestern und die Einstellung von Ärzten als bezahlte Berater in medizinischen Beiräten.

Einige gegnerische Interessengruppen wie **No Free Lunch** und **AllTrials** kritisierten das Marketing der Pharmaindustrie für Ärzte und sagten, es sei unethisch, dass Ärzte diese vermarkteten Medikamente verschreiben, selbst, wenn ein Medikament billiger oder vorteilhafter für den Patienten sei als ein anderes. Es gibt auch Vorwürfe, den Pharmamarkt gewinnorientiert auszudehnen und mit Krankheiten zu handeln. Eine Eröffnungskonferenz zu diesem Thema fand 2006 in Australien statt, initiiert vom staatlich geförderten nationalen Verschreibungsdienst. Einige der Themen sind unabhängige Methoden der Arzneimittelanalyse, das Design des „**diagnostischen und statistischen Handbuchs für psychische Störungen**" der Pharmaunternehmen und die Erweiterung der Kriterien, die dominante Ausrichtung des Pharmaunternehmens auf die Psychiatrie, die negativen intensiven medizinischen Auswirkungen, die der menschlichen Natur entgegenstehen. Es wurde auch festgestellt, dass etwa die Hälfte der Autoren finanzielle Beziehungen zur Pharmaindustrie hatten, indem sie Themen psychiatrischer Störungen aus Profitgründen direkt auswählten und definierten.

Laut einem Bericht des **Center for responsive policies** arbeiteten 2017 mehr als 1.100 Lobbyisten in einer bestimmten Funktion für die Pharmaindustrie. Im ersten Quartal 2017 gab die Gesundheits- und Pharmaindustrie 78 Millionen US-Dollar für Lobbyarbeit für Mitglieder der Vereinten Nationen aus.[47]

---

47 https://tr.other.wiki/wiki/Pharmaceutical_industry

Medikamentenbetrug[48]

Dieser Aspekt umfasst Betrug, der finanziellen Gewinn bringt. Betroffen sind Privatpersonen, öffentliche und private Versicherungsgesellschaften. Es werden dabei verschiedene Strategien verwendet: zum Beispiel Verstöße gegen gute Herstellungspraktiken (GMP), Off-Label-Marketing[49], Preisbetrug. Und hierbei bleiben illegale Machenschaften nicht aus.

Ohne zu sehr ins Detail zu gehen; Hersteller wie Pfizer, GlaxoSmithKline, Eli Lilly und Johnson & Johnson, die großen Summen dafür bezahlen, Prozesse wegen Arzneimittelbetrugs zu beenden. Sehen wir uns die Ergebnisse der Klagen einiger Unternehmen an, die auffällig waren: Vor dem Gericht mussten **GlaxoSmithKline** eine Höhe von 3 Mrd. USD, **Pfizer** 2,3 Mrd. USD und **Merck & Co.** 650 Millionen Dollar als Geldstrafe bezahlen. Und jedes große Unternehmen sowie **Bristol-Myers Squibb**, **Eli Lilly and Company**, **Pfizer**, **AstraZeneca** und **Johnson & Johnson**, das die Antipsychotika verkaufte, war entweder an jüngsten Regierungsklagen im Rahmen des Gesetzes über falsche Behauptungen in Höhe von Hunderten von Millionen Dollar beteiligt oder steht unter Verdacht des Betrugs. Nach Vorwürfen von illegalen Vermarktungen gegen zwei große Unternehmen brachen im vergangenen Jahr die verhängten Bußgelder Rekorde. Eines enthielt das Antipsychotikum Zyprexa von Eli Lilly und das andere Bextra. Im Bextra-Fall beschuldigte die Regierung Pfizer auch, ein weiteres Antipsychotikum, Geodon, illegal vermarktet zu haben. Pfizer hat diesen Teil seiner Forderung in Höhe von 301 Millionen US-Dollar beglichen, ohne sich schuldig zu bekennen. Am 2. Juli 2012 reichte GlaxoS-

---

48 https://www.deutsche-apotheker-zeitung.de/news/
  artikel/2015/02/06/pharmaindustrie-schlimmer-als-die-mafia
  https://heigos.hypotheses.org/11018
49 Marketing für Off-Label-Use ist die Werbung für die Verwendung
  von Arzneimitteln für Zwecke, die nicht von der Regionalregierung
  genehmigt wurden.

mithKline eine Strafanzeige ein und erklärte sich bereit, einen Vergleich in Höhe von 3 Milliarden US-Dollar für den größten Betrugsfall im Gesundheitswesen in den Vereinigten Staaten zu zahlen. Es ist die bis dahin größte geleistete Zahlung eines Pharmaunternehmens. Was auf den ersten Blick wie eine große Summe erscheint, entpuppt sich schnell als eine Art „Strafzettel" für das am Umsatz gemessen weltweit größte Pharmaunternehmen, denn zwei Milliarden Dollar entspricht in etwa den Erlösen aus zwei Wochen Verkauf. Außerdem ist Pfizer bereits bestens vertraut mit gerichtlichen Auseinandersetzungen: So mündeten u.a. Verfahren in den Jahren 2004, 2011 und zuletzt 2018 ebenfalls in gerichtlichen Vergleichen.

Präsident der Bundesärztekammer (1978–1999), **Karsten Vilmar**, hat auf den jährlich stattfindenden Ärztetagen gerne auf Lenin zurückgegriffen. „**Wenn du dir die Macht im Staate sichern willst, dann fange damit im Gesundheitswesen an**", zitierte Vilmar sinngemäß das politische Genie des 20. Jahrhunderts und Gründer der Sowjetunion, Wladimir Iljitsch Uljanow (Lenin).

Top 18 Pharmaunternehmen im globalen Umsatz (2021, Pharmaumsatz im ersten Halbjahr):[50]

Pharmaunternehmer	Land	Millionen $
Pfizer	V. Staaten von Amerika	45.083
GlaxoSmithKline	Großbritannien	40.156
Sanofi-Aventis	Frankreich	38.555
Roche	Schweiz	27.290
AstraZeneca	Großbritannien/Schweden	26.475

---

50 https://tr.other.wiki/wiki/Pharmaceutical_industry

Johnson & Johnson	V. Staaten von Amerika	23.267
Novartis	Schweiz	22.576
Merck &Co	V. Staaten von Amerika	20.375
Unilever	England/Niederlande	24.395
Wyeth	V. Staaten von Amerika	16.884
Lilly	V. Staaten von Amerika	15.691
Bristol-Myers Squibb	V. Staaten von Amerika	13.861
Boehringer Ingelheim	Deutschland	13.860
Amgen	V. Staaten von Amerika	13.858
Abbott Laboratorien	V. Staaten von Amerika	12.395
Bayer	Deutschland	10.162
Takeda	Japan	8.716
Schering-Pulluk	V. Staaten von Amerika	8.561

Die Pharmaindustrie denkt an eigenen Profit

Der Handel mit Pillen, Tabletten, Pulver oder flüssigen Chemikalien ist sehr einfach und profitabel. Wir haben unendliches Vertrauen in Fachleute außerhalb unseres Fachgebiets, insbesondere in Ärzte, wenn es um unsere eigene Gesundheit und darüber hinaus um die Gesundheit unserer Mitmenschen geht. Sobald wir eingeschüchtert sind, sind wir bereit, alles zu tun, ohne nachzudenken oder zu hinterfragen, wenn man uns sagt: „Mund auf", öffnen wir ihn und schlucken alle Arten von Chemikalien, wenn man sagt: „Arm frei", stimmen wir zu, alle Arten von Flüssigkeiten in unseren Körper zu injizieren, deren Inhalt wir nicht einmal kennen.

Tatsächlich sollen Medikamente Menschen helfen und der Gesundheit dienen. Doch die Fakten sehen anders aus. Nach Meinung von **Peter Gøtzsche**, einem dänischen Arzt, der früher für Pharmahersteller arbeitete und jetzt das Nordic Cochrane Center in Kopenhagen leitet, gilt eher: „**Die Pharmaindustrie bringt mehr Menschen um als die Mafia!**" Die Pharmaindustrie, die ständig vor Gericht steht, ist es Besorgnis über Betrug und Täuschung, Bestechung oder unerlaubte nicht genehmigte Inhalte zu verkaufen.

Diese Art Verbrechen erfüllen doch die Kriterien der organisierten Kriminalität, sodass sie als Mafia definiert werden können. Unternehmer Roche beispielsweise verkaufte 2009 das Grippemedikament Tamiflu in den USA und in europäischen Ländern für mehrere Milliarden Dollar und Euro, veröffentlichte allerdings nur einen Bruchteil der Wirksamkeitsstudien. Erst nach massivem öffentlichem Druck wurden die Daten öffentlich gemacht. Und dann stellte sich heraus, dass es viel weniger nützlich war als bisher angenommen und in einigen Fällen schwerwiegende Nebenwirkungen verursachte. Darüber hinaus hat Gøtzsche die bestehende Arzneimittelherstellung, -vermarktung und -überwachung und -prüfung überprüft und denkt, dass auch sein System versagt hat. Und er hat wohl nicht unrecht, es gibt Hunderte von Beispielen, wenn man sie recherchiert, und allein über sie könnte man ein Buch schreiben.

Aus heutiger immunologischer Sicht sind diese Informationen aktueller denn je!
Leider bleibt eine der wichtigsten Lehren der ganzheitlichen Medizin von **Antoine Béchamp** verborgen: „**Die Mikrobe ist nichts, das Milieu ist alles!**" Im 19. Jahrhundert widersetzte sich Antoine Béchamp der Theorie von Louis Pasteur, der pathogene Formationen (Mikroorganismen wie Bakterien, Viren) als Feinde ansah, die es um jeden Preis zu bekämpfen galt. Béchamp sagt, dass Mikrozyme Mikroorganismen erschaffen. Laut Béchamp bilden Mikrozyme die Basis allen Lebens, daher macht es wenig Sinn, Krankheitserreger zu bekämpfen. Nobelpreisträger Dr. **Otto Warburg** sagte: „**In einem grundlegenden Zustand kann es keine Krankheit geben, nicht einmal Krebs!**"

Nachdem er sich mit einem anderen Wissenschaftler, **Claude Bernard**, über die Ursache der Krankheit gestritten hatte, waren **Pastors Worte** auf seinem Sterbebett vor seinem letzten Atemzug: „**Bernard hat recht: Die Mikrobe ist nichts, das Milieu ist alles!**".

Warum könnte Pastor seine lebenslange Sichtweise geändert haben? Mit anderen Worten: Bedeutet dies, dass die perfekte Integrität unseres Körpers nur mit der Nahrung, die wir zu uns nehmen, und in der perfekten Umgebung anderer Umweltbedingungen erreicht werden kann!

„BIG PHARMA" Die Allmacht der Konzerne!

ARTE, Dokumentarfilm von **Claire Lasko** und **Luc Hermann** (2018)

Die Pharmaindustrie hat einen enormen Einflussradius und kann über gesundheitspolitische Entscheidungen verfügen. Einigen Konzernen gelingt es, Forschung, Gelder und Krankenkassen für die Förderung ihrer teuersten Medikamente zu gewinnen. Anderen wurde nachgewiesen, Nebenwirkungen vertuscht zu haben. Der Kampf gegen Covid-19 stachelt die Gier der Pharmakonzerne weiter an. Seit rund zehn Jahren hat sich der Arzneimittelmarkt stark verändert. Eine Handvoll Großkonzerne, auch Big Pharma genannt, stellen den Großteil der Medikamente auf dem Weltmarkt her. Sie sind reicher und mächtiger denn je und können über die Gesundheitspolitik von Regierungen entscheiden.

Die filmische Dokumentation von Claire Lasko und Luc Hermann ist das Ergebnis einer Recherchearbeit von über einem Jahr. Sie zeigt durch Stellungnahmen von Patienten, Whistleblowern und Anwälten sowie Analysen von Medizinern, ehemaligen Ministern und Vertretern der Pharmaindustrie die Ökonomisierung des Arzneimittelsektors. Großen Laboren wird vorgeworfen, sie verheimlichten oder bagatellisierten

Teile ihrer klinischen Forschungsergebnisse vor den Gesundheitsbehörden, um ihre Monopolstellung beizubehalten. So etwa bei dem Epilepsiemittel Depakine des Herstellers Sanofi, das europaweit einen Skandal auslöste. In den USA musste sich die Firma Johnson & Johnson vor Gericht wegen Drogenmissbrauchs verantworten, da sie Millionen von Patienten in einer Opioidabhängigkeit vertrieben hat. Bei der Behandlung von Makuladegeneration, einer Augenerkrankung, hatte der Hersteller Novartis sich mit einem Medikament durchgesetzt, das im Vergleich zu ähnlich wirksamen Präparaten deutlich teurer ist. Doch nun hat die französische Wettbewerbsbehörde durchgegriffen: Im September 2020 wurden die Konzerne Novartis und Roche wegen missbräuchlicher Praktiken bei der Behandlung von Makuladegeneration zur Zahlung von 444 Millionen Euro verurteilt. Die Pharmaindustrie kann sich auf die Unterstützung einflussreicher Ärzte verlassen. In Deutschland deklariert nur ein Fünftel der Ärzte Zuwendungen durch die Pharmaindustrie. Im aktuellen Kampf gegen die Corona-Pandemie beleuchtet die Dokumentation die Lobbyarbeit des Herstellers Gilead, der versucht, eine Genehmigung für ein vielversprechendes Medikament zu erhalten. Die Forschungsarbeit an dem Mittel wurde zu einem großen Teil durch öffentliche Gelder finanziert. Alle Unternehmen der Branche sind derweil gespannt, wer es schafft, das Wundermittel zu finden und die Konkurrenz damit weit hinter sich zu lassen.

Wer glaubt, dass die Pharmaindustrie gesunde Menschen will, ist naiv, denn kein Verkäufer will seine Kunden verlieren!

KRANKHEITEN

Wir nennen Krankheit, wenn die vollkommene Integrität und physiologische Funktion des lebenden Körpers teilweise oder vollständig in einen obstruktiven und sogar destruktiven Zustand versetzt wird. Die Definition der Behandlung sind unsere Versuche und Methoden, um den abnormalen Verlauf des Körpers auf die Werkseinstellungen wiederherzustellen. Wenn wir Kopfschmerzen haben, greifen wir sofort zu Schmerzmitteln, und das Schmerzmittel, das wir in ausreichender Dosis einnehmen, wirkt sein Wunder, die Kopfschmerzen verschwinden. Welchen Fehler machen wir hier? Wir lindern in diesem Moment nur die Kopfschmerzen, aber: Was ist die Hauptursache für diese Schmerzen, woher kommen sie, denken wir darüber überhaupt nach?

Wir sind es gewohnt, uns in unserem ungewöhnlichen Zustand so zu behandeln. Dies führt zu einer Linderung der Symptome, aber nicht zu einer Heilung der Ursache. Wenn wir das wüssten, würden wir dann nicht das Übel an der Wurzel packen, anstatt den Schmerz zu bekämpfen?

Vor allem in den jüngeren und ganz älteren Jahren denken wir nicht darüber nach, wie wir mit unseren Körpern umgehen, aber dazwischen, im mittleren Alter, ist man etwas wacher. Handeln die meisten Ärzte heute in dieser Denkweise?

Sie bekämpfen also nur die Symptome, ohne die Ursache zu beseitigen?

Die Behandlung von Symptomen ist keine primäre Handlung, sondern die Erkennung von Ursachen ist entscheidend. Verschiedene Ursachen werden unterschiedliche Behandlungsmethoden erfordern. Wenn dieser Fall nicht geklärt ist, kann der Patient lebenslang von Medikamenten abhängig sein und zusätzliche Nebenwirkungen hinnehmen. Nun, wenn das so wäre; woher kommt unser fast blinder Glaube an die abso-

lute Genauigkeit und Notwendigkeit der Medikamente, die
wir verwenden und an die Behandlungsmethoden, die angewendet werden, um unsere Gesundheitsprobleme zu beseitigen könnten?

Erinnern wir uns, was **Pasteur** vor seinem Tod gestanden hat: **„Die Mikrobe ist nichts, das Milieu ist alles!"**

Also: Sollten wir nicht davon ausgehen, dass die Symptome nicht unbedingt ein Zeichen dafür sind, dass der Körper krank ist, sondern vielmehr eine Reaktion des Körpers auf die Notwendigkeit, das Immunsystem wieder in seinen normalen Zustand zu versetzen?

Wäre es vielleicht besser, wenn wir uns darauf konzentrierten, die Dinge wieder in Ordnung zu bringen, anstatt die als Krankheit an sich zu bekämpfen?

Aber leider geschieht vieles nicht immer unter unserem Einfluss sowie den Zivilisationskrankheiten. Diese sind seit Jahren auf dem Vormarsch und werden weiterhin auch die Bevölkerung angreifen. Heute wissen wir über die Zivilisationskrankheiten und deren Ursachen viel mehr Bescheid. Zuerst müssen wir uns Gedanken darüber machen, wie wir die schädlichen Stoffe bei unserer Ernährung vermeiden können. Und danach sollten wir große Industrien sowie die Nahrungsindustrie, Pharmaindustrie oder die chemische Industrie unter die Lupe nehmen. Wir benötigen auf jeden Fall neue Gesetze und Verordnungen, um diese Sektoren bei Bedarf einzuschränken oder sogar zu delegitimieren; andernfalls möchten sie ihre gefährlichen Produkte möglicherweise weiterhin uneingeschränkt vermarkten.

Natürlich stehen die meisten Änderungen, die wir umsetzen wollen, nicht in unserer Macht. Dafür sind wir auf die Unterstützung von den Behörden, Ämtern und Politiker angewiesen. **Und zuerst einmal muss die Korruption, die auf dem ganzen Globus verstrickt und vernetzt ist, dringend beseitigt werden.**

Zivilisationskrankheiten

„Zivilisationskrankheit" ist ein Sammelbegriff. Mit der Entwicklung und Verbreitung der Lebensbedingungen und -techniken der modernen Welt, insbesondere der Nahrung, die wir zu uns nehmen, hat dies zu Lebensstilen und Gewohnheiten geführt, die der menschlichen Natur widersprechen. Daher ist es unvermeidlich, dass dieses Dilemma bei einigen Krankheiten und Gesundheitsstörungen unseres Organismus eine auslösende Rolle spielen wird. Leider, ist dies so geartet, dass es für uns zu einem unentrinnbaren Schicksal geworden ist. Es ist bemerkenswert, dass Zivilisationskrankheiten zwar in den fortgeschrittenen Industrieländern schnell zunehmen, in unterentwickelten Ländern oder Ländern der Dritten Welt jedoch fast nicht vorhanden sind. Gleichzeitig zeigen sie ihren Verlauf in Städten intensiver als auf dem Land.

Die führenden und gefährlichsten Zivilisationskrankheiten sind Krebs, Herz-Kreislauf-Erkrankungen, Osteoporose, Diabetes, Asthma, Allergien aller Art, Verdauungsprobleme, Karies, Übergewicht usw. Neben körperlichen Schäden bringt all das auch psychische Störungen mit sich, etwa wenn wir Stress, Lärm, Druck ausgesetzt sind, uns sozialen Normen anpassen sollen oder wollen und dergleichen. Es kann auch zu Suchtverhalten führen. Obwohl psychische und körperliche Symptome getrennt auftreten können, kann das eine oft das andere auslösen und so größeren Schaden anrichten. Beispielsweise kann es zu Alkohol-, Nikotin- und noch extremerer Arzneimittel- und/ oder Drogenabhängigkeit kommen. Oder diejenigen, die dem Ideal von Schönheit und Schlankheit frönen, neigen zu Essstörungen oder nehmen schädliche chirurgische Eingriffe vor. Diese können sowohl physisch als auch psychisch schwere und manchmal irreversible Schäden im Körper verursachen.

Krebs

Es ist eine Krankheit, die als Folge der unkontrollierten Proliferation und des Wachstums von Zellen in jedem Organ oder Gewebe des Körpers auftritt. Krebs wird nach dem Gewebe benannt, in dem er auftritt. Mehr als 200 Arten wurden identifiziert. Die häufigsten und tödlichsten Krebsarten sind Lungen-, Magen-, Leber-, Dickdarm- und Brustkrebs. Sie ist weltweit zur größten Krankheitslast geworden, insbesondere in den Industrieländern, sodass laut der Krebsstatistik von 2018 (Weltbevölkerung von 7,5 Milliarden im Jahr 2018) in einem Jahr weltweit 18,1 Millionen neuer Krebsfälle aufgetreten sind und 9,6 Millionen Menschen an Krebs starben. Also die Hälfte der betroffenen Menschen starb. Auf Europa entfallen 23,4 Prozent der weltweiten Krebsfälle und 20,3 Prozent der Krebstoten, obwohl das nur 9 Prozent der Weltbevölkerung abdeckt, laut Daten, die derzeit von Freddie Bray vom IARC in Lyon und Kollegen vorgelegt werden. Bei den 13,3 Prozent der Weltbevölkerung des amerikanischen Doppelkontinents sind es 21,0 Prozent für Krebs- und 14,4 Prozent für Krebstote.

Betrachtet man nur die Industrieländer und nicht die gesamte Weltbevölkerung, so erreicht die Zunahme der Krankheit in der Statistik ein ernsteres Niveau. Jährlich erkranken insgesamt etwa **500.000** Menschen neu an Krebs (Krebs in Deutschland für 2017/2018). Mit der alternden Weltbevölkerung wird diese Zahl voraussichtlich noch weiter steigen.

Die drei häufigsten Arten der Krebsbehandlung sind heute:

1. Operation: Krebsoperationen sind oft unnötig!
Eine Operation birgt viele Risiken. Unter Bezugnahme auf eine Veröffentlichung im berühmten **New England Journal of Medicine** stellt der Arzt und Medizinjournalist **Werner Bartens** in der SZ-Ausgabe vom 20. Juli 2012 fest: „Eine Operation bei Männern mit Prostatakrebs bringt selten einen Nutzen". Während der Nachbeobachtung einer Studie wurde die Hälfte der 731

Männer, die an Prostatakrebs erkrankten, operiert, die andere
Hälfte nicht. Im Beobachtungszeitraum von bis zu 15 Jahren
wurde kein Nutzen der chirurgischen Behandlung festgestellt!
Krebsoperationen fördern oft Metastasen, sagte Dr. Hamer,
und weiter, dass 40 % aller Tumore in einer „eingekapselten"
Form vorliegen und nicht berührt werden sollten, denn erst in
der Operation – die Zellen kommen mit Sauerstoff in Kontakt –
wird der Krebs durch Chemotherapie und Bestrahlung aktiviert,
und dann wird es erst gefährlich!

2. Chemotherapie: ein kritischer Blick auf die Chemotherapie! Professor an der Harvard-Universität, **John Cairns**: „Der
Nachweis, dass die häufigsten Krebsarten mit einer Chemotherapie behandelt werden können, wurde noch nicht erbracht",
sagt er. Auch **Ulrich Abel,** Professor am Heidelberger Krebsforschungszentrum meint: „Die Dominanz der Chemotherapie
Forschung könnte einer der schwerwiegendsten Fehler der Zukunft im Kampf gegen klinischen Krebs sein". In der Zeitschrift
„**Spiegel**" (Nr. 41) bezog er sich 2004 unter dem Titel „Giftbehandlung ohne Nutzen" auf die Ergebnisse der Münchner Universitätsklinik für Tausende Patienten von 1978 bis 2004. Nur
eine fundierte Aussage, um zu unterstützen, was Hunderte von
Studien eindeutig zeigen, darunter zwei 5-Jahres-Studien aus
den USA und Australien, in denen mehr als 200.000 Krebspatienten mit Chemotherapie behandelt wurden: kein großer Erfolg
seit den 70er Jahren! Als Ergebnis: 5-Jahres-Überlebens- und
10-Jahres-Überlebensraten (ohne Leukämie und Hodenkrebs!)
seit den 1970er Jahren. Es gibt daher keinen stichhaltigen Grund
für die Annahme, dass eine Chemotherapie das Leben verlängert oder gar die Genesung nach der Behandlung fördert. Doch
in der Klinik wird dem Patienten oft der gegenteilige Eindruck
vermittelt. Also, wie kann der Arzt so von einer „besseren Chance" sprechen, wenn er eine Chemotherapie empfiehlt?

3. Strahlungstherapie: Es gibt mehrere Indikatoren für die Onkologie, die eine Strahlentherapie bei Krebs rechtfertigen. Dazu gehört die therapeutische Strahlentherapie, die auf die Zerstörung des Tumors abzielt, aber auch die „palliative Strahlentherapie", die hilft, Schmerzen (Krebsschmerzen und andere Symptome) zu lindern und die Lebensqualität so weit wie möglich zu stabilisieren.

Nebenwirkungen bei Bestrahlung: Funktionsstörungen von Organen im Bestrahlungsbereich, wie Schleimhautschädigung, Entzündung, Blutbildschädigung, Durchfall (Darm), Schwierigkeiten beim Wasserlassen (Blase), Atemnot (Lunge), Schluckbeschwerden (Hals), Organe im Bestrahlungsbereich, Hautschäden und Müdigkeit

Chemotherapeutika: Es ist ein Gift, keine Medizin!

Dank des Urvertrauens, des Gehorsams und des Respekts vor den Weißhemden, die uns unsere Eltern über die Jahre beigebracht haben, wissen nur wenige Patienten, dass Chemotherapeutika keine Medikamente im herkömmlichen Sinne sind, sondern nur gefährliche Gifte!

Spätwirkungen von Chemotherapeutika: „Chemobrain", wegen seiner schädigenden Wirkung auf das Zentralnervensystem hat sich in den USA der Begriff „Chemobrain" etabliert. Als Nebenwirkungen treten hier Gedächtnisstörungen, Konzentrationsstörungen und Wortschatzverlust auf, häufiger treten Magenverstimmungen und Durchfall auf. Auch Hautveränderungen wie Akne sind keine Seltenheit. Außerdem können wie bei einer Infusionstherapie Funktionsstörungen auftreten, die Nieren-, Leber- und Blutspiegel verändern können. Dennoch sollen Tabletten in Tablettenform weniger Nebenwirkungen haben als Infusionen.

Herz-Kreislauf-Erkrankungen

Organe benötigen Nährstoffe und Sauerstoff, um ihre Vitalität zu erhalten und ihre Aufgaben zu erfüllen. Dieses Bedürfnis wird gewissermaßen erfüllt, indem Blut durch den Körper und in den Kreislauf gepumpt wird. Die Aufgabe des Herzens besteht darin, das Blut, das diese notwendigen Substanzen trägt, zusammenzuziehen und zu pumpen und es im ganzen Körper zu verteilen. Dazu zieht sich das Herz durchschnittlich 70-mal pro Minute zusammen und schickt jedes Mal durchschnittlich 70 ml Blut zu unseren Organen. Und während unseres gesamten Menschenlebens zieht sich unser Herz etwa 2,5 Milliarden Mal zusammen, wobei 180 Millionen Liter Blut durch unseren Körper gepumpt werden. Über Arterien wird das Blut zu den Organen transportiert. Das Herz besteht wie andere Organe aus Zellen und muss mit Sauerstoff versorgt (durchblutet) werden. Obwohl alle vier Kammern des Herzens mit Blut gefüllt sind, wird das Herz nicht durch das Blut im Inneren genährt: Es wird von den rechten und linken Koronararterien versorgt, die sich von der Aorta trennen. Erkrankungen, die in den Herzkranzgefäßen auftreten können, sind von entscheidender Bedeutung, da sie die Arbeit und Leistungsfähigkeit des Herzens direkt beeinflussen. Die wichtigste Erkrankung dieser Gefäße ist die koronare Arteriosklerose (Arterienverkalkung). Bei dieser Krankheit reichert sich eine Reihe von Substanzen, hauptsächlich Cholesterin, in den Herzkranzgefäßen an, und hier treten Stenosen und Verstopfungen auf, die die menschliche Gesundheit beeinträchtigen.

Die Risikofaktoren von Herz-Kreislauf-Erkrankungen:[51]
- **Alter:** Männer über 45 Jahre, Frauen über 55 Jahre oder vorzeitige Menopause
- **Gattung:** häufiger bei Männern
- **Familiengeschichte:** Herz-Kreislauf-Erkrankungen ersten Grades (Mutter, Vater, Geschwister), Herzinfarkt oder plötzlicher Tod
- **Raucher sein**
- **Hypertonie:** (140/90 mm Hg oder mehr oder in Behandlung wegen Bluthochdruck)

---

51 https://ahmetalpman.com/kalp-damar-hastaliklari/kalp-damar-hastaliklarinda-risk-faktorleri/

- **Gutes Cholesterin:** (HDL-Cholesterin) unter 40 mg/dl
- **Schlechtes Cholesterin:** mit hohem LDL-Cholesterin
- **Inaktivität:** Sie sollten sich mindestens 3 Tage die Woche und mindestens 30 Minuten am Tag Zeit für Bewegung nehmen (Laufen, Schwimmen, Radfahren, Tanzen usw.).
- **Diabetes:** (Diabetes Mellitus)
- **Fett:** Die wertvollsten Kriterien in dieser Hinsicht sind der Body-Mass-Index und der Taillenumfang. Den Body-Mass-Index erhält man, indem man das Gewicht in kg durch die Körpergröße in Metern zum Quadrat dividiert (BMI: kg/m^2). Ein Body-Mass-Index über 25 oder ein Taillenumfang von über 102 cm bei Männern und 88 cm bei Frauen erhöht nicht nur das Risiko für Herz-Kreislauf-Erkrankungen, sondern erhöht auch das Risiko für Diabetes, Fettleibigkeit und Bluthochdruck.

Während einige dieser Risikofaktoren geändert werden können, können andere nicht geändert werden (wie Alter, Geschlecht, Familienanamnese). Herz-Kreislauf-Erkrankungen wie Erkältungen und Grippe sind keine vorübergehenden Krankheiten, die nach Abheilung keine Spuren hinterlassen. Wenn sich die Krankheit entwickelt, neigt sie dazu, kontinuierlich voranzuschreiten und Probleme zu verursachen. Daher ist es äußerst wichtig, diese Risikofaktoren zu bekämpfen, da dies die Entstehung der Krankheit verhindert und das Fortschreiten der Krankheit bei denjenigen, die die Krankheit entwickeln, verlangsamt oder sogar stoppt. Daher bedeutet der Kampf gegen Herz-Kreislauf-Erkrankungen den Kampf gegen beeinflussbare Risikofaktoren.

Wie schützen wir uns vor Herzkrankheiten?[52]
Achten Sie auf eine gesunde Ernährung: Eine ungesunde Ernährung ebnet den Weg für Herz-Kreislauf-Erkrankungen. Sie können sich zum Beispiel vor Herzkrankheiten schützen, indem

---

52 https://www.cerrahi.com.tr/kalp-hastaliklari-ve-korunma-yollari-nelerdir/99/848/

Sie Ihren Cholesterinspiegel auf das entsprechende Niveau senken. Vermeiden Sie tierische Fette wie Talg und Butter, um den Cholesterinspiegel zu senken. Stattdessen können Sie Pflanzenöle wie Sonnenblumenöl, Olivenöl und Soja konsumieren. Achten Sie auch darauf, frisches Obst, Gemüse, Fisch und faserige Lebensmittel zu sich zu nehmen. Abgesehen davon, halten Sie sich von schweren, fetten Nahrungen fern. Halten Sie Ihre tägliche Salzaufnahme unter 5 Gramm.

Halten Sie Ihren Blutdruck unter Kontrolle: Bluthochdruck reduziert die Vergrößerung der inneren Oberfläche der Gefäße und erleichtert die Fettansammlung. Allerdings wird der Fluss im Blut gestört, die Verkalkung nimmt zu und die Anzahl unerwünschter Blutgerinnsel im Körper nimmt deutlich zu. Daher sollte dem Thema Bluthochdruck Aufmerksamkeit geschenkt werden.

Hören Sie mit dem Rauchen auf und halten Sie sich von rauchenden Menschen fern: Rauchen, das zur Ansammlung von Cholesterin, Fett und Kalk an der Innenfläche der Gefäße führt, begünstigt Herz-Kreislauf-Erkrankungen! Wenn Menschen, die einen Herzinfarkt erlitten haben, weiterhin rauchen, steigt die Wahrscheinlichkeit, einen erneuten Herzinfarkt zu erleiden, um 20 % bis 45 %. Ebenso erhöht Passivrauchen das Risiko von Herzerkrankungen.

Unbedingt Sport treiben: In der Zeit, in der wir leben, sind die Menschen von Tag zu Tag weniger aktiv geworden. Die Entwicklung der Technologie hat uns in eine Welt geführt, in der sich die Menschen weniger bewegen können. Doch gerade im Hinblick auf die Herzgesundheit sind Sport und Bewegung lebenswichtig. Auch wenn Sie ein gesunder Mensch sind, achten Sie auf Sport und Bewegung, um in Form zu bleiben.

Halten Sie Ihren Blutzucker unter Kontrolle: Eines der ernsteren Probleme für Diabetiker ist das Risiko eines Herzinfarkts. Denn Diabetes verursacht eine Zellansammlung, indem es die Flexibilität der Gefäßwand schädigt. Allerdings nimmt die Gerinnung zu und die Zellen an der Gefäßinnenfläche werden leichter geschädigt.

Erreichen Sie Ihr Idealgewicht: Übergewicht und Fettleibigkeit öffnen den Weg für die Entstehung von Herzerkrankungen. Solange Ihr Body-Mass-Index unter 25 liegt, gibt es keine Probleme, aber das Risiko für Herzerkrankungen steigt, wenn Sie den Index überschreiten.

Vermeiden Sie Stress: Stress, Depressionen und Wut sind weitere Probleme, die den Weg für Herzkrankheiten ebnen. Versuchen Sie daher, Stress und Depressionen so weit wie möglich zu vermeiden.

Osteoporose

In gesunden und jungen Knochen gibt es eine Struktur, die aus Mineralien besteht, die an starke Kollagenfasern und hauptsächlich Kalziumsalze gebunden sind. Mit zunehmendem Alter ist es normal, dass diese Struktur an Festigkeit verliert, schwächer wird und instabil wird. Aber Osteoporose bedeutet, dass die Knochen aufgrund der extremen Abnahme der Knochendichte viel brüchiger werden. Osteoporose, auch als Knochenschwund bekannt, bedeutet wörtlich schwammiger (poröser) Knochen. Die Dichte der Knochen nimmt ab, indem sie Hohlräume bilden. Dies führt dazu, dass sie anfällig für Bruch- und Rissbildung werden. Sie wird am häufigsten durch Bildgebung der Knochen erkannt, nachdem sich eine Fraktur oder ein Riss entwickelt hat. Die Knochen, bei denen Knochenbrüche aufgrund von Osteoporose am häufigsten auftreten, sind die Knochen in den Handgelenken, der Wirbelsäule und den Hüften. Die Inzidenz von Osteoporose nimmt mit dem Alter zu und tritt häufiger bei Frauen als bei Männern auf.

Was sind die Ursachen von Osteoporose?[53]

---

53 https://www.medicalpark.com.tr/osteoporoz-nedir/hg-119#3

Knochen befinden sich in einem Zustand ständiger Erneuerung. Osteoblasten genannte Zellen sind für die Bildung neuer Knochenzellen verantwortlich, während Osteoklasten alte Knochenzellen abbauen. Mit fortschreitendem Alter kann die Knochenbildung nicht mit der Knochenzerstörung Schritt halten, und der Prozess der Knochenresorption beginnt, und wenn diese Situation mit Mangelernährung zusammenkommt, tritt ein Bild auf, das als Osteoporose bezeichnet wird.

Die Risikofaktoren, die das Auftreten von Osteoporose beeinflussen, sind wie folgt:
- Mangel an Kalzium, Phosphor und Vitamin D,
- weiblich sein, und besonders in der Zeit nach der Menopause, Abnahme der Sexualhormone,
- fortgeschrittenes Alter,
- genetische Veranlagung,
- Störungen der Schilddrüsenhormone,
- Entfernung der Eierstöcke in der Prä-Menopause,
- Nebennierenerkrankungen,
- Verwendung von steroidhaltigen Arzneimitteln,
- Rauchen und Alkoholkonsum,
- Bewegungsmangel.

Die Liste dieser Zivilisationskrankheiten könnte ziemlich lang sein, wobei nur einige hier als lebenswichtig angesehen werden. Die Entstehung und Ausbreitung der Zivilisationskrankheiten umfasst Gesundheitsstörungen, die durch die Bedingungen der zivilisierten Lebenswelt ausgelöst und gefördert werden. Abgesehen von den oben genannten sollten auch Mund- und Zahnerkrankungen, Diabetes, Erkrankungen der Atemwege, des Verdauungssystems, Bluthochdruck, Übergewicht, Adipositas und einige Allergien dazu gezählt werden.

Letztendlich sind die Zivilisationskrankheiten nicht ein kulturelles Produkt unserer Lebensumstände, Gewohnheiten und Verhaltensweisen, die uns durch Manipulationen konditioniert sind?

ERFUNDENE KRANKHEITEN

Erfundene Krankheiten, gibt es die? Ja, die gibt es.

Niemand möchte gerne krank sein, aber manchmal tun wir so, als wären wir krank. Ein wenig Schmerzen, Krämpfe, Blähungen, oder einfach appetitlos, sollten wir dafür zum Arzt gehen?

Selbstverständlich muss man nicht unbedingt solche Symptome erfunden haben, doch stellt sich die Frage, ob es wirklich etwas Ernstes ist oder täuscht man sich selbst?

Wenn wir nicht genau zuhören, was der Körper uns sagt, dann haben wir den Kontakt zu uns selbst verloren. Wir haben unterschiedliche Veranlagungen, manche ignorieren sich selbst, andere möchten gern krank sein. Das ist unsere Schwachstelle, genau von dort aus werden wir ausgenutzt und angegriffen.

Wir werden sehr oft für Krankheiten behandelt, die wir eigentlich nicht haben. Und da es für einige (Pharmaindustrie, Ärzte) sehr profitabel ist, ist dies eine Gelegenheit für sie. Sobald wir die Schwelle des Arztes überschritten haben, gibt es kein Zurück mehr. Wir sind alle daran gewöhnt, dass es eine Pille gibt, die ein Allzweckheilmittel sein soll. Introvertiertheit wird heute „**soziale Phobie**" genannt, und viele unruhige, unkonzentrierte Schulkinder entwickeln plötzlich **ADHS**. Man sagt, 800.000 Kinder werden in Deutschland wegen Aufmerksamkeitsstörungen behandelt, die meisten von ihnen nehmen das Medikament Ritalin. **Dr. Gerd Glaeske** ist Professor für Gesundheitsökonomie an der Universität Bremen und einer der kritischsten Beobachter der Pharmaindustrie, er sagt: „**Pharmakonzerne haben immer versucht, ihre Märkte geschickt zu erweitern**".

Doch selbst der Medikamentenkritiker weiß: Das ist nur die eine Seite des Problems, die andere sind die Patienten, weil immer, wenn es Angebot gibt, gibt es auch Nachfrage. Die Bestrebungen der Pharmaindustrie erfüllen die Wünsche der Betroffenen.

Wenn Sie nicht überrascht sind, möchte ich Ihre Aufmerksamkeit auf diese Liste von „erfundenen Krankheiten" lenken:

- Seltene Symptome treten als häufige Erkrankungen auf (z. B. erektile Dysfunktion).
- Normale Lebensvorgänge werden als medizinisches Problem verkauft (z. B. Haarausfall).
- Leichte Symptome werden übertrieben, um auf ernsthafte Zustände hinzuweisen (z. B. Reizdarmsyndrom)
- Persönliche oder soziale Probleme werden zu medizinischen Problemen (z. B. soziale Phobie).
- Risiken werden als Krankheiten verkauft (z. B. wird aus geringer Knochendichte Osteoporose).

Diese Krankheiten müssen mit der unersättlichen Gier der Pharmaindustrie entstanden sein. Pharmaunternehmen helfen fleißig zusammen mit tatkräftigen Ärzten dabei, Menschen von der Wiege bis zur Bahre zu begleiten und sie als krank darzustellen. Man kann sich das alles nicht ausdenken, die Medien selbst geben es preis. Obwohl die Medien die rechte Hand solcher globalen Industrien sind, sprechen sie gelegentlich über die Wahrheit. **Aber die meisten von uns haben keine Zeit, sie auszusortieren!**

Am 16.07.2011 veröffentlichte [54] die Zeitung **Süddeutsche** den Artikel mit dem Titel „**Geldmacherei mit Patienten: Die Krankheitserfinder**". Was darf's sein: Alzheimer, weibliche Unlust, Depression, Prä-Diabetes oder doch nur Cellulite? Diagnosen sind für alle da. Die Medizinwirtschaft ist darauf angewiesen, ständig neue Krankheiten zu erfinden. Die Diagnosen sind seit langem Teil des täglichen Wortschatzes sowie in die ärztlichen Krankheitskataloge, Leitlinien und Abrechnungskodierungen eingegangen. Ihre Leugnung ist zwecklos. (...) Es sollte diagnostiziert, kontrolliert und behandelt werden. (...)"

---

54 https://www.sueddeutsche.de/leben/geldmacherei-mit-patienten-die-krankheitserfinder-1.1120684

Worldtimes-online schreibt: Das „Geschäftsgebaren der Pharmaindustrie hat sich in den letzten 30 Jahren komplett verändert. Heute geht es kaum noch um die Erforschung von Heilmitteln für bestimmte Krankheiten. Für die Pharmaindustrie ist es lohnender, für bestehende Mittel neue Erkrankungen zu erfinden, die ganze Bevölkerungsschichten betreffen. Heilung rückt in den Hintergrund, was zählt, ist Profit!"

Prof. Philippe Even sagt: „Ziemlich viele Frauen sind während der Menstruation gereizt oder ängstlich. Dieses monatliche hormonelle Chaos, das Frauen erleben, war perfekt, um einen Zustand namens prämenstruelle dysphorische Störung zu erzeugen. Diese Störung besagt, dass Frauen vor der Menstruation an Dysphorie leiden. Der Begriff stammt aus dem Griechischen und ist eher vage. Es bedeutet so viel wie: „Du verhältst dich in dieser Zeit etwas unberechenbar." Die pharmazeutische Industrie dachte, es könne sicher behandelt werden. Die Frage war nur, was könnte es sein?

In den USA war schnell die passende Lösung gefunden."

Prof. Philippe Even erklärt: „Es gab mal ein sehr bekanntes Mittel gegen Depressionen, **Prozac**, für das lief das Patent ab. Es brachte nichts mehr ein. Also werden 100 Artikel über die prämenstruelle dysphorische Störung[55] in rund 30 Fachzeitschriften veröffentlicht. Die Pharmareferenten verteilen die Artikel an Ärzte, damit diese etwas kennenlernen, von dem sie zuvor nichts wussten. Und dazu die passende Lösung. Ein neues Mittel. Es ist genau dasselbe wie in Prozac, auch sonst alles identisch, selbst die Dosierung, nur die **Farbe** nicht. Dieses Mittel wird viermal so teuer verkauft. Schließlich wird es nur an fünf Tagen im Monat genommen und die Kosten müssen ja gedeckt werden."

---

55 Die Prämenstruelle dysphorische Störung, kurz PMDS, ist eine depressive Störung, deren Hauptmerkmale Affektlabilität, dysphorische Verstimmung und Angstsymptome im Vorfeld der Menstruation sind.

Wenn Ihr Lächeln jetzt vorbei ist, machen wir mit Cholesterin weiter: Der Industrie ist es weitgehend gelungen, die Menschen davon zu überzeugen, dass das Cholesterin des 25-Jährigen die zu erreichende Norm ist. Viele Menschen wurden darauf trainiert, cholesterinsenkende Medikamente einzunehmen. Würden diese Bezugswerte auf die Cholesterin-Werte der deutschen Bevölkerung angewandt, wären 95 Prozent aller Deutschen rein formal krank. Die letzte große Überarbeitung der Cholesterinrichtlinien in den Vereinigten Staaten erfolgte im Jahr 2001. Neun der 14 Mitglieder der für die Festlegung der Standardwerte zuständigen Kommission hatten finanzielle Beziehungen zu Pharmaunternehmen. Änderungen der Cholesterinrichtlinien haben die Zahl der Patienten fast verdreifacht. Von den zuvor 13 Millionen Amerikanern führten diese Veränderungen plötzlich zu 36 Millionen potenziell behandelbaren Fällen.

Bitte weiter lächeln: Genau wie beim Cholesterin hat es die Pharmaindustrie im Laufe der Zeit geschafft, Männer davon zu überzeugen, dass es eine Störung gibt, namens erektile Dysfunktion (Erektion), wenn ihr Penis nicht rund um die Uhr zu 100 Prozent funktioniert. Es ist eine Krankheit, zum Glück gibt es geeignete Lösungen dagegen, es heißt, sie sei heilbar. Gerade junge Frauen und Männer sind in der Lage, sich von einem so sensiblen Thema leicht überzeugen zu lassen.

Wer kann dieser Manipulationen widerstehen, wenn die von den Medien ständig propagierten Ideale von Schönheit, Stärke und Attraktivität perfekt in den Gehirnen verankert und eingepflanzt sind?

Die Pharmaindustrie zögert nicht, im Laufe der Jahre aus denselben Symptomen verschiedene Krankheiten zu entwickeln. Zum Beispiel wurde die uns bekannte Depression vor allem nach den 80er Jahren mit Suchtmitteln behandelt. Auch Ärzte wollten ihren Patienten kein Suchtmittel verschreiben, schon gar nicht, wenn es sich nicht um eine schwere psychische Erkrankung handelte. Der Markt veränderte sich plötzlich und die Depression rückte in den Fokus der Pharmaindustrie. Also begann die Industrie, Menschen zu überzeugen, denen man zuvor Angst zugetraut hatte, dass ein niedriger Serotoninspiegel die Ursache sei, glücklicherweise sei dies leicht mit Medikamenten behandelbar. Es wurde gesagt, dass die Pillen nur den Serotoninspiegel im Gehirn erhöhen würden. Auch Ärzte sind im Griff der Pharmaindustrie; die meisten klinischen Studien (Experimente) werden von ihr finanziert, medizinische Zeitschriften sind in ihrer Hand, Freundschaften mit Politikern, Lobbyarbeit und allerlei clevere Werbemanipulationen. Das Problem ist nur, dass die Pharmaindustrie die Nachweisführung zunehmend in der Hand hat und kontrolliert auch nahezu alle klinischen Studien.

Unnötige (schädliche?) Behandlungsmethoden

Manchmal löst eine medizinische Behandlung andere Krankheiten und Schäden aus. Ältere Menschen sind hiervon besonders betroffen. Der Hauptgrund dafür ist die **Polypharmazie**[56]. Viele Senioren nehmen regelmäßig vier oder mehr Medikamente gleichzeitig ein, wobei das Risiko von Nebenwirkungen mit zunehmendem Alter steigt. Auf diese Medikamentencocktails sollte definitiv geachtet werden. Unnötige Behandlungen sind für Patienten nicht nur teuer, sondern können sogar schädlich sein.

Ärzte in der Schweiz haben eine Liste von zehn gängigen Behandlungen veröffentlicht, von denen die meisten völlig sinnlos sind.

Hier ist die Liste:

1. Frühes Röntgen bei Rückenschmerzen: Wenn Rückenschmerzen auftreten, wird in der Regel schnell geröntgt. Diese

---

56 Die Verwendung von 4 und mehr Arzneimitteln pro Tag, die Verwendung von mehr als der klinischen Indikationen oder die Verwendung von mindestens einem unnötigen Arzneimittel.

Untersuchung hilft jedoch in den ersten sechs Wochen überhaupt nicht, die Diagnose von Kreuzschmerzen zu verbessern. Patienten werden nur unnötiger Strahlung ausgesetzt.

2. PSA-Screening als Prostatakrebsuntersuchung: Das PSA-Screening als Frühtest zur Erkennung möglicher Prostataerkrankungen ist umstritten. Da der Nutzen des PSA-Screenings ungewiss ist, sollten Patienten das Risiko einer Überdiagnose und Überbehandlung verstehen, bevor sie sich einem Test unterziehen. Schweizer Ärzte empfehlen, Personen über 75 Jahren kein Screening anzubieten.

3. Antibiotika bei Erkältung: Ärzte verschreiben ihren Patienten häufig Antibiotika bei einem harmlosen Schnupfen oder einer anderen Atemwegserkrankung. Die meisten unkomplizierten Infektionen der oberen Atemwege sind viraler Natur, weshalb Antibiotika unwirksam sind. Darüber hinaus erhöht ein übermäßiger Einsatz von Antibiotika das Risiko, resistente Mikroben zu entwickeln.

4. Regelmäßiges präoperatives Röntgen: Vor vielen Operationen werden Röntgenaufnahmen des Brustkorbs gemacht. Dies ist jedoch unnötig, da Ärzte aus diesen Aufzeichnungen keine wichtigen neuen Informationen ableiten.

5. Verwendung von Protonenpumpenblockern: Protonenpumpenblocker (oder „PPIs" sind eine Gruppe von Medikamenten und sie zeigen die Wirkung einer langfristigen Reduzierung der Magensäureproduktion. Heute werden sie genutzt, um potenziell Magensäuresekretion zu reduzieren) werden als Inhibitoren bezeichnet, werden bei Geschwüren eingesetzt und kommen sehr häufig im Magen vor und sollen die Säurebildung verhindern. Doch auch diese starken Medikamente werden oft unnötig eingesetzt und verursachen Nebenwirkungen wie Sehstörungen oder Veränderungen der Leberwerte.

6. Regelmäßige Blut- oder Röntgenuntersuchungen: Vielen Patienten werden ohne ersichtlichen Grund regelmäßige Röntgenuntersuchungen oder Blutabnahmen verordnet. Mit solchen unnötigen Routineuntersuchungen wollen Ärzte nur Geld verdienen, ohne dem Patienten einen Zusatznutzen zu bieten.

7. Verweilkatheter bei Inkontinenz: Patienten mit Inkontinenz wird oft zu schnell und unachtsam ein Verweilkatheter eingelegt. Schweizer Ärzte kritisieren, dass der Katheter nur die Arbeit der Pflegekräfte erleichtern soll. Die Anwendung erhöht das Infektionsrisiko.

8. Mehr Blut als für die Transfusion erforderlich: Bei den meisten Bluttransfusionen wird mehr Blut als nötig besorgt. Unnötige Transfusionen verursachen unnötige Kosten und gefährden den Patienten.

9. Zu lange Bettruhe für ältere Patienten: Viele ältere Patienten erhalten tagelange Bettruhe, was laut Schweizer Ärzten nicht der richtige Behandlungsansatz ist. Mehr als 65 Prozent der zunehmend gehunfähigen Senioren verlieren während ihres Krankenhausaufenthaltes ihre Gehfähigkeit.

10. Beruhigungsmittel und Schlafmittel: Vielen Patienten werden sehr schnell Beruhigungsmittel oder Schlafmittel verschrieben. Studien haben gezeigt, dass die unnötige Verschreibung solcher Medikamente das Risiko von Verkehrsunfällen und Stürzen im Alltag erhöht und das Risiko von Krankenhausaufenthalten oder Todesfällen bei älteren Menschen mehr als verdoppelt.

Hinterfragen Sie kritisch, ggf. beenden Sie die Behandlung oder umgekehrt, beginnen Sie mit einem bestimmten Medikament. Neben unnötigen Untersuchungen ist es auch wichtig, genau auf die Inhaltsstoffe und Nebenwirkungen des Medikaments zu schauen. Bei unzureichender Indikation, Nebenwirkungen oder dem Ausbleiben einer Wirkung ist es wichtig, das Medikament abzusetzen oder eine zu lange Einnahme zu vermeiden (Vierfachprävention).

STOP-Kriterien, definiert von „**O'Mahony et al. 65**": STOP[57] steht für ein „Screening-Tool für potenziell ungeeignete Rezepte für ältere Menschen" und zielt darauf ab, unnötige Verschreibungen oder eine zu lange Einnahme von Medikamenten zu vermeiden.

Psychopharmazeutische medikamentöse Therapie

Peter Gøtzsche hat sein neues Buch der Psychiatrie gewidmet. Der Titel „**Tödliche Psychopharmaka und organisiertes Leugnen**" sagt alles. Erklärtes Ziel: auf Gefahren aufmerksam machen und Lügen aufdecken. Gøtzsche ist ein herausragender Forscher. Während seiner jahrelangen Arbeit bei der Cochrane Collaboration, die er 1993 mitbegründete, wurde er darin geschult, Falschdarstellungen von übertriebenen Heilwirkungen von Medikamenten aufzuspüren. Es prüft akribisch die eingereichten Zulassungsdaten und konfrontiert Hersteller mit tatsächlich beobachteten Wirkungen. Deshalb macht er sich nicht nur Freunde, aber keiner seiner Kritiker kann ihm vorwerfen, dass er unsauber arbeitet oder fragwürdig recherchiert. Seine Arbeit basiert auf schlüssigen wissenschaftlichen Erkenntnissen und wird fast ausschließlich in den wichtigsten medizinischen Fachzeitschriften veröffentlicht. Im Gegensatz zu vielen berühmten Forschern ist Gøtzsche nicht korrupt und kann nicht gekauft werden. Akribisch rechnete er Daten anderer Forscher nach und kam in vielen Fällen zu anderen Ergebnissen.

Sein Buch beschäftigt sich mit Psychiatrie im Zusammenhang mit Depression. Heute fasst er seine wichtigsten Aussagen wie folgt zusammen: Antidepressiva schaden mehr als sie nüt-

---

57 Screening Tool of Older Persons' potential inpropentical Prescriptions

zen: Sie machen süchtig, ihr fortgesetzter Gebrauch erhöht das
Rückfallrisiko und kann chronische Depressionen verursachen,
sie sind Zerstörer des Sexuallebens, bei 90 Prozent aller Depres-
sionstypen gibt es keinen Nutzen und selbst bei den restlichen
10 Prozent ist der Nutzen von geringer klinischer Bedeutung,
das Suizidrisiko bei Menschen bis zum 40. Lebensjahr steigt, und
die Medikamente haben starke Nebenwirkungen. Das Absetzen
von Antidepressiva kann auch Monate oder sogar Jahre nach
der letzten Tablette schwerwiegende Symptome verursachen.

Antidepressiva haben bei Kindern und Jugendlichen keinen
Nutzen, im Gegenteil: Sie verdoppeln das Suizidrisiko. Daher sollte es nicht bei Kindern und Jugendlichen angewendet werden.
Gøtzsche beschreibt die vielen ähnlichen Täuschungsmanöver,
mit denen Ärzte ihre Patienten von der Notwendigkeit und Sinn-
haftigkeit einer dauerhaften Einnahme von Psychopharmaka
überzeugen. Natürlich sind es nicht nur Depressionen, sondern
dasselbe gilt für ADHS (Hyperaktivität, ungewöhnliche Aktivität oder abnormale Aktivität), Schizophrenie und viele anderen
psychische Erkrankungen. Er schreibt, dass es keine psychiatrische Krankheit gibt, bei der es Patienten besser geht, wenn sie
lange Zeit Medikamente einnehmen. Stattdessen steigt bei allen Psychopharmaka bei Dauerbehandlung das Risiko schwerer
Nebenwirkungen. Viele Inhaltsstoffe dieser Medikamente greifen die Gehirnkern an und führen mit der Zeit zu deren Zerfall.

**Kann es sein, dass Psychopharmaka, wie wir sie heut-
zutage in der Psychiatrie einsetzen, mehr schaden, als
dass sie nützen?**

Neuroleptika

Antipsychotika oder Neuroleptika sind Arzneimittel, die zur
Behandlung von Psychosen, insbesondere bei Schizophrenie,
eingesetzt werden. Sie machen bei kurz- oder langfristigem
Gebrauch süchtig, und sind ziemlich schädlich. Nicht nur kör-

perliche und seelische Schäden, sondern auch das Fehlen psychischer und anderer Behandlungsmöglichkeiten wirken sich negativ auf den Krankheitsverlauf aus. Die Berichte von Ärzten und Psychiatern, die Verantwortung übernehmen, Wert auf menschliche Gesundheit und ideelle Werte legen, stimmen genau mit der Kritik der Betroffenen überein. Neuroleptika bewirken, dass sie die Bindungsstellen (Rezeptoren) für den Nervenbotenstoff Dopamin blockieren und damit die Signalübertragung zwischen Nervenzellen verhindern. In der **Frankfurter Allgemeinen** (FAZ) vom 26.01.2015 ist ein Artikel mit dem Titel „Neuroleptika – wenn Medikamente das Gehirn schrumpfen" erschienen. In diesem Artikel wurde eine Hirnatrophie als Folge von (Langzeit-)Neuroleptika und möglicherweise damit verbundenen, kognitiven Defiziten beschrieben. Aufgrund der Bedeutung alternativer Behandlungsoptionen wurde empfohlen, die kleinstmögliche (Erstbehandlungs- und Erhaltungs-)Dosis von Antipsychotika zu wählen.

Schäden durch Neuroleptika:
Die Debatte über kurz- oder langfristige Neuroleptika ist absolut illusorisch, wie der schwedische Arzt Martensson 1984 auf der Konferenz der World Federation of Mental Health (WFMH) überzeugend darlegte. Das diagnostische Resultat, wenn ein junger Mensch zum ersten Mal in eine schizophrene Krise gerät, bedeutet, dass er fast täglich und über lange Zeiträume bis hin zu lebenslang das Medikament einnehmen muss. Neuroleptika sind eine Falle, die den Menschen die Hoffnung und das Vertrauen nehmen, eine Krise ohne das Medikament zu bewältigen, und sie auf den Weg in eine zunehmende Drogenabhängigkeit bringen.

Zitate zum Nachdenken:

„Wer nicht jeden Tag etwas für seine Gesundheit aufbringt, muss eines Tages sehr viel Zeit für die Krankheit opfern!"
Sebastian Kneipp

„Wie sich körperlich viele für krank halten, ohne es zu sein, so halten umgekehrt geistig sich viele für gesund, die es nicht sind!"
Georg Christoph Lichtenberg

„In der ersten Hälfte unseres Lebens opfern wir unsere Gesundheit, um Geld zu erwerben, in der zweiten Hälfte opfern wir unser Geld, um die Gesundheit wiederzuerlangen. Und während dieser Zeit gehen Gesundheit und Leben von dannen!"
Voltaire

„Wie viel Zeit beansprucht ein Medikament in unserem Leben? Der Verkäufer benötigt 10 bis 15 Minuten zum Verkaufen, der Arzt schreibt in 1 bis 2 Minuten und der Patient schluckt sekundenschnell hinunter!"
Nurcan Gross

EPIDEMIEN, PANDEMIEN

Die medizinische Wissenschaft beschäftigt sich seit Langem besonders mit den „bedrohlichen und sich schnell ausbreitenden" Krankheiten in der Menschheitsgeschichte. Hoch ansteckende Epidemien und sogar Pandemien sind seit dem frühen 18. Jahrhundert bekannt, beispielsweise in der Vorgeschichte: etwa Pest, Cholera, Typhus, Syphilis und heute: verschiedene Arten von Krankheiten wie AIDS, Ebola, Covid, Sars. Sie existieren weiterhin und bedrohen die Menschheit immer noch. Unser aktueller Ansatz ist eine Bewertung des sozialen und politischen Umgangs mit einer weitverbreiteten Pandemie. Sie müssen kein Experte sein, um aus der Geschichte von den Herausforderungen der Pandemie zu lernen. Wenn Sie beispielsweise an die jüngste Vergangenheit denken, sollten Sie sich an die Entstehung der Pandemie der „Spanischen Grippe" (1918–1920) und ihre verheerenden Folgen für die Gesellschaft erinnern. Obwohl solche gefährlichen Epidemien die Menschen in Panik versetzen und zu tödlichen Ängsten führen, sind aber oft nach einigen Wochen oder Monaten wieder schnell vergessen. Und genau an diesem Punkt beginnen unsere Irrtümer: nämlich mit dem VERGESSEN!

Die Asiatische Grippe forderte 1957/1958 weltweit ein bis zwei Millionen Opfer. Obwohl die Spanische Grippe vor weniger als 40 Jahren passierte, wurden die Erinnerungen an sie überhaupt nicht widergespiegelt. Von 1968 bis 1970 erreichte die Hongkong-Grippe mit fast einer Million Todesfällen weltweit ihren Höhepunkt. Der Epidemie wurde so wenig Aufmerksamkeit geschenkt, dass nicht einmal die Zahl der Todesfälle und Infektionen erfasst wurde. Die Russische Grippe von 1977/78, die weltweit 500.000 bis 700.000 Todesopfer forderte, ist viel weniger im historischen Gedächtnis als frühere Pandemien verankert.

Nehmen Sie das heutige Covid-19, da gibt es erstaunliche Parallelen zur Spanischen Grippe vor hundert Jahren. Wir meinen hier nicht von der biologischen Struktur dieser Viren oder dem Krankheitsverlauf her. Die Parallelen, die wir erwähnt haben, sind, dass die getroffenen Maßnahmen in ähnlicher Weise in der Gesellschaft angewendet werden – also Einschränkungen, Verbote und Angstdruck auf die Menschen. Bei der Spanischen Grippe begann die Pandemie zunächst mit der Erkrankung von Soldaten durch die Armee und breitete sich dann auf die Zivilbevölkerung aus. Schon damals gab es ähnliche Diskussionen wie heute: die Wirksamkeit von Gesichtsmasken, die Schließung von Schulen oder die Absage von Kulturveranstaltungen und das Herunterfahren des gesellschaftlichen Lebens wurden geplant und umgesetzt. Der Historiker **Kaspar Staub** von der Universität Zürich sagte: „Es ist beeindruckend, dass sich das Vorgehen von Regierung und Behörden während der Epidemien von 1918 und 2020 immer ähnlicher wird."

Spanische Grippe

Da Spanien im Ersten Weltkrieg neutral war, zögerte es nicht, den Ausbruch der unbekannten Krankheit in den Medien zu melden. Die kriegführenden Staaten taten dies damals nicht, daher wurde Spanien für die Epidemie verantwortlich gemacht und die Krankheit wird noch heute als Spanische Grippe bezeichnet. Die Ausbreitung und der Verlauf der Pandemie vollzogen sich in vielen Teilen der Welt in drei Wellen, die erste Welle 1918, die zweite und schwerste Welle im Oktober und November 1919. Und die dritte Welle folgte im Februar-März 1919. Im Zusammenhang mit dem Ersten Weltkrieg traten die ersten Fälle in den Lagern der Soldaten auf und betrafen dann die Siedlungen. Von diesem Moment an breitete sich das Virus weiterhin sehr schnell unter der Bevölkerung aus, sodass 1918 schätzungsweise mehr als 50 % der Bevölkerung infiziert waren und gegen Ende des Ersten Weltkriegs erhöhten schlechte Lebensbedingungen (Ernährung, hygienische Bedingungen usw.) die Sterblichkeitsrate. Obwohl die Zahl der Todesfälle bei rund 50 Millionen liegen soll, wird die Dunkelziffer weltweit auf 100 Millionen geschätzt. Nachdem der Erste Weltkrieg die Wirtschaft in weiten Teilen Europas praktisch zum Erliegen gebracht hatte, verschärfte die Spanische Grippe die kritische Entwicklung der Weltwirtschaft.

„ICH WAR EIN DIREKTER BEOBACHTER DER GRIPPE-EPIDEMIE 1918."

Manchmal ist es eher verlässlicher und wahrhaftiger, historische Fakten direkt von einem lebenden Zeugen oder einem Zeitungsausschnitt aus dieser Zeit zu erfahren, falls sie gefunden werden. **Eleanor Mc Bean** (1905 bis 1989, US-Amerikanerin) war Zeugin der **Spanischen Grippe**. Dann schrieb sie ihre Erinnerungen in ein Buch. Sie erzählt (Auszug, verkürzt): „Während des Ausbruchs der Spanischen Grippe im Jahr 1918 sagten alle Ärzte und andere Menschen, dass es die schrecklichste Krankheit war, welche die Welt überhaupt heimgesucht hat. Die starken Männer, die noch am Vortag gesund und munter waren, wurden am nächsten Tag krank und starben. Bei allen Menschen, die krank wurden und starben, hatte die Spanische Grippe Eigenschaften verschiedener Krankheiten, wie Schwarzer Tod (Pest), Typhus, Diphtherie, Lungenentzündung, Pocken und Polio. Alle diese Personen waren unmittelbar nach dem Ersten Weltkrieg mit Impfstoffen für diese Krankheiten injiziert. Praktisch die ganze Bevölkerung hatte ein Dutzend oder mehr verschiedener Krankheiten. Besonders tragisch war es, dass alle diese Krankheiten begannen, auf einen Schlag auszubrechen. Insoweit ich herausfinden konnte, traf die Grippe nur Geimpfte. Die, die das Einschießen von Impfseren („Schutzimpfung") abgelehnt hatten, entgingen der Grippe. Als die Grippe ihren Höhepunkt erreichte, wurden alle Geschäfte, Schulen, und sogar Krankenhäuser geschlossen. Zur gleichen Zeit wurden Ärzte und Krankenschwestern geimpft und liegen jetzt krank im

Bett. Die Straßen waren völlig still und menschenleer. Die Grippeepidemie von 1918 soll weltweit 20. Mio. Menschen getötet haben. (...) Aber unsere Beobachtungen haben uns gezeigt, dass es die Ärzte selbst waren, die sie mit ihren rauen und tödlichen Behandlungen und giftigen Medikamenten töteten. Das ist ein harter Vorwurf, aber angesichts des Behandlungserfolgs anderer Ärzte, die auf chemische Medikamente verzichten, wird diese Feststellung überzeugend gestärkt und kann daher korrekt beurteilt werden. Wenn andere Ärzte solche weitsichtigen, natürlichen Wege eingeschlagen hätten, gäbe es nach einer medizinischen Grippebehandlung keine Todesfälle. Unter den geimpften Soldaten gab es siebenmal mehr Krankheiten als unter den nicht geimpften Zivilisten, und genau diese Krankheiten waren es, gegen die sie eigentlich geimpft wurden." (Details: Impfstoffe)

AIDS

Aids, erworbenes Immunschwächesyndrom (AC Llozuired Immune Deficiency Syndrome). Aids, welches durch HIV verursacht wird, ist das Stadium, in dem das Immunsystem anfällig für Infektionen und Krebs ist. Menschen mit **AIDS** erkranken häufig an Lungenentzündungen und Pilzerkrankungen und es kann lebensbedrohlich sein. Es wurde erstmals Ende 1981 als eigenständige, unabhängige Krankheit definiert. Als Folge der Infektion mit dem HIV-Virus wird das menschliche Immunsystem allmählich zerstört. AIDS führt nur zum Tod, wenn die Krankheit zu spät erkannt wird und das Immunsystem bereits stark geschädigt ist. Menschen, die rechtzeitig identifiziert und behandelt werden, können in der Regel ein normales Leben führen und eine Lebenserwartung haben, die fast wie bei gesunden Menschen ist. Wissenschaftler haben entdeckt (oder vielmehr das so behauptet), dass das Virus zuerst bei nichtmenschlichen Primaten in Afrika auftauchte, auf den Menschen übertragen wurde und sich dann auf der ganzen Welt ausbreitete.

Trotz dieser Erkenntnisse begannen auch Spekulationen über die Herkunft des Virus. Im Jahr 1992 gab der Chef des russischen Geheimdienstes zu, dass der Geheimdienst hinter einer internationalen Desinformationskampagne über AIDS gesteckt habe. Die Theorie, dass HIV aus dem Militärforschungslabor des US-Verteidigungsministeriums in Fort Detrick stammt und dort als Geheimwaffe entwickelt wurde, hält sich bis heute hartnäckig. Eine neue Studie der Historiker von Dr. Douglas Selvage und Christopher Nehring zeigt, dass der ehemalige sowjetische Geheimdienst KGB und der ostdeutsche Auslandsgeheimdienst HVA eine große Rolle bei der Verbreitung dieser Gerüchte spielten. Basierend auf neuen Erkenntnissen aus den bulgarischen Staatsschutz- und Stasi-Archiven sagen die Autoren, dass die „AIDS-Verschwörung" von den Geheimdiensten der Warschauer Paktstaaten stamme.[58]

Wer weiß das schon, woher kam es genau?

Eigentlich sollte man weltweit agierende, sogenannte Hochsicherheitsbiolabore unter die Lupe nehmen, oder nicht?

Ebola

2014 wurde Westafrika von der bisher schwersten Ebola-Epidemie heimgesucht. Rund 11.300 Menschen sollen damals gestorben sein. Vor allem in Guinea und in der Demokratischen Republik Kongo geben neue Ausbrüche Anlass zur Sorge. Das Ebola-Virus, das von einigen Tieren auf Menschen übertragen wird und sich dann unter Menschen ausbreitet, ist ein Virus, das schwere Krankheiten verursacht. Plötzlich einsetzendes Fieber, gefolgt von schweren, grippeähnlichen Symptomen und Blutungen weisen auf das Vorhandensein des Ebola-Virus hin.

---

58 https://www.stasi-unterlagen-archiv.de/informationen-zur-stasi/
themen/beitrag/die-aids-verschwoerung/

Die Übertragung der Krankheit auf den Menschen erfolgt durch Blut und alle Arten von Körperflüssigkeiten. Eine mit dem Ebola-Virus infizierte Person kann das Virus erst dann auf andere Menschen übertragen, wenn sie Symptome zeigt. Die Übertragung geschieht mit den Körpersekreten einer infizierten Person (Speichel, Urin, Kot, Sperma, etc.).

Obligatorische Behandlung für die Ebola-Epidemie:
Sogar während der jüngsten Ebola-Epidemie im Kongo gab es einen Fall, bei dem sich Menschen darüber beschwerten, dass sie zu einer Behandlung gezwungen wurden. Während der Ebola-Epidemie 2014/2015 sagte ein junger, afrikanischer Soziologe aus **Sierra Leone**: „Mir ist ein Fall bekannt, in dem Ebola-Patienten in einem Behandlungszentrum in Freetown angeblich das Herzmedikament Amiodaron zur Behandlung verabreicht wurde. Später protestierten Ärzte und Krankenschwestern. Sie behaupteten, dass viele Menschen in diesem Zentrum wegen falscher Behandlung starben." Das Medikament, das normalerweise bei Herzrhythmusstörungen eingesetzt wird, hat in einer deutschen Laborstudie in Hannover auch gegen Ebola gewirkt: Möglicherweise hat Amiodaron das Virus daran gehindert, in Zellen einzudringen. Aber das wurde nicht einmal an Ratten überprüft. Das Behandlungszentrum Lakka (betrieben von der italienischen NGO „Emergency") brachte diese Experimente ans Licht. Bei einigen Patienten lag die Sterblichkeitsrate bei 67 %, da hoch dosierte Injektionen Atemwegserkrankungen und Entzündungen verursachten. Dieser Notfall stoppte die Tests sofort. Es gab keine Ermittlungen, kein Gerichtsverfahren und keine Entschädigung. So haben die Menschen den Eindruck, dass sie genauso missbraucht werden wie damals von den Kolonialärzten. Geschichten kursieren heute in Westafrika, Guinea, Sierra Leone, Liberia: Zeugen beschreiben, wie Familien während der Ebola-Epidemie starben, weil ihnen Prüfpräparate verabreicht wurden, die für die Behandlung von Ebola-Patienten ungeeignet waren, weil sie Versuchspräparate enthalten hatten. **Entpuppt sich dies auch als eine ebenso beängstigende Krankheit wie AIDS?**

CORONA (WAHN)

Seit März 2020 dreht sich in den Massenmedien fast alles um die Corona-Pandemie wie um nichts anderes. Die Menschen wurden durch die Politik der Angst vor einem tödlichen Virusziel in einem Zustand permanenten Schocks und Unsicherheit gehalten. Die Reflexion von Covid-19 in der Presse als gefährliche Pandemie ist nur die Spitze des Eisbergs. Noch anstrengender als die wirkliche Angst: die von den Medien provozierte Massenhysterie mit manchen Bildern (meist aus ihren Archiven), willkürliche politische Entscheidungen und Praktiken, massive Einschränkung der Menschenrechte und Meinungsfreiheit, Zensur, Schweigen von Dissidenten, Unterdrückung. Tatsächlich ist es alarmierend geworden, dass der systematisch angewandte Psychoterror das Ausmaß erreicht hat, dass er die Gesellschaft spaltet und die Menschen gegeneinander aufhetzt. So sehr, dass nicht nur Politiker, Wissenschaftler und Gesundheitsexperten untereinander ins Gespräch kamen, sondern sowohl in der Familie als auch im Freundeskreis gegensätzliche Vorstellungen und Überzeugungen entstanden. Was war also die Grundlage dieser gegensätzlichen Ideen?

Laut offiziellen Quellen:
Ende Dezember 2019 meldete China die Häufung einer unbekannten Lungenkrankheit in Wuhan. Im Januar 2020 entwickelte sich die Krankheit in China zu einer Epidemie, und am 11. März 2020 erklärte die Weltgesundheitsorganisation (WHO) diesen Ausbruch offiziell zu einem „internationalen besorgniserregenden Notfall" als globale Epidemie.

WHO-Generaldirektor Tedros Adhanom Ghebreyesus begründete seine Entscheidung damit, dass in den vergangenen zwei Wochen die Zahl der mit dem neuartigen Virus infizierten Ländern, außerhalb Chinas, auf dreizehn gestiegen sei, sich demnach die Zahl der betroffenen Länder verdreifacht habe. Nach Angaben der Weltgesundheitsorganisation[59] gab es mehr als 118.000 Fälle in 114 Ländern. Bisher sollen mehr als 4.000 Menschen gestorben sein, und 81 Länder haben noch keine Vorfälle gemeldet. Alle Medien sind von diesem neuen Virus erregt, die Staaten haben begonnen, Quarantäne und andere Schutzpraktiken anzuwenden.

Verwirrendes Chaos!

Gerüchten zufolge könnte dieses neue Virus von Fledermäusen übertragen worden sein. Eigentlich ist Wuhan das Zentrum der Corona-Forschung Chinas. Könnte der Huanan-Markt, auf dem Fische und Wildtiere verkauft werden, das Ursprungszentrum dieses Virus sein?

Das Wuhan Center for Disease Control and Prevention, eines der beiden Hochsicherheitslabore der Virusforscher, ist nur 300 Meter von dem Markt entfernt. Außerdem zeigen chinesische Daten, dass 14 der Top-41-Corona-Patienten keine Verbindung zu diesem Markt und seinen Marktbesuchern hatten. Professor Botao Xiao schrieb einen Artikel mit dem Titel „Mögliche Ursprünge des Corona-Virus 2019", von dem er vermutet, dass es sich um einen Laborunfall handelte. Wissenschaftler schrieben: „Das Killer-Corona-Virus stammt wahrscheinlich aus einem Labor in Wuhan." Er kommt zu dem Schluss, dass beide Labore Fledermäuse untersuchten, die als ursprüngliche Virusträger gelten.

Regierungsberater Drosten:
Der Virologe, Institutsleiter **Charité**, **Christian Drosten** (es wird gemunkelt; ich kann leider seine abhanden gekommene

---

59 https://de.euronews.com/2021/03/11/vor-einem-jahr-wurde-corona-zur-pandemie-erklart-kam-die-who-entscheidung-zu-spat

Doktorarbeit nicht mehr finden, ob er ein Doktortitel haben dürfte?) hatte als Regierungsberater, auch damals bei der Schweinegrippe, großen Aufruhr gemacht und die Impfungen befürwortet. Letztendlich wurden von der deutschen Regierung bestellte Impfdosen nicht mehr gebraucht und mussten verbrannt werden. Was noch klar war, in den Impfstoff investierte Steuergelder in Millionenhöhe werden auch zunichtegemacht. Also, was auch immer mit der Schweinegrippe geschah, die Impfung wurde von der Öffentlichkeit kaum beachtet, aber jetzt wird sie bei Coronapandemie bitterernst genommen. Daraufhin hat Drosten eine Untersuchung gefordert und den Verdacht geäußert, dass sich das Virus auf Marderhundefarmen ausgebreitet und dadurch den Markt in Wuhan erreicht haben könnte.

Eine andere These besagt: Es gibt viele Spuren, denen zufolge die Briten das Corona-Virus über das Commonwealth-Mitglied Kanada nach Wuhan in China gelangen ließen. Dieser Corona-Virus-„Diebstahl" Kanadas wurde bisher nicht hinterfragt.

Angst erzeugen:
Die Corona-Pandemie hat ebenso wie ein Krieg eine gesellschaftliche Angst-Panik-Krise geschaffen. Wie zu Beginn der Epidemie erklärt, war das plötzliche Auftauchen eines neuen, tödlichen Virus ziemlich verwirrend. Natürlich wäre es bei einer so erfolgreichen Rolle der Medien – etwa nach den erschreckenden TV-Aufnahmen aus Italien – wahrscheinlich nicht mehr als ein durchdringender Kollektivschock gewesen. Irrationale Angst war schon immer eine unverzichtbare Quelle von Macht und Autorität. Das wurde am häufigsten für politische Zwecke verwendet, da Angst und Panik einer der stärksten Bausteine der Unterwerfung sind, um alle angebotenen Alternativen fraglos zu bejahen.

In der Krise, bei der Schaffung und Aufrechterhaltung eines relativ hohen Maßes an sozialer Gefahr und Angst, fordert die verängstigte Person Schutz, indem sie sich dem Stärkeren und seiner Autorität unterwirft. Die Gültigkeit dieses Prinzips hat sich als zentrales Steuerungselement der Pandemiepolitik erwiesen.

Die Angst vor körperlicher Gefahr wurde bewusst dramatisiert, gewissermaßen als Angstmacherei. Der wichtigste Teil dieser Panikproduktion wurde nicht durch die Angst vor einer Ansteckung mit dem neuen Virus verstärkt, sondern durch die bewussten oder unbewussten Praktiken der Regierungen. Möglicherweise von diesen Turbulenzen überforderte politisch aktive Virologen und Politiker haben maßgeblich zur Verbreitung der Angst beigetragen. Andererseits ist angesichts der Impfkatastrophe und der anhaltenden Virusmutationen nicht mehr zu erwarten als die zunehmende Massenhysterie-Erzeugung durch Produktion der Angstpolitik.

Das Spiel mit der Pandemie?

Das ist kein unbekanntes Szenario, denken wir an das Spanische-Grippe-Desaster: Es wurde genauso dramatisch aufgeführt. Zunächst einmal wird ein neuer Krankheitserreger entdeckt und als schlimm befunden, dann wird sofort eine weltweite Pandemie-Panik ausgelöst. Mithilfe der mächtigen Medien wurden erschreckenden Bilder aus ihren Archiven zusammengetragen (Gerüchten zufolge wurden zu Beginn der Pandemie 2020 die Sarg-Bilder, die in den Medien gezeigt wurden, teilweise aus den vergangenen Kriegen oder aus dem Produktwerbekatalog einer Sargfirma entnommen) und zweckdienlich ausgestrahlt. Schließlich wird behauptet, dass dann ein geeigneter Impfstoff entwickelt wurde, um die sogenannte Pandemie auszurotten. Dabei geht es um ein Milliarden-Dollargeschäft, das gewissen Kreisen zugutekommen könnte.

Meinungen von unabhängigen Wissenschaftlern
(besser gesagt: nicht gekauften Wissenschaftlern):[60]

---

60 http://alles-schallundrauch.blogspot.com/2021/04/wacht-auf-denn-die-mikrobe-ist-gefalscht.html
https://michael-mannheimer.net/2021/04/12/augenzeugenbericht-eines-intensivmediziners-so-stirbst-du-nach-einer-corona-impfung/

Dr. Derek Knauss ist klinischer Laborspezialist mit den Schwerpunkten Virologie und Immunologie. Er lebt in Südkalifornien und erklärte (April 2021): „Als mein Laborteam und ich die Tests mithilfe der Koch'schen Postulate und der Beobachtung unter einem SEM (Rasterelektronenmikroskop) durchführten, fanden wir KEIN Covid in irgendeiner der 1500 Proben. (...) Wir sind nun durch all unsere Recherchen und Laborarbeiten zu dem festen Schluss gekommen, dass das COVID-19 erfunden und fiktiv war. Die Grippe hieß „Covid" und die meisten der 225.000 Toten waren durch Komorbiditäten wie Herzkrankheiten, Krebs, Diabetes, Emphysem usw. gestorben. Sie bekamen dann die Grippe, die ihr Immunsystem weiter schwächte, und sie starben."

Geert Vanden Bossche, einer der weltweit führenden Virologen und starker Verfechter von Impfstoffen, hat in der Infektionsforschung und Impfstoffentwicklung für das Pharmaunternehmen Novartis, Gavi (Global Alliance for Vaccines and Immunization) und die **Bill & Melinda Gates Foundation** gearbeitet. Er warnt davor, dass Massenimpfkampagnen gegen das Corona-Virus eine globale Katastrophe „epischen Ausmaßes" auslösen werden.

Auszug aus seinem offenen Brief an die Weltgesundheitsorganisation (WHO): „Ich bin kein Impfgegner. Als Wissenschaftler verlasse ich mich normalerweise nicht auf eine solche Plattform, um Impfthemen zu kommentieren. Als engagierter Virologe und Impfstoffexperte mache ich nur eine Ausnahme, wenn Gesundheitsbehörden zulassen, dass Impfstoffe auf eine Weise verabreicht werden, die die öffentliche Gesundheit gefährdet. Gerade wenn wissenschaftliche Informationen ignoriert werden, zwingt mich die aktuelle kritische Lage, diesen Alarmruf zu verbreiten. Dieser Ruf kann nicht stark, laut oder deutlich genug sein, da die Covid-19-Pandemie droht, Verwüstungen in beispiellosem Ausmaß anzurichten."

Prof. Dr. Dolores Cahill (University College Dublin): Ein irischer Immunologe und Molekularbiologe weist auf die große

Gefahr von Genimpfstoffen hin. mRNA-Impfstoffe von Pfizer/ Biontech und Moderna wurden in Rekordzeit in der EU und der Schweiz zugelassen. Die Geimpften werden nicht über die tödlichen Risiken aufgeklärt. Und die Nebenwirkungen werden von der Schweizer Medizin laufend erfasst. Dies ist ein medizinisches Experiment am Menschen. Professor Cahill sagte: „Menschen über 70, die einen dieser mRNA-Impfstoffe erhalten, werden wahrscheinlich innerhalb von zwei bis drei Jahren sterben. Wenn Sie in den Dreißigern sind und den mRNA-Impfstoff bekommen, könnten Sie in fünf bis zehn Jahren sterben. Außerdem werden Sie wahrscheinlich an Allergien, neurokognitiven Störungen und Entzündungen leiden und unfruchtbar sein.“

Dr. Wolfgang Wodarg, „Angesichts des wachsenden Widerstands gegen hektische und brutale Maßnahmen zur Kontrolle der Bevölkerung und der Schäden durch genetische Injektionen im vergangenen Jahr wurde ich gebeten, einen Fortschrittsbericht für diejenigen zu erstellen, die für uns gekämpft und mutig auf die Straße gegangen sind. Und viele, die noch von Angst überdeckt sind, werden nachdenklich. Wer den Fernseher ausschaltet und mit diesen Menschen spricht, wird wieder spüren, was Solidarität bedeutet, wenn sie nicht geboten ist, sondern direkt von Herzen kommt. Er ist es, der uns in dieser kalten Zeit die menschliche Wärme zurückgeben kann, die wir zum Leben brauchen.“

In seinem Buch „**Falsche Pandemien – Argumente gegen die Herrschaft der Angst**“ stellt **Wodarg** diese Fragen: Woran erkennt man eine echte Pandemie? Wann sind Viren gefährlich? Warum die Maske? Was wissen wir über gentechnische Impfungen? Was geschieht mit unseren Gesundheitsdaten? Wem kann man noch trauen? Wo bleibt die Evidenz in der Corona-Krise? Wo ist die Debatte? Was passiert in Heimen und Kliniken? Werden Gesundheitsbehörden missbraucht? Was ist institutionelle Korruption? Wem nützt die aktuelle Pandemie? Sollen über unsere Gesundheit zukünftig Plutokraten bestimmen? Wer erlaubt es sich, durch Überwachung und Kontrollen, durch Freiheitsentzug, Zwangsuntersuchungen und gentechnische Manipulationen unser aller Werte und Freiheiten außer Kraft zu setzen? Wer will so eine Kontrollgesellschaft?

Wir fühlen schmerzlich, dass uns das tägliche Leben verboten ist, wir kämpfen miteinander und unsere Gesundheit wird wie nie zuvor auf die Probe gestellt, aufgezeichnet und zu einem Index unserer Freiheiten gemacht. Was die Menschen verbindet, wird getrennt. Das Geld wird gedruckt und an die Teilnehmer verteilt. Große Firmen übernehmen. Die Opposition und der Rechtsstaat wurden unter Quarantäne gestellt. Wer etwas tut, dem droht Zensur. Und Angst ist überall: vor Keimen, vor anderen Menschen, vor der Staatsmacht. Es besteht kein Zweifel, dass wir in einer historischen Krise leben. Wie kam es zu diesem Schock?

Demokratie und Menschenrechte gibt es nicht mehr, wie können wir sie retten?

„Corona Fehlalarm? Daten, Fakten, Hintergründe"
Die Autoren des Buches **Dr. Karina Reiss** und **Pr. Dr. Sucharit Bhakdis** mit diesem Titel landeten innerhalb weniger Tage auf der Bestsellerliste. Beide Autoren sind Wissenschaftler mit zahlreichen Publikationen in den Bereichen Infektionsepidemiologie, Biochemie, Mikrobiologie, Zellbiologie und Medizin. Dr. Reiss lehrt am Forschungszentrum der Universität Kiel. Dr. Bhakdi ist Experte für Mikrobiologie und Infektionsepidemiologie und war 22 Jahre lang Professor an der Johannes-Gutenberg-Universität Mainz. Bhakdi hat auch Erfahrung in der Patientenversorgung. Deshalb können sie als Schwergewichte auf ihrem Gebiet sprechen. Lange Zeit gab es keine Aussage über die Gefährlichkeit des Virus aufgrund der fehlenden verlässlichen Datenerhebung und der willkürlichen Vermischung der Zahlen.

Auch heute noch werden Angst und Panik geschürt, nachdem die Welle, die hunderttausende oder gar eine Million Todesopfer drohte, ausblieb und der Verlauf von Covid-19 einer mittelschweren Grippewelle glich. Nach der Begründung der Gesundheitsminister warnt Drosten immer wieder vor der nächsten

Welle, damit bei den Menschen nicht der Eindruck entsteht, die Pandemie sei vorbei, die Maskenpflicht und das Abstandsgebot gewahrt. Jetzt kann man in sozialen Netzwerken Statistiken darüber sehen, wie viele Menschen sich in Deutschland und Europa an Corona infiziert haben und an Corona gestorben sind. Die Zahlen für Deutschland liegen unter einem Prozent. Dazu wird die gesamte Bevölkerung einem Kurator unterstellt. Sie sind keine isolierten Patienten, sie sind gesund!

Im Buch: Wenige Themen beherrschen unsere Zeit so sehr wie das von der WHO als Pandemie eingestufte Corona-Virus und die von ihm verursachte Infektionskrankheit COVID-19. Dazu werden widersprüchliche Meinungen, Fake News und politisch orientierte Informationen serviert. Unterschiedliche Ansichten über die Gefahren der Pandemie führen zu Verwirrung unter den Menschen. Mit diesem Buch klären die Autoren Daten, Fakten und Hintergründe auf. Fraglich ist, ob ein weltweites Impfprogramm notwendig ist, um die Corona-Krise zu beenden?

Es bedarf dringend einer Diskussion, um zu einem globalen Konsens über drei grundlegende Themen zu gelangen.

1. Wann ist die Entwicklung eines Impfstoffs notwendig?
2. Wann ist eine Massenimpfung sinnvoll?
3. Wann versagt ein Impfstoff?[61]

Die Autoren argumentieren mit Fakten und Daten, dass ein globales Impfprogramm gegen SARS-CoV-2 keinen Sinn macht und von vornherein zum Scheitern verurteilt ist. Risiken können nicht ausgeschlossen werden, mögliche Vorteile sind nicht klar.

---

61 https://leist-chinesische-medizin.de/wp-content/uploads/2020/10/
   Bhakdi-Reiss-Corona-Fehlalarm.pdf
   https://vera-lengsfeld.de/2020/07/09/corona-fehlalarm-zahlen-
   daten-und hintergruende/

Die Allianz zwischen Dr. Fauci und Bill Gates

In seinem Buch „**Das wahre Gesicht von Fauci** „ enthüllt **Robert F. Kennedy Jr.** (Der Neffe des ermordeten Präsidenten J. F. Kennedy), wer Dr. Anthony Fauci, Direktor des National Institute of Allergy and Infectious Diseases (NIAID), wirklich ist. Fauci gibt jährlich über sechs Milliarden Dollar für wissenschaftliche Forschung aus. Diese finanzielle Stärke ermöglicht es ihm, die Themen, Inhalte und Ergebnisse der wissenschaftlichen Gesundheitsforschung auf der ganzen Welt zu bestimmen und zu manipulieren, wenn er möchte. So kann er mit Hilfe von Krankenhäusern, Kliniken, Universitäten und Fachzeitschriften Macht ausüben und seine Anweisungen diktieren. Gleichzeitig kann er Tausende kompetente Ärzte und Wissenschaftler ermutigen und belohnen oder auch deren Karriere zerstören. Das Buch zeigt, wie Anthony Fauci seine Karriere während der AIDS-Krise begann, indem er sich mit Pharmaunternehmen zusammenschloss, um sichere und wirksame therapeutische Behandlungen für AIDS zu sabotieren. Fauci hat wiederholt gegen das Gesetz verstoßen, weil es Pharmapartnern erlaubt hat, arme Kinder als Versuchskaninchen für tödliche Experimente mit AIDS und Krebs-Chemotherapien einzusetzen.

Laut Kennedys Erzählung legte Dr. Fauci Anfang 2000 den Grundstein für einen Deal mit Bill Gates in seiner 147-Millionen-Dollar-Villa in Seattle. Im Rahmen dieser Vereinbarung genehmigten sie eine Partnerschaft, die darauf abzielt, eine zunehmend lukrative, globale Impfstoffkampagne im Wert von über 60 Milliarden US-Dollar mit unbegrenztem Wachstumspotenzial zu strukturieren und zu kontrollieren. Mit ihrem finanziellen Einfluss und ihren sorgfältig gefestigten, persönlichen Beziehungen plante die Pharmaindustrie-Fauci-Gates-Allianz, Staatsoberhäupter, führende Medien und soziale Organisationen an ihrer Seite zu locken, um damit eine große Dominanz über die globale Gesundheitspolitik aufzubauen, mit dem Ziel, bis zum Jahr 2020 für alle Menschen auf der Welt verpflichtende Impfungen einzuführen. Nach Gate, Hauptimpfinvestor der WHO, soll Her-

denimmunität anscheinend im elektronischen Impfausweis definiert werden. Das Buch beschreibt, wie sie dieses Ziel durch ihre
Kontrolle über die Medien, einflussreiche Wissenschaftler und
Ärzte erreichen und wie sie die Öffentlichkeit mit Angst einflö-
ßender Propaganda über die Virulenz von COVID-19 aufrechtzuerhalten. Gleichzeitig werden auch die Methoden diskutiert, Kritiker zum Schweigen zu bringen und zu zensieren, die Debatten
zu verhindern und die Dissidenten rücksichtslos zu eliminieren.

Das Buch ist eine unglaublich gute Dokumentation der Geschichte der Schädigung der menschlichen Gesundheit. Es enthält
schockierende Aussagen, die alle warnen sollten, die sich Sorgen
um unsere Demokratie, unsere Zukunft und die Gesundheit unserer Kinder machen. Gates hat zusammen mit Fauci viele der
Organisationen gegründet, die unter seiner Kontrolle stehen,
und die Leute glauben, diese Institutionen seien in Staatsbesitz.
Tatsächlich sind sie Geheimorganisationen der Pharmaindustrie, wie zum Beispiel Gavi und SEPI. Dasselbe tun sie auch, um
die weltweite Nahrungsmittelversorgung zu kontrollieren.[62]

**Sicher ist jedoch, dass dies auf Kosten der Menschheit
geschehen wird!**

Heinsberg-Studie 2020 – Wie hoch ist die Infektionssterblichkeit? [63]

In Deutschland wurde lediglich eine einzige Studie (Mai 2020)
zu diesem Thema durchgeführt, diese Datenstudie, die in der
Stadt Heinsberg – Gangelt ihren Ursprung hatte. Die Forscher

---

62 https://archive.org/details/kennedy-robert-f.-the-real-anthony-
    fauc-pdf
    https://basedunderground.com/2021/12/17/the-scheming-of-bill-
    gates-and-anthony-fauci/
63 https://news.ophardt.com/grippesaison-2018-2019-eine-kurze-
    zusammenfassung

der Universität Bonn, Prof. Dr. Hendrik Streeck und Professor Gunther Hartmann, wurden nach Bekanntgabe ihrer Ergebnisse sehr kritisiert. Denn die Nettodaten dieser Studie widersprachen allen Panikvorhersagen der Regierung und der Medien. Die Medien und die pandemiepolitischen Berater Drosten (Virologe) und L. Wieler (Tierarzt) der Regierung Merkel denunzierten sie, bis hin zur Verunglimpfung als „Corona-Leugner". Generell wurden solche gegensätzlichen Meinungen weltweit ignoriert, blockiert und insbesondere die Beiträge im Internet (YouTube, Twitter, Facebook etc.) gelöscht und zensiert. Warum durfte man nicht die Beiträge der anderen Wissenschaftler mitkriegen?

Im Rahmen der Forschung haben Prof. Dr. Hendrik Streeck und Prof. Dr. Gunther Hartmann von der Universität Bonn in der Stadt Gangelt eine Vielzahl von Bürgern interviewt, Proben genommen und analysiert. Die Infektionssterblichkeitsrate (IFR) lässt sich aus der Gesamtzahl aller infizierten Personen ermitteln. Dieses Verhältnis wurde durch Daten von 919 Studienteilnehmern aus 405 Haushalten genau bestimmt. Laut der Studie liegt die Sterblichkeitsrate bei Infizierten bei 0,37 %. Prof. Hendrik Streeck sagt: „Wir haben die Daten gesammelt und analysiert. Die daraus zu ziehenden Schlussfolgerungen können in Abhängigkeit von vielen Faktoren außerhalb einer wissenschaftlichen Perspektive liegen. Die Bewertung der Ergebnisse und das Treffen konkreter Entscheidungen hängt nur von der Politik ab." Mit anderen Worten: Die Sterblichkeitsrate liegt unter 0,37 %, noch nicht mal bei 1 %. Was schätzen Sie, wie hoch ist die Sterblichkeitsrate durch die gewöhnliche Grippe, die uns jeden Winter segnet?

Laut einer aktuellen Studie des renommierten Magazins „**The Lancet**" sterben weltweit jedes Jahr mehr als eine halbe Million Menschen an grippebedingten Atemwegserkrankungen!

Die **Bild-Zeitung** brachte am 18.01.2022 in Deutschland folgende Meldung: „**Viele Tote sind nicht an Corona gestorben**". Viele Tote, die in der offiziellen Statistik als Corona-Tote gezählt werden, sind nicht an Corona gestorben! Das haben Daten der Gesundheitsämter der Bundesländer und eine Umfrage der Zeitung BILD ergeben. Teilweise gibt es deutliche Widersprüche. Besonders hoch war die Zahl der Menschen, die nicht am Virus gestorben sind, aber als Corona-Tote gemeldet wurden. Diese Nachricht ist eigentlich ein bekanntes Szenario für Aufgewachte. Das Internet ist seit Monaten mit diesen Nachrichten überschwemmt. In diese Kategorie fielen beispielsweise Menschen, die bei Verkehrsunfällen ums Leben kamen, oder Menschen, die an anderen Krankheiten starben. Es heißt, Mit- und Von-Corona gestorben. Wenn in den von den Ärzten verfassten Sterbeberichten der Ausdruck, „Tod durch Corona" vorkommt, Gerüchten zufolge, verdienen sie ein Nebeneinkommen pro Kopf. Natürlich bleibt es vorerst ein Gerücht, vielleicht kommt eines Tages die Wahrheit ans Licht und wir können verstehen, was vor sich ging.

Corona-Antikörperstudien haben eine stabile, anhaltende Immunität beobachtet. Eine Studie des Klinikums der Universität Innsbruck kommt zu dem Schluss, dass Menschen, die an Corona erkranken und als genesen gelten, eine langzeitstabile Immunität haben. Die Ergebnisse stimmen mit internationalen Erkenntnissen überein. **Florian Deisenhammer** erklärte in einem Interview, dass man sich keine Sorgen über die Gefahr einer erneuten Ansteckung, neuer Mutationen oder einer Übertragung von Immunpersonen machen müsse. Bei allen Teilnehmern wurden zu jedem Zeitpunkt Antikörper nachgewiesen, und selbst nach sechs Monaten blieben die für die Immunantwort entscheidenden, neutralisierenden Antikörper erhalten, was eine „anhaltende, stabile und zielgerichtete Langzeitimmunität" bedeutet. **„Alle Elemente der schützenden Immunität"** seien vorhanden, sagte Deisenhammer, der Leiter der Studie.

Ein Mitarbeiter des Bundesinnenministeriums wirbelte 2020 in offiziellen Kanälen gegen Corona-Maßnahmen auf[64]

Im Bundesinnenministerium kam es zu Unruhen: Ein Sprecher hatte in einem 83-seitigen Artikel seine Meinung zu sinnlosen Maßnahmen der Regierung gegen das Corona-Virus geäußert. Laut dem Inhalt des Artikels ist der Umgang mit Covid-19 ein **„globaler Fehlalarm**!“. Das Risiko des neuen Corona-Virus sei „nicht gefährlicher als viele andere Viren“. Die Maßnahmen der Behörden schaden mehr als sie nützen. Eines Tages muss sich der Staat womöglich den Vorwurf als „einer der größten Produzenten von Fake News in der Corona-Krise“ gefallen lassen.

Diese vom Ministerium unabhängig durchgeführte „Analyse“ überschreite die primäre Kompetenz des Autors und der Organisationseinheit im Ministerium, für die er tätig war, erklärte das Innenministerium. „Für diese Zusammenstellung gab es weder einen Auftrag noch einen Befehl.“ Aber der Autor **Herr K**. (Der Name hört sich wie der Romanfigur vom Kafka, aber er soll ja anonym bleiben.) behauptet: „Es besteht kein Zweifel mehr daran, dass die Corona-Warnung ein Fehlalarm war“.

Das sind sehr schwere Vorwürfe gegen die Bundesregierung. Was, glauben Sie, ist mit Herrn K. passiert? Er wurde vom Ministerium suspendiert und ein Ermittlungsverfahren gegen ihn eingeleitet.

Diese Aussage mag zwar nachdenklich machen, ist aber in der Tat nicht so plakativ und weitgehend Aufmerksamkeit erregend wie Frau Merkels Antwort auf folgende Frage. Die Frage zur Pandemie lautet, sinngemäß wie folgt: „Warum fragt die Regierung nicht nach Rat von anderen Experten und Wissenschaftlern?“, **Frau Merkels** Antwort: **„Es gibt allgemeine po-**

193

litische Entscheidungen, das hat nichts mit Wissenschaft zu tun!" Nun denken Sie bitte darüber nach, wer könnte diese Antwort so einfach hinunterspülen? Ist es nicht aussagekräftig genug, um nachzudenken?

Covid-Dummheit kennt keine Grenzen! Das Foto zeigt Schüler in einer Highschool in Washington, wie sie Musik üben. Jeder Musiker muss sein persönliches Zelt überziehen, um Musikinstrumente spielen zu dürfen.

Wurden die Frucht Papaya und der Ziegen-Coronatest positiv?

Tansania kritisierte die WHO im Mai 2020: Der tansanische **Präsident John Magufuli** bezeichnete die Covid-19-Testkits in seinem Land als unzureichend. Eine Papayafrucht und eine Ziegenprobe wurden an das nationale Labor geschickt und beide Ergebnisse waren positiv. Zu Recht wurde gefragt: „Sollen alle Papayas oder alle Ziegen im Land unter Quarantäne gestellt werden?"

Die WHO dementierte Magufulis Aussagen. Matshidiso Moeti, Afrika-Direktor der WHO, sagte, er teile diese Ansicht nicht. „Wir glauben, dass die durchgeführten und auf dem internationalen Markt verfügbaren Tests (…) keine Viren enthalten." John Nkengasong, Gesundheitsleiter beim afrikanischen CDC (Center for Disease Cont- rol), sagte, Tansania verwende den gleichen Test wie alle anderen. Nach Magufulis Aussagen wurde der Leiter des nationalen Labors suspendiert. Der Präsident von Tansania, John Magufuli, ließ sein Volk keine Masken tragen, machte keinen „Lockdown", dachte nicht daran, Menschen impfen zu lassen und setzte stattdessen in der Corona-Pandemie auf Alternativmedizin. Aber leider starb Magufuli im März 2021. Obwohl offizielle Stellen sagen, dass er an Herzversagen gestorben ist, sind einige Kreise diesbezüglich skeptisch. Wahrscheinlich gefiel seine revolutionäre Haltung weder der WHO noch den Mächtigen dahinter.

Magufuli war nicht der erste Präsident, der in Afrika starb, seltsamerweise sind viele afrikanische Präsidenten in den letzten 12 Jahren gestorben. Alles nur Zufall?

Afrikanische Präsidenten, die während ihrer Amtszeit starben:[65]

---

65 https://www.dw.com/de/zehn-afrikanische-pr%C3%A4sidenten-die-w%C3%A4hrend-ihrer-amtszeit-starben/g-37703299

1) Michael Sata, Präsident von Sambia (2014), starb mit 77 Jahren an einer Krankheit.

2) Meles Zenawi, Premierminister von Äthiopien (2012), starb im August 2012 in Belgien im Alter von 57 Jahren an einer Infektion.

3) John Atta Mills, Präsident von Ghana (2012), er starb mit 69; es rafften ihn ein Schlaganfall und Lungenkrebs dahin.

4) Bingu wa Mutharika, Präsident von Malawi (2012), er erlag mit 78 Jahren einem Herzinfarkt.

5) Malam Bacai Sanha, Präsident von Guinea-Bissau (2012), er litt an Diabetes und starb mit 64 Jahren in Paris.

6) Muammar al-Gaddafi, Führer und Anführer der Revolution von Libyen (2011), er wurde im Alter von 69 von Rebellen umgebracht, als er aus Sirte floh. Gaddafi war für 42 Jahre an der Macht; er hatte gegen die libysche Monarchie 1969 geputscht. Der Internationale Strafgerichtshof in Den Haag hatte 2011 Haftbefehl erlassen und ihm Verbrechen gegen die Menschlichkeit vorgeworfen.

7) Umaru Musa Yar'Adua, Präsident von Nigeria (2010), starb 2011 mit 58 Jahren an einer Herzbeutelentzündung.

8) Joao Bernardo Vieira, Präsident von Guinea-Bissau (2009), wurde im März 2009 in seinem eigenen Land im Alter von 69 Jahren ermordet.

9) Omar Bongo, Präsident von Gabon (2009), mit 72 Jahren starb Omar Bongo an Darmkrebs im Juni 2009 in Spanien.

10) Lansana Conte, Präsident von Guinea (2008), nach 24 Jahren im Amt starb Lansana Conte im Alter von 74 nach langer Krankheit. Er kämpfte mit Diabetes und Herzproblemen.

11) Idriss Deby Itno Präsident von Tschad (2021), ermordet.

12) John Magufuli Präsident von Tansania (2021), starb an Herz-versagen.

Anscheinend ist es nicht gut für die Gesundheit, Staatsoberhaupt in afrikanischen Ländern zu sein. In einigen Ländern zum Beispiel, wie in Deutschland – sowie Frau Merkel bis vor kurzem (2005 bis 2021) – und in der Türkei – sowie Herr Erdogan (sei t2003) –,könnten immer noch als „(AUS)GEWÄHLTE PRÄSIDENTEN" jahrzehntelang gesund und munter auf ihren Sitzen bleiben, oder?

Todesfälle und Nebenwirkungen nach der Impfung[66]
Die Nachrichten aus aller Welt verbreiten sich immer mehr, wobei natürlich die „offiziellen Medien" (Man beißt nicht die Hand, die einen füttert.) diese solchen Nachrichten rasch vertuschen werden. Die von den Centers for Disease Control and Prevention veröffentlichten VAERS-Daten umfassen zwischen dem 14. Dezember 2020 und dem 24. Dezember 2021 insgesamt 1.00.229 „Berichte über unerwünschte Ereignisse" aus allen Altersgruppen nach COVID-Impfstoffen. Darunter 21.002 Todesfälle und 162.506 schwere Impfverletzungen (nur in Amerika, Bevölkerung ca. 350 Millionen).

Einige Auswahl, als Beispiel:
2020:
* Erste „Impftote": Seit Beginn der Impfungen in Israel am 20. Dezember sind mindestens vier Menschen kurz nach der Impfung gestorben.

---

66 http://alles-schallundrauch.blogspot.com/2021/01/meldungen-uber-schlimme-nebenwirkungen.html#ixzz7IBDw0ONp

2021:

Mit dem Aufkommen der Massenimpfung gegen COVID-19 in vielen Ländern werden auch schlimme Nebenwirkungen und Todesfälle gemeldet. Die regierungsnahen Medien berichten fast nichts darüber.

- 29 ältere Menschen in Norwegen starben kürzlich, nachdem sie die erste Dosis des Pfizer-BioNTech-Impfstoffs gegen COVID-19 erhalten hatten. Wie in Frankreich starben fünf Menschen wenige Tage nach der Impfung. Fünf der Verstorbenen waren 75 Jahre oder älter und lebten in Pflegeheimen. Diese wurden alle von Pfizer/BioNTech infundiert.
- 71 Todesfälle wurden nach der Covid-19-Impfung in Europa gemeldet.
- Israel steht weltweit an erster Stelle, wenn es um die Immunisierung der Bevölkerung geht, und viele Berichte über Impfschäden stammen von dort. Medienberichten zufolge haben mindestens 13 Israelis nach Erhalt des Impfstoffs von Pfizer eine Gesichtslähmung als Nebenwirkung erlitten.
- Das BIONTECH-Impfstoffprogramm begann auch in den USA, und 55 Menschen starben, nachdem sie die Moderna- oder Pfizer/Biontech-Impfstoffe erhalten hatten laut Daten des Meldesystems für unerwünschte Ereignisse bei Impfstoffen (Vaers). In einigen Fällen starben die Patienten nur wenige Stunden nach der Injektion. Darüber hinaus gab es in den USA nach der COVID-19-Impfung 1.388 Besuche in der Notaufnahme, von denen 225 ins Krankenhaus eingeliefert wurden, von denen ungefähr 96 lebensbedrohliche Fälle waren und 24 mit dauerhafter Behinderung gemeldet wurden.
- Bei einer 45-jährigen Frau in den USA traten einige Tage später „konvulsive Bewegungen (unwillkürliche Kontraktionen im Körper, Konvulsionen in der medizinischen Fachsprache) auf, die als Folge einer anormalen Aktivität von Gehirnzellen auftreten" in ihrem linken Bein; sie wurde geimpft. Am vierten Tag „hatte sie keine Kontrolle" über ihre Beine und wurde in die Notaufnahme gebracht. Das Krankenhaus gab an, dass sie „eine neurologische Reaktion erfahren würde", und

die Ärzte sagten, dass dieser medizinische Zustand „durch die Metalle im Impfstoff verursacht" wurde.
- Besorgniserregende Beobachtungen eines Intensivmediziners: „Seit Januar wurde bei sehr wenigen Menschen auf der Intensivstation COVID-19 diagnostiziert. Aber was derzeit auf dem Vormarsch ist, sind Menschen, die an schwerwiegenden Nebenwirkungen des Impfstoffs erkranken. Es gab eine Frau auf der Intensivstation mit Gesichtslähmung. Ich rief das Pflegeheim an und bekam die Informationen. Ein möglicher Zusammenhang mit dem Impfstoff kam erst durch meine Befragung ans Licht. Das Gesundheitsministerium sagte, dass diese schwerwiegenden Ereignisse durch eine neue Virusmutation verursacht wurden."
- In einem Pflegeheim wurde der Biontech-Impfstoff 40 von 60 Bewohnern verabreicht. Bis dahin gab es keinen Corona-Vorfall in der Einrichtung. Die Impfung wurde am Freitag verabreicht und drei Tests waren am Montag positiv. Das Gesundheitsministerium schritt ein. Von den 40 geimpften Personen starben 11 und 20 hatten schwere Nebenwirkungen. Alle Ungeimpften waren gesund.
- Es gibt zunehmend Berichte über Blutgerinnungsstörungen im Rahmen von Myokarditis und Perikarditis (Herzmuskelentzündung, insbesondere bei jungen Männern, einschließlich des Sohnes eines engen Freundes von mir), die weltweit auftreten. Was beunruhigend ist, dass viele Sportler auf dem Sportfeld plötzlich zusammenbrechen und nicht mehr aufstehen können.

Argumente von Impfstoffbefürwortern und -gegnern:

Für: Regierungen und Angehörige der Gesundheitsberufe tun das Richtige. Den Medien kann man vertrauen. Der Impfstoff verhindert die Krankheit oder mildert sie zumindest. Todesfälle nach Corona-Impfung sind nach offiziellen Angaben rein zufällig und stehen in keinem Zusammenhang mit der Impfung!

Dagegen: Staaten wurden für diese Praktiken bezahlt, zwei afrikanische Länder wollten es nicht und aus irgendeinem Grund starben ihre Präsidenten. Die Medien sind gekauft. Wenn 32 Menschen nach einer Impfung in einem Pflegeheim sterben, ist das 32-mal ein Zufall?
Wer das denkt, ist 32-mal naiver als andere Naive!

Denken Sie nach: Wenn es eine 99,9-prozentige Chance gibt, mit einem guten Immunsystem nicht krank zu werden, ist es dann das Risiko wert, die Gesundheit mit dem Impfstoff zu ruinieren?

IM LABOR ERZEUGTE, GEFÄHRLICHE VIREN

Können wir es Spiel mit dem Feuer nennen?

Wie verzeihlich kann es sein, dass einige Wissenschaftler unter dem Deckmantel der Wissenschaft einige sehr gefährliche Experimente mit Viren durchführen, die als Biowaffen verwendet werden können?

Wenn sie keine bösen Absichten haben, müssen sie ziemlich naiv sein.

Zum Beispiel: Lange Zeit war der Ursprung der Spanischen Grippe unklar, was Wissenschaftler neugierig machte. Anfangs reichten die wissenschaftlichen und technischen Hilfsmittel nicht aus, um umfassende Genanalysen durchzuführen, später fehlten Proben für solche Untersuchungen. 1951 unternahm der Pathologe **Johan Hultin** einen Versuch, das Virus aus den Geweben von Toten zu isolieren. Er untersuchte Grippeopfer in einem Massengrab in Alaska (interessant, wie dieses Virus überhaupt nach Alaska gelangte!), in der Hoffnung, dass die Kälte die Exemplare ausreichend konserviert hatte. Aber er hatte kein Glück.

1997 unternahm Hultin einen zweiten Versuch, diesmal war er erfolgreicher. Er fand Fragmente dieses Erregers im Lungengewebe von vier Menschen, die an den Folgen einer Influenza starben.

Gleichzeitig war es einer Forschungsgruppe der US-Armee unter der Leitung von **Jefferey Taubenberger** gelungen, das Virus aus Gewebeproben von im Ersten Weltkrieg gefallenen Soldaten zu isolieren. Mit den von Hultin gefundenen Proben konnte nun die vollständige Gensequenz der Spanischen Grippe bestimmt werden. Im Oktober 2005 wurden endlich Fortschritte erzielt. Taubenberger und seine Kollegen konnten den „Killer" von 1918 in einem spezialisierten Labor des Centers for Disease Control (CDC) unter strengsten Sicherheitsvorkehrungen rekonstruieren. Mit überraschendem Ergebnis: 1918 soll das Virus direkt vom Vogel auf den Menschen übergesprungen sein, völlig unverändert von menschlichen oder anderen tierischen, pathogenen Grippeviren.

Das Spiel in einem Spiel?

Passte diese Aussage der Wissenschaftler zu der Spanischen Grippe, mit den Erzählungen der Zeitzeugin Eleanor McBean, zusammen? **Natürlich nicht**!

Vielleicht könnte es sein, dass uns auch hier nur ein Streich vorgespielt wird. Wer weiß es so genau? Wie auch immer, die Nachricht löste Aufregung und Besorgnis aus, weil zu dieser Zeit ein weiteres Vogelvirus mit hoher Sterblichkeitsrate im Umlauf war: H5N1. Von Asien breitete sich die Vogelgrippe schnell nach Westen aus. Das Virus, das früher eine harmlose Tierinfektion war, hat sich seit 1997 genetisch verändert und ist pathogener geworden. Statt nur mit milden Symptomen einherzugehen, wurde es tödlicher, Tausende von Enten, Hühnern und Gänsen starben.[67]

Warum sollten Virologen einen Erreger kultivieren, der als Biowaffe eingesetzt werden könnte?

11.11.2011, Zitat aus **Kölner Stadtanzeige**: Chef-Virologe **Osterhaus**, forschend an der Erasmus-Universität, sagte in niederländischen Medien: „Wenn ein natürliches Virus mutiert und wir auf den Ausbruch einer Pandemie warten, dauert es mindestens ein halbes Jahr, um einen Impfstoff dagegen zu entwickeln. Millionen von Menschen können sich in dieser Zeit anstecken und sterben. Wir gehören zu einer sehr kleinen Gruppe von Virologen auf der Welt, die solche Experimente im Labor durchführen können. Wenn es eines Tages zu einem Ausbruch der Vogelgrippe kommt, könnte der Impfstoff schnell Millionen von Menschenleben retten." Ob man solchen Argumenten Glauben schenkt oder sie für plausibel hält, ist jedem selbst überlassen.

---

67 https://www.scinexx.de/dossierartikel/die-fortsetzung-von-1918/

Im Jahr 2013 veröffentlichte die **Ärztezeitung** den Artikel: „Forscher wollen ein neues pandemisches Virus züchten". Zwei Forschungsgruppen haben das Vogelgrippevirus H5N1 im Labor so verändert, dass es grundsätzlich zwischen Menschen übertragen werden kann und eine Pandemie auslösen könnte. Jetzt wollen sie das Gleiche mit dem H7N9 tun.

ROTTERDAM/ATLANTA: Ein Jahr zuvor gab es heftige Diskussionen und Debatten zu diesem Thema. Der niederländische Virologe **Ron Fouchier** von der Erasmus-Universität in Rotterdam hat es wie ein Kochrezept beschrieben, wie pandemische Viren entstehen können. Durch gezielte genetische Veränderungen hat es das tödliche, aber schwer auf den Menschen übertragbare H5N1-Vogelgrippevirus zu einem Erreger gemacht, der sich so leicht unter Säugetieren ausbreiten kann wie ein saisonales Grippevirus. Zuvor hatte Professor Yoshihiro ka Llogaoka von der Llovisconsin Universität das gleiche Ziel erreicht, indem er das 2009-Schweinegrippe-Virus mit manipuliertem H5N1 kombinierte.

Die Forscher haben jedoch (angeblich) nichts Falsches getan, wollten aber zunächst beweisen, dass H5N1 sich an den Menschen anpassen und eine Pandemie auslösen kann. Sie wollten auch die Veränderungen erforschen, die dazu führten, dass sich das Virus von Vögeln auf Menschen oder andere Säugetiere ausbreitete. Wenn solche Veränderungen bekannt wären, könnten Kontrollprogramme frühzeitig feststellen, ob eine Pandemie ausgelöst wurde. Aus diesem Grund waren die Ergebnisse von Fouchier und Ka Llogaoka darauf ausgerichtet, eine Pandemie zu verhindern oder zumindest besser vorzubereiten. (...) Ihre Forschung zu H5N1 wurde scharf kritisiert. Da waren zunächst die Sicherheitsrisiken, die befürchteten, dass aus dem Labor entkommene Viren versehentlich eine verheerende Pandemie auslösen könnten. Andere haben Bedenken geäußert, dass ihre böswilligen Zeitgenossen jetzt einen Supervirus erschaffen könnten, wenn sie wollten, wobei Forscher über die Herstellung von Viren so detailliert erzählten, als ob es ein Kochrezept wäre.

Aber nicht alle Wissenschaftler sehen das so. Zum Beispiel: Der chinesische CDC-Präsident (Chinesische Krankheitskontrollcentrum) **Dr. Zeng Guang** warnt beharrlich vor diesen Experimenten. Guang in einem Interview: „**Aus Sicht der Sicherheit der gesamten Menschheit können solche Experimente nicht aufrechterhalten werden. Es gibt keinen Mechanismus, der absolute Sicherheit garantiert.**"

Er zweifelt auch an der Nützlichkeit von Experimenten: Es ist mehr als alles andere klar, ob sich Viren in der Natur ähnlich verhalten wie im Labor, also dass diese gefährlichen, künstlich erzeugten Mutationen nicht in der Natur vorkommen. Ihm zufolge nach reicht es aus, nur das vorhandene Virus zu untersuchen, um sich auf eine Epidemie vorzubereiten.

Einer der schärfsten Kritiker ist der Bioingenieur **Steven Salzberg**, Professor für biomedizinische Technik, Informatik und Biostatistik an der Johns Hopkins University. Er sagt: „Diese Art von Forschung gibt es seit mehreren Jahren und konzentriert sich hauptsächlich auf das Grippevirus. So wie ich es verstehe, handelt es sich um eine Gruppe von Grippevirologen, die beweisen wollen, dass sie dem Grippevirus neue Eigenschaften verleihen können. Tatsächlich suchen sie nach einer Möglichkeit, dem Virus diese Fähigkeit künstlich zu verleihen. Diese Forscher nehmen einen oder mehrere Vogelgrippeviren und versuchen dann, beliebige Mutationen zu erzeugen, was überhaupt nicht schwierig ist. Anschließend wird geprüft, ob einige davon von Säugetier auf Säugetier übertragen wurden. Zu diesen Säugetieren gehören auch Menschen. Ansonsten sind diese Viren beim Menschen nicht sehr erfolgreich."

Können solche Epidemien in Laboren
mit künstlich mutierten Viren erzeugt werden?

Ja, dies wird getan, fortschrittliche Techniken mit fortschrittlicher Ausrüstung sind verfügbar. Die eigentliche Frage ist: Tun sie dies absichtlich zur Verwendung als Bio-Waffe? Wenn sie wollen, ja. Gefährliche Erreger gibt es wirklich genug. Weltweit gibt es nur etwa 30 bekannte Labore (vier in Deutschland), die solche Organismen untersuchen dürfen. Diese Labore sind vollständig geschützt und haben die Sicherheitsstufe S4. Auch wenn es keine bösen Absichten gibt, sind Laborunfälle immer möglich, ebenso wie die Gefährdung der Menschheit.

Gefährlichste Bio-Labore haben Sicherheitsstufe 4:
Sicherheitsstufe 4 beinhaltet die Arbeit mit hochansteckenden Mikroorganismen, welche mit hoher Wahrscheinlichkeit tödlich sind oder eine wirksame Behandlungsmethode nicht existiert. Typische Vertreter dieser Klasse sind das Ebola-, Pocken-, Lassa- oder das Marburg-Virus. S4-Labore besitzen die höchste Stufe von Sicherheitsvorkehrungen bezüglich Stoffkreislauf (Luft, Wasser) und Zugangskontrolle. Labormitarbeiter arbeiten während des Kontakts mit S4-Stoffen in Schutzanzügen, welche unter leichtem Überdruck stehen, sodass bei einem Riss keine kontaminierte Luft in den Anzug fließen kann. Gleichzeitig wird der Luftdruck im Labor unter leichtem Unterdruck gehalten, um ein Austreten von potenziell verseuchter Luft zu verhindern. Zu diesem Thema braucht man nichts mehr hinzuzufügen. **Die Dummheit, der Wahnsinn und vor allem die Gier der Menschen scheinen niemals zu enden!**

TIERISCHE KRANKHEITEN

Dabei handelt es sich um Zoonose (abgeleitet von den griechischen Wörtern Zoon für lebend und Nosos für Krankheit), die als Krankheiten definiert werden können, bei denen sich Menschen und Tiere gegenseitig mit Bakterien, Parasiten, Pilzen, Prionen (entarteten Eiweißen) oder Viren anstecken können, und die bei Individuen beider Gruppen üblich sind. Nach der Definition der Weltgesundheitsorganisation: Zoonosen gelten als Krankheiten, die unter natürlichen Bedingungen von Menschen und Tieren aufeinander übertragen werden können. Aber das Wichtige hier ist, dass die Gültigkeit des Konzepts der „natürlichen Bedingungen" in dieser Definition die Bildung einiger besonderer Umgebungen, Bedingungen und enger Kontakte erfordert, damit einige Krankheiten übertragen werden können. Im Sinne der Zoonose-Definition handelt es sich nicht um eine einseitige Kontamination, sondern beide Gruppen infizieren sich gegenseitig. Entsprechend der Kontaminationsquelle werden Zoonosen in zwei Gruppen eingeteilt.

Zooanthroponosen: Krankheiten, die durch Tiere und tierische Produkte auf den Menschen übertragen werden.

Anthropozoonosen: Krankheiten, die von Menschen auf Tiere übertragen werden können.

Derzeit sind weltweit über 200 Zoonosen bekannt, die bekanntesten sind Vogelgrippe, Rinderwahnsinn, Schweinepest, Tollwut, Borreliose, Salmonellose und Malaria. Krankheitserreger – also Viren, Bakterien, Pilze, Parasiten oder Prionen – werden entweder durch direkten Kontakt (Speichel, Blut, Kot) oder durch Beißen, Stechen (Mücken, Zecken und andere) von Tieren auf den Menschen übertragen. Es kann auch auf tierischen Lebensmitteln wie Fleisch, Eiern oder Milch gefunden werden.

Gibt es heutzutage mehr Krankheiten, die durch Zoonosen verursacht werden?

Forscher der Brown University werteten Daten des Netzwerks Global Infectious Disease and Epidemiology (GIDEON) aus. GIDEON hat mehr als 12.000 Ausbrüche von 215 Infektionskrankheiten registriert, die zwischen 1980 und 2013 in 219 Ländern auftraten und etwa 44 Millionen Menschen betrafen.

Das Ergebnis: Zwischen 1980 und 1985 gab es fast 1.000 extrem starke Ausbrüche. Im Zeitraum von 2005 bis 2010 war es fast dreimal so hoch.

Warum nehmen durch Zoonosen verursachte Krankheiten zu?

Für die starke Zunahme zoonotischer Infektionskrankheiten gibt es mehrere Gründe. Man kann sagen, dass die Nähe von Menschen und Tieren im Allgemeinen dafür verantwortlich ist. Der Mensch dringt zunehmend in die Lebensräume von Wildtieren ein, rodet die Regenwälder zur Gewinnung von Rohstoffen und schafft neue Nutzflächen. Wenn Rinder dort weiter weiden, wo die Lebensräume von Wildtieren beginnen, nimmt der Kontakt zwischen diesen Tieren und Menschen zu. Daher beginnen solche Krankheitserreger, sich von ihren historischen Verbreitungsgebieten zu entfernen. Worauf wir hier kurz eingehen werden, ist der epidemische Verlauf, der zu den wichtigsten dieser Krankheiten gehört und weltweit Aufmerksamkeit erregt.

Die am besten geeignete Umgebung für die schnelle Ausbreitung von Zoonosen ist die Massentierhaltung in der Industrie. Die Lebensbedingungen der Tiere im Stall sind seit Jahrzehnten bekannt. Die Tiere werden auf engstem Raum dicht gedrängt gehalten, und an einem solchen Ort ist es nicht verwunderlich, dass sich Infektionskrankheiten in Herden ausbreiten. In dieser perfekten Grundumgebung sind Kontakte mit Menschen, die im Stall arbeiten müssen, unumgänglich. Diese können im Extremfall in Form von Zoonosen vom Tier auf den Menschen übertragen werden. Die Arbeitsbedingungen in der industriellen Nutztierhaltung sind oft katastrophal, nicht nur in Ställen, sondern auch in der Fleischverarbeitung. Denn Blut- und Tierkadaver, die den ganzen Tag ununterbrochen geschnitten und auf Bändern verteilt werden, beginnen sich etwa 30 bis 45 Minuten nach dem Tod mit Mikroorganismen zu zersetzen, die den Körper besiedeln; das wurde ja weiter oben schon dargelegt. So kam es wiederholt zu Corona-Ausbrüchen bei Arbeitern in Schlachthöfen in Europa, Brasilien und den USA. Auch auf verarbeitetem Fleisch konnten Viren nachgewiesen werden.

Rinderwahnsinn[68]

BSE, genannt die „bovine spongiforme Enzephalopathie" gehört zu den übertragbaren, schwammartigen Gehirnkrankheiten; vorwiegend sind Rinder davon betroffen. Es ist eine neue Variante der Creutzfeldt-Jakob-Krankheit, die durch den Konsum von **BSE**-infiziertem Rindfleisch auf den **Menschen** übertragen werden kann. Erstmals wurde 1996 in Großbritannien bekanntgegeben, dass sie aufgetreten ist und 141 Menschen an der Rinderwahnsinnskrankheit gestorben sind. An dieser vom Tier auf den Menschen übertragbaren Krankheit starben in England, Frankreich, Kanada, den USA und vielen europäischen Ländern etwa 140.000 Menschen. Rinderwahnsinn (Creutzfeldt-Jakob-Krankheit) ist eine schnell fortschreitende Prionenkrankheit mit einer Ansteckungsrate von eins zu einer Million. Kognitive und psychische Störungen treten bei zerebellarer Ataxie, myoklonischen Bewegungen und Sehverlust auf. Die Krankheit ist nicht heilbar und führt innerhalb kurzer Zeit zum Tod.

Vor etwa 25 Jahren wurden britische Landwirte von dem merkwürdigen Verhalten einiger Kühe überrascht. Ihr Rollen und Treten erinnerten stark an eine Krankheit, die bisher nur bei Schafen vorkam. Die Untersuchung der geschlachteten Tiere ergab, dass diese Schafkrankheit wahrscheinlich von den Schafen ausgegangen ist, da sie mit billigem Tierfleischmehl (meist

---

aus nicht brauchbaren oder verdorbenen Kadavern) gefüttert wurden, um die schnelle Mast von pflanzenfressenden Rindern zu beschleunigen. Schon damals spekulierten Wissenschaftler über eine mögliche Übertragung auf den Menschen. Bleibt BSE nur an der Rassengrenze Schaf/Rind oder wird es überspringen?

Diese Theorie wurde jedoch viele Jahre lang nicht ernst genommen, vernachlässigt, weil die Landwirtschaftslobby auch in Großbritannien einen erheblichen Einfluss hat. Doch dann fingen die ersten Fälle der Krankheit an. Die Betroffenen sterben an Gehirnzersetzung, ähnlich wie bei Schafen und Rindern, obwohl diese Krankheit bisher nur ältere Menschen in erheblichem Maße betraf. Jetzt werden jedoch jüngere Menschen krank und es betrifft sogar Kinder. Erst jetzt wird immer deutlicher, dass ein Zusammenhang mit der Rinderseuche besteht. Bei den Endkontrollen war das Ergebnis eindeutig. Das angeblich mehlfreie (Tiermehl-)Konzentrat enthielt tatsächlich in vielen Fällen immer noch tierisches Kadavermehl. **Dahinter steckt Fahrlässigkeit oder ist es eine vorsätzliche Straftat?**

Es wurde zwar begonnen, dagegen anzukämpfen, aber niemand weiß, wie viel kontaminiertes Fleisch man in den letzten Jahren gegessen hat. Obwohl diese Art von Futtermitteln generell verboten wurde, wird dieses Verbot regelmäßig überprüft?

Als Verbraucher macht man sich Gedanken, warum Schweine, Rinder, Hühner usw. dieses kontaminierte Fleisch- und Knochenmehl essen. Und ob man sich daran anstecken kann?

Hoffentlich nicht...

Vogelgrippe

Seit der großen Vogelgrippe-Epidemie in Ostasien im Jahr 1997 ist rund die Hälfte der 300 daran Infizierten gestorben; kleine Ausbrüche wiederholten sich immer wieder. Als Vogelgrippe, auch bekannt als H5N1, sind wir im Frühjahr 2006 auf sie aufmerksam geworden. Tausende Geflügeltiere sind auf der ganzen

Welt daran gestorben. Dann wurden plötzlich tote Schwäne in der Ostsee gefunden. Das Vogelgrippevirus ist immer noch aktiv, vor allem in Asien verbreitet. Viele Fälle aus China werden immer wieder gemeldet. Auch in Afrika und anderen Teilen der Welt wurden infizierte Vögel gefunden, wobei sich die Vogelgrippe gelegentlich vorübergehend in Europa ausbreitet. Daher ist die Frage, ob und in welcher Form einige Vogelgrippeviren möglicherweise auf menschliche Grippeviren übergehen, äußerst relevant. Wie oben erwähnt, bezweifelten das viele Virologen, bis Fouchier und Kawaoka zeigten, dass nur wenige Mutationen erforderlich waren, um das Vogelgrippevirus H5N1 an den Menschen anzupassen, dass es die Fähigkeit erwerben könnte, sich über Aerosole zwischen Säugetieren auszubreiten.

Nur noch zwei Mutationen?[69]

Das H5N1-Virus hat sich noch nicht gut an unseren Organismus angepasst, sodass eine Übertragung von Menschen zu Menschen nicht so reibungslos verlaufen kann. Zurzeit hat ein Forschungsteam unter der Leitung von James Stevens vom Scripps Research Institute eine Studie veröffentlicht, die zeigt, dass sich die Influenza-A/H5N1-Viren signifikant weiterentwickelt haben. Im Vergleich zu den 1997 isolierten Stämmen sind die Oberflächenproteine denen des Spanischen-Grippe-Erregers H1N1 sehr ähnlich. Laut Wissenschaftlern reichen nun nur noch zwei weitere Mutationen aus, um die Übertragung innerhalb der menschlichen Bevölkerung sicherzustellen.

Hmm…, sind wir bald an der Reihe und kommen wir in diesen Genuss?

---

69 https://www.scinexx.de/dossierartikel/die-fortsetzung-von-1918/

Schweinegrippe

Die klassische Schweinepest ist eine hochansteckende, fieberhafte Erkrankung der Schweine (Haus- und Wildschweine) mit epidemischem Verlauf, hoher Erkrankungsrate und hoher Mortalität, also tödlich. Die Krankheit wird durch ein Virus (klassisches Schweinepestvirus) verursacht. Sie ist seit 1833 als Infektionskrankheit bekannt. Diese Virusinfektion tritt weltweit auf, mit Ausnahme von Nordamerika, Australien, Neuseeland und Teilen Europas und Südamerikas. Ein wichtiger Grund für ihre schnelle Verbreitung ist, dass verarbeitetes Schweineblut als Futtermittel für Viehfutter verwendet werden kann. Die im Frühjahr 2009 ausgebrochene Epidemie dauerte mehr als ein Jahr und stürzte die Welt in Panik, forderte nach neuen Erkenntnissen 203.000 (Dunkelziffer: 575.000) Opfer. Diese Zahl war zehnmal höher als von der Weltgesundheitsorganisation bisher gemeldet. Laut WHO forderte die Epidemie 18.449 Todesfälle. Die WHO erfasste jedoch nur Fälle, bei denen die Todesursache im Labor bestätigt wurde. Für die neue Studie hat ein internationales Forschungsteam Todesdaten aus 21 Ländern analysiert, in denen insgesamt 35 Prozent der Weltbevölkerung leben. Dabei achtete das Team besonders auf Todesfälle durch Atemwegserkrankungen, da das H1N1-Virus häufig die Lunge befällt und dort Entzündungen verursacht.

Im Jahr 2009 war die Nachfrage nach Impfungen gegen die Schweinegrippe hoch. Auch damals wurden Impfstoffe schnell entwickelt. In Schweden haben die Fälle von Narkolepsie, einer Form der Schlafkrankheit, in den Jahren nach der Impfung zugenommen. Vermutlich scheint der Pandemrix-Impfstoff (Pandemrix ist der Impfstoff des britischen Pharmaunternehmens GlaxoSmithKline gegen das H1N1-Virus, der bei der Schweinegrippe-Epidemie 2009 wirksam war) das Risiko zu erhöhen, an dieser Krankheit zu erkranken.

NÜRNBERGER KODEX

Vom 09.12.1946 bis 20.08.1947 fand in Nürnberg der „Nürnberger Arztprozess" statt. Es war der erste Nachfolger des bekannteren Nürnberger Hauptkriegsverbrecherprozesses. Die dort verhandelten Fälle dienten nicht nur der Aufklärung von NS-Kriegsverbrechen und Verbrechen gegen die Menschheit, sondern förderten auch die Weiterentwicklung des Völkerrechts. Ziel des Prozesses war gemäß **Kontrollratsgesetz Nr. 10**, führende Vertreter der „staatlichen medizinischen Dienste" des „Dritten Reiches" anzuklagen, um sowohl das verbrecherische System als auch die Verbrechen von Einzelpersonen zu demonstrieren.

Beispielhaft für diese Verbrechen wurden verfolgt:
- **unfreiwillige Menschenversuche** (So testete beispielsweise Josef Mengele die Schmerzempfindlichkeit von Zwillingen, indem er sie ohne Narkose operierte.),
- die **Tötung von Häftlingen** für die Anlage einer Skelettsammlung,
- **Krankenmorde der Aktion T4 (**systematische Ermordung von mehr als 70.000 Menschen mit körperlichen, geistigen und seelischen Behinderungen),
- die sogenannten „**Fleckfieber-Impfstoffversuche**".

Zu den Angeklagten gehörte unter anderem Gerhard Rose, Stellvertretender Präsident des **Robert Koch-Institutes** für Tropenmedizin und dort Chef der Abteilung für tropische Medizin, beratender Hygieniker und Tropenmediziner beim Chef des Sanitätswesens der Luftwaffe. Ursprünglich zu lebenslanger Haft verurteilt, wurde er 1955 vorzeitig aus der Haft entlassen. Die Bundesdisziplinarkammer sprach ihn frei. Er behielt seine Pensionsberechtigung in voller Höhe.

Die Verhängung der Corona-Impfung und Impfpflicht verstößt gegen den Nürnberger Kodex:[70]

Robert Kennedy jr. sprach bei den Berliner Protesten 2020 während einer Sondersitzung der Corona-Stiftung zu Corona-Impfstoffen über das Nürnberger Gesetz: „Mein Interesse ist es, Impfungen zu stoppen, die unzureichend getestet sind, oder die potenziell gefährlicher sind als Covid. Ich denke nicht, dass Regierungen das Recht haben sollten, Bürger einer unfreiwilligen medizinischen Behandlung zu unterziehen. Wir haben nach dem Zweiten Weltkrieg einen Vertrag unterzeichnet, in dem wir alle übereingestimmt haben und vereinbart haben, dass so etwas nie wieder geschehen würde, den Nürnberger Kodex. Wofür ich besonders kämpfe ist, dass es für Impfungen Auflagen geben sollte, sodass Hersteller einen echten Anreiz für die Sicherheit von Impfungen haben."

Im Rahmen der Corona-Impfkampagne hat sich unter dem Namen **Anshei Emet** eine Gruppe israelischer Impfkritiker zusammengeschlossen. Die Gruppe reichte beim Internationalen Strafgerichtshof in Den Haag Klage gegen die israelische Regierung ein, weil es sich bei den Impfstoffen um **„medizinische Experimente"** handele, so der Vorwurf. Dies seien eindeutig rechtswidrige und grobe Verstöße gegen den Nürnberger Kodex **Was ist der Nürnberger Kodex und was beinhaltet er?**

Der Nürnberger Kodex ist die derzeit angewandte, zentrale Ethikrichtlinie für die Vorbereitung und Durchführung medizinischer, psychologischer und sonstiger Versuche am Menschen. Seit ihrer Formulierung im Urteil des Nürnberger Ärzteprozesses (1946/47) ist es der Grundsatz der Medizinethik, insbesondere in der Medizinerausbildung: Medizinische Versuche am Menschen bedürfen der Zustimmung des Probanden.

---

70 https://gesetze-ganz-einfach.de/nuernberger-kodex-ethische-regeln-fuer-menschenversuche/

Zehn Prinzipien des Nürnberger Kodex von 1947:[71]
(I. Stellungnahme des US-Militärgerichts zu „zulässigen medizinischen Tests")

1. Die freiwillige Zustimmung der Versuchsperson ist unbedingt erforderlich. Das heißt, dass die betreffende Person im juristischen Sinne fähig sein muss, ihre Einwilligung zu geben; dass sie in der Lage sein muss, unbeeinflusst durch Gewalt, Betrug, List, Druck, Vortäuschung oder irgendeine andere Form der Überredung oder des Zwanges von ihrem Urteilsvermögen Gebrauch zu machen; dass sie das betreffende Gebiet in seinen Einzelheiten hinreichend kennen und verstehen muss, um eine verständige und informierte Entscheidung treffen zu können. Diese letzte Bedingung macht es notwendig, dass der Versuchsperson vor der Einholung ihrer Zustimmung das Wesen, die Länge und der Zweck des Versuches klargemacht werden; sowie die Methode und die Mittel, welche angewendet werden sollen, alle Unannehmlichkeiten und Gefahren, welche mit Fug zu erwarten sind, und die Folgen für ihre Gesundheit oder ihre Person, welche sich aus der Teilnahme ergeben mögen. Die Pflicht und Verantwortlichkeit, den Wert der Zustimmung festzustellen, obliegt jedem, der den Versuch anordnet, leitet oder ihn durchführt. Dies sind eine persönliche Pflicht und Verantwortlichkeit, welche nicht straflos an andere weitergegeben werden kann.

2. Der Versuch muss so gestaltet sein, dass fruchtbare Ergebnisse für das Wohl der Gesellschaft zu erwarten sind, welche nicht durch andere Forschungsmittel oder Methoden zu erlangen sind. Er darf seiner Natur nach nicht willkürlich oder überflüssig sein.

3. Der Versuch ist so zu planen und auf Ergebnissen von Tierversuchen und naturkundlichem Wissen über die Krank-

---

heit oder das Forschungsproblem aufzubauen, dass die zu erwartenden Ergebnisse die Durchführung des Versuchs rechtfertigen werden.

4. Der Versuch ist so auszuführen, dass alles unnötigen körperlichen und seelischen Leiden und Schädigungen vermieden werden.

5. Kein Versuch darf durchgeführt werden, wenn von vornherein mit Fug angenommen werden kann, dass es zum Tod oder einem dauernden Schaden führen wird, höchstens jene Versuche ausgenommen, bei welchen der Versuchsleiter gleichzeitig als Versuchsperson dient.

6. Die Gefährdung darf niemals über jene Grenzen hinausgehen, die durch die humanitäre Bedeutung des zu lösenden Problems vorgegeben sind.

7. Es ist für ausreichende Vorbereitung und geeignete Vorrichtungen Sorge zu tragen, um die Versuchsperson auch vor der geringsten Möglichkeit von Verletzung, bleibendem Schaden oder Tod zu schützen.

8. Der Versuch darf nur von wissenschaftlich qualifizierten Personen durchgeführt werden. Größte Geschicklichkeit und Vorsicht sind auf allen Stufen des Versuchs von denjenigen zu verlangen, die den Versuch leiten oder durchführen.

9. Während des Versuches muss der Versuchsperson freigestellt bleiben, den Versuch zu beenden, wenn sie körperlich oder psychisch einen Punkt erreicht hat, an dem ihr seine Fortsetzung unmöglich erscheint.

10. Im Verlauf des Versuchs muss der Versuchsleiter jederzeit darauf vorbereitet sein, den Versuch abzubrechen, wenn er auf Grund des von ihm verlangten guten Glaubens, seiner besonderen Erfahrung und seines sorgfältigen Urteils vermuten muss, dass eine Fortsetzung des Versuches eine Verletzung, eine bleibende Schädigung oder den Tod der Versuchsperson zur Folge haben könnte.

KONVENTION ÜBER MENSCHENRECHTE UND BIOMEDIZIN: OVIEDO

Das Übereinkommen über Menschenrechte und Biomedizin des Europarates ist ein völkerrechtlicher Vertrag, der am 4. April 1997 in Oviedo zur Unterzeichnung aufgelegt wurde und am 1. Dezember 1999 in Kraft trat. Die Mitgliedstaaten des Europarates, weitere Staaten und die Europäische Gemeinschaft haben diese Konvention unterzeichnet. Es geht um die von der Generalversammlung der Vereinten Nationen am 10. Dezember 1948 verkündete „Allgemeine Erklärung der Menschenrechte",

- die „Konvention zum Schutz der Menschenrechte und Grundfreiheiten" vom 4. November 1950,
- die „Europäische Sozialcharta" vom 18. Oktober 1961,
- die „Europäische Sozialcharta" vom 16. Dezember 1966,
- den „Internationalen Pakt über bürgerliche und politische Rechte",
- den „Internationalen Pakt über wirtschaftliche, soziale und kulturelle Rechte",
- das „Übereinkommen zum Schutz des Einzelnen vor der automatischen Verarbeitung personenbezogener Daten" vom 28. Januar 1981, gestützt auf das „Übereinkommen über die Rechte des Kindes" vom 20. November 1989 in der Erwägung, dass das Ziel des Europarats darin besteht, eine größere Einheit unter seinen Mitgliedern zu erreichen, und dass eines der Mittel zur Verfolgung dieses Ziels die Wahrung und weitere Verwirklichung der Menschenrechte und Grundfreiheiten ist.
- Dieses Übereinkommen ist der erste rechtsverbindliche internationale Text, der die Würde, Rechte und Freiheiten des Menschen vor jeder missbräuchlichen Anwendung des biologischen und medizinischen Fortschritts schützt.

- Das Übereinkommen geht von der Vorstellung aus, dass das Interesse des Menschen Vorrang vor dem Interesse der Wissenschaft oder der Gesellschaft haben muss. Er enthält eine Reihe von Grundsätzen und Verboten betreffend die Genetik, die medizinische Forschung, die Einwilligung der betreffenden Person, das Recht auf Achtung der Privatsphäre und das Recht auf Auskunft, die Organverpflanzung, die öffentliche Debatte zu diesen Themen usw.

- Das Übereinkommen verbietet jede Form der Diskriminierung einer Person aufgrund ihres genetischen Erbes und erlaubt Voraussage-Tests zur Feststellung genetischer Krankheiten nur für Gesundheitszwecke. Die Eingriffe in das menschliche Genom dürfen nur zu präventiven, diagnostischen oder therapeutischen Zwecken und nur dann vorgenommen werden, wenn sie nicht darauf abzielen, eine Veränderung des genetischen Erbes von Nachkommen herbeizuführen. Die Verfahren der medizinisch unterstützten Fortpflanzung dürfen nicht dazu verwendet werden, das Geschlecht des künftigen Kindes zu wählen, es sei denn, um eine schwere erbliche Krankheit zu vermeiden.

- Das Übereinkommen legt die Bestimmungen für die medizinische Forschung fest, indem es ausführliche und präzise Bedingungen insbesondere für einwilligungsunfähige Personen vorsieht. Es verbietet die Erzeugung menschlicher Embryonen zu Forschungszwecken. In Ländern, in denen die Forschung an Embryonen *in vitro* zulässig ist, muss das Gesetz einen angemessenen Schutz des Embryos gewährleisten.

- Das Übereinkommen erhebt zum Grundsatz, dass abgesehen von Notfällen die betreffende Person vor jedem Eingriff ihre ausdrückliche Einwilligung geben muss, und dass sie ihre Einwilligung jederzeit widerrufen kann. Ein Eingriff an einer einwilligungsunfähigen Person, z. B. an einem Kind oder einer Person mit psychischen Störungen, darf nur dann vollzogen werden, wenn es zu ihrem direkten gesundheitlichen Nutzen geschieht.

- Das Übereinkommen legt fest, dass jeder Patient das Recht auf Auskunft in Bezug auf alle über seine Gesundheit gesammelten Angaben hat, insbesondere auf die Ergebnisse prädiktiver genetischer Tests. Will jemand jedoch keine Kenntnis erhalten, so ist dieser Wunsch zu respektieren.
- Das Übereinkommen verbietet die Entnahme von Organen oder nicht regenerierbarem Gewebe bei einwilligungsunfähigen Personen. Davon ausgenommen ist unter bestimmten Voraussetzungen nur die Entnahme regenerierbaren Gewebes bei Geschwistern.
- Das Übereinkommen erkennt die Bedeutung öffentlicher Diskussion und Konsultation zu solchen Fragen an. Etwaige Einschränkungen bedürfen gesetzlicher Grundlage und sind in einer demokratischen Gesellschaft nur zulässig, wenn die öffentliche Sicherheit bedroht ist, zur Verbrechensverhütung, zum Schutz der öffentlichen Gesundheit oder der Rechte und Freiheiten anderer.

Der Lenkungsausschuss für Bioethik (CDBI) oder jeder andere vom Ministerkomitee eingesetzte Ausschuss sowie die Vertragsparteien können den Europäischen Gerichtshof für Menschenrechte für Gutachten über Rechtsfragen hinsichtlich der Auslegung des Übereinkommens anrufen.[72]

---

72 https://www.coe.int/de/web/conventions/full-list?module=treaty-detail&treatynum=164

IMPFUNGEN

„Sein oder Nichtsein, das ist hier die Frage", ist ein bekanntes Zitat aus **Hamlet**. Können wir diesen Sinn übertragen auf „geimpft sein oder nicht geimpft sein"?

Ich glaube nicht, denn aktuell ist dies ein sehr sensibles Thema und jeder muss das für sich selbst entscheiden. Aus diesem Grund möchte ich hier Zitate einiger Ärzte und Autoren wiedergeben, ohne meine eigenen Ideen hinzuzufügen. Was uns heutzutage besonders interessiert, werden die Impfstoffe sein, die während der Corona-Pandemie hergestellt und verabreicht werden. Aber ich glaube, um dies besser zu verstehen, sollten wir zuerst 100 Jahre zurückgehen und noch einen Blick auf die **Spanische Grippe** werfen.

Spanische Grippe durch Massenimpfstoffe verursacht?

In ähnlicher Weise begann die „Spanische Grippe" 1917 nicht in Spanien, sondern in Fort Riley, Kansas, in den Vereinigten Staaten, wo die ersten Fälle beobachtet wurden. Die pharmazeutische Industrie lieferte 1917 erstmals experimentelle Impfstoffe mit ausreichend Humanmaterial, um sie zu testen. Und das gesamte Projekt wurde vom **Rockefeller Institute for Medical Research** finanziert. Das US-Militär stellte damals 6 Millionen Menschen für die Erprobung experimenteller Impfstoffe zur Verfügung. Amerikanische Teilnehmer des Ersten Weltkriegs erhielten innerhalb weniger Tage zwischen 14 und 25 Impfstoffe mit ungetesteten Substanzen, die alle nur erdenklichen Nebenwirkungen auf einmal zur Folge hatten. Ärzte bezeichneten es als neue Krankheit und versuchten, es mit weiteren Medikamenten oder Impfstoffen zu behandeln. Nach dem Ersten Weltkrieg wurden Obduktionen durchgeführt und es konnte nachgewiesen werden, dass diese Krankheit keine Grippe war. Es war eine Krankheit, die durch experimentelle bakteriologische Meningitis-Impfstoffe verursacht wurde, die den Probanden verabreicht wurden. Diese „Spanische Grippe" ahmte nur Grippesymptome nach. Viele geimpfte amerikanische Soldaten wurden durch diese experimentellen Impfstoffe getötet, und den Ungeimpften geschah nichts.

Aber wie erreichte die Spanische Grippe die Zivilbevölkerung? Nach dem abrupten Ende des Ersten Weltkriegs blieb eine große Menge ungenutzter Impfstoffe zurück. Und diese giftigen Impfstoffe durften nicht verderben!

Deshalb startete die amerikanische Regierung eine Werbekampagne, in der behauptet wurde, dass Soldaten, die nach Hause zurückkehren, eine Krankheit mitbringen würden, gegen die sie dringend geimpft werden müssten. All dies ist nicht erfunden worden, denn dies ist eine wahre Geschichte. Eine wahre Pandemie entzündete sich, die Millionen von Zivilisten Angst einflößte, sodass sie sich rasch mit dem neuen experimentellen Impfstoff impfen ließen.

Es wurde damals die große Spanische Grippe von 1918 genannt, an der nur die Geimpften starben. Natürlich widerspricht der Bericht der Spanischen-Grippe-Zeugin **Eleanora McBean** der etablierten Hypothese, dass ein mutiertes Grippevirus die Spanische Grippe verursacht habe. McBean ist jedoch nicht die einzige Quelle, die darauf hindeutet, dass die Pandemie tatsächlich durch Massenimpfungen verursacht wurde.

Ingri Cassel (Director of Vaccine Freedom at Spirit Lake/ USA) beschreibt den Bericht des medizinischen Inspektors der US-Armee, **Dr. Roseno Ilow,** wie er erzählt: „Von den 31.106 Fällen von „Lungentuberkulose", die während der US-Beteiligung am Ersten Weltkrieg ins Krankenhaus eingeliefert wurden, endeten 1.114 tödlich. Sie waren alle geimpft gewesen."

Cassel zitiert auch eine andere Schriftstellerin, **Anne Riley Hale**, aus dem Jahr 1935: „Die Welt hat noch nie so viel Impfstoffaufruhr aller Art erlebt wie unter den Soldaten im Ersten Weltkrieg." (…)

Die Spanische Grippe begann nicht an einem Ort und breitete sich von dort aus über die ganze Welt aus, sie begann und breitete sich an vielen Orten und auf verschiedenen Kontinenten gleichzeitig aus. Die Symptome der Spanischen Grippe sind als mögliche Nebenwirkung jedes einzelnen verabreichten Impfstoffs bekannt. Mehrere Ansteckungsversuche mit gesunden Freiwilligen, die von Erkrankten angehustet wurden, blieben erfolglos. Die Spanische Grippe war also nicht ansteckend. Erst durch die Nachahmung von Impfstoffen, das heißt, durch Injektionen der verarbeiteten Körperflüssigkeiten von Erkrankten, bekamen die Probanden die Krankheit.[73]

Wer weiß, in 100 Jahren, genau wie die Spanische Grippe, werden Bücher, Artikel und Dokumente über die heutige Corona-Epidemie und Impfstoffe erscheinen. Aber diesmal werden nicht nur einige Fakten übrigbleiben, sondern Tausende, denn der Geist von heute ist anders gestrickt als damals, und die Wahrheit kann nicht so leicht verborgen werden.

Schweinegrippe Impfung

Die 2008 in Mexiko aufgetretene Grippe wurde Schweinegrippe und das neue Virus wurde H1N1 genannt. Die WHO hat die Grippe als globale Epidemie mit der höchsten Risikostufe (sechs) eingestuft. Die Idee eines notwendigen Impfstoffs als Vorsichtsmaßnahme gegen diese Epidemie trat sofort in den Vordergrund.

---

73 https://web.archive.org/web/20171103192237/https://www.zentrum-der-gesundheit.de/ia-spanische-grippe.html

Im Jahr 2009 gab es eine große Nachfrage nach dem Schweinegrippe-Impfstoff Pandemrix. Zu dieser Zeit wurden Impfstoffe hastig entwickelt und alle Länder begannen, sie zu lagern. Allein die Schweiz bestellte 13 Millionen Impfstoffdosen, Deutschland 34 Millionen. Da kaum jemand eine Vogel- oder Schweinegrippe ernstnimmt, haben trotz massiver Medienangst deutlich weniger Menschen sie beansprucht, dennoch wurden weltweit mehr als 30 Millionen Menschen geimpft. Leider konnte ein solcher Impfstoff nicht ewig halten. Und da der 2009 bestellte Impfstoff 2011 auslief, wurden die restlichen Impfstoffdosen verbrannt, und irgendwann wurde verkündet, dass die Pandemie vorbei sei (obwohl sie gerade erst begonnen hatte?) und dass die Schweinegrippe nicht mehr so gefährlich sei wie ursprünglich angenommen wurde.

Insgesamt werden 2.900 Opfer der Schweinegrippe betrauert. Die normale Grippe soll hingegen jedes Jahr ein Vielfaches an Todesfällen verursachen – diese Zahlen konnte man schon lange hinterfragen. Und so landeten in Deutschland rund 30 Millionen Impfdosen oder über 200 Millionen Euro in der Verbrennungsanlage. In der Schweiz betrug der Verlust rund 56 Millionen Franken. In den folgenden Jahren nahmen die Fälle von Narkolepsie, einer Form der Schlafkrankheit, in Schweden zu. Der Pandemrix-Impfstoff erhöhte offenbar das Risiko, daran zu erkranken.

Tödliche Krankheit nach Schweinegrippe-Impfung?

Das Verbrennen der Impfstoffe war nicht so schlimm, denn es war nur Geld. Doch leider ging es den Hunderten von Geimpften nicht mehr nur ums Geld, sondern auch darum, ihr normales Leben zu bewältigen und den Alltag zu meistern. Die Schweinegrippe-Impfung machte sie schwer krank. Diese Krankheit äußerte sich durch das plötzliche Einsetzen des Tiefschlafs. Mitten am Tag, beim Fernsehen, unter der Dusche, beim Gespräch, im Bus oder beim Autofahren ein- bis zu 40-mal am Tag. Es versteht sich, dass ein normales Leben mit dieser Krankheit nicht mehr möglich ist und es keine Heilung gibt. Auch dieje-

nigen, die sich über diese Situation Sorgen machen, wollen das
Haus nicht mehr verlassen, geschweige denn die öffentlichen
Verkehrsmittel benutzen. Vor allem geistige Arbeit, Lesen oder
Lernen sind sehr ermüdend, und junge kranke Menschen, die
gerade auf ihren Schulabschluss warten, sind gefährdet.

Im August 2010 meldete die schwedische Arzneimittelbehörde die ersten Fälle von Narkolepsie nach einer Schweinegrippe-
Impfung. Die britischen, französischen, irischen und finnischen
Behörden bestätigten den Verdacht.

Impfentschädigung in Millionenhöhe

Denken Sie daran, dass es die Behörden und Regierungen sind,
die zahlen müssen, während die Pharmariesen, die den Impfstoff auf den Markt bringen, ihre Brieftaschen voller machen.
Schließlich war es nicht der Pandemrix-Hersteller GlaxoSmith-
Kline (GSK), der zur Impfung aufforderte, sondern es waren Behörden mit ihren ständigen Impfkommissionen wie das Robert-
Koch-Institut in Deutschland.

- In Großbritannien gilt eine Entschädigung für Folgeschäden
  (Schweinegrippe-Impfung, z. B. auch nach Mumps-Impfung)
  in Höhe von rund 170.000 Euro. Nach Prüfung der Anträge
  wird jedoch oft gesagt, dass der Patient noch nicht krank genug ist und er daher keinen Anspruch auf Entschädigung hat.
- In Finnland wurden besonders viele Menschen gegen die
  Schweinegrippe geimpft – offenbar fast die Hälfte der Bevölkerung. 342 Opfer haben seitdem Schadensersatz nach
  Impfschäden beantragt. 244 Anträge wurden angenommen,
  sodass Opfer des finnischen Pandemrix nun eine Gesamtentschädigung von 22 Millionen Euro erhalten.
- In anderen skandinavischen Ländern ist die Situation ähnlich.
  Nur in Dänemark gibt es nicht viele Fälle von Narkolepsie.
- Wir kennen 90 Patienten mit Narkolepsie, die sich nach einer Impfung gegen die Schweinegrippe in Frankreich an der

Krankheit zugezogen haben. Je nach Schwere stehen Ihnen bis zu 650.000 Euro zu. Auch hier sind vor allem Kinder und Jugendliche betroffen.

- In Deutschland gibt es bislang etwa 50 Menschen mit Narkolepsie, die auf die Schweinegrippe-Impfung zurückzuführen ist. Mehr als die Hälfte sind Kinder und Jugendliche.
- 8 Personen, die an Narkolepsie leiden, wurden während der Schweinegrippe-Impfkampagne 2009/10 in der Schweiz geimpft.

Die Studie erklärt, wie der Schweinegrippe-Impfstoff Narkolepsie verursachte:

Nach den Pandemrix-Impfstoffen hat sich die Zahl der neuen Patienten vervierfacht. Eine am 1. Juli 2015 in der Fachzeitschrift **Science Translational Medicine** veröffentlichte und interessanterweise von einem Konkurrenzunternehmen (Novartis) durchgeführte Studie zeigt nun genau, wie der Impfstoff von GlaxoSmithKline Narkolepsie auslösen kann. Ein bestimmtes Proteinfragment des Grippevirus findet sich im Pandemrix-Impfstoff in höheren Konzentrationen als in konkurrierenden Impfstoffen. Der Körper des an Narkolepsie Erkrankten produziert dann Antikörper gegen dieses Virusfragment. Denn der Impfstoff muss die Bildung von Antikörpern initiieren. Und die erzeugten Antikörper sollen das Grippevirus bekämpfen. Es gibt jedoch bestimmte Strukturen auf dem Virusfragment, die auch in Nervenzellen des Gehirns zu finden sind, also Nervenzellen, die den Schlaf-Wach-Rhythmus regulieren. So greifen Antikörper nicht nur das Grippevirus an, sondern auch identische Strukturen in Nervenzellen, was zu der Autoimmunerkrankung Narkolepsie führt. Pandemrix wird in der EU nicht mehr geimpft – leider ist es für Betroffene und ihre Angehörigen zu spät, **denn ein Heilmittel gibt es nicht.**[74]

---

74 https://www.zentrum-der-gesundheit.de/news/medizin/allgemein-medizin/imichtung-gegen-schweinegrippe-sucht-opfer-15000055)

Corona-Impfstoffe: Covid-19 ist keine Solidaritätsaktion, es ist ein blinder Glaube!

Aktuelle Covid-19-Impfstoffe sind keine echten Impfstoffe, sondern gentechnisch veränderte Injektionen. Diese Produkte basieren auf neuen experimentellen Technologien, die genetisches Material in menschliche Zellen einbringen. Mehr als 5.000 Bürger und Ärzte in Frankreich haben Beschwerden gegen die Verwendung von Pfizer- und Moderna-Impfstoffen eingereicht. Die injizierbaren mRNA-Präparate gegen Covid-19 sind eine Form des genetischen Hackings. Dabei handelt es sich um einen Vorgang, bei dem fremdes genetisches Material eingefügt wird, um unseren Zellen neue Anweisungen zu geben. Tatsächlich kombiniert der **Präsident von Moderna, Dr. Stephen Hoge,** diese Technologie sogar mit einer neuen „**Software**"-Installation eines Computers. Covid-19-„Injektionsmittel" unterliegen rechtlich keiner GVO-Risikobewertung. Um die Produktion von Covid-19-Impfstoffen zu beschleunigen, hat die EU beschlossen, diese zügig umzusetzen, ohne dass die GVO-Vorschriften diese Verpflichtung für Produkte auferlegen, die nicht getestet werden müssen. Die Auswirkungen dieser gentechnisch veränderten Materialien auf unser Genom oder der Umwelt werden daher nicht bewertet. Die Hersteller haben uneingeschränkte Befugnisse (Carte Blanche[75]).

Die European Child Health Advocacy und mehrere andere NGOs (Nichtregierungsorganisationen firmieren unter dem Namen von Kammern, Gewerkschaften, Stiftungen und Verbänden) forderten die Aufhebung dieser Entscheidung beim Europäischen Gerichtshof.

Es wurde nicht aufgezeigt, dass Covid-19-„Impfstoffe" die Übertragung des Virus verhindern: Anfang Januar 2021 bestätigte die EMA (European Medicines Agency) auf einer Pressekonferenz zur europäischen Impfstoffeinführung,

---

75 Carte blanche, französisch „weiße Karte"; steht für: eine
   unbeschränkte Vollmacht oder Handlungsfreiheit. („freie Hand")

dass es derzeit keine Daten gibt, die darauf hindeuten, dass das Virus eine Übertragung verhindert. Die EMA hofft, dass diese Injektionen wirken, aber sie WISSEN es einfach nicht. Diese Information wurde auch auf einer WHO-Pressekonferenz wiederholt. Covid-19-„Impfstoffe" können die Übertragung verlangsamen oder die Ausbreitung der Krankheit beschleunigen. Tatsächlich nehmen die Fälle in Ländern zu, die Massenimpfkampagnen gestartet haben, wie England, Israel und Südafrika. Die aktuellen klinischen Studien zu Covid-19-Impfstoffen werden nicht vor 2022 (EMA-Pressekonferenz) abgeschlossen. Sie sind also nichts anderes als ein Versuchskaninchen, das an einer globalen Studie teilnimmt, indem Sie den Impfstoff erhalten.

Einige Impfstoffe haben eine sehr hohe Verletzungsrate. Die FDA (U.S. Food and Drug Administration) hat 22 Nebenwirkungen, darunter anaphylaktischer Schock (schwere, lebensbedrohliche allergische Reaktion, die eine sofortige Behandlung erfordert), Gesichtslähmung, bleibende neurologische Schäden, Autoimmunreaktionen und Herzstillstand, als schwere Nebenwirkungen Effekte aufgelistet. Tragischerweise werden aus Kalifornien, Norwegen, Gibraltar, Frankreich und dem Vereinigten Königreich zahlreiche Todesopfer gemeldet. Deshalb weigern sich viele Ärzte, diese Covid-19-Impfstoffe zu erhalten oder zu verabreichen. Ärzte haben bei der EMA formell appelliert, klinische Impfstoffstudien (und Impfkampagnen) einzustellen. Ärzte auf der ganzen Welt sind besorgt über die Sicherheit dieses Impfstoffs und die Notwendigkeit, die freie und informierte Einwilligung zu respektieren.

Covid-19-Injektionen können die Fruchtbarkeit beeinträchtigen:

Das **Spike-Protein**[76], das durch den „Impfstoff" initiiert wird, ähnelt einer Substanz namens Syncytin, die in der Plazenta vor-

---

76 Ein Glykoprotein, das aus der Virushülle kommt. Es ermöglicht dem Virus, an die entsprechenden Rezeptoren der von ihm bevorzugten Wirtszelle zu binden.

kommt. Dies kann sich auf Schwangere und ihr Baby auf verschiedene Weise auswirken.

Es besteht ein gewisses Todesrisiko im Zusammenhang mit Corona-Virus-Impfstoffen.

Die Todesgefahr wird durch ADE[77] (Antibody Dependent Enhancement) erhöht. Es wird als antikörperabhängige Entwicklung (ADE) oder Immunerleichterung oder pathogenes Priming bezeichnet und wurde bei allen bisherigen Versuchen zur Entwicklung eines Corona-Virus-Impfstoffs beobachtet. ADE tritt auf, wenn eine geimpfte Person mit dem natürlichen Virus in Berührung kommt, was eine Überreaktion auslöst, die zu Organversagen und Tod führt. Tatsächlich zögern einige Länder, den Impfstoff für ältere Menschen zu empfehlen, und erwägen sogar die Verwendung dieser Produkte. Die Hersteller haben spezielle Vereinbarungen getroffen, um sich von der Haftung freizustellen, sodass im Falle eines Impfstoffschadens wahrscheinlich niemand haftbar gemacht werden kann und niemand entschädigt wird.

Grundsatz: NUR INFORMIERT ZUSTIMMEN, OHNE DRUCK!

---

77 Wikipedia: Als infektionsverstärkende Antikörper (engl. antibody dependent enhancement, ADE) werden Antikörper bezeichnet, die sich an die Oberfläche von Viren binden, diese jedoch nicht neutralisieren, sondern zu einer verbesserten Aufnahme des Virus in eine Zelle führen und damit die Ausbreitung und Vermehrung des Virus begünstigen. Infektionsverstärkende Antikörper fördern eine Immunpathogenese und bilden eine mögliche Gefahr bei der Entwicklung von Impfstoffen.

Die Covid-19-Impfkampagne verstößt gegen das Nürnberger Gesetz

Dieser Kodex wurde 1947 nach den Schrecken der Nazi-Experimente unterzeichnet und „bestimmte, dass die Einwilligung nach Aufklärung eine absolute Voraussetzung für die Durchführung von Forschungen am Menschen ist". Die Covid-19-Impfkampagne verstößt gegen die Konvention von Oviedo (Übereinkommen über Menschenrechte und Biomedizin). Menschen zu zwingen, sich den Covid-19-Impfstoff zu besorgen, ist ein Verstoß gegen die Europäische Menschenrechtskonvention.

„Menschenrechte und Menschenwürde müssen in Bezug auf Biologie und Medizin geschützt werden!"

Der Europarat beriet den Europäischen Gerichtshof für Menschenrechte in Straßburg am 27. Januar 2021 und sagte: „Wir müssen sicherstellen, dass die Bürgerinnen und Bürger darüber informiert werden, dass eine Impfung NICHT vorgeschrieben ist und niemand politisch, gesellschaftlich oder anderweitig dazu gezwungen wird, sich impfen zu lassen. Wenn sie nicht wollen, werden sie nicht geimpft.

Unsere Entscheidungsträger sind abwesend und scheinen verwirrt zu sein. „Führungskräfte" sind unzureichend informiert und dienen uns mit einer inkonsistenten Rhetorik, die ständig mit der Realität der Epidemie in Konflikt steht. Sie sind in Angst, Schuld oder Verachtung für alternative Methoden oder Profis, die sie verteidigen." Die Vorwürfe der Konzernmedien als „Kriminelle", „Unverantwortliche", „Egoisten" und „Verschwörungstheoretiker" gegen diejenigen, die sich gegen eine Impfung entscheiden, sind nichts anderes als ein Spiegelbild des Bildes der Schreiber und Verantwortlichen. Er argumentiert, dass Versuche, die Meinungsfreiheit zu untergraben und diejenigen systematisch zu untergraben, die obligatorische Impfprogramme kritisieren, als korrupter Prozess fungieren und dementsprechend dazu dienen, die Idee zu provozieren, dass Korruption innerhalb der staatlich-pharmazeutischen Allianz tatsächlich existiert.

EFVV[78]

Das European Forum for Vaccine Vigilance (EFVV) ist eine private Initiative von Impfgegnern aus verschiedenen europäischen Ländern. Die Organisation wurde 2005 in Barcelona (Spanien) gegründet. Die ersten Kontakte zur Gründung des European Vaccine-Monitoring-Forums wurden Ende der neunziger Jahre zwischen spanischen und französischen Immunisierungsverbänden geknüpft. Das European Forum for Vaccine Vigilance (EFVV), das Impfkritiker in ganz Europa vereint, hat über 1.000 Berichte von Impfgeschädigten gesammelt und ausgewertet. Häufige Folgen von Impfungen, so das EFVV, seien Allergien, Haut- und Atemwegserkrankungen, Asthma, Lähmungen und Hirnschäden. Das Forum kritisiert zudem, dass die Impfstoffe standardisiert seien, jeder Mensch aber individuell auf Krankheiten reagiere.

Auszüge von Web:[79] **Unser aktueller Wissensstand über den Covid-19-mRNA-Impfstoff** (Pfizer-Biontech, 20. Januar 2021): **Zusammenfassung:** am 21.12.2020 wurde der mRNA-Impfstoff von Pfizer/Biontech in Europa zugelassen. Während ein Impfstoff normalerweise eine 10- bis 15-jährige Sicherheitsüberprüfung erfordert, wurde der Impfstoff von BioNTech/Pfizer unter Missachtung vieler Sicherheitskriterien für seine Freilassung in Rekordzeit genehmigt. BioNTech hat in seiner 8-jährigen Geschichte noch nie ein mRNA-Medikament auf

---

78 https://www.efvv.eu/news/
79 https://www.efvv.eu/images/content/2021/0121/
    zusammnfassung-mrna-impfung-20-01-21_a478c.pdf

den Markt gebracht. Die Methode, genetisch verändertes Material (mRNA) durch Nanopartikel in unsere Zellen zu schleusen, damit unsere Zellen beginnen, Virenpartikel zu produzieren, ist noch nie auf den Markt gekommen und stellte noch letztes Jahr eine sehr umstrittene Methode der pharmakologischen Intervention dar. Dies bedarf unter normalen Umständen einer jahrelangen Beobachtungszeit, um Risiken für den Einzelnen und die Gesellschaft auszuschließen. Vor allem das bei Corona-Impfungen bei Tieren festgestellte ADE (Antibody Dependend Enhancement) ist eine sehr ernste Komplikation, die sich gegenwärtig durch ansteigende Nebenwirkungszahlen, Todeszahlen und auch durch höhere Covid-Inzidenzen in den schon viel impfenden Ländern bemerkbar macht.

BioNTech (seit 2008) und Moderna (seit 2010) haben in ihrer Firmengeschichte noch nie ein **m-RNA**-Medikament oder einen Impfstoff hergestellt. Diese beiden Unternehmen ohne Erfahrung wurden jedoch damit beauftragt, ein völlig neues Impfverfahren einzuführen.

Der Direktor des Pathologischen Instituts der **Universität Heidelberg, Peter Schirmacher,** hat mehr als vierzig Autopsien an Personen durchgeführt, die innerhalb von zwei Wochen nach der Impfung gestorben waren. Schirmacher äußerte sich besorgt über seine Ergebnisse. Die regionale Tageszeitung **Augsburger Allgemeine** berichtete: „Schirmacher geht davon aus, dass 30 bis 40 Prozent von ihnen an der Impfung gestorben sind. Aus seiner Sicht wird die Häufigkeit tödlicher Folgen von Impfungen unterschätzt."

Ist das nicht interessant?

Schirmachers Warnung könnte natürlich für verschiedene Pharmakonzerne ein mehrstelliges langfristiges Milliardengeschäft ruinieren, während die ohnehin geringe Impfbereitschaft der übrigen Ungeimpften zu einem dramatischen Rückgang der Fallzahlen verursachen würde. Dies könnte wiederum die gesamte Pandemie-Strategie der Regierung zunichtemachen. Diese Erklärung Schirmachers wurde dann aus irgendeinem Grund sofort von den Gegnern unterdrückt. Die Merkel-Regierung reagierte schnell auf die „politisch brisante" Aussage Schirmmachers. Nach Angaben der **Deutschen Presse Agentur** (dpa) teilte das **Paul-Ehrlich-Institut** mit, Schirmachers Aussagen seien „unverständlich". Der leitende deutsche Immunologe Thomas Mertens wies die Befunde sofort zurück: „Mir sind hier keine Daten bekannt, die eine solch begründete Erklärung rechtfertigen würden, und ich gehe auch nicht von einer nicht-deklarierten Zahl aus."[80]

Selbst normale Impfungen benötigen eine Zulassungszeit von 10 bis 15 Jahren!

Dass jede bisherige Entwicklung einer Impfung für die Allgemeinbevölkerung aus Sicherheitsgründen im Durchschnitt eine Dekade benötigte, zeigt, wie sträflich es ist, die Entwicklung und den Beobachtungszeitraum auf nicht einmal drei Monate zu reduzieren. Selbst für Schnellzulassungen wäre dies in der Vergangenheit unvorstellbar gewesen (History of vaccines, 2018). Von Anfang an wurden die Impfhersteller von jeglicher Haftung ausgeschlossen. Jedes Unternehmen, das Teil der COVID-19-Impfstoff-Kette ist – die derzeit weltweit eingeführt werden – wurde von möglichen Schadensersatzforderungen aufgrund von Impfschäden befreit. Dazu zählen die Entwickler, die Hersteller, die Händler, diejenigen, die den Impfstoff an die Öffentlichkeit liefern, die Ärzteschaft, die Pharmaunternehmen, die örtlichen Apotheken, die Beschäftigten im Gesundheitswesen, die für die Lagerung Verantwortlichen (die mRNA-Impfstoffe müssen bei -70 °C gelagert werden) und die Spritzenhersteller, die für das Befüllen der Spritzen verantwortlich sind.

Das bedeutet, dass jeder, der sich impfen lässt, die Impfung eigenverantwortlich annimmt und die möglichen schädlichen Nebenwirkungen – bis hin zum Tod – anerkennt!

---

80 https://freewestmedia.com/2021/08/03/german-chief-pathologist-sounds-alarm-on-fatal-vaccine-injuries/

Impfungen und Autismus –
DIE WAKEFIELD-STUDIE

Dr. Wakefield hatte im Jahr 1998 zusammen mit 12 Kollegen in der renommierten Fachzeitschrift **Lancet** eine Studie veröffentlicht, in der er insbesondere den Zusammenhang zwischen Darmstörungen und Entwicklungsstörungen bei Kindern untersucht hatte. Da sich überdies aufgrund der zeitlichen Nähe zwischen der MMR-Impfung (Masern, Mumps und Röteln) und dem ersten Auftreten autistischer Störungen hier ein Zusammenhang aufdrängte, wurde auch dies in der Studie erwähnt. In einer Pressekonferenz hatte Wakefield auf Anfragen den Eltern geraten, vorsichtshalber auf Einzelimpfstoffe zurückzugreifen und Mehrfachimpfstoffe wie den MMR-Impfstoff besser zu meiden.

So zog Dr. Wakefield die ganze Aufmerksamkeit und den Zorn derjenigen auf sich, die (Pharmaindustrie) ihr Geschäft in Gefahr sahen. Angriffe auf vielen Gebieten richteten sich gegen **Wakefield**. Im Jahr 2004 warf die **Sunday Times** Wakefield vor, Ergebnisse verfälscht und Bestechungsgelder angenommen zu haben, von Eltern, die Impfungen als Ursache für den Autismus ihrer Kinder in Verdacht hatten. Auch habe er die Gelder am Finanzamt vorbeigeschleust, was sich später als unwahr herausstellte. Seine Kollegen und Co-Autoren der Studie zogen sich offiziell von ihm zurück und Wakefields Ruf war zerstört. Zu guter Letzt entzog man ihm seine Approbation, sodass er Großbritannien samt seiner Familie verlassen musste. Für rechtliche Schritte zu seiner Verteidigung und Rehabilitation fehlten die finanziellen Mittel. Damit schien die Geschichte ein trauriges Ende genommen zu haben. Im Januar 2010 entschied der General Medical Council, die British Medical Association, dass Wakefield „unethische Forschungsmethoden" anwendete und seine Ergebnisse „unehrlich" und „unverantwortlich" und damit falsch präsentiert worden seien. Dann jedoch trat im Jahr 2013 **Dr. William Thompson,** ein führender Mitarbeiter der US-Seuchenbehörde CDC, an die Öffentlichkeit und machte ein aufsehenerregendes Geständnis: Er gab zu, dass seine Behörde im Jahr 2004 eine Studie, an der er – Thompson – selbst beteiligt war, manipulieren ließ. Mithilfe dieser Studie wollte man endgültig die Gerüchte um einen möglichen Zusammenhang zwischen Impfungen und Autismus aus der Welt schaffen. Entscheidende Daten wurden aus dem Endbericht herausgenommmen, Daten, die einen ursächlichen Zusammenhang zwischen der MMR-Impfung und Autismus gezeigt hätten.

Man Made Epidemic! – „Versteckte Wahrheit vom Menschen verursachte Epidemie"

Autismus breitet sich wie eine Epidemie aus. Woran könnte das liegen, fragte sich die Filmemacherin **Natalie Beer.** Frau Beer, die selbst Mutter eines kleinen Jungen ist, beschäftigt sich mit dieser Frage und reist durch Europa, um mit führenden Ärzten, Wissenschaftlern und betroffenen Familien zu sprechen. Nach ihren Eindrücken und Berichten mit diesen Familien werden vormals fröhliche und gesunde Kinder nach der Impfung plötzlich autistisch. Natalie Beer will die Wahrheit über die Autismus-Epidemie erfahren. Sie will wissen, ob Impfstoffe dabei eine Rolle spielen und dreht einen spannenden Dokumentarfilm, „**Man Made Epidemic – The Hidden Truth**".

Der Inhalt des Dokumentarfilms: Statistische Erhebungen zeichnen ein düsteres Bild von Autismus: War 1975 noch jedes 5.000ste Kind von einer Entwicklungsstörung erkrankt, so war es im Jahr 2015 bereits jedes 25. Kind. Damit ist es unwahrscheinlich, dass für diesen rasanten Anstieg die menschlichen Gene verantwortlich sind, sondern dass er vielmehr vom Menschen verursacht sein muss. Im Mittelpunkt ihrer Diskussion steht, inwieweit Umwelt, Impfung und Ernährung Krankheiten bei Kindern auslösen. Diese Untersuchungen führten zu schockierenden Ergebnissen.

Fazit: Gerade heute haben immer mehr Menschen das Gefühl, dass etwas nicht stimmt. Die gekonnt inszenierten, zum Wohle der Öffentlichkeit präsentierten Eindrücke von Regierungen, Gesundheitseinrichtungen und Medien werden im Vergleich zu den vorliegenden, wahren Daten wie eine Seifenblase platzen.

In Bezug auf eine Impfung geht es nicht um die Frage „tun oder nicht tun“, sondern darum, gut zu recherchieren und nachzudenken.

WELTGESUNDHEITS- UND LEBENSMITTELORGANISATIONEN (Wer steckt dahinter?)

Die Frage, die wir uns stellen sollten, ist: Was könnte der wahre Zweck der großen internationalen Unternehmen und Organisationen sein, die von den (Finanz-)Mächten der Welt gegründet und verwaltet werden?

Sie verfolgen das Ziel, der Menschheit zu dienen und ihr beizustehen. Ihre Absichten sind sehr ehrenwürdig, dass sie sich darauf konzentrieren, die ihnen zur Verfügung stehenden Kräfte und Möglichkeiten nur in diese Richtung einzusetzen und dies als ihre Pflicht betrachten. Ist das wahr?

Ich glaube, viele von uns werden sagen: „Ja, sie denken über ihren eigenen materiellen Profit nach, aber sie werden keine schlechten Absichten für die Menschheit haben."

Wenn wir daraus schlussfolgern, dass jemand kein schlechtes Ziel hat, bedeutet es gleichzeitig, dass er ein gutes Ziel hat?

Ein Zitat von **George** Büchner sollte uns zum Nachdenken bringen: **„In Ordnung leben heißt, hungern und geschunden werden. Wer sind denn die, welche diese Ordnung gemacht haben, und die wachen, diese Ordnung zu erhalten?"**

UPOV

Der 1961 gegründete Internationale Verband zur Erhaltung von Pflanzenzüchtungen (UPOV) ist eine seit 1998 international tätige zwischenstaatliche Organisation mit Sitz in Genf, Schweiz. Es ist eine Dach-Infrastruktur der World Intellectual Property Organization (WIPO).

Zweck: Bereitstellung und Förderung eines wirksamen Systems zur Erhaltung der Pflanzenvielfalt, um die Entwicklung neuer Pflanzensorten zum Wohle der Gesellschaft zu fördern. Die UPOV wurde von sechs europäischen Ländern gegründet. Die aktuelle Mitgliederzahl beträgt 78, die 97 Staaten umfassen und dies deckt fast 80 % der Welt ab. Obwohl es bei der Globalisierung keine Notwendigkeit gab, zwangen Organisationen wie der IMF, die Weltbank, die Welthandelsorganisation und große Staaten die Entwicklungsländer, der UPOV beizutreten.

Denken wir darüber nach, warum diese Nötigung passiert; wer will unsere Nahrung kontrollieren und warum?

Die Vereinigten Staaten waren das erste Land, das die industrielle Landwirtschaft förderte, aber sie brachten auch neue Fragen zu geistigem Eigentum bei Saatgut mit sich. Die Kontrolle über die Landwirtschaft wurde nach und nach auf eine Handvoll Unternehmen übertragen. Sie erklärten ihn für nicht ertragreich genug und boten sogenanntes verbessertes Saatgut an. Sorten wurden standardisiert und Landwirte daran gehindert, ihr altes Saatgut zu verwenden. Das Saatgut wurde von Unternehmen monopolisiert, die geistigen Eigentumsrechte, wie Patente, und der Schutz der Pflanzenvielfalt gefördert. Die Länder mussten die sogenannten UPOV-Standards einhalten. Es gab auch Zertifizierungsstandards, die landwirtschaftlichen Unternehmen die Kontrolle über das System gaben. Diese Standards besagen, dass die Sorten, die gesetzlich in Verkehr gebracht werden dürfen, zertifizierte und geschützte Saatgutsorten sind, auch, wenn sie nicht die besten oder gesündesten sind. Landwirte, die ihr Saatgut behalten, teilen oder damit handeln, setzen sich plötzlich strafrechtlicher Verfolgung aus. Heute kontrollieren nur noch drei Unternehmen weltweit mehr als die Hälfte des kommerziell genutzten Saatguts.

Das Hauptziel internationaler Unternehmen ist es, den Saatgutmarkt vollständig zu erobern, indem sie in Gebieten, die noch mehr oder weniger unter der Kontrolle der Dorfbewohner stehen, die volle Dominanz erlangen. Die großen Saatgiganten haben das Saatgut des lokalen Saatguts der Entwicklungsländer und das Saatgut in den Genzentren der öffentlichen Institutionen der Länder nach Belieben beschlagnahmt und beschlagnahmen es weiterhin. UPOV-Verträge schützen eher die Interessen großer Saatgutunternehmen als den Sortenschutz. Im letzten Vertrag von 1991 wurden Unternehmen die Möglichkeit eröffnet, Rechte auch an Produkten geltend zu machen. Wird die Lizenzgebühr nicht an das Saatgut gezahlt, kann der Sorteneigentümer das aus der Ernte gewonnene Produkt beanspruchen. Ein ähnlicher Vorfall ereignete sich in Kanada. Infolge eines Genschwunds aus der GVO-Sorte forderte das Saatgutunternehmen vom geschädigten Landwirt sogar Schadensersatz.

Kritiker werfen der UPOV vor, dass ihre Konzentration auf Patente für Pflanzenvielfalt der kleinbäuerlichen Landwirtschaft in Entwicklungsländern schadet, weil sie sie daran hindert, geschütztes oder gelagertes Saatgut zu verwenden. Davon werden vor allem reiche Industrieländer profitieren. Diese Kritik wird durch eine 2015 veröffentlichte Studie bestätigt. Dementsprechend lässt sich ein positiver und signifikanter Zusammenhang zwischen der Stärkung des Pflanzenschutzes und der landwirtschaftlichen Wertschöpfung in Industrieländern herstellen. In Entwicklungsländern gibt es jedoch keinen signifikanten Zusammenhang: Ein verstärkter Sortenschutz erhöht die landwirtschaftliche Wertschöpfung in Entwicklungsländern nicht.

Eine 2012 vom Quäker-Büro der Vereinten Nationen in Auftrag gegebene Studie kam zu dem Schluss, dass UPOV-Beamte sehr unwissend darüber sind, wie Kleinbauern neue Sorten entwickeln und züchten. Stattdessen beschränkt sich ihre Expertise weitgehend auf die kommerzielle Züchtung. Im Jahr 2009 äußerte der UN-Sonderberichterstatter für das Recht auf Nahrung seine Besorgnis, dass Monopolrechte an geistigem Eigentum Landwirte „zunehmend abhängig von teuren Betriebsmitteln" machen und eine Verschuldung zugunsten der Agrarindustrie riskieren könnten. Das UPOV-System gefährdet auch traditionelle Systeme zur Aufbewahrung von Saatgut und damit die Biodiversität. Diese Kritik wurde 2019 in einem Bericht des UN-Generalsekretärs verstärkt. Die Einschränkung des unregistrierten Saatgutmanagements kann zum Verlust der biologischen Vielfalt führen und die genetische Grundlage schwächen, von der „wir alle für unsere Nahrungsversorgung abhängen".

Mangelnde Aufklärung:
NGOs – also Nicht-Regierungs-Organisationen („Non-Governmental Organisations") wie Oxfam, das Third World Network, Via Campesina oder die Coalition for the Right to Seed kritisieren das Versäumnis der UPOV-Sekretariate und der Mitgliedstaaten, mit den Betroffenen in einen Dialog zu treten: Besprechungen vertraulich zu behandeln, Dokumente wie Protokolle durch die UPOV nicht der Öffentlichkeit zugänglich zu machen, Bauernorganisationen keinen NGO-Überwachungsstatus zu gewähren.

So lange Transparenz nicht stattfindet, findet auch kein Vertrauen statt. Ist es nicht so?

UPOV-Übereinkommen:
Die Gründung dieses Verbandes wurde zusammen mit dem ersten UPOV-Übereinkommen 1961 auf einer Konferenz in Paris beschlossen. Das Übereinkommen trat 1968 nach der Ratifizierung durch das Vereinigte Königreich, Deutschland und die Niederlande in Kraft. Es wurde 1972, 1978 und 1991 überarbeitet. Seit 1991 ist der Austausch von Saatgut und Produktionsmaterial zwischen Landwirten verboten. Auch die Vermehrung mit Vermehrungsmaterial für Obstbäume, Obst und Gemüse ist

untersagt. In begrenztem Umfang können die Mitgliedstaaten Ausnahmen machen und Bauern gestatten, einen Teil ihrer Ernte als Saatgut zu verwenden. Zur Vermehrung darf nur Saatgut verwendet werden, das in landwirtschaftlichen Betrieben vermehrt wird. Außerdem müssen die „berechtigten Interessen des Züchters" respektiert werden. Dies bedeutet, dass bei größeren Mengen die Nachbildung in Rechnung gestellt werden sollte.

Verbluten die Bauern?

Erinnern wir uns daran, was Kissinger gesagt hat: „Wer das Öl kontrolliert, regiert die Staaten, wer das Essen kontrolliert, regiert die Völker, und wer das Geld kontrolliert, regiert die Welt!" Ich denke, genau das tut die UPOV, um dieses Lebensmittel zu kontrollieren.

Können Sie sich vorstellen, dass plötzlich jemand auftaucht, Ihnen Regeln und Verbote auferlegt, und Ihr angestammter Samen, den Sie seit Jahrhunderten verwenden, wird Ihnen genommen, stattdessen werden Ihnen andere Samen auferlegt, und diejenigen, die sich dem widersetzen, werden bestraft. Bestimmte Samen wurden gentechnisch verändert, um sie resistent gegen Herbizide oder ungenießbar für Insekten zu machen. Saatgut wurde monopolisiert von Unternehmen, die geistige Eigentumsrechte wie Patente und Sortenschutz einführten. Bauern weltweit wurden genötigt, sich nach den sogenannten UPOV-Standards zu richten. Hinzu kamen Zertifizierungsstandards, die den Agrarkonzernen die Kontrolle über das System gaben. Diese Standards sagen, dass die einzigen Sorten, die legal in Umlauf gebracht werden dürfen, die zertifizierten und registrierten Samensorten sind, auch wenn sie nicht die besten oder gesündesten sind. Bauern, die ihr Saatgut bewahren, teilen, oder damit handeln, machen sich plötzlich strafbar. So weben die mutwilligen Ziele globaler Saatgutunternehmen ihr Netz über die Weltherrschaft. Einerseits sind die Bauern die Sklaven der

Saatgutfirmen, andererseits drängen sie uns „Verbrauchern"
Produkte auf, die wir essen, die einen geringen Nährwert ha-
ben, mit chemischen Mitteln hergestellt werden und bestimmte
Krankheiten verursachen.

Ich denke, die UPOV-Definition des „Schutzes von Pflanzensorten" ist ein Witz; wäre es nicht richtiger, es globaleres Mobbing und den Schutz der Interessen großer globaler Konzerne zu nennen?

FAO- Ernährungs- und Landwirtschaftsorganisation

Die FAO, eine der Sonderorganisationen der Vereinten Nationen, hat sich zum Ziel gesetzt, die Ernährungssicherheit durch die Organisation und Entwicklung von Studien über Ernährung und Landwirtschaft in der Welt zu gewährleisten. Die Ernährungs- und Landwirtschaftsorganisation der Vereinten Nationen ist mit rund 3.400 Mitarbeitern weltweit die größte und älteste Sonderorganisation der Vereinten Nationen. Gegründet: 16. Oktober 1945, Hauptsitz: Rom, Italien.

Aufgaben:

1. Sie sammeln Informationen über die Weltmärkte und die globale Hungersituation und analysieren Trends und geben regelmäßige Statusberichte zur Situation in der Landwirtschaft, im Wald oder in der Fischerei.

2. Im Bereich Lebensmittelstandards sind sie zuständig für die Entwicklung neuer internationaler Normen, zum Beispiel die Zulassung von Pflanzenschutzmitteln, verantwortungsvolle Fischerei oder die Durchsetzung des Rechts auf Nahrung.

3. Sie beraten bei der Umsetzung eigener Projekte in den Mitgliedstaaten und der Entwicklung der Land-, Forst- und Fischereiwirtschaft.

Finanzierung. Die FAO arbeitet auf der Grundlage eines zweijährigen Arbeits- und Haushaltsprogramms (PWB, Arbeits- und Haushaltsprogramm). Das PWB wird aus Pflichtbeiträgen der Mitgliedstaaten („bewertete Beiträge") und zusätzlichen freiwilligen Beiträgen („nicht budgetäre Fonds") finanziert. Das Jahresbudget der FAO für 2018 bis 2019 betrug 2,6 Milliarden

US-Dollar. 39 % stammten aus regelmäßigen Beiträgen, 61 % aus freiwilligen Beiträgen von Mitgliedstaaten und anderen Organisationen.

Ernährungswissenschaftler einiger ihrer Organisationen beklagten 2013/2014, dass die Berichte der FAO über Erfolge bei der Hungerbekämpfung teilweise auf unrealistischen Statistiken beruhten. So wird beispielsweise der Kalorienbedarf, der einigen Berechnungen zugrunde liegt, sehr geringgehalten; regionale Erfolge bei der Nahrungsmittelversorgung (China und Vietnam) werden darüber hinwegtäuschen, dass viele Länder keine nennenswerten Fortschritte gemacht haben und ernsthafte, aber nur vorübergehende Versorgungskrisen werden nicht berücksichtigt.

Im Gegensatz zu ihrem Engagement, Familienunternehmen zu fördern, unterstützt die FAO auch weiterhin große Industrieunternehmen in sozialen und ökologischen Umwälzungen.

GESUNDHEITSORGANISATION: WHO

Die Weltgesundheitsorganisation, kurz WHO, ist eine 1948 gegründete Sonderorganisation von 194 UN-Staaten. Sie hat ihren Hauptsitz in Genf und Einzelpersonen müssen sich um die Gesundheit aller Menschen kümmern, insbesondere unabhängig von den Interessen wohlhabender Staaten. Sie ist demokratisch organisiert: Einmal im Jahr entsenden alle Mitgliedsstaaten Teilnehmer in die Weltgesundheitsversammlung, eine Art Parlament der Weltgesundheitsorganisation.

Gleichzeitig ist die 1945 gegründete **UNO** (United Nations (UN) United Nations Organization (UNO) die größte internationale Organisation von 193 Ländern, die sich für die internationale Zusammenarbeit in wirtschaftlichen, sozialen, kulturellen und humanitären Fragen weltweit einsetzt, eine Tochtergesellschaft. Die WHO ist die wichtigste und mächtigste Organisation im Weltgesundheitswesen. Aber sie hat ein Problem: Sie besitzt kein Geld und ist daher in ihrer Nachhaltigkeit auf Spenden angewiesen. Offiziell: Die Organisation finanziert sich hauptsächlich über zwei Kanäle, über feste Pflichtbeiträge und freiwillige Beiträge ihrer 194 Mitgliedsstaaten. Die Höhe der Pflichtbeiträge hängt vom Wohlergehen und der Bevölkerung im jeweiligen Mitgliedstaat ab. Die WHO erhält mehr als 75 Prozent ihrer Mittel aus freiwilligen Beiträgen. Ein Großteil davon wird vergeben und fließt in bestimmte Tätigkeitsbereiche der Organisation. Im Gegensatz zu obligatorischen Zahlungen kommen diese Spenden sowohl von Mitgliedsstaaten als auch von Organisationen wie der Gavi Vaccine Alliance, der Weltbank, Rotarians International oder einem der größten Spender, der **Bill & Melinda Gates Foundation**.

Natürlich macht das etwas nachdenklich: **„Also, das bedeutet, dass sie nicht unabhängig ist?"**[81]

Ist der Name des geheimen WHO-Chefs Bill Gates?

Keine Organisation der Welt spielt eine wichtigere Rolle als die Weltgesundheitsorganisation. Sie soll sich um die Gesundheit der Menschen kümmern und sie vor Krankheiten schützen. Kritiker werfen der WHO jedoch häufig vor, für die Wirtschaft zu handeln, nicht für das Wohl der Menschheit. Ist die Kritik berechtigt? Aber wer genau beeinflusst das höchste Niveau der Weltgesundheit? Unter welchem Aspekt? Und was muss sich ändern, damit es aufhört?

Für diese Fragen haben die Filmemacherinnen **Jutta Pinzler** und **Tatjana Mischke** ein Jahr lang recherchiert. Am 4. April 2017 war das Ergebnis in einer 90-minütigen Dokumentation auf **ARTE** zu sehen: **„WHO – In the Clutch of Lobbyists?":** Droht eine Pandemie, breitet sich ein gefährliches Virus aus oder rollt die Grippewelle an, ist die Weltgesundheitsorganisation (WHO) gefragt? Ihr Erfolg ist unbestritten, denn allein Impfprogramme retten Millionen Menschenleben. Doch die Autorität versagt immer wieder, zum Beispiel während der Ebola-Krise. Mehr als 11.000 Menschen sind an dem Ebola-Virus gestorben. Die WHO nahm die Warnungen zunächst nicht ernst und reagierte sehr langsam. So sieht es die Behörde jetzt. Aber haben sie aus Ebola gelernt?

Auch die Empfehlungen der WHO im Kampf gegen die Tuberkulose werfen Fragen auf. Gleiches gilt für die Risikobewertung des als „möglicherweise nicht krebserregend" eingestuften Unkrautvernichters Glyphosat. Eine Vereinbarung zwischen der WHO und der Internationalen Atomenergiebehörde scheint die WHO zu verpflichten, die Forschung zu Gesundheitsergebnissen mit den Interessen der Nuklearindustrie zu koordinieren.

---

81 https://www.tagesschau.de/faktenfinder/who-finanzierung-101. html

Viele Angehörige der Gesundheitsberufe fordern eine grundlegende Reform. Insbesondere die Finanzierung durch die WHO ist ein Problem, da der wachsende Anteil privater Geber die Unabhängigkeit bedroht. Einer der größten Spender ist die Bill & Melinda Gates Foundation. Spender haben mit ihren breit angelegten Impfkampagnen so viel für die menschliche Gesundheit getan, aber sie haben mit ihrer Spende auch einen starken Einfluss auf die Ausrichtung der Weltgesundheitsorganisation. Die WHO ist laut Kritikern jetzt auf den Tropf der Gates Foundation angewiesen. Was ist an dieser Anschuldigung falsch?

Die Filmemacherinnen Jutta Pinzler und Tatjana Mischke sprachen mit Kritikern und Unterstützern der WHO-Politik und interviewten Spender und Menschen in Afrika, Südamerika und Europa, die von den Genfer Entscheidungen direkt betroffen waren.

Kritik an die WHO: Laut den Nachrichten auf der Website des Deutschen Rundfunks vom 17.06.2020: **Frank U. Montgomery**, Präsident des Weltärztebundes, äußert seine Kritik wie folgt:

„In den letzten zwei Jahrzehnten hat sich die WHO von einer medizinischen und arztorientierten Position zu einem politischen Club mit soziologischem Charakter entwickelt. Und im gleichen Maße hat sich das politische Gewicht von den großen Ländern des Westens auf ein Land verlagert, das mit China verbunden ist, was uns sehr beunruhigt. Daher ist es nicht verwunderlich, dass der Generalsekretär der WHO zum ersten Mal kein Arzt mehr ist, sondern ein ehemaliger Minister. Das ist schon erschrekend."

Als WHO-Generaldirektor **Tedros Adhanom Ghebreyesus** (ehemals Gesundheitsminister, dann Außenminister Äthiopiens) gewählt wurde, wurde gemunkelt, er sei Chinas Kandidat. Den Eindruck, den er am 30. Januar gemacht hat, als Tedros Anfang Januar 2020 von einer Reise nach Wuhan zurückkehrte, um Chinas Kampf gegen Corona zu studieren, war geradezu lobend. Tedros hat erzählt: „China hat den Erreger in Rekordzeit bestimmt und öffentlich gemacht. China ist vollkommener Transparenz verpflichtet, und hilft anderen Ländern, die Unterstützung brauchen. (...) Chinas Regierung gegen die Ausbreitung ergriffen hat. Dafür verdient China unseren Dank und Respekt."

Diese Aussage brachte ihn in Schwierigkeiten, weil die Fakten ganz anders waren.[82]

---

82 https://www.deutschlandfunk.de/100-tage-corona-pandemie-die-who-in-der-kritik-zu-recht.724.de.html?dram:article_id=478837

GAVI

GAVI, die Impfallianz, ehemals Global Alliance for Vaccines and Immunization: Die Global Alliance for Vaccines and Immunization ist eine globale öffentlich-private Partnerschaft mit Sitz in Genf. Sie hat in der Schweiz Stiftungsstatus nach schweizerischem Recht. Auch Vertreter verschiedener Regierungen wie die Weltbank und die Bill & Melinda Gates Foundation sowie UN-Agenturen wie UNICEF und WHO sitzen im Kuratorium.

Gegründet: im Jahr 2000 während des Weltwirtschaftsforums in Davos

Handlungsfeld: Entwicklungsländer weltweit

Fokus: Erhöhung der Impfraten

Auf einer internationalen Geberkonferenz in London im Juni 2020 (Pandemiestart: März 2020) wurden insgesamt 8,8 Milliarden US-Dollar von Unternehmen, Regierungen und Privatpersonen gespendet, damit Gavi bis 2025 weitere 300 Millionen Kinder in Entwicklungsländern erreichen und impfen kann. Diesen Spenden zufolge; Gastgeber der Online-Konferenz ist laut Premierminister Boris Johnson Großbritannien, das 1,65 Milliarden Pfund (rund 1,85 Milliarden Euro) beisteuern wird, Microsoft-Gründer Bill Gates steuert über die Bill & Melinda Gates Stiftung umgerechnet rund 1,4 Milliarden Euro bei., Deutschland 600 Millionen Euro, Frankreich sagte 100 Millionen Euro zu. Die globale Impfinitiative GAVI ist im Vorfeld ihrer Geberkonferenz im Juni in London in die Kritik geraten. Die pharmakritische Kampagne Buko Pharma (NGO) wirft ihm eine zu große Nähe zur Pharmaindustrie vor. So erhielten etwa Pfizer und GlaxoSmithKline Millionenbeträge für einen Pneumokokken-Impfstoff mit fragwürdiger Wirksamkeit. Deutschland 600 Millionen, Frankreich 100 Millionen Euro. Die globale Impfstoffinitiative GAVI ist vor ihrer Spendenkonferenz in London im Juni unter Beschuss geraten. Die Kampagne Buko Pharma (kritisch gegenüber der Pharmaindustrie, eine NGO) wirft ihr vor, zu nahe an der Pharmaindustrie zu sein. Pfizer und GlaxoSmithKline haben beispielsweise Millionen für einen Pneumokokken-Impfstoff berechnet, dessen Wirksamkeit fraglich ist.

Die GAVI-Alliance erhält rund 75 Prozent ihrer Finanzierung von der Bill & Melinda Gates Foundation. 2009 vergab die Stiftung 1,5 Milliarden US-Dollar für die Arbeit der GAVI-Alliance zur Förderung der Kinderimpfung. Gavi ist keine Regierungsorganisation, sondern ein Gemeinschaftsprojekt, das sich aus mehreren Vertretern von Regierungen, der Pharmaindustrie und der Zivilgesellschaft zusammensetzt. Sie darf arbeiten, ohne Steuern zu zahlen, und gleichzeitig völlige Immunität für alles hat, was sie falsch macht, ob vorsätzlich oder nicht. Es ist ihr einziges Ziel, zukünftig allen Kindern der Welt innovative Impfstoffe gemeinsam mit Gates zur Verfügung zu stellen, und sie hält sich fest daran.

Wie Bill Gates in einem Interview sagte: **„Es besteht kein Zweifel"**

Zitate zum Nachdenken:

„Nichts ist verhüllt, was nicht offenbar, und nichts ist verborgen, was nicht bekannt werden wird!“
Lukas 12,2

„Alle denken nur darüber nach, wie man die Menschheit ändern könnte, doch niemand denkt daran, sich selbst zu ändern!“
Tolstoi

„Was wir jetzt wollen, ist ein engerer Kontakt und ein besseres Verständnis zwischen Individuen und Gemeinschaften auf der ganzen Erde und die Eliminierung von Egoismus und Stolz, der immer dazu neigt, die Welt in urzeitliche Barbarei und Streit zu stürzen!“
Nikola Tesla

„Jeder muss seine eigenen Schlüsse aus der Geschichte ziehen, denn nicht der Stärkste oder Klügste wird überleben, sondern derjenige, der am schnellsten die Notwendigkeit des Erwachens erkennt!“
Nurcan Gross

TEIL 2

UMWELT, HUNGER, ZERSTÖRUNG DER NATUR UND AUSBEUTUNG DER MENSCHEN UND TIERE

VERSCHWENDUNG VON LEBENSMITTELN, ENERGIE UND GELD

Etwa ein Drittel der Lebensmittel weltweit wird jedes Jahr ungenießbar gemacht und verschwendet. Laut FAO werden jedes Jahr 1,3 Milliarden Tonnen essbarer Lebensmittel unnötigerweise weggeworfen. Etwa die Hälfte der Lebensmittel, die entlang der Nahrungskette weggeworfen werden, besteht aus Früchten, 40 bis 50 Prozent Gemüse, 30 Prozent Wurzeln und Getreide. All dies wird tagtäglich vernichtet, sei es nach der Ernte, in der Verarbeitung, im Transport, im Großhandel, auf dem Markt, in der Gastronomie oder auch bei uns zu Hause, während weltweit, durch Hunger, alle zwanzig Sekunden ein Kind stirbt. Laut Welternährungsprogramm der Vereinten Nationen verhungern bis zu 821 Millionen (11 Prozent der Menschheit) und mehr als zwei Milliarden Menschen leiden an Unterernährung. Das bedeutet, dass die Verschwendung von Lebensmitteln inakzeptabel ist. Da es tatsächlich genug Nahrung und Ressourcen für alle gibt, wie können wir dann so unverantwortungsvoll damit umgehen?

Sollten wir nicht wenigstens mit unserem Lebensmittel haushalten?

Jean Ziegler[83] sagt: „Die Weltlandwirtschaft könnte problemlos 12 Milliarden Menschen ernähren. Das heißt, ein Kind, das heute an Hunger stirbt, wird ermordet.“

Lebensmittelverschwendung führt auch zu Energieverschwendung:

Diese Lebensmittelverschwendungen führt nicht nur die Hungersnot, für die wir verantwortlich sind, sondern verursacht auch den Verlust von Arbeitskräften (Arbeit, Logistik usw.),

---

83 Schweizer Soziologe, Politiker, Schriftsteller. Einer der bekanntesten Kritiker des Kapitalismus und der Globalisierung.

Geld- und Energieverschwendung (Wasser, Treibstoff usw.). Für den Anbau und die Produktion aller Lebensmittel, die wir konsumieren, wird eine bestimmte Menge Ackerland benötigt. Bedenkt man die für die Produktion benötigten Anbauflächen, bedeuten diese vermeidbaren Lebensmittelverluste, dass auf einer Fläche von ca. 2,6 Millionen Hektar der Nahrungswert nach der Ernte komplett vernichtet und nur noch als Abfall entsorgt wird. Das entspricht etwa 15 Prozent der Gesamtfläche, die wir für die Produktion von Agrarrohstoffen benötigen. In diesen Gebieten wird also Nahrung, die niemand isst, produziert, bearbeitet und weggeworfen – wahrscheinlich durch die Einschränkung des Lebensraums und des Nahrungszugangs nicht nur für andere hungrige Menschen, sondern auch für Tiere. Diese Lebensmittel müssen jeden Tag mühsam erstellt und zur Verfügung gestellt werden.

Das Wegwerfen von Lebensmitteln ist nicht nur ein ethisches Problem. Da die Herstellung von Nahrungsmitteln viel Wasser und Energie benötigt, verschwenden wir auch wichtige Ressourcen. Ungenutzte Lebensmittel verbrauchen unnötig Energie, Wasser und Boden und verwenden Düngemittel und Pestizide. Darüber hinaus entstehen beim Transport und der Lagerung von Lebensmitteln auch große Mengen an klimaschädlichem Kohlendioxid (CO_2). Ausgehend von den Treibhausgasemissionen, die bei der Düngung freigesetzt werden, verdoppeln diese Abfälle bei der Umwandlung durch Transport, Lagerung, Kühlung, Weiterverarbeitung und Entsorgung die Treibhausgasemissionen etwa um das Doppelte.

Ursachen und Vorsicht geboten:
Tatsächlich kommen etwa **12** Prozent (1,4 Mio. Tonnen) der Lebensmittelabfälle in der Primärproduktion und **18** Prozent (2,2 Mio. Tonnen) bei der Verarbeitung an. **14** Prozent (1,7 Mio. Tonnen) der Abfälle stammen aus der Außer-Haus-Verpflegung, **4** Prozent (0,5 Mio. Tonnen) der Lebensmittelabfälle aus dem Groß- und Einzelhandel. Und laut dieser Rechnung **52** Prozent aus Privathaushalten (6,1 Mio. Tonnen).

Groß- und Einzelhandel: Hier sind die Ursachen meist unsachgemäße Lagerung, unsachgemäßer Transport, Mängel an ästhetischen Standards, Verpackungsfehler.

In der Produktion: Ausschuss wegen fehlender Produkt-/ Qualitätsmerkmale, beschädigte oder verdorbene Produkte, insbesondere Überproduktion verderblicher Produkte, Nebenprodukte wie Tierkadaver und Knochen aus der Fleischproduktion.

Gastronomie: unsachgemäße Lagerung, schwierige Bedarfsplanung, zu große Portionen, Gäste können keine Essensreste aufnehmen, müssen unverbrauchte Lebensmittel wegwerfen.

Haushalt: zu viel gekauft, Packungen zu groß, geschmacklos, Verfallsdatum überschritten, spezielle Zutaten selten verwendet, Zubereitung großer Portionen, schlechte Lagerung und Konservierungsmethoden.

Auf der Ebene der Massenverbraucher wie zum Beispiel Kantinen sowie im Groß- und Einzelhandel beträgt der Verlust von Lebensmitteln etwa 70 bis 90 Millionen Tonnen mit einem Vermeidungspotenzial von 6 Prozent. Die überwiegende Mehrheit der Lebensmittel kann durch ein verbessertes Management entlang der Wertschöpfungskette, unterschiedliches Verbraucherverhalten und veränderte Marketingstrategien vermieden werden. Beispiele aus anderen Ländern zeigen, dass einfache Maßnahmen wie die transparente Erfassung von Lebensmittelabfällen oder die Darstellung unterschiedlicher Portionsgrößen **die Lebensmittelverschwendung um bis zu 40 Prozent reduzieren können.** Bildungseinrichtungen (Schulen, Universitäten) und öffentliche Kantinen spielen hier eine besondere Rolle.

ZERSTÖRUNG ÖKOLOGISCHER LEBENSGRUNDLAGEN

Wie viel Zeit haben wir noch, bis unser Planet endgültig zerstört wird, und wie lange werden wir noch reglos zusehen, als ob es keine nächsten Generationen mehr gäbe?

Ich kann nur sagen, dass die Menschheit jetzt die rote Linie überschritten hat. An diesem kritischen Punkt ist es an der Zeit, dass die Generationen, die jetzt auf der Erde leben, begreifen, was sie tun und wohin sie gehen. Die fortschreitende Entwicklung der menschlichen Zivilisation ist nur durch den aktiven Beitrag jedes Einzelnen möglich. Der Glaube daran, dass die weitere unverantwortliche **Ausbeutung der Natur** keine negativen Auswirkungen haben wird, **kann nicht akzeptiert werden!**

Wie sich herausstellt, sind die Behörden und Regierungsvertreter nachlässig oder zu gleichgültig, handeln nicht aktiv und die Gesellschaften werden immer noch von einem großen Teil der Politiker abgelenkt und mit leeren Versprechungen zurückgehalten. Denn große internationale Konzerne, die um jeden Preis nach Gewinn und Profit streben, sowie Lobbyisten mit rücksichtsloser Gier bestimmen die politische Realität nach ihren eigenen Zielen. Und während ihre Abhängigkeit von diesen Interessen einiger weniger ein Leben in Wohlstand ermöglicht, werden die meisten, besonders in den unterentwickelten Ländern, in einen Kampf um Leben und Tod gedrängt.

Die Unterdrückung und Ausbeutung der ökologischen Lebensgrundlagen dieser Menschen führt direkt in die Armut, also zu Nahrungs- und Wassermangel, Krankheiten, verheerenden, klimatischen Bedingungen wie Überschwemmungen und Dürren (siehe Ausbeutung des Menschen). Wer außerhalb dieser zerstörten Gebiete lebt, muss sich früher oder später diesem globalen Problem stellen.

Nehmen wir nicht an, dass wir geschützt sind und dass uns nichts passieren kann. Denken wir auch nicht, das wäre nicht unser Problem, denn so eine enge Sichtweise wäre wirklich bedauerlich und schlicht naiv!

Erdzerstörung

Der Boden ist die Grundlage unserer Nahrungsmittelproduktion. Es ist nicht möglich, gesunde Lebensmittel ohne gesunden Boden zu produzieren. Aber der Boden produziert nicht nur Nahrung, sondern auch viele andere Dinge. Zum Beispiel filtert er Regenwasser und wandelt es in sauberes Wasser um, stabilisiert Umwelt und Klima, weil der Boden nach den Ozeanen die zweitgrößte Kohlenstoffquelle ist und mehr Kohlenstoff speichert als alle Wälder der Welt zusammen. Zwei Drittel aller Lebensarten sind unter der Erde versteckt. Damit der Boden seine Arbeit leisten kann, muss das Leben in ihm intakt sein, die Humusschicht gesund und die Bodenrechte müssen geschützt werden. Trotz all der wichtigen Aufgaben, die es für uns hat, gelingt es uns nicht, das Land zu schützen. Durch unsachgemäße Nutzung verlieren wir jedes Jahr rund 24 Milliarden Tonnen fruchtbaren Bodens. Dieser Verlust hat verschiedene Ursachen. Städte und Straßen breiten sich immer weiter aus. Asphalt und Beton versiegeln den Boden und schädigen den fruchtbaren Boden irreversibel. Fruchtbarer Boden ist lebenswichtig. Wir nutzen die Erde, als ob sie nie enden würde. Schwere Traktoren verdichten den Boden, Pestizide und chemische Düngemittel töten die im Boden lebenden Organismen, Wasser und Wind nehmen fruchtbaren Boden weg. Wenn man das menschliche Leben betrachtet, ist es offensichtlich, dass der Boden eine nicht erneuerbare Ressource ist.

Und das ist auch nicht alles: Der Zugang zu Land auf der ganzen Welt ist extrem ungerecht verteilt. Die landlosen Bauern und diejenigen, die nur kleine Felder bebauen, haben es schwer, sich selbst zu ernähren. Ein durchschnittlicher Europäer braucht 1,3

Hektar, also zwei Fußballfelder, um die Produkte zu produzieren, die er jedes Jahr verbraucht, einschließlich Nahrungsmittel. Das ist mehr als das Sechsfache der Fläche, die ein Bangladescher hat. 60 Prozent des von Europa genutzten Landes liegen außerhalb der Grenzen der Europäischen Union. Die weltweite Nachfrage nach Lebensmitteln, Tierfutter und Biokraftstoffen steigt. So auch die Grundstückspreise. In vielen Regionen ist der Kampf um die Gewährleistung der territorialen Rechte zu einem Kampf für das Überleben von Individuen und Gemeinschaften geworden. Die globale Bedeutung des Bodens erfordert eine globale Reaktion: Der Einsatz chemischer Düngemittel hat nicht die erwarteten Auswirkungen auf den Ertrag des Bodens, sondern zerstört langfristig die Fruchtbarkeit des Bodens. Die Bildung des Bodens dauert Hunderte, oder besser gesagt Tausende von Jahren. Zum Beispiel dauert es 2000 Jahre, bis sich eine sehr dünne Schicht auf der Erdoberfläche gebildet hat. Dies ist die Zeit, in der Oberflächengesteine unter dem Einfluss klimatischer Ereignisse im Boden in mehreren Metern Tiefe abgebaut werden. Nur die Hälfte der Fläche, die wir Boden nennen, besteht aus mineralischen Partikeln wie Sand und Ton. Etwa 20 Prozent sind Wasser, 20 Prozent sind Luft. 5 bis 10 Prozent bestehen aus Pflanzenwurzeln, lebenden Organismen und organischen Materialien wie Humus. Organische Materialien im Boden verleihen den oberen Bodenschichten eine dunkelbraune Farbe. Diese oberste Schicht ist voller Leben, eine Handvoll Erde enthält mehr Mikroorganismen, Bakterien, Pilze und Archaeen als es Menschen auf der Erde gibt. Diese Organismen zersetzen Pflanzenreste, wandeln sie in Humus um und verteilen diesen produktiven Stoff im Boden. Weniger Humus bedeutet weniger Ertrag, egal, wie viel chemischer Dünger verwendet wird, es kann dieses Problem nicht lösen. Gleichzeitig müssen, um mehr Ertrag aus dem Boden zu erhalten, große Mengen an landwirtschaftlichen Giften (Pestizide, Bakterizide, Fungizide, Insektizide usw.) verwendet werden. Darüber hinaus wird die Bodenfruchtbarkeit zunehmend durch den Einsatz von gentechnisch verändertem Saatgut immer weiter verschlechtert.

Düngemittel

Obwohl Stickstoff und Phosphor für das Wachstum von Pflanzen notwendig sind, gefährdet ein Überschuss durch künstliche Versorgung das ökologische Gleichgewicht und spielt eine große Rolle bei der Bodenverschmutzung. Wenn die Nährstoffspeicher des Bodens voll sind, werden die Überschüsse weggespült und in die Umwelt abgegeben. Zu den Ergebnissen gehören der Verlust der biologischen Vielfalt und der Bodenfruchtbarkeit sowie die Verschmutzung und das Eindringen von Nährstoffen in unterirdische und Oberflächengewässer. Einer der Hauptgründe für die Verschlechterung der Bodenqualität ist die Überdüngung mit Dünger aus der Fabrikviehhaltung. **Das Verhältnis der Anzahl der Tiere zu der für Futter und Nahrung bepflanzten Fläche ist nicht mehr ausgeglichen. Was für ein Dilemma!**

Die Lobbyisten der Fleischfabriken haben die Nachfrage nach Fleisch erhöht; die zunehmende Tierhaltung mit der Globalisierung bringt viele Probleme mit sich. Zwei dieser Probleme, die wir in diesem Kapitel des Buches behandeln werden, sind: Einerseits brauchen die Tiere mehr Anbauflächen, um genug Futter zu haben, andererseits verursachen mehr Tiere mehr Fäkalien. Zwei Drittel des Futters für europäische Nutztiere werden in so weit entfernten Ländern wie Brasilien angebaut. 2019/20 wurden mehr als 33 Millionen Tonnen Sojabohnen, Mehl und Öl in die EU importiert, hauptsächlich aus Nord- und Südamerika. Mehr als 80 Prozent des Sojas landen in der Landwirtschaft, insbesondere in der Geflügelhaltung, meistens in Güllegruben. Deshalb wird intensiver gedüngt, um diesen überschüssigen Stuhlgang wieder loszuwerden.

Eine Sache, die wir nicht vergessen sollten, ist, dass Tierfutter in der Regel aus GVO-Saatgut besteht, und um dieses Futter effizient auf dem Feld zu produzieren, werden auch Chemikalien sowie viele Medikamente und Zusatzstoffe verwendet. Sie können sich vorstellen, wie sicher der Kot eines Tieres als Düngemittel sein kann, das mit diesen Futtermitteln gefüttert wurde, sowohl für die menschliche Nahrung als auch für den Boden.

Kurz gesagt, dieser Teufelskreis des Fleischkonsums ist sowohl der Auslöser für den weltweiten Hunger als auch im Ergebnis die Zerstörung des Bodens und der Artenvielfalt, die unsere ökologische Lebensgrundlage ist.

Darüber hinaus ist die Energiedichte bei der Herstellung von synthetischen Düngemitteln mit einem hohen Ressourcenverbrauch sowie mit „Emissionen" von Treibhausgasen verbunden. Insbesondere Stickstoff und Phosphor können sich negativ auf die Bodenfruchtbarkeit und die Wasserqualität auswirken. Die Luftqualität kann durch Stickoxidemissionen aus gedüngten Böden sowie Ammoniakemissionen aus der Düngemittelindustrie und durch die Anwendung von Harndünger beeinträchtigt werden. Obwohl die chemische Zusammensetzung und die Reaktionen dieser beiden Düngemittel im Boden für die Pflanzen selbst nicht toxisch sind, entzieht die hohe Stickstoffkonzentration in der Luft dem Körper die lebensnotwendige Sauerstoffmenge. Übersteigt diese Menge 94 Prozent in der Luft, können schon wenige Atemzüge tödlich sein.

Überdüngung und Zerstörung der Biodiversität

Während traditionelle, landwirtschaftliche Aktivitäten der Natur in der Vergangenheit nicht geschadet haben, hat sich die konventionelle Landwirtschaft mit ihren Chemikalien auf die Schlussfolgerung geeinigt, dass die primäre Notwendigkeit bestünde, mehr Produkte bereitzustellen, um den Nahrungsmittelbedarf der wachsenden Bevölkerung zu decken. Eine solch schädliche Produktion gefährdet nicht nur die menschliche Gesundheit, sondern schadet auch der Umwelt. Infolgedessen wurden in vielen Teilen der Welt Millionen Hektar natürlicher Ökosysteme als neue landwirtschaftliche Flächen in Betrieb genommen und die Zerstörung der biologischen Vielfalt hat einen ernsthaften Ursache-Wirkungszusammenhang geschaffen.

Durch Überdüngung werden viele Mikroorganismen im Boden abgetötet, was die Bodenfruchtbarkeit deutlich reduziert. Dadurch wird die Artenvielfalt von Flora und Fauna zunehmend schrumpft. Biodiversität gehört zur Lebensgrundlage der Menschen – ohne sie sind Ernährungssicherheit, Gesundheit und Wohlbefinden gefährdet. Nach Schätzungen einiger Experten verschwinden jedes Jahr bis zu 35.000 Arten von Lebewesen für immer von der Erde, sowohl Pflanzen als auch Tiere. Schätzungen zufolge sind bis zu einem Viertel aller heute noch existierenden Tiere und Pflanzen vom Aussterben bedroht. Die meisten Umweltprobleme haben folgende Ursachen: Umweltverschmutzung, Landnutzung und Überdüngung, Überfischung, Asphaltversiegelung, Verlust großer (tropischer) Wälder. So führt der Missbrauch der Natur zur Verschlechterung des natürlichen Gleichgewichts. Während die Produktivität durch den Einsatz neuer Technologien und Verfahren in der Produktion steigt, handelt es sich bei diesen sogenannten Steigerungen zweifellos um nicht nachhaltige Anwendungen, die sowohl der menschlichen Gesundheit schaden als auch die biologische Vielfalt bedrohen. Die Biodiversität fällt der Landwirtschaft zum Opfer, während Chemikalien das Aussterben vieler Pflanzenarten verursachen, die die Lebensgrundlage von Bienen, Insekten, Schmetterlingen, Regenwürmern und anderen Tierarten sind. Viele Arten können sich nicht an veränderte Bedingungen anpassen oder ihren Lebensraum an andere Orte verlegen und sind vom Aussterben bedroht. Wenn die Nahrungskette des Ökosystems unterbrochen wird und das gesamte System vom Zusammenbruch bedroht ist. Auch dann kann beispielsweise die natürliche Bestäubung von Nutzpflanzen nicht mehr gewährleistet werden. Das bedeutet schließlich die Zerstörung der Lebensgrundlagen der Menschen.

Denken wir daran, dass das ganze Ökosystem eine Kette von Lebensvielfalt darstellt. Das Brechen einiger Glieder dieser Kette birgt die Gefahr, dass das gesamte System zusammenbricht.

Humusverlust

Als Humus bezeichnet man die Gesamtheit der abgestorbenen, organischen Bodensubstanz. Sie ist entscheidend für die Bodenqualität. Humus ist ein Speicher- und Puffermedium für Wasser, Nährstoffe und Schadstoffe, hauptsächlich steuert er die Nähr- und Schadstoffaufnahmefähigkeit des Bodens und wirkt strukturbildend; das heißt, er hemmt auch die Bodenverdichtung. Eine landesweite Bodenuntersuchung aus dem Jahr 2008 ergab, dass ein Drittel (34 Prozent) des Bodens nur 1 bis 2 Prozent Humus und 47 Prozent 2 bis 4 Prozent Humus enthält. Gute Böden sollten bis zu 5 Prozent Humus enthalten. Ackerland wird weltweit immer schlechter. Neben Erosion und Verdichtung trägt auch der reduzierte Humusgehalt dazu bei. Eigentlich sollte der ökologische Landbau der einzige Ausweg sein. Laut einer Studie der UN-Agrarorganisation FAO ist ein Drittel des nutzbaren Bodens der Welt von schlechter Qualität. Die Menschheit verliert jedes Jahr etwa zehn Millionen Hektar fruchtbaren Bodens. Man sagt: Das Land der Erde kann nur genug Ertrag für eine Ernte von etwa 60 Jahren liefern.[84]

Von nun an reicht die Nahrung möglicherweise nur noch für eine Generation aus. Also, denken wir lieber gut darüber nach!

Waldzerstörung/Abholzung

Es versteht sich von selbst, wie wichtig die Regenwälder sind. Zu ihren Hauptaufgaben: Neben der Sauerstoffproduktion (ein Hektar Nadelwald produziert 30 Tonnen Sauerstoff pro Jahr, Laubwälder 16 Tonnen Sauerstoff pro Jahr.) sorgen sie für den

---

84 https://www.bund-rlp.de/service/meldungen/detail/news/studie-boeden-werden-immer-schlechter-nur-noch-60-ernten-moeglich/

Wasserkreislauf, produzieren Regenmassen, die für die Landwirtschaft anderswo auf der Welt benötigt werden, schützen vor Dürre, verhindern Erosion und absorbieren Kohlendioxid für die Photosynthese. Sie tragen dazu bei, Kohlendioxid in der Atmosphäre zu reduzieren und leisten einen großen Beitrag zur globalen Erwärmung. Ihr Niedergang, ihr Aussterben bedeutet auch Wachstum von Steppen und Wüstengebieten. Ohne Waldgebiete vermehren sich diese Flächen täglich um ca. 20.000 Hektar.

Eine der Hauptursachen für die Wüstenbildung ist die Zerstörung von Böden durch landwirtschaftliche Übernutzung in den Trockengebieten der Welt. Der Bevölkerungszuwachs in den letzten Jahren hat den Bedarf an einem weiteren Ausbau nutzbarer Flächen erhöht. In den letzten Jahrzehnten wurden Böden immer häufiger verwendet. Gleichzeitig werden Wälder stark abgeholzt, was zu einem zunehmenden Niederschlagsmangel führt. So breitet sich die Trockenheit nach und nach aus, der Boden kann sich durch Trockenheit nicht mehr regenerieren und Pflanzen können auf solchen Böden nicht mehr wachsen.

Im weiteren Verlauf verfällt das Land unweigerlich und nach einigen Jahren bleibt nur noch eine karge Steppen- und Wüstenlandschaft übrig. Die unmittelbare Folge davon ist eine verstärkte Bodenerosion. Bodenpartikel werden von Wind oder Wasser weggeschwemmt, und das Fehlen von Vegetation verhärtet die oberen Bodenschichten, was den Boden weiter zerstört. Tatsächlich ist dies ein natürlicher Prozess, aber durch die Manipulation des Bodens wird dieser Prozess mit einigen Praktiken um ein Vielfaches schneller verstärkt, das bedeutet, der Mensch spielt eine Rolle bei der Bodenerosion, indem er die natürliche Vegetation und den Anbau von Feldfrüchten hemmt. Da die Bodenoberfläche zu bestimmten Jahreszeiten nicht durch Vegetation vor Regeneinflüssen geschützt wird, ist sie während des landwirtschaftlichen Prozesses besonders gefährdet.

Starke Regenfälle oder stürmische Winde beginnen die allmähliche Bewegung des fruchtbaren Bodens und verursachen seinen Verlust. Sie können über längere Strecken bergab oder durch offenes Gelände transportiert werden; es besteht die Gefahr einer starken Ausspülung im Boden nach Niederschlägen. Weltweit kommen jährlich 70.000 Quadratkilometer Wüste hinzu. Und die Prognosen sind nicht allzu optimistisch: Ein Drittel der weltweiten Landfläche wird wahrscheinlich bald verwüstet sein. Besonders betroffen sein könnten die Sahel-Region, das südliche Afrika, Zentral- und Südasien, Australien, Nord- und Südamerika sowie Südeuropa.

Der brasilianische Regenwald wird derzeit so schnell zerstört wie seit zwölf Jahren nicht mehr. Jüngste Daten zeigen auch, dass sich die Situation im Dschungel seit Bolsonaros Präsidentschaft drastisch verschlechtert hat. Demnach gingen zwischen August 2019 und Juli 2020 rund zehn Prozent mehr Nutzfläche im Vergleich zum Vorjahr verloren. 11.000 Quadratkilometer Wald, über 600 Millionen Bäume, drei Fußballfelder pro Minute (Stand: 01.12.2020). Gemessen wird immer für den Dezember zwischen August und Juli eines Jahres, da der Zeitraum sowohl die Regen- als auch die Trockenzeit im Amazonasgebiet umfasst. Auf diese Weise kann jede klimabedingte Veränderung erkannt werden. Dazu werden automatisch Satellitenbilder ausgewertet; das System erkennt Veränderungen der Vegetation. Die Umweltschutzorganisation **Greenpeace** hat davor gewarnt, dass die Entwaldung zunehmend auch Schutzgebiete betrifft.

Verschlimmerung seit Bolsonaro?[85]

Neue Zahlen des Space Institute bestätigen, dass die Entwaldung seit dem Amtsantritt der Regierung Jair Bolsonaro deutlich zugenommen hat. Bolsonaro schwächte während seiner Amtszeit die „Umweltschutzgesetze“. Der Haushalt 2021, der vom Kongress verabschiedet werden musste, sieht erneut drastische Einschnitte beim Waldschutz vor. Brasiliens Regenwald ist der größte der Welt, und Schäden daran könnten die ganze Welt betreffen.

---

85 https://www.tagesschau.de/ausland/amerika/regenwald-amazonas-107.html

Warum spielt der Fleischkonsum eine Rolle bei der Ausrottung des Regenwalds?

Fleischproduktion ist die Hauptursache für die Zerstörung des **Regenwalds** in Brasilien. Allein in den letzten Jahrzehnten wurde eine Fläche von über 160.000 km² **abgeholzt**. Nutztiere werden in der Massentierhaltung, neben anderen Futterbestandteilen, auch mit eiweißreichem Sojaschrot gemästet. Doch für den Anbau von Soja findet eine großflächige Abholzung von Regenwald statt. 70 bis 75 Prozent der weltweiten Sojaernte dienen als **Tierfutter** der industriellen Fleischproduktion. Außerdem ist Soja in großen Mengen und ganz günstig auf dem Weltmarkt zu haben. Als Futter wird Soja zusammen mit Hormonen, Antibiotika und Zusatzstoffen gemischt und dadurch werden schnell und billig möglichst viel Fleisch, Eier oder Milch produziert. Es gibt nur ein Ziel, nämlich den **GEWINN**!

Wie viel Soja wird weltweit angebaut?
Aufgrund der ständig steigenden Nachfrage hat sich die Sojaproduktion seit 1960 auf 260 Millionen Tonnen verzehnfacht. Mehr als drei Viertel der Sojaproduktion bestehen schon aus genetisch verändertem Soja. Die EU importiert pro Jahr circa 34 Millionen Tonnen Soja als Tierfutter, größtenteils aus Südamerika. Die dafür beanspruchte Landfläche beträgt 15 Millionen Hektar; das entspricht der Größe Belgiens, der Niederlande und Österreichs zusammen. Deutschland führt etwa 5 Millionen Tonnen ein und belegt damit 2,8 Millionen Hektar Land. Den Großteil der Sojaimporte macht Gen-Soja als Futterzusatz für die Massentierhaltung aus. In Argentinien bestehen 99 Prozent der Produktion aus Gen-Soja, in den USA über 90 Prozent und in Brasilien über 65 Prozent.[86]

---

86 https://www.regenwald.org/themen/fleisch-soja/fragen-und-antworten-zu-soja

Stellungnahme von Greenpeace (2014):
Eine Fracht, die mit den tonnenweisen Sojabohnen beladen wurde, ist in Amsterdam eingetroffen und die Fracht gehörte dem US-Agrarkonzern **Cargill**. Die Sojabohnen werden in Amsterdam zu Schrot und Öl verarbeitet und dienen in Europa hauptsächlich als Futter für Schweine, Rinder und Hühner. Mit einem Import von jährlich über drei Millionen Tonnen Soja ist Deutschland einer der wichtigsten Abnehmer.

Oliver Salge, der Waldexperte von **Greenpeace** sagte: „**Cargill zerstört den Urwald, damit das Kilo Fleisch in Europa möglichst billig ist. Für eine solche Schiffsladung Soja müssen 19.000 Hektar Urwald gerodet werden, eine Fläche von 26.000 Fußballfeldern.**" Greenpeace verlangte von Cargill, kein Soja aus dem Amazonasgebiet mehr zu kaufen. Der Schutz des Urwaldes ist wichtiger als billiges Futter für die skandalöse Massentierhaltung in Europa. **Aber Cargill, weigerte sich, den Einkauf von Amazonas-Soja zu stoppen.**[87]

Wasserverschwendung

71 Prozent der Erde ist mit Wasser und 29 Prozent mit Land bedeckt. Mehr als 97 Prozent dieses Wassers ist Salzwasser; es ist nicht für den menschlichen Verzehr geeignet. Süßwasser beträgt ca. 2,5/3 Prozent, aber nur 0,3 Prozent davon sind leicht zugänglich. Der Rest befindet sich teilweise im arktischen Eis und ist schwer zugänglich. Da der Wasserkonsum sowohl der Weltbevölkerung als auch der Gesellschaft zunimmt, gibt es immer mehr Probleme mit dem Zugang zu Süßwasser. Da es kein einziges Lebewesen gibt, das ohne Wasser leben kann, könnte man behaupten, dass es für unser Leben wertvoller ist als alles

---

87 https://www.greenpeace.de/biodiversitaet/waelder/waelder-erde/regenwald-brennt-tierfutter

Gold der Welt, und es sollte nicht verschwendet werden, zumal die Wasserressourcen der Welt begrenzt sind. In einer ständig wachsenden Welt ist die Wasserverschwendung vielleicht das Erste, worauf wir achten sollten. Wir werden ein Problem kriegen, wenn wir die Wasserverschwendung und Wasserverschmutzung nicht lösen können. Wasser stellt die größte Priorität dar; bevor wir dieses Problem nicht in den Griff bekommen, können wir uns nicht mit den anderen Umweltproblemen beschäftigen. Wenn wir für die Bedürfnisse anderer Lebewesen, insbesondere des Menschen, nicht sensibel genug sind, und selbst, wenn wir denken, dass die Wasserressourcen für uns vorerst ausreichen, schaffen wir letztlich auch Probleme für zukünftige Generationen. Daher ist es für uns unverzeihlich, die verbleibenden Süßwasserressourcen immer weiter zu verschwenden und zu verschmutzen. Vergessen wir das nicht: Wenn Lebensmittel verschwendet werden, wird auch das zu deren Herstellung verwendete Wasser verschwendet. Experten des **UNESCO-Instituts** für Wasserbildung haben ermittelt, wie viel Wasser tatsächlich für die Nahrungsmittelproduktion benötigt wird. Anhand einiger ausgewählter Produkte können Sie sich darüber ein Bild machen.

Beispiel: **Für die Produktion von 1 kg Äpfel werden 700 Liter Wasser benötigt, für 1 kg Kartoffeln 900 Liter und für die Produktion von 1 kg Rindfleisch ca. 15.000 Liter Wasser.**

Der weltweite Handel mit Futtermitteln, Tieren und anderen Lebensmitteln ist auch der Handel mit großen Wassermengen. Problematisch wird der Bedarf von Wasser, wenn der Niederschlag in einer Region niedriger ist als das verbrauchte Wasser für die Herstellung von Produkten. Wichtig ist also auch, wo die Produktion stattfindet!

Eine Studie von zwei führenden Experten für hydrologische Systeme (Mekonnen und Hoekstra) zeigt, dass 4 Milliarden Menschen bereits mindestens einen Monat lang Wassermangel im Jahr haben und 1,8 Milliarden Menschen mindestens sechs Monate lang mit Dürre kämpfen. Daher ist Wasserknappheit ein häufig unterschätztes Problem. Neben der Wasserverschwendung spielen Landwirtschaft und Trinkwasserversorgung wie auch der Tourismus eine große Rolle.

Wenn der Wasserkreislauf eine ausgewogene Wasserversorgung (zwischen Wasserversorgung und Wasserverbrauch) **auf dem Planeten garantieren sollte, warum gibt es heute Wasserknappheit in größeren Teilen der Welt als je zuvor?**

UMWELTVERSCHMUTZUNG

Die Verschmutzung unseres Planeten hat viele Gesichter und betrifft fast alle Bereiche des täglichen Lebens. Bei der Umweltverschmutzung fallen alle Arten von Schadstoffen, Gasen im Verkehr oder in der Industrie, Abwasser, Emissionen, Chemikalien, Müll und sogar radioaktive Strahlung in das Kapitel Umweltverschmutzung.

Einige der wichtigsten davon sind:

Abfall und Müll: Die stetig wachsende Bevölkerung, Urbanisierung, der technologische Fortschritt, der Bedarf an Objekten – insbesondere Elektrogeräten – und die rasante Entwicklung der Industrie führen einerseits zu einer raschen Erschöpfung der Ressourcen, andererseits bringt sie Abfall-/Müllproduktion in riesigen Dimensionen hervor. (Siehe: Abfall; Müll; Haushalt, Industrie, Elektroschrott)

Luftverschmutzung: Feinstaub und Abgase aus der Industrie und von Autos können Wohnhäuser und historische Gebäude erheblich schädigen. Klimawandel und globale Erwärmung werden durch Treibhausgase gefördert und beschleunigt. Diese wiederum beeinflussen die Vegetation und damit den Anbau von Getreide, Gemüse und anderen Nahrungsmitteln (siehe Luftverschmutzung).

Verschmutzung der Weltmeere: Der größte Teil der Verschmutzung besteht aus Abwasser und Müll. Andere Ursachen sind Ölverschmutzungen durch Unfälle mit Tankern oder Bohrinseln und Abfälle aus der Fischerei. Infolgedessen sind etwa 3,5 Milliarden Menschen durch das Aussterben von Fischen und Seevögeln oder durch giftige Algenteppiche gefährdet. Es gibt fast 500 tote Zonen im Meer, in denen ein Leben unter Wasser nicht mehr möglich ist.

Süßwasser-/Trinkwasserverschmutzung: Wasserverschmutzung ist die Beimischung von unerwünschten Schadstoffen in das Wasser in einer Menge und Dichte, die es ermöglicht, die Wasserqualität messbar zu verschlechtern. 2,2 Milliarden Menschen weltweit haben keinen regelmäßigen Zugang zu sauberem Wasser. Eine unglaubliche Zahl. Etwa 785 Millionen Menschen haben nicht einmal eine grundlegende Trinkwasserquelle.

Industriebetriebe, Wärmekraftwerke, Düngemittel aus der konventionellen Landwirtschaft, chemische Pflanzenschutzmittel, agrarindustrielle Abwässer, Abwässer aus Kernkraftwerken, Schwermetalle aus Bergbau und industrieller Produktion sind die Hauptquellen der Grund- und Oberflächenwasserverschmutzung. Der fehlende Zugang zu sauberem Trinkwasser ist eines der dringendsten Umweltverschmutzungsprobleme. All dies schadet direkt oder indirekt allen Lebewesen. Etwa 58 Prozent der Krankheiten werden durch verunreinigtes Trinkwasser verursacht, das einer der Hauptgründe für die hohe Kindersterblichkeit ist. Das Problem ist jedoch fast ausschließlich vom Menschen verursacht, da mehr als 80 Prozent des weltweiten Abwassers nicht gereinigt wird.

Welche Länder haben Wasserknappheit?

Weltweit herrscht Wasserknappheit, vor allem in den arabischen Golfstaaten, Israel, Jordanien, Libanon, Libyen, Botswana und Eritrea. Es gehören aber auch die kleinen Mittelmeerstaaten San Marino, Turkmenistan, Indien und Pakistan dazu. Nordindien sei besonders betroffen, berichteten die Forscher. Die Grundwasserressourcen sind dort fast erschöpft. „Die aktuelle Wasserkrise in Chennai hat weltweite Aufmerksamkeit erregt, aber auch viele andere Regionen in Indien leiden unter chronischem Wasserstress", sagt Shashi Shekhar von WRI Indien. Indien rangiert auf Platz 13 der Liste der Länder, die von extremer Wasserknappheit bedroht sind, umfasst jedoch dreimal so viele Menschen wie die 16 verbleibenden Länder in dieser Kategorie.

Nur ein Prozent der weltweiten Wasserressourcen kann direkt als Trinkwasser genutzt werden. Es ist unsere Gewis-

senspflicht gegenüber der Menschheit, dass wir so kostbares Wasser nicht unnötig verbrauchen und verschmutzen.

Bodenverseuchung: Ganz oben auf der Liste der umweltverschmutzenden Faktoren stehen die fehlerhaften Anbaumethoden der konventionellen Landwirtschaft. Es folgen die unsachgemäße Behandlung von Abfällen, Atommüll und gefährlichen Stoffen, ineffiziente Bewässerung und Gewinnung von Bodenschätzen. Die Folgen der Bodenverschmutzung sind klar: weniger landwirtschaftliche Erträge und damit weniger Nahrung für uns Menschen (s. Zerstörung ökologischer Lebensgrundlagen).

Fracking: Es handelt sich hierbei um eine Technik, die auf der Gewinnung von Schiefergas und seinen Derivaten basiert, die zuvor nicht möglich war. Dabei wird chemische Flüssigkeit unter Druck in Schichten Tausende von Metern unter der Erde gepumpt. Diese Technik wird hauptsächlich zur Gewinnung von Ressourcen wie Kohlegas, Sandgas, Schiefergas und Schieferöl verwendet. (s. Fracking)

Chemische Verschmutzung: Die durch Chemikalien verursachten Umweltschäden haben zwei Hauptursachen: Einerseits ereignen sich immer wieder katastrophale Chemieunfälle, andererseits sind es Stoffe wie Asbest, Blei oder Schwermetalle, denen wir ständig ausgesetzt sind.

Strahlenbelastung und Strahlenemission: Radioaktive Kontamination kann auf Oberflächen, Materialien oder in der Luft auftreten. Die Beseitigung von Strahlenkontaminationen führt zu radioaktiven Abfällen, wenn die radioaktiven Stoffe nicht durch Wiederaufarbeitung einer kommerziellen Nutzung zugeführt werden. In einigen Fällen von Gebieten mit starker Kontamination kann die Kontamination durch Einbetten oder Abdecken in Beton, Boden oder Gestein abgemildert werden, um eine weitere Ausbreitung des verschmutzten Materials in die Umwelt zu verhindern.

Natürliche Strahlungsquellen

Kosmische Strahlung/Erdstrahlung: Unsere Erde ist ständig der Strahlung der Sonne, anderer Sterne und des Weltraums ausgesetzt. Die Hälfte der natürlichen Strahlendosen wird durch Radon verursacht.

Terrestrische Strahlung (Erdstrahlung):
Radon ist gasförmig und entsteht beim radioaktiven Zerfall von Uran. Es wird unwillkürlich durch Atmung in den Körper aufgenommen. Die Menge an Radon auf der Erde ist von Region zu Region unterschiedlich.

Künstliche/von Menschen verursachte Quellen: Lebewesen sind sowohl natürlicher Strahlung als auch künstlicher Strahlung ausgesetzt. Die aus künstlichen Quellen aufgenommene Strahlendosis ist stark vom Alltag des Menschen, etwa bei den Vorgängen in einer Arztpraxis (Diagnose und Behandlung) abhängig. Beispielsweise ist die Bestrahlungsstärke eines Patienten, der eine Strahlentherapie erhält, viel höher als normal. Nicht nur medizinische Prozesse, sondern auch das Arbeitsumfeld der Menschen können die eingenommene Dosis beeinflussen. Beispielsweise können Personen, die im Krankenhaus für die Vorbereitung und Verabreichung von nuklearmedizinischen Arzneimitteln zuständig sind, einer höheren Strahlung ausgesetzt sein als in ihrem normalen Leben.

Künstliche Ressourcen lassen sich wie folgt klassifizieren:
• medizinische Ressourcen
• in der Industrie verwendete Ressourcen
• in der Landwirtschaft verwendete Ressourcen
• in der Viehzucht verwendete Ressourcen
• Produkte für den täglichen Gebrauch
• in der Forschung verwendete Ressourcen[88]

---

88 https://www.afad.gov.tr/kbrn/radiasyon-kaynaklari

Treibhausgasemissionen

Treibhausgase sind Gase, die zum Treibhauseffekt beitragen und die aus natürlichen Quellen als auch vom Menschen verursachte anthropogener Einfluss[89] besteht. Sie absorbieren einen Teil der vom Boden abgegebenen, langwelligen Wärmestrahlung, die sonst ins All entweichen würde.

Größte „Klimaschuldner" nach Wirtschaftssektoren

Die gesamte Energie- und Wärmeproduktion ist für ein Viertel der weltweiten Treibhausgasemissionen verantwortlich. Ein weiteres Viertel stammt aus der Landwirtschaft und Viehzucht. Hier ist es vor allem Methan, das bei der Milch- und Fleischproduktion entsteht. Etwa ein Fünftel kommt aus der Industrie, etwa ein Siebtel aus dem Verkehrssektor.

Die meisten Treibhausgase enthalten Kohlenstoffmoleküle. Vier der sechs Gase (Kohlendioxid, Methan, Fluorwasserstoff, Perfluorkohlenstoffe), die im Kyoto-Protokoll als das wichtigste Treibhausgase gelten, enthalten Kohlenstoffmoleküle. Kohlendioxid (CO_2), Methan (CH_4), Stickoxid (N_2O) und fluorierte F-Gase umfassen: wasserstoffhaltige Fluorkohlenwasserstoffe (HFKW), Perfluorkohlenstoffe (HFKW) und Schwefelhexafluorid (SF_6).

Seit 2015 kommt Stickstofftrifluorid (NF_3) hinzu. In geringerem Maße sind dafür auch industrielle Prozesse wie die Herstellung von Zement und anderen Baustoffen verantwortlich, die eine wichtige Rolle bei der Freisetzung klimaschädlicher Gase spielen.

Kohlendioxid (CO_2) entsteht fast ausschließlich bei der Verbrennung der fossilen Energieträger Kohle, Erdgas oder Erdöl. Ressourcen sind beispielsweise Industrie, Verkehr sowie Strom- und Wärmeerzeugung.

---

89 Es bezeichnet alle direkt oder indirekt vom Menschen verursachten Veränderungen der Umwelt.

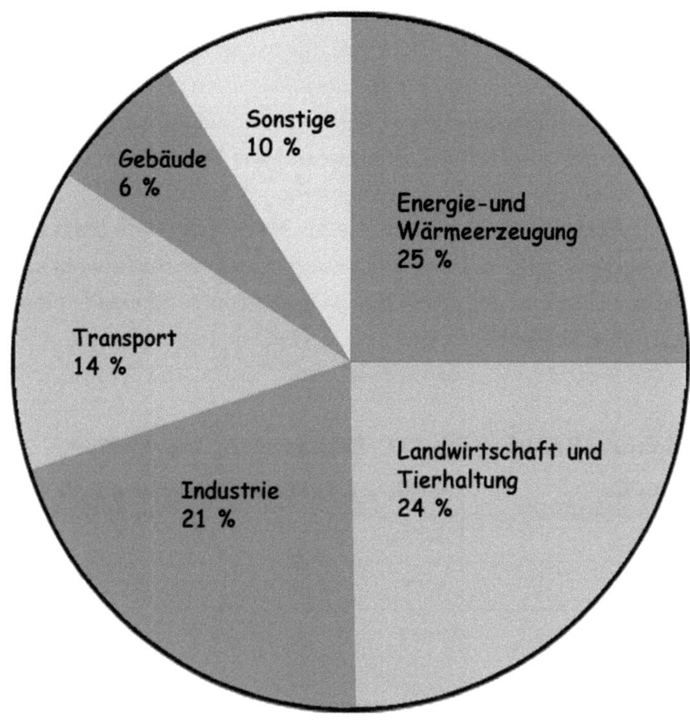

Die Aufteilung der Emissionen

Vor allem Wiederkäuer haben extremhohe CO_2-Emissionen: Pro Kilogramm Rindfleisch werden 13,3 kg CO_2-Äquivalente emittiert. Zum Vergleich: Die gleiche Menge Mischbrot produziert 0,75 kg CO_2, Äpfel 0,5 kg CO_2 und Tomaten 0,2 kg CO_2. Laut FAO sind Rinder der größte Verursacher der Treibhausgasemissionen von Nutztieren. Sie produzieren Methan, das bei ihrer Verdauung 25-mal stärker ist als CO_2. Sie sind für etwa 65 Prozent aller Emissionen verantwortlich. Schweine tragen nur neun Prozent bei, während es bei Geflügel nur acht Prozent sind. Die fabrizierten Tierhaltungsbetriebe der Fleischindustrie sind mit einem Anteil von 18 Prozent einer der weltweit größten Produzenten von Kohlendioxid (CO2), Methan und anderen „Treibhausgasen", die unsere Atmosphäre und unseren ökologischen Kreislauf in vielerlei Hinsicht schädigen. Nehmen wir zum Beispiel den Verkehrssektor, das heißt: Er ist viel intensiver als die schädlichen Gase, die alle Autos und Flugzeuge zusammen produzieren. Die 20 größten Fleischkonzerne der Welt stoßen zusammen mehr Schadstoffe aus als ein Industrieland wie Deutschland, Großbritannien oder Frankreich. Dies geht aus einer Studie mit dem Titel „**Fleischatlas**" hervor, die die **Heinrich-Böll-Stiftung** gemeinsam mit dem Deutschen Bundesverband für Umwelt und Naturschutz und der deutschen Ausgabe von Le Monde Diplomatique herausgegeben hat.

Globales Ranking der CO_2-Emittenten, Top-Länder:

Länder	Millionen Tonnen	globaler Anteil %
China	11256	29,7
2. USA	5275	13,9
3. Indien	2622	6,9
4. Russland	1748	4,6
5. Japan	1199	3,2
6. Deutschland	753	2
7. Iran	728	1,9
8. Güney Kore	695	1,8
9. Saudi-Arabien	625	1,7
10. Kanada	594	1,6

Die wichtigste logische Tatsache ist, dass die Hauptursache all dieser ziemlich ernsten Probleme offensichtlich nicht die Industrie ist, sondern die Menschen, die diese Industrien beispielsweise unbewusst unterstützen und weiterhin übermäßig viel Fleisch essen.

NATUR- UND GESUNDHEITSSCHÄDLICHE REINIGUNGSMITTEL

Wie bereits erwähnt, setzt sich der Angriff auf Menschen und Natur, in verschiedenen Stadien, in Reinigungsmitteln fort. Obwohl jeder gerne ein sauberes Zuhause hat, hört sich das Putzen vielleicht nicht nach viel Spaß an. Umso wichtiger ist es für die meisten von uns, dass Reinigungsmittel in gewünschter Weise reinigen können und uns ermüdende und zeitraubende Prozesse ersparen. Entspricht die Wahl eines starken Reinigungsmittels jedoch der Tatsache, dass es weder Umwelt noch Gesundheit belastet? Wir verwenden ständig eine Tüte solcher Produkte. Doch welche Stoffe enthalten sie, welche Auswirkungen und Schäden haben sie auf den menschlichen Körper und die Natur, wie viel davon ist uns bewusst? Auch hier setzen sich unsere gleichen falschen Vorstellungen und Konditionierungen fort:

Da es hergestellt wird, ist es für die Produktion zugelassen und seine Verwendung kann nicht schädlich sein! Ach ja?

Schädliche Inhaltsstoffe

Viele Reinigungs- und Desinfektionsmittel enthalten Schadstoffe. So wie: Alkalien, Alkohole, Aluminium, Bleichmittel, Biozide, Citrate, synthetische Duftstoffe, Farbstoffe, Füllstoffe, Öle und Fette, Konservierungsmittel, Korrosionsinhibitoren, Natriumcarbonat, Natriumhypochlorit, organische und anorganische Säuren, Phosphate, Phosphonate, Polycarboxylate, Polymere, Silikate, Verfärbungsinhibitoren, Weichmacher und Zeolithe. Über die Haut und durch das Einatmen können diese schädlichen Reinigungsmittel allergische Reaktionen und Reizungen der Atemwege hervorrufen. Duft- und Farbstoffe verbessern die Reinigungsleistung nicht, sie sind daher unnötig und gesundheitsschädlich, außerdem insbesondere in hohen Konzentrationen auch noch giftig. Die wichtigste Komponente in Reinigungsmitteln sind Tenside. Tenside lösen in erster Linie die Öle und ermöglichen eine leichtere Entfernung der Schmutzpartikel. Ohne diese Stoffe hätten Waschmittel keine Kraft. Auch Lösungsmittel wie Alkohol oder Ammoniak sollen die Reinigungskraft erhöhen. Diese schädlichen Reinigungsmittel werden dann als „**starke Reiniger**" bezeichnet, sind jedoch giftig und verschmutzen die Raumluft. Darüber hinaus bieten Konservierungsstoffe in Dosen, die nach EU-Normen gekennzeichnet sind (oft keine Konservierungsstoffkennzeichnung) eine längere Haltbarkeit. Besonders aggressive formaldehydhaltige Konservierungsstoffe können Kopfschmerzen, Übelkeit, Schleimhautreizungen, Atemwegsbeschwerden und Asthma verursachen, Allergien auslösen und gelten als krebserregend. Studien haben zudem gezeigt, dass viele Reinigungsmittel nicht nur unnötig, sondern auch gefährlich sind. Wenn Sie zu oft desinfizierenden Reiniger verwenden, können Bakterien Resistenzen gegen Antibiotika entwickeln.

Das Einatmen von Chemikalien, die bei der Verwendung von Reinigungsmitteln verdunsten, schädigt die Lunge genauso wie das Rauchen!

In einer Studie der University of Surrey in England aus dem Jahr 2016 zeigten Forscher, dass Reinigungsmittel eine Hauptquelle der Luftverschmutzung in Gebäuden sind. Waschmittel, Weichspüler, Bodenreiniger, Toilettengel und chlorhaltige Reiniger können krebserregende Schadstoffe enthalten, die durch Verdunstung an die Luft abgegeben werden.

Wer regelmäßig Waschmittel verwendet, schädigt seine Lunge, als ob er jahrelang geraucht hätte. Forscher haben diesen Effekt nur bei Frauen gefunden, aber sie haben eine Erklärung dafür. Die Reinigung ihres Hauses kann helfen, einer Stauballergie vorzubeugen. Doch regelmäßiges Putzen kann auch einen schädlichen Nebeneffekt haben: Frauen, die regelmäßig oder professionell putzen, erleiden laut einer Studie der **Universität Bergen** in **Norwegen** auf Dauer eher einen drastischen Rückgang der Lungenfunktion.

„Die Wirkung der professionellen Reinigung auf die Lunge war, als hätte eine Person seit 20 Jahren eine Packung Zigaretten pro Tag geraucht", erklärten die Autoren die Auswirkungen in der Studie. Bei Männern fanden sie dagegen keinen Unterschied zwischen regelmäßigen Putzern und Putzmuffeln – weder bei FEV1 noch bei FVC[90]. Laut den Forschern war dies darauf zurückzuführen, dass es nur 57 professionelle männliche Reinigungskräfte in der Datenbank gab. Möglicherweise könnte der Auswirkungsunterschied aber auch daran liegen, dass Frauen schon bei geringerer Exposition von Lungenschadstoffen stärker reagierten – so das Ergebnis anderer Studien (z. B. die von Silverman oder Foreman).

Die Studienpopulation umfasste 6.230 Teilnehmer, die im Durchschnitt 34 Jahre alt waren, als die Studie begann. Sie wurden 20 Jahre lang beobachtet. Die Autoren weisen darauf hin, dass die Studiendaten – neben einer kleinen Anzahl männlicher, professioneller Reiniger – auch eine kleine Anzahl von Frauen enthielt, die nicht putzten.

„Die Hauptaussage dieser Studie ist, dass **chemische Reinigungsmittel auf lange Sicht sehr wahrscheinlich große Schäden an der Lunge verursachen**."

„Diese Chemikalien sind oft unnötig: Mikrofasertücher und Wasser sind für die meisten Zwecke mehr als ausreichend", sagte Erstautor **Øistein Svanes** (Doktorand an der Abteilung für Klinische Wissenschaften der Universität Bergen). Er schlug in der Mitteilung auch vor, dass Reinigungsprodukte streng gesetzlich überwacht werden und Hersteller ermutigt werden sollten, Putzmittel herzustellen, die nicht eingeatmet werden können.[91]

---

90 Die relative Einsekundenkapazität wird auch als Tiffenau-Index oder FEV1/FVC bezeichnet und beschreibt den Anteil der gesamten maximalen Ausatemluft, der in einer Sekunde ausgeatmet werden kann, FEV1 in Prozent der Vitalkapazität.

91 https://www.aerztezeitung.de/Medizin/Putzen-schadet-der-Lunge-ähnlich-wie-Rauchen-222773.html

„Während die kurzfristigen Auswirkungen chemischer Reinigungsmittel auf Asthma zunehmend untersucht werden, fehlen Studien zur langfristigen Wirkung", sagte Studienleiterin **Cecile Svanes.** Die Daten wurden im **American Journal of Respiratory and Critical Care Medicine** veröffentlicht. Auf jeden Fall konnten die Wissenschaftler nach 20 Jahren eine deutliche Verschlechterung der Lungenfunktion feststellen. Frauen, die auch als Putzfrauen arbeiteten, hatten die schlechteste Lungenfunktion. Die durchschnittliche Luftmenge, die sie bei jedem Atemzug einatmen konnten, war 20 Jahre später für eine Person, die in dieser Zeit täglich 20 Zigaretten rauchte, genauso gering. Sprühnebel wird automatisch inhaliert. Für die Forscher ist das Ergebnis nicht überraschend: Viele Reinigungsmittel werden versprüht, wodurch das Reinigungsmittel nicht nur auf Waschbecken und Spiegel fällt, sondern auch eingeatmet wird. Dadurch werden die Atemwege geschwächt, das könne zu dauerhaften Schädigungen führen. Wissenschaftler weisen darauf hin, dass Reinigungsmittel auf diese Weise auch das Risiko erhöhen, an Asthma zu erkranken.

„Der Hygiene- und Umweltspezialist der Verbraucherzentrale Hamburg empfiehlt, auf Reinigungsmittel mit Chemikalien wie Chlor und Wasserstoffperoxid zu verzichten. Als Grundausstattung für jeden Haushalt empfiehlt er natürliche Reinigungsmittel wie Seife, Zitrone und Essig, einen alkalischen Reiniger."

Warum sind Reinigungsmittel umweltschädlich?

Viele der Komponenten sind giftig für Wasserorganismen. Die Folgen für Umwelt und Gesundheit werden oft unterschätzt. Viele Stoffe in Reinigungsmitteln sind schwer abbaubar und können auf unterschiedlichen Wegen in unser Grundwasser, Ackerland oder Flüsse, Seen und Meere gelangen.

Die in Reinigungsmitteln enthaltenen Chemikalien können über das Abwasser ins Grundwasser gelangen und Mensch wie Umwelt gefährden. Rund 220.000 Tonnen Haushaltsreiniger werden jährlich in Deutschland verkauft. Darüber hinaus werden ca. 260.000 Tonnen Spülmittel verbraucht.

Von der Website des Umweltbundesamtes-Deutschland:[92]
Wasch- und Reinigungsmittel werden täglich in Gewerbe und Industrie sowie in allen Haushalten eingesetzt. Aufgrund ihrer nahezu allgegenwärtigen Verbreitung wird die potenzielle Gefährdung von Umwelt und Gesundheit durch ihre Verwendung oft unterschätzt. Abwasser, das bei der Verwendung mit Wasch- und Reinigungsmitteln sowie Chemikalien vermischt wird, bedeutet eine erhebliche Umweltbelastung. Jährlich werden rund 1,5 Millionen Tonnen Wasch- und Reinigungsmittel an private Endverbraucher verkauft.

Es teilt sich wie folgt auf:
- ca. 604.000 Tonnen Waschmittel
- ca. 251.000 Tonnen Weichmacher
- ca. 173.000 Tonnen Geschirrspülmittel
- ca. 139.000 Tonnen Handgeschirrspülmittel
- ca. 319.000 Tonnen Reinigungs- und Pflegemittel (Mehrzweck-, Sanitär-, Glas-, Küchenreiniger)
- ca. 60.000 Tonnen Waschzusätze (Flecken- Wasserentferner)

Zudem gibt es auch unbekannte Mengen an gewerblichen und industriellen Reinigungsmitteln.

Der chemische Eintrag in das Abwasser aus Wasch- und Reinigungsmitteln in Privathaushalten beträgt ca. 564.554 Tonnen. Diese sind wie folgt aufgegliedert:
- Tenside: 180.960 Tonnen
- Duftstoffe: 10.463 Tonnen
- Polycarboxylate: 10.037 Tonnen
- Phosphonate: 8.816 Tonnen

---

92 https://www.umweltbundesamt.de/themen/chemikalien/wasch-reinigungsmittel

- Enzyme: 8.430 Tonnen
- Bodenabscheider Polymere: 3.834 Tonnen
- Phosphate: 2.471 Tonnen
- Optische Aufheller: 551 Tonnen
- Silikone: 809 Tonnen

Der Anteil der schwer abbaubaren Komponenten stieg von 5,4 Prozent im Jahr 2007 auf 6,9 Prozent im Jahr 2017.[93] Die obigen Zahlen beziehen sich nur auf Deutschland, und wenn wir weltweit darüber nachdenken, kommen wir sicher zu schrecklichen Zahlen. Wir haben immer eine Alternative, können wir anstelle dieser schädlichen Chemikalien Essig, Seife oder Kastilien/Schmierseife verwenden? Oder wie wäre es mit Cola aber nur zum Putzen? (Schauen Sie: Abschnitt: Getränke, Cola)

Vergessen wir nicht, dass die Chemikalien, die in den Reinigungsmitteln enthalten sind, Mensch und Umwelt gefährden. Und wir haben nur dieser Planet, oder haben wir sonst noch einen anderen Platz, wo wir hingehen könnten?

---

93 Bezugsjahr: 2017; Quelle: Industrieverband der Körperpflege- und Reinigungsmittel (IKW, www.ikw.org) Bericht Nachhaltigkeitsausgabe 2019 in der Wasch-, Pflege- und Reinigungsmittelindustrie in Deutschland

ABFÄLLE: WO LANDEN HAUSHALTS-, INDUSTRIE- UND ELEKTRONIKSCHROTT?

Heute werden Millionen von Abfällen auf unserem Planeten erzeugt, auf dem Millionen von Menschen leben. Während die Menschheit schnell und gedankenlos natürliche Ressourcen verbraucht, hinterlässt sie Tonnen von Abfall. Der Lebensstandard steigt von Tag zu Tag und damit auch der Konsum. All dies erinnert an die Frage, wohin der Abfall um uns herum geht. Müll ist wohl die offensichtlichste Form der Umweltverschmutzung: Wenn er verbrennt, verschmutzt er die Luft, den Boden, die Flora und Fauna, außerdem die Meere, Flüsse und Seen. Der Grund für den weltweit zunehmenden Müll liegt darin, dass wir in den Industrieländern einen Lebensstil pflegen, bei dem eine klare Verbindung zwischen Pro-Kopf-Einkommen und Müll hergestellt werden kann. Da es keine Möglichkeit gibt, Abfälle umweltgerecht zu entsorgen, heißt die Lösung Reststoffvermeidung. Wie kann dies als „Zero Waste"-, heißt übersetzt: **„Null Müll"**-Aktion umgesetzt werden, ist das möglich? Natürlich können wir, wie bei Lebensmittelverschwendung erwähnt, Bioabfälle sofort auf nahezu null reduzieren, das liegt in unserer Hand, aber natürlich sollten auch Restaurants, Cafeterien, Buffets und Kantinen dies bewusst umsetzen. Aber was ist mit anderen Abfällen?

Nach der industriellen Revolution führten das Bevölkerungswachstum und die Dichte von Wohngebieten zu einem globalen Abfallproblem, das nur schwer zu vermeiden schien. Die Industrialisierung beschleunigte die Produktion von Massen- und Billigprodukten auf der ganzen Welt, und die Menge dieser Produkte steigt exponentiell bis heute. Viele dieser preiswerten Produkte sind nicht nachhaltig und kurzlebig oder sogar Einwegware. Obwohl dieses Ziel, das zunächst ein optimistischer Dienst an der Menschheit zu sein scheint, aber nicht weitblickend ist und nur zu finanziellen Verlusten und umweltschädlichen Abfällen führt.

War das wirklich vorsätzliche Planung, oder ist es eine natürliche Folge der Profitkriege der Industrialisierung, die im Laufe der Zeit möglicherweise mit dem Kapitalismus fortschritt?

Neben Chemikalien und hochgiftigen Industrieabfällen sind Abfälle, die in großem Umfang in unser tägliches Leben eingedrungen sind – insbesondere bei Verpackungen und Produktschutz und -beschichtung – in fast allem, was wir in die Hand nehmen und verwenden, „**Kunststoffe**". Sie sind die schädlichsten Stoffe für die Natur, werden in den größten Mengen produziert und erfordern daher dringendes Handeln. Tatsächlich sollte die Produktion sofort eingestellt und verboten werden. Zwischen 1950 und 2015 wurden weltweit rund 8,3 Milliarden Tonnen Plastik produziert – **das entspricht etwa 1 Tonne pro Kopf der Weltbevölkerung**. Die Hälfte der Produktion stammt aus den letzten 13 Jahren. Davon wurden etwa 6,3 Milliarden Tonnen zu Abfall, 9 Prozent recycelt, 12 Prozent verbrannt und 79 Prozent auf Deponien entsorgt oder in der Umwelt angereichert.[94]

In unseren Abfällen stecken auch viele Schätze, es sind umweltfreundliche, dauerhafte und recycelbare Rohstoffe wie Metall, Glas und Papier, wenn sie sinnvoll eingesetzt werden. Deshalb müssen wir unseren Müll trennen und aufsammeln. Der Großteil der Abfälle aus dem Gesundheitswesen wird in der Regel verbrannt (Sondermüll), aber was passiert mit Plastik, Elektroschrott und Co., wohin mit dem Chemieabfall aus der Industrie?

Welche Abfallarten gibt es? (entsprechend den Ausgabefeldern):
- **Haushalt:** biologische Abfälle wie Restmüll, Speise- und Küchenabfälle, Glas, Papier, Verpackungen, Elektronikschrott (Maschinen, TV, Telefon, etc.), Großabfälle (wie Möbel), sperrige Metallabfälle, Sondermüll (Farben, Medikamente, etc.), Textilien, Reinigungsmittel

---

94 https://de.wikipedia.org/wiki/Kunststoff#Umweltproblematiken

- **Gewerbe- und Bauabfälle:** Leder, Glas, Holz, Textil, Verpackungen, Kunststoff, etc. in unterschiedlichen Materialien, Bau- und Abbruchabfälle, Bauschutt, gemischter Bauschutt, Betonbruch, Estrich, Putz, Gipskarton, Porenbeton, Steine, Aushub (Erde und Steine), unbehandeltes und verarbeitetes Holz, mit Schadstoffen kontaminiert, Beispiele für schadstoffhaltige Sonderabfälle, wie asbesthaltige Baustoffe, Teer und bituminöse Dachpappe
- **Gefährliche Industrieabfälle:** gewerblicher Hausmüll wie Abfälle, radioaktive Abfälle (nicht unter das Abfallrecht fallend), Produktionsabfälle (chemische Flüssigkeiten, Gase und Feststoffe), Schlachtabfälle, sonstige gefährliche Abfälle, Metallabfälle
- **Medizinischer Abfall:** Gewerbeabfälle wie Hausmüll, Wertstoffe, krankenhausspezifische Abfälle (mit Sekreten oder Sekreten verunreinigt), Abfälle mit Übertragungsrisiko von meldepflichtigen Krankheiten, überwachungsbedürftige Abfälle (Chemikalien), ethische Abfälle (Körperteile, Gewebereste, Plazenta)
- **Nukleare und explosive, brennbare Abfälle:** Radioaktive Abfälle fallen in unterschiedlichen Aktivitäts-, physikalischen und chemischen Zuständen in unterschiedlichen Anwendungsbereichen wie Medizin, Industrie und Forschung an. Nukleare und radioaktive Materialien, die Aktivitätskonzentrationen oberhalb der Freisetzungsgrenzen enthalten und nicht zur Wiederverwendung bestimmt sind, sowie kontaminierte oder radioaktive Konstruktionen, Systeme, Komponenten und Materialien

Importierter Müll

Während die Debatte über die Plastikverschmutzung weltweit zugenommen hat, hat der weltweite Handel mit Plastikmüll in den letzten Jahren immer mehr Aufmerksamkeit erregt. Was ist also der Plastikmüllhandel und warum wird darüber diskutiert? Doch nicht nur **Plastikmüll** reist um die Welt, auch **Elektroschrott** gelangt bis nach Südostasien und Afrika – obwohl der Export von kaputten Altgeräten eigentlich verboten ist.

Wer würde das Recycling eines Abfalls nicht begrüßen? Somit können wir das Produkt „Seelenfrieden" genießen. Das mag zwar der Fall sein, aber die Faulheit der Menschen, einiger Länder oder vielleicht ihr Gesundheitswahn zwingen sie dazu, es nicht selbst zu tun.

Während entwickelte und reiche Länder ihren Müll exportieren, importieren unterentwickelte, oder arme Länder diesen Müll.

Einige der Industrieländer, die zu den am meisten plastikverbrauchenden Ländern der Welt gehören, haben nicht genug Recyclinganlagen, um dies zu gewährleisten. Einige Regierungen wollen sie auch nicht in ihren eigenen Ländern oder Regionen installieren, weil Müllverbrennungsanlagen die Luft verschmutzen. Laut Eurostat-Daten werden 78,5 Prozent der Kunststoffprodukte in der Europäischen Union (EU) getrennt und gesammelt (wiederverwertet), aber nur 41,5 Prozent davon werden innerhalb der EU-Grenzen recycelt. Der Rest wird auf eine Überlandreise geschickt. Die hohe Plastikproduktion in Europa bringt viel Plastikmüll mit sich, so wurden beispielsweise im Jahr 2018 über 29 Millionen Tonnen Plastikmüll produziert. In den EU-Ländern fallen pro Person durchschnittlich 33 Kilogramm Verpackungsabfall aus Kunststoff an.

10.05.2019, Deutschland: Die **WDR/ARD-Nachrichten**[95] hatten an diesem Tag auch die folgenden Nachrichten, Titel: „ARD-Spezial: Warum kauft die Türkei Müll aus Deutschland?", „Plastikmüll überschattet zunehmend das Badevergnügen an türkischen Stränden: Strohhalme, Gläser, Flaschen, Plastikstücke. Die Türkei gehört zu den Ländern, die das Mittelmeer am

---

95 https://www1.wdr.de/nachrichten/tuerkei-unzensiert/turkiye-almanyadan-neden-cop-aliyor-100.html

stärksten mit Plastikmüll verschmutzt und importiert gleichzeitig zunehmend Plastikmüll. Deutschland gehört zu den Ländern, aus denen die Türkei Müll importiert. Nach Angaben des Statistischen Bundesamtes wurden im Jahr 2017, 18.000 Tonnen aus Deutschland in die Türkei importiert. Während Plastikmüll ankam, erreichte diese Menge 2018, 50.000 Tonnen."

Laut den Nachrichten in der türkischen Zeitung Hürriyet vom 19.05.2021: Umwelt- und Urbanisierungsminister **Murat Kurum** erklärte: „Die Türkei hat niemals Müll importiert" und weiter sagte er: „Wir führen keinen recycelbaren Abfall in unser Land ein, der kein Identifikationsdokument für die Qualität und den sauberen Rohstoff hat, der von der Industrie unseres Landes benötigt wird".[96]

Und in eine andere Nachricht, BBC-Türkisch online, am 18.05.2021 berichtet: „Die Forschung von Greenpeace hat ergeben, dass Kunststoffe, die in England in Recyclingbehälter geworfen werden, entweder in Adana verbrannt oder in die Umwelt geworfen werden."[97]

Ist dieser Diskurs nicht ein Dilemma: Wissen die Politiker nicht, was da los ist, oder setzen sie bewusst auf Täuschung?

Wo landet der Elektroschrott?

„Ob Waschmaschine, Kühlschrank, Fernseher, Handy oder Fernbedienung – Sie können alle Elektrogeräte umweltgerecht entsorgen und kostenlos bei Ihrem Wertstoffzentrum abgeben. Auch manche Händler bieten an, Altgeräte gegen neue zu handeln. Wenn wir das so akzeptieren, fühlen wir uns wohl, dann

---

96 https://www.hurriyet.com.tr/ekonomi/bakan-kurum-turkiye-cop-ithalati-yapmamistir-41813943
97 https://www.bbc.com/turkce/haberler-dunya-57142579

können wir sorglos die alten wegwerfen und durch neue ersetzen, richtig?"

Das ist es nicht!

Allein in Deutschland/Hamburg erreicht der E-Schrott 10.000 Tonnen pro Jahr.

Mehr als eine Million Tonnen Elektroschrott werden nicht recycelt. Viele Geräte landen im Hausmüll oder werden von Recyclingunternehmen nicht wiederverwendet. Das ist nicht nur ein ökologisches Problem, es gehen auch wertvolle Rohstoffe verloren!

Erste Frage: Wie gerechtfertigt ist es für uns, diese Elektronik zu verschrotten – wenn einiges davon noch brauchbar ist? (normalerweise Gewohnheiten reicher Länder und Haushalte)

Zweite Frage: Warum werden diese Geräte nicht gleich ökologisch, ressourcenschonend und nachhaltig gebaut?

Elektrogeräte werden zunächst gesammelt und dann an private Unternehmen zum Recycling oder zur Entsorgung verkauft. Sie enthalten viele wertvolle Rohstoffe, die abgebaut und recycelt werden müssen, wie Kupfer, Kobalt und Co. Es gibt aber auch Gefahrstoffe wie Quecksilber oder Kühlmittel, die bei unsachgemäßer Entsorgung große Schäden anrichten können. Vielen Menschen ist dies jedoch nicht bewusst. Weil Entsorgung und Recycling in Deutschland kostspielig sind, landen viele Elektrogeräte auf Mülldeponien in fernen Ländern und werden daher in Debatten um Klima- und Umweltschutz oft vergessen. Laut dem Sprichwort: **„Aus den Augen, aus dem Sinn"**.

Der am stärksten verschmutzte Ort der Welt ist die Deponie in Accra, der Hauptstadt Ghanas

Der Schrottplatz liegt am Stadtrand von Accra, der Hauptstadt Ghanas. Es ist Afrikas größte Elektroschrottdeponie und einer der schmutzigsten Orte der Welt. Dort wird Müll aus aller Welt entsorgt. 40.000 Menschen leben hier auf einer Fläche von rund 1.600 Hektar. Hier verbrennen Kinder und Jugendliche alte Geräte aus Europa, um brauchbares Metall zu gewinnen. Der Mensch atmet täglich giftige Dämpfe ein, darunter die gefährlichen Gifte Blei, Kadmium, Quecksilber und Chrom, die extrem krebserregend sind.

Sie verdienen damit etwas Geld, zahlen aber letztendlich mit ihrer Gesundheit!

Wenn sich die Gesetze im In- und Ausland nicht ändern, vor allem aber die Kontrollen nicht strenger werden, wenn die Hersteller nicht nur auf ökologische, nachhaltige und recycelbare Produkte setzen, wenn die Verbraucher ihre Elektrogeräte nicht besser pflegen, wird es immer diese Menschen geben, die versuchen, vom Müll anderer zu leben, mit ihm zu handeln und daran zu sterben. Und das wird immer eine Schuld der westlichen, reichen Länder im Namen der Menschheit bleiben. Wir alle müssen dieses Problem in den Griff bekommen. Denn anscheinend ist die endgültige Handlungspolitik der Behörden heute noch nicht ausgereift, also liegt das Problem in der Verantwortung von uns allen. Obwohl wir unser Ziel, ausschließlich recycelbare Produkte zu verwenden, nicht vollständig umsetzen können, sind unsere Präferenzen als Pioniere zukünftiger Generationen wichtig.

GENTECHNISCH VERÄNDERTE LEBENSMITTEL

Was ist GVO-Saatgut? GVO-Saatgut ist das Saatgut, dessen Struktur durch Gentransfer von außen die gewünschten Eigenschaften erhält; ein Gentransfer zwischen Arten erfolgt und verändert dadurch die genetische Struktur des Saatguts. Man sagt: In Deutschland werden seit 2012 keine gentechnisch veränderten Pflanzen kommerziell angebaut. Nach europäischem Recht muss eine gentechnisch veränderte Pflanze strenge Bedingungen erfüllen, um eine Genehmigung für den kommerziellen Anbau zu erhalten. Es sind keine zugelassenen GVO-Anbaugebiete bekannt. Verbraucher haben jedoch keine Informationen über GVO-Produkte, dennoch findet sie möglicherweise ohne jede Einwilligung der Menschen statt.

Im ökologischen Landbau ist die Verwendung von GVO-Saatgut oder unter Verwendung von GVO hergestellten, fertigen Lebensmittelzubereitungen nicht zulässig. Aber selbst, wenn es GVO gibt, die illegal angebaut werden, sind sich die Verbraucher dieser Situation nicht bewusst. Da es Substanzen gibt, deren DNA in GVO verändert wurde, also Genetically-Modified-Organism-Produkte, die für große Kontroversen sorgen, wird der Verzehr von Fertiggerichten noch riskanter. Der Mangel an Forschung zum Verzehr und zu den Langzeitwirkungen von GVO-Produkten erhöhen auch das Misstrauen gegenüber diesen Produkten. Zur Wiederherstellung dieses Vertrauens sind mehr unabhängige Langzeitstudien erforderlich, die klarere Erkenntnisse über die Auswirkungen von GVO auf die Gesundheit und Umwelt liefern. Nur so kann eine informierte Diskussion über die Vor- und Nachteile von GVO-Produkten stattfinden.

Was ist ein Hybridsamen? Hybriden entstehen aus der Kreuzung künstlich geschaffener, natürlicher Linien in einer Laborumgebung, sodass eine neue Saatgutsorte mit bestimmten, gewünschten Eigenschaften (als Beispiel: Ertrag und Resistenz) als Hybrid entsteht. So werden beispielsweise fruchtfremde Arten wie Karotten, Lauch oder Kohl durch Zwangsselbstbefruchtung vermehrt. Die Kreuzung oder Hybridisierung mit den gewünschten Eigenschaften kann sowohl in der Laborumgebung als auch in der Natur erfolgen. Wenn Sie den Samen von dem aus dem Hybridsamen gewonnenen Produkt nehmen und versuchen, ihn im nächsten Jahr erneut zu pflanzen, verliert der Samen seine Eigenschaften und kehrt entweder zu dem einen oder anderen Bestandteile zurück. Denn Hybridsamen sind keine reinen Linien. Die Verwendung von Hybridsaatgut in der ökologischen Produktion ist nicht verboten, wird aber auch nicht bevorzugt.

Langzeit-Schäden sind nicht abschätzbar!

Weltweit sind derzeit die wichtigsten gentechnisch veränderten GVO-Produkte Mais, Sojabohnen, Baumwolle und Raps. Die meisten dieser Pflanzen werden als Futter verwendet. In der Nahrungskette werden in der Regel nur verarbeitete Produkte aus diesen Pflanzen verwendet. Alle Lebens- und Futtermittel, aus denen Zuckerrüben oder Mais (oder Soja, Raps, andere Kulturen) stammen, müssen mit dem Vermerk „genetisch veränderte Organismen enthalten, schädlingsresistent" gekennzeichnet sein.

Darüber hinaus erfüllen die in den Zulassungsanträgen genannten Tests oft nicht die Anforderungen an aussagekräftige Tests in Bezug auf Design, Umfang und Dauer und werden daher außerhalb des Labors und ohne Genehmigung von menschlichen Testpersonen durchgeführt. In einer Reihe anderer Experimente werden bekannte Allergene und das Allergene-Potenzial von gentechnisch veränderten Pflanzen untersucht. Proteine, die nach neuen genetischen Informationen hergestellt wurden, werden mit bekannten Allergieauslösern verglichen und Testsysteme verwendet, um zu beobachten, wie sich das neue Protein verhält.

Im Zusammenhang mit gentechnisch veränderten Lebensmitteln werden vor allem zwei Gesundheitsrisiken diskutiert: die Entwicklung neuer Allergien und eine stärkere Antibiotikaresistenz. Neu hinzugefügte, genetische Informationen zu verschiedenen Kulturen (früher Soja, Mais, Raps und Baumwolle) produzieren Protein. Proteine sind potenzielle Allergieauslöser, und Nahrungsmittelallergien basieren auf einer Überempfindlichkeit gegenüber bestimmten Proteinen. Darüber hinaus kann die genetische Veränderung auch zu unerwarteten Veränderungen im Pflanzenstoffwechsel führen, die die Sicherheit und Qualität der daraus hergestellten Lebensmittel beeinträchtigen.

Ein weiteres Problem mit gentechnisch veränderten Lebensmitteln sind Antibiotika-Resistenzgene, die in verschiedenen Pflanzen verankert sind. Sie werden als Marker-Gene verwendet, um festzustellen, ob die genetische Manipulation an der Pflanze erfolgreich war. Antibiotika-Resistenzgene können Bakterien im menschlichen Darm infizieren. Damit besteht die Gefahr, dass immer mehr Antibiotika unwirksam werden. Wenn Hersteller von gentechnisch veränderten Lebensmitteln behaupten, dass ihre Produkte die am besten getesteten Lebensmittel sind, ist das Unsinn. Mögliche subtoxische, chronische oder allergene Wirkungen auf den Menschen sind noch nicht erfasst. Die am besten erprobten Lebensmittel sind jene, die die Menschen seit Generationen zu sich nehmen. Doch nicht die gentechnisch veränderten Lebensmittel, die mehrere Wochen lang an Labortiere verabreicht oder in Zellkulturen getestet werden. Außerdem die Nutzung des Breitbandherbizid „Roundup" (Die Firma Monsanto vertreibt seit 1974 Breitbandherbizide unter dem Markennamen Roundup in über 130 Ländern.) und sein Wirkstoff Glyphosat, das bei den meisten herbizidresistenten Pflanzen eingesetzt wird, schädigt nicht nur die Pflanzen, sondern hat auch eine toxische Wirkung auf den Menschen.

„Genetic Roulette", Gen-Food-Wahn

Ein Film von **Jeffrey M. Smith** (Originaltitel „The Gamble of our Lives").

Jeffrey M. Smith hat eine lange Geschichte im Kampf gegen gentechnisch veränderte Organismen in Lebensmitteln. Er startete eine Bürgerinitiative, um die Kennzeichnung von gentechnisch veränderten Lebensmitteln durchzusetzen und gründete das Institute for Responsible Technology in den USA. Der Filmemacher und Bestsellerautor („Seed of Deception") Smith ist der führende Experte für gentechnisch veränderte Organismen und deren schwerwiegende Auswirkungen auf Menschen, Tiere und Umwelt.

Er sagt: „Wenn die Regierung die wiederholten Warnungen der eigenen Wissenschaftler ignoriert und die Verwendung von ungetestetem, gentechnisch verändertem Saatgut in unserer Lebensmittelproduktion zulässt, ist das ein riskantes Spiel. Unsere Gesundheit wurde zugunsten unausgereifter Technologie gefährdet."

Jetzt, zwanzig Jahre später, haben Ärzte und Wissenschaftler einen gefährlichen Befund entdeckt. Auch in der allgemeinen menschlichen Bevölkerung gibt es ernsthafte Gesundheitsprobleme. Smiths sensationeller Dokumentarfilm liefert überzeugende Beweise dafür, warum sich die Gesundheit der Menschen immer weiter verschlechtert und wie wir unsere Zukunft schützen – oder eben nicht.

Deshalb müssen wir unbedingt einen Weg finden!

Der Verbraucher kann oft nicht unterscheiden, was gentechnisch veränderte und nicht gentechnisch veränderte Produkte sind.

Dieser Film beweist, dass gentechnisch veränderte Lebensmittel krank machen! Die Auswirkungen gentechnisch veränderter Organismen (GVO) auf den menschlichen Körper sind noch weitgehend unerforscht. Könnten gentechnisch veränderte Lebensmittel für Krankheiten, Unfruchtbarkeit und Allergien verantwortlich sein und welchen Einfluss hat Monsanto, der weltgrößte Anbieter von gentechnisch verändertem Saatgut, auf die Politik?

Gentechnik ohne Grenzen: Reis und Kartoffeln mit menschlicher DNA? (23.08.2021)[98]

---

98 http://www.umweltinstitut.org/aktuelle-meldungen/
   meldungen/2021/gentechnik/pflanze-mit-menschlicher-dna.html

Die Forscher aus den USA und China haben eine weitere Grenze überschritten: Um den Ertrag von Ackerkulturen weiter zu maximieren, fügten Sie menschliche DNA in Reis- und Kartoffelpflanzen ein. Das soll für schnelleres Wachstum sorgen. Die Auswirkungen dieses fragwürdigen Experiments sind jedoch nicht vorhersehbar, da Eingriffe in sensible Prozesse von Pflanzen wenig erforscht sind. Wird die DNA in Pflanzenzellen „abgelesen", entsteht ein Protein namens „FTO". Beim Menschen greift dieses Protein in regulatorische Prozesse von Zellen ein.

Wirkmechanismus ist unbekannt und unvorhersehbar!

Die regulatorischen Prozesse, in die das menschliche Protein FTO in Pflanzenzellen eingreifen soll, sind bisher wenig untersucht. Infolgedessen gibt es nur wenige Studien mit Modellpflanzen, die eine genaue Kontrolle des Pflanzen- und Wurzelwachstums zeigen. Die Forscher dachten, dass die FTO-Produktion in Pflanzen zu einem schnelleren Wachstum führen könnte. Sie sehen darin einen Ansatz zur Ertragssteigerung und eine Anpassung an die globale Erwärmung.

Die Auswirkungen, die die FTO-Produktion auf Pflanzen haben kann, sind jedoch kaum vorhersehbar. FTO greift stark in noch nicht hinreichend geklärte pflanzliche Regulierungsprozesse ein. Es ist schwierig, die Ergebnisse zu bewerten, die innerhalb der Zellen auftreten. Der Anbau und Verzehr von gentechnisch verändertem Reis und gentechnisch veränderten Kartoffeln birgt daher ein großes Risiko für Umwelt und Menschen. Solche Experimente mit menschlicher DNA in Pflanzen oder Tieren sind aus ethischer Sicht höchst bedenklich. Es ist auch durchaus möglich, dass der Nutzen nur marginal oder gar nicht vorhanden ist. Denn andere gentechnische Veränderungen der Pflanzen zeigten zwar im Labor die gewünschten Wirkungen, beim Anbau im Freiland versagten die Genpflanzen aber später: Die Stoffwechselvorgänge in Pflanzen waren extrem gestört.

Zitate zum Nachdenken:

„Tötet nicht die Bäume, macht nicht das Wasser unserer Flüsse trübe. Reißt nicht die Eingeweide unserer Erde auf!"
Keokuk (1780–1848), Häuptling der Sauk

„In der lebendigen Natur geschieht nichts, was nicht in der Verbindung mit dem Ganzen steht!"
Johann Wolfgang von Goethe

„Wir leben in einem gefährlichen Zeitalter. Der Mensch beherrscht die Natur, bevor er gelernt hat, sich selbst zu beherrschen!"
Albert Schweitzer

„Die Menschen gehen lieber zugrunde, als dass sie ihre Gewohnheiten ändern!"
Leo Tolstoi

„Die Gegenwart trägt die Irrtümer der Vergangenheit in sich, aber sie ist nicht mehr dafür verantwortlich. Sie ist jedoch dafür verantwortlich, dass die gleichen Fehler in Zukunft nicht wiederholt werden dürfen!"
Nurcan Gross

WELTHUNGER

Wir Menschen haben mehr Glück als Tiere, denn wenn wir hungrig sind, gehen wir in die Küche, oder den nahegelegenen Markt und kaufen zu essen, was immer wir wollen. Wir können wählen, was und wie viel davon. Tiere hingegen müssen ihre eigene Nahrung jeden Tag aufs Neue suchen, dabei wandern sie manchmal ganz schön weit umher. Aber selbst in diesem modernen Zeitalter gilt dasselbe für viele Menschen in einigen Ländern und sogar für viele Menschen in unserer eigenen Umgebung. Nämlich, jeden Tag aufs Neue nach Nahrung zu suchen, nicht genug zu essen zu bekommen und schließlich zu verhungern.

Tatsächlich handelt es sich hierbei um einen äußerst merkwürdigen und widersprüchlichen Zustand. Stellen Sie sich vor: Jedes Jahr wird weltweit etwa 1,3 Milliarden Tonnen Lebensmittel in den Müll geworfen, während 821 Millionen hungriger Menschen ohne Nahrung dastehen. Warum ist das so, was machen wir falsch? Wenn das kein Verbrechen gegen die Menschheit ist, was ist dann?

Liegt das Problem in uns oder im System?

Vermutlich sind 70 Prozent dieser Art Verbrechen auf die vorsätzliche Handlung des Systems zurückzuführen. Denn alleine 4 Großkonzerne beherrschen den Weltagrarmarkt, die mit Habgier, insbesondere in den Entwicklungsländern, die besten Ackerländer für sich ergattert haben. Die restlichen 30 Prozent werden auf unsere Kappe gehen, da wir weiterhin ahnungslos oder unbeachtet zusehen.

All die negativen Aktivitäten, die auf unserem Planeten existieren, sind zu einer Sorge für die Zukunft aller Arten von Lebewesen geworden. Es ist an der Zeit, die sogenannte „Normalität" infrage zu stellen, mit der uns das System unaufhörlich konditioniert hat. Anmerkungen wie diese: „Es geht mich nichts an", oder „Was kann ich alleine machen?" – solche Ausreden sind nicht mehr unentschuldbar.

Der Fortschritt des zivilisierten Menschen wird nur dann Erfolg haben, wenn er seine Obsessionen, konditionierten Dogmen, persönlichen Egos und all seine selbstzerstörerischen Leidenschaften zügeln kann.

Armut ist eine der strukturellen Ursachen von Hunger und führt da- zu, dass Menschen verhungern, weil sie sich nicht genug Nahrung leisten können. Die Hauptgründe, warum Menschen von Armut betroffen sind: soziale, politische und wirtschaftliche Bedingungen. Weltweit verhungern mehr als 820 Millionen Menschen und mehr als zwei Milliarden Menschen haben nicht genug Nahrung. Die Existenz hungernder Menschen auf der Welt hängt auch davon ab, wie wir Ackerland nutzen, welche Lebensmittel wir essen und wie sehr wir sie schätzen. Wenn uns bewusst wird, warum Menschen hungern, können wir entsprechende Maßnahmen ergreifen. Indem wir mehr pflanzliche Lebensmittel und weniger tierische Lebensmittel konsumieren, können wir dazu beitragen, den Hunger der Menschen zu reduzieren. Etwa 80 Prozent der landwirtschaftlich genutzten Flächen werden als Weide- oder Futteranbauflächen für Vieh genutzt.

Im Durchschnitt werden sieben pflanzliche Kalorien verwendet, um eine tierische Kalorie zu produzieren.

Das bedeutet, dass pflanzliche Lebensmittel siebenmal mehr Menschen ernähren können. Reiche Länder verschwenden nicht nur ihr eigenes Getreide, indem sie ihre Schlachttiere damit füttern, sondern nutzen auch das Land der Staaten der Dritten Welt für diesen Zweck. Dadurch wird den Menschen lebenswichtiges Ackerland entzogen und es entsteht Elend, was das soziale und wirtschaftliche Gleichgewicht dieser Staaten stört. Auch Erzeuger auf kleinen Farmen hungern, weil sie ihr Getreide nicht lagern oder mit den Einnahmen aus dem Verkauf der Ernte das ganze Jahr über ein ausreichendes Einkommen für die gesamte Familie erwirtschaften können. Abgesehen davon wirken sich extreme Wetterbedingungen, starke Regenfälle oder Dürren auf die ohnehin schon Armen sehr besorgniserregend aus.

„Die Gesellschaft setzt sich aus nur zwei großen Klassen zusammen: Die einen haben mehr Mahlzeiten als Appetit, die anderen weit mehr Appetit als Mahlzeiten." **Nicolas Chamfort**

Was stimmt nicht mit dem Ernährungssystem?

Der Fehler im Ernährungssystem rührt von der Verschärfung der Globalisierung statt der Bekämpfung des Hungers, der Profitmacherei, der hoffnungslosen Ausbeutung und dem Willen, immer neue Märkte zu erschließen und zu entwickeln, indem große internationale Unternehmen miteinander konkurrieren. Der Hauptgrund dafür liegt in der industriellen Massentierhaltung. Monokulturen, die für den Export geschaffen wurden, verursachen Nahrungsmittelknappheit in ihren eigenen Ländern (Länder der Dritten Welt). Große Herden billigen Fleisches und Viehs sorgen zudem für sinkende Grundwasserspiegel und Verschmutzung durch enormen Wasserverbrauch. Während dieser Missbrauch nur wenigen Menschen zugutekommt, führt es zur Verarmung und Verschuldung anderer.

Diejenigen, die sich den Weltkonzernen entgegenstellen, werden ausnahmslos und ohne zu zögern eliminiert!

Ein Beispiel: die Umweltaktivistin und Menschenrechtsaktivistin aus Honduras-Lenca, **Berta Cáceres**, die am 2. März 2016 getötet wurde. Als Umwelt- und Menschenrechtsaktivistin setzte sich Cáceres gegen Bauprojekte in den Wohngebieten ihres Volkes wie Staudamm- und Minenbau ein. **Als Anfang 2012 mit dem Bau des Staudamms Agua Zarca**

in der Region Rio Blanco begonnen wurde, widersetzte sich auch B. Cáceres.

Die Baufirma **DESA** hatte nicht die nötige Genehmigung erhalten und respektierte die Rechte der Menschen in Lenca nicht. Daraufhin organisierte Cáceres einen friedlichen Widerstand gegen das Projekt. Sie leitete es auch als einer der Gründer des Honduran Civil Council of Indigenous and Popular Organizations (COPINH). Ihre Protestbewegung zwang den weltgrößten Staudammbauer Sinohydro und die Weltbank, sich aus dem Projekt zurückzuziehen. Es konnte nur eine Todesursache geben: Ihr unermüdlicher Kampf gegen Umweltzerstörung und Menschenrechtsverletzungen wird von wirtschaftlichen und politischen Kräften behindert. Das berührende Schicksal von Berta Cáceres ist nur ein Beispiel für unzählige Menschen, die bereits vor ihr und weiterhin nach ihr zum Schweigen gebracht wurden. Also, es läuft einiges schief mit dem Ernährungssystem, das entweder gewollt koordiniert oder in Naivität verfallen ist. Dieses System ist unfähig, alle Menschen auf dem Planeten zu versorgen, und verursacht zudem auch massive Umweltschäden. Es ist nicht von Interesse, den Hunger zu stoppen, sondern wird wie üblich von der Gier nach Profit getrieben. Wenn die industrielle Landwirtschaft als notwendig erachtet wird, um Milliarden von Menschen zu ernähren, und Kunstdünger, industrielles Saatgut, Pestizide und Gentechnik zur Steigerung des Ernteertrags eingesetzt werden, sind dies lediglich 40 Prozent der Produktion für den Menschen zugutekommen. Nach der Ansicht der Experten wird der Rest als Tierfutter und industrieller Biokraftstoff für die Fleischproduktion verwendet. Es ist sicher, dass ein solcher Ansatz kein Mittel zur Bekämpfung des Hungers sein wird.

Fleischkonsum unterstützt den weltweiten Hunger, warum?

Der Welthunger hängt auch davon ab, wie wir Ackerland nutzen und welche Lebensmittel wir essen. Wenn wir wüssten, warum Menschen hungern sollten, oder besser gesagt, wenn wir uns dessen bewusst wären, würden wir zu solchen Lösungen übergehen. Indem wir mehr Wert auf pflanzliche und weniger auf tierische Lebensmittel legen, würden wir zumindest dazu beitragen, den Hunger auf der Erde zu verringern. Weil pflanzliche Lebensmittel siebenmal mehr Menschen ernähren können. Wir verfüttern sie auf Umwegen an Tiere. Die Verwendung von Futtermitteln aus Getreide und Saaten auf dem Feld für die Fleisch-, Milch- und Eierproduktion auf Umwegen bedeutet einen Nahrungsmittelverlust. Kalorienumwandlungsverhältnis von pflanzlicher Nahrung zu tierischer Nahrung spielt sich bestenfalls zwischen 2:1 bei Geflügel, 3:1 bei Schweinen, Zuchtfischen, Milch und Eiern und 7:1 bei Rindern ab.

Die industrielle Tierhaltung verursacht nicht nur klimaschädliche Emissionen, sondern auch den Hunger anderer: 56 Prozent der Maisproduktion und 19 Prozent der Weizenproduktion weltweit werden als Tierfutter verwendet. Der Anbau von Soja in Monokulturen zerstört Wälder und die natürlichen Lebensgrundlagen indigener, ländlicher Bevölkerungen. In Guatemala besitzen weniger als acht Prozent der landwirtschaftlichen Produzenten etwa 80 Prozent des Landes. In Brasilien besitzt ein Prozent der Bevölkerung fast die Hälfte des Landes. In einer Welt, in der die natürlichen Ressourcen immer knapper werden, stellt der Zugang zu Land und Wasser für viele Menschen ein Urteil dar, das über Leben und Tod entscheidet. Wasser ist heute knapper als Land. Die Staaten des Nahen Ostens gehören zu den größten Landkäufern in Afrika – nicht, weil sie zu wenig Land haben, sondern weil sie zu wenig Wasser haben.

Harvard-Ernährungswissenschaftler **Prof. Jean Mayer** (1920–1993): „**Der Appetit auf tierische Produkte hat dazu geführt, dass immer mehr Getreide, Sojabohnen**

und sogar Fischmehl in Futter für Rinder, Schweine und Geflügel umgewandelt werden müssen, wodurch die direkt für den Menschen verfügbare Nahrungsmenge reduziert wird."

Die weltweite Fleischproduktion hat sich in den letzten 50 Jahren fast vervierfacht, von 84 Millionen Tonnen im Jahr 1965 auf 330 Millionen Tonnen im Jahr 2017. Der Weltagrarbericht geht davon aus, dass sich dieser Trend fortsetzt und die Fleischproduktion laut FAO bis 2050 auf 455 Millionen Tonnen steigen wird. Derzeit verzehrt jeder Mensch durchschnittlich mehr als 43 Kilo Fleisch pro Jahr. Das Schlachtgewicht in Deutschland beträgt 87 Kilo, davon werden 60 Kilo verzehrt.

Das Recht auf Grundnahrungsmittel wird verletzt!

Mit der verschwenderischen Nutzung von Lebensmitteln als landwirtschaftlicher Brennstoff und dem steigenden Fleischkonsum nimmt die Landnutzungskonkurrenz zwischen Nahrungsmitteln, Futtermitteln und Brennstoffen zu. Die Nahrungsmittelkrise im Jahr 2008 veranlasste Investoren, Land in großem Umfang zu pachten oder zu kaufen. Seit 2000 sind 773 solcher Transaktionen bekannt und durchgeführt worden. Sie umfassen eine Gesamtfläche von 33 Millionen Hektar. Fast die Hälfte dieser Land-Handelsgeschäfte findet in Afrika statt. Viele Land-Handelsgeschäfte sind geheim und bleiben unbekannt. Landwirtschaftliche Unternehmen sichern sich zunehmend wichtige Wasser- und Landrechte. Beispielsweise wird Biokraftstoff, Getreide oder Tierfutter für den Export angebaut. Regierungen bieten häufig Gebiete zum Verkauf an, die als unverkauft oder ungenutzt gelten. In den wenigsten Fällen fällt Land jedoch tatsächlich brach: Meist wird es von armen Familien zum Anbau von Nahrungsmitteln genutzt. Diese Kleinbauern haben bei einem Verkauf keinen Zugang zu Land und Wasser mehr, um sich und ihre Familien zu ernähren.

Landraub (Land Grabbing)

Es beschreibt die teilweise illegitime oder illegale Aneignung von Land, insbesondere landwirtschaftlich nutzbarer Flächen, oft durch wirtschaftlich oder politisch ambitionierte Investoren. In gewisser Weise kann dies als Landraub bezeichnet werden, wobei die Rechte und Bedürfnisse der Landbevölkerung ignoriert werden, die vom Land lebt und durch Miete oder Kauf investieren muss – wenn sie können.

Im Allgemeinen sind ein oder mehrere der folgenden Kriterien erfüllt:
- Menschenrechte der lokalen Bevölkerung werden verletzt.
- Die lokale Bevölkerung wird nicht konsultiert oder informiert.
- Bestehende Landtitel oder traditionelle Landbesitzrechte, einschließlich derjenigen von Nomaden und indigenen Völkern, werden nicht respektiert.
- Soziale und wirtschaftliche Auswirkungen sowie Umweltauswirkungen, insbesondere für Frauen und Kinder, werden ignoriert.
- Es werden intransparente Verträge ohne klare und verbindliche Beschäftigungsverpflichtungen und ohne Vorteile für die lokale Bevölkerung unterzeichnet.
- Demokratische Planungsprozesse, unabhängige Überprüfungskommissionen werden nicht eingesetzt, Stimmen werden nicht abgegeben und echte Ziele werden nicht genannt.

Investoren suchen nach Land mit fruchtbaren Böden, insbesondere in einem Gebiet mit starken Niederschlägen und möglichst in der Nähe von Flüssen oder Seen. Wasser ist bereits knapper als Boden, und kommerzielle Landwirtschaft kann ohne es nicht betrieben werden. Daher spielt der Wasserbedarf neben der Bodenfruchtbarkeit eine wichtige und zentrale Rolle bei der Flächenauswahl. Mehr als die Hälfte der Landkäufe oder -pachten finden in Afrika statt, dem von Hunger und Armut geplagten Kontinent. Investoren preschen voran, insbesondere in armen Ländern, denen es an guter Regierungsführung oder starken, institutionellen Rahmenbedingungen zum Schutz der lokalen Bevölkerung mangelt.

Dies ist eine Situation, die ernstgenommen werden sollte; in solchen Ländern ist mit dem plötzlichen Tod von Präsidenten oder hochrangigen Beamten zu rechnen, die nicht ihre Bereitschaft zeigen, an Landraub teilzunehmen.

Namhafte Handelsabkommen wurden unter anderem in folgenden Ländern geschlossen: Afrika: Äthiopien, Burkina Faso, Ghana, Kamerun, Madagaskar, Senegal, Südsudan, Uganda; Asien: Indonesien, Kambodscha, Laos, Mongolei, Myanmar, Philippinen, Pakistan, Thailand, Vietnam; Europa: Russland, Ukraine, Usbekistan; Lateinamerika: Argentinien, Brasilien, Guatemala, Honduras, Paraguay. In den letzten Jahren waren das Tempo und der Umfang der Verbreitung von Land-Handelsgeschäften noch unternehmerischer. Angesichts der wachsenden Weltbevölkerung und der begrenzten Ressourcen wie Land und Wasser ist dies zu einem äußerst akuten Problem geworden. Kleinbauern haben bereits keinen ausreichenden Zugang zu Land und Wasser mehr. Immer mehr Menschen werden von ihrem Land vertrieben und haben wenig übrig, um sich und ihre Familien zu ernähren. Dies bedeutet automatisch, dass mehr als eine Milliarde Menschen auf der ganzen Welt ständig stark unterernährt und vom Hungertod bedroht ist. In den meisten dieser Länder wird eine große Menge pflanzlicher Nahrung auf Ackerland angebaut, aber sie wird in die Industrieländer exportiert, um als Futter für Schlachttiere verwendet zu werden.

Wir lassen sie verhungern: Massenvernichtung in der Dritten Welt!
Jean Ziegler schreibt in seinem Buch „**Woher kommt der Hunger in der Welt?**“: „Dass jedes Jahr zig Millionen Menschen verhungern, ist der Skandal unseres Jahrhunderts“. Alle fünf Sekunden stirbt ein Kind unter zehn Jahren an Hunger. Und das auf einem Planeten, der unbegrenzte Fülle produziert. Die Öffentlichkeit begegnet dieser Massenvernichtung menschlichen Lebens mit eisiger Gleichgültigkeit. Jean Ziegler verbindet

acht Jahre Erfahrung als UN-Sonderberichterstatterin für das Recht auf Nahrung mit ihrem unermüdlichen Kampf für eine friedliche und gerechte Welt. Mit dem Hinweis auf die dramatisch ungleiche Verteilung des Reichtums, die strukturelle Gewalt unserer Weltordnung, den unersättlichen Eigennutz, der Nahrung für einige unerreichbar macht, offenbart er das düstere Bild des Hungers.

Ziegler: „Als Ergebnis der Globalisierung ist aus den wilden und bösartigen kapitalistischen Kapitalmärkten eine Weltordnung hervorgegangen, die bedeutet, dass die große Mehrheit der Menschen ihre Vorteile in ihren vitalen Interessen umarmt. 4,8 Milliarden von 6,2 Milliarden Menschen in einem der 122 sogenannten Entwicklungsländer. Sie leben und kämpfen um ihr Leben, meist unter unmenschlichen Bedingungen. Jeden Tag sterben 100.000 Menschen an Hunger oder als indirekte Folge davon, und alle 7 Sekunden leidet ein Kind unter zehn Jahren Hunger. Dieser tägliche stille Völkermord findet in einer von Reichtum überquellenden Welt statt." „**Sie kann problemlos 12 Milliarden Menschen ernähren. Hunger ist kein Schicksal. Hinter jedem Opfer steht ein Mörder.**"

Auf Basis dieser Fakten haben die nachsichtigen Wirtschaftsexperten darauf hingewiesen, dass die Lösung des globalen Hungerproblems zwar sehr einfach ist, jedoch fast drei Viertel der Weltbevölkerung noch immer jahrelang darunter leidet. Denn die Ursache der Nahrungsmittelknappheit ist nicht, wie behauptet, die Überbevölkerung, sondern der Missbrauch von Lebensmitteln durch Verschwendung. Es werden mehr als genug Lebensmittel für alle Menschen auf unserem Planeten produziert, aber wir verschwenden sie und verteilen sie ungerecht. Während Millionen Menschen auf der ganzen Welt hungern, füllen große, internationale Konzerne nebenbei ihre Taschen mit Milliardengewinnen an Fleisch und fleischähnlichen Produkten: agrotechnische, agrochemische Industrien und die verarbeitende/herstellende Industrie und nicht zuletzt Politiker, die diesen Lobbys nahestehen.

Die Frage, die sich stellt, ist: **Heutzutage ist der Mensch sehr fortschrittlich in der KI-Technologie[99], er kann Roboter schaffen, aber er kann Hunger und Armut nicht abschaffen, ist das nicht so?**

Im Frühjahr **2000** kam es in dem ostafrikanischen Land Äthiopien, in dem damals acht Millionen Menschen lebten, zu einer schweren Hungersnot. Rund 16 Millionen Menschen in der gesamten ostafrikanischen Region waren gefährdet. Die Tatsache, dass die übliche Regenzeit von Februar bis April in Nordäthiopien seltsamerweise das vierte Jahr in Folge unterbrochen wurde, lässt den Verdacht aufkommen, dass dies etwas mit der verdeckten Wettermanipulation der US-Regierung zu tun hat. Im November 2002 breitete sich in Südafrika eine schwere Hungersnot aus, da die Regenfälle, die das trockene Ackerland dringend benötigte, noch nicht lang genug da waren. Damals sahen fast 30 Millionen Afrikaner dem Tod entgegen, fast die Hälfte davon in Simbabwe, Sambia, Malawi und den Nachbarländern, und viele Menschen waren einfach abgemagert. Im Oktober **2001** starben zahlreiche Menschen aufgrund von Nahrungsmangel. Im Frühsommer 2002 brach in Südafrika eine schwere Hungersnot aus. Die „**Fuldaer Zeitung**" vom 23. Juli **2002** stellte fest: „Die zu erwartende Ernte des Hauptnahrungsmittels Mais wird in diesem Jahr voraussichtlich weniger als ein Viertel der Norm betragen."

Das bedeutet, dass bis zur nächsten Ernte 13 Millionen Menschen chronisch vom Hungertod bedroht sind (Anmerkung: Im November 2002 stieg diese Zahl auf etwa 30 Millionen Menschen an!) und er führt im schlimmsten Fall zum Tod. Auch heute noch gibt es in Malawi und Sambia Hungernde, die sich von Wurzeln oder Baumrinde ernähren.

Hunger ist eine Schande für unser Jahrhundert, von welcher Zivilcourage können wir sprechen, wenn wir ihn nicht so schnell wie möglich beenden?

---

99 KI ist künstliche Intelligenz.

Das Interessante hier ist zu wissen, mit wie wenig Geld wir
einem hungernden Menschen ein Jahr lang helfen könnten. Eine
Tochtergesellschaft des Roten Kreuzes (der Dachorganisation)
benötigt 61,6 Millionen US-Dollar, um die 1,3 Millionen Bedürftigen zwölf Monate lang zu ernähren. In den letzten Jahren ist
die Lebensmittelversorgung Nordkoreas sprunghaft angestiegen,
und das Land ist ständig mit dramatischen Hungersnöten konfrontiert. Zwischen Januar und September 1997 verhungerten
allein in diesem Land mindestens 500.000 Menschen. Anfang
Februar 2004 meldeten die Medien, dass mehr als sechs Millionen hungernde Nordkoreaner keine Lebensmittelhilfe mehr
erhalten könnten, weil „internationale Spenden" nicht erfolgt
seien. Das Welternährungsprogramm (WFP) hat einen internationalen Notruf herausgegeben. „Weniger als 100.000 Menschen könnte in diesem Monat geholfen werden. Wenn sich die
Menschen darum kümmern würden, wären theoretisch mehr als
drei Milliarden Menschen länger ernährt, mit den 160 Milliarden Dollar, die der Krieg gegen den Irak und die anschließende
Invasion dieses Landes bisher gekostet haben."

Der Weltmarkt wird von vier Agrarunternehmen dominiert!
Weizen, Mais und Sojabohnen sind die drei wichtigsten Produkte im weltweiten Agrarrohstoffhandel. Je nach Marktlage,
Qualität und Preis werden diese Produkte als Lebensmittel,
Agrotreibstoff oder Tierfutter verkauft. Die zweitwichtigsten
globalen Rohstoffe dieser Art sind Zucker, Palmöl und Reis.
Die 4 vier landwirtschaftlichen Giganten sind **Archer Daniels Midland, Bunge, Cargill und Louis Dreyfus Company**.
Zusammen sind sie als „ABCD-Gruppe" oder einfach „ABCD"
bekannt. Archer Daniels Midland (wieder abgekürzt als ADM),
Bunge und Cargill sind US-Unternehmen, Louis Dreyfus hat
seinen Sitz in Amsterdam, Niederlande. Alle vier wurden zwischen 1818 und 1902 gegründet und stehen bis auf die ADM
bis heute unter dem Einfluss ihrer Gründerfamilien. Sie handeln, transportieren und verarbeiten auch viele Rohstoffe. Die
Unternehmen besitzen Hochseeschiffe, Häfen, Eisenbahnen,

Raffinerien, Silos, Ölmühlen und Fabriken. Ihr Weltmarktanteil liegt bei 70 Prozent, Cargill ist derzeit die Nummer eins, gefolgt von ADM, Dreyfus und Bunge.

In den letzten Jahren hat der staatliche chinesische Getreidehändler **Cofco** zu ihnen aufgeschlossen und ABCD als Hauptabnehmer von brasilianischem Mais und Soja abgelöst. Bis heute sind Millionen von Menschen, darunter viele Kinder, in Afrika von Hunger bedroht, und die Weltgemeinschaft ist sich dieser Situation nicht bewusst. Wie viele Millionen Menschen in den letzten Jahrzehnten in den Ländern der Dritten Welt tatsächlich an Hunger gestorben sind, wird wohl nie in den offiziellen „Medien" enthüllt werden.

Kriege, Konflikte

Alle Kriegsparteien vertreiben Menschen von ihrem Land, Tiere werden gestohlen und getötet, Felder werden zerstört. Konflikte sind eine der Hauptursachen für Hunger. Aber manchmal ist der fehlende Zugang zu Nahrung auch ein Auslöser für Konflikte. 2019 lösten Konflikte sechs der zehn schlimmsten Nahrungsmittelkrisen aus. Und alle Länder, die 2020 von einer Hungersnot betroffen waren, sind von gewalttätigen Konflikten betroffen. Diese Länder sind in Afrika: Sudan, Äthiopien, Südsudan, Nigeria, Kongo, Demokratische Republik Kongo und Burkina-Faso, Jemen, Irak, Palästina und Syrien im Nahen Osten, Zentralasien. Afghanistan, Bangladesch und Pakistan waren jeweils Konfliktgebiete. Während die meisten Länder in den letzten 25 Jahren Fortschritte bei der Bekämpfung von Hunger und Unterernährung erzielt haben, stagniert die Situation in den von Konflikten betroffenen Ländern. In einigen Fällen verschlechterte sich die Situation der lokalen Bevölkerung.

Das ist ziemlich alarmierend, denn die Zahl der Konflikte in der Welt hört nicht auf, sie nimmt zu. Bürgerkriege und interne Konflikte spielen eine größere Rolle als zwischenstaatliche Kriege.

Mehr als die Hälfte der von Krieg oder Bürgerkrieg betroffenen Bevölkerung lebt auf dem Land. Konflikte betreffen somit alle Aspekte der Landwirtschaft, von der Produktion über die Vermarktung bis hin zu ländlichen Dienstleistungen. Konflikte haben sowohl unmittelbare als auch langfristige Folgen für die Landwirtschaft und damit die Ernährungssituation der Bevölkerung.

Das Beispiel der Zentralafrikanischen Republik verdeutlicht die möglichen Spätfolgen: 2013 entfachten bewaffnete Milizen und Rebellengruppen einen Bürgerkrieg, der bis heute andauert. Die Getreideproduktion lag 2015 bei rund 128.000 Tonnen, weniger als 70 Prozent der Getreideproduktion vor dem Konflikt; 2018 wurden rund 134.000 Tonnen geerntet – also nur etwas mehr.[100]

Definition von Hunger, seine Arten:

1. Akuter Hunger: definiert Mangelernährung über einen bestimmten Zeitraum. Es ist die extremste Form des Hungers und wird oft mit Klimakrisen, Dürren, Kriegen usw. in Verbindung gebracht. Bei Menschen, die bereits chronisch hungrig sind, wird die Situation oft noch intensiver.

2. Chronischer Hunger: Es ist ein dauerhafter Mangelernährungszustand. Der Körper erhält weniger Nährstoffe als er benötigt. Obwohl die Medien hauptsächlich über akute Hungerkrisen berichten, ist der weltweite Hunger der häufigste chronische Hunger. Er tritt meist im Zusammenhang mit Armut auf. Menschen, die an chronischem Hunger leiden, haben wenig oder keinen Zugang zu gesunder Nahrung, sauberem Wasser oder Gesundheitsdiensten.

3. Versteckter Hunger: Es ist eine Form von chronischem Hunger. Wichtige Vitamine und Mineralstoffe wie Eisen, Jod, Zink oder Vitamin A fehlen durch Nahrungsmangel und einseitige Ernährung. Die Folgen des versteckten Hungers sind nicht

---

100 https://www.boell.de/sites/default/files/2021-09/factsheet_
     hunger_2021_web_20210906.pdf

unbedingt auf den ersten Blick sichtbar, führen aber auf Dauer zu Nährstoffmangel und schweren Krankheiten. Vor allem Kinder entwickeln sich geistig und körperlich nicht ausreichend. Das Hungerrisiko ist hoch. Zwei Milliarden Menschen weltweit leiden unter einem chronischen Nährstoffmangel, auch in den Industrieländern. Versteckter Hunger schadet nicht nur dem Einzelnen, sondern kann auch die gesamte Entwicklung in den betroffenen Gebieten beeinträchtigen, da die Leistungsfähigkeit und Gesundheit der Menschen nachlassen.

Mangelernährung ist nicht nur die Folge von Armut, sondern damit startet ein Teufelskreis, der von Generation zu Generation weitergegeben wird und Armut perpetuiert. Sind werdende Mütter unterernährt, entwickeln sich ihre Kinder während der Schwangerschaft nicht richtig und kommen oft zu früh und/oder untergewichtig zur Welt. Ein solches Kind hat kaum eine Chance, seinen Entwicklungsrückstand einzufangen. Es hat oft ein geschwächtes Immunsystem, was anfälliger für Infektionskrankheiten macht. Auch die körperliche und geistige Entwicklung der Kinder ist eingeschränkt, sie können sich nur schwer konzentrieren und ihre schulischen Leistungen sind gering.

Außerdem ist ein unterernährtes Kind im Erwachsenenalter auch anfälliger für chronische Krankheiten. Beides führt tendenziell zu einer schlechten körperlichen und geistigen Leistungsfähigkeit als Erwachsener. Sind Hunger und Mangelernährung nur in Entwicklungsländern ein Problem?

Hunger wird auch in Lateinamerika, im Nahen Osten und in vielen osteuropäischen Ländern zum Problem. Die meisten Menschen, die verhungern, leben in Entwicklungsländern, aber auch in den Industrieländern sind Hungernde überall, wo wir uns umdrehen und hinsehen.

Staaten wissen sehr gut, wie man energisch Steuern eintreiben oder schnell Bußgelder, Zwangsvollstreckungen verhängen kann. Den Bürgern auf dieselbe energische Weise Hilfe zu gewähren, ist jedoch eher ein seltenes Bild, das sich in unseren Köpfen verankert hat.

AUSBEUTUNG VON TIEREN

„Wer die Schreie der Opfer nicht hört oder sie sich vor Schmerzen winden sieht und sich nicht darum kümmert, weil sie absichtlich außer Sicht- und Hörweite sind, hat gute Nerven, aber kein Herz.“ (Bertha von Suttner, österreichische Pazifistin und Schriftstellerin, 1843–1914)

Wissenschaftler, Schriftsteller, Philosophen, Künstler und andere zeitgenössische Persönlichkeiten engagieren sich seit der Antike für Tierrechte und raten konsequent zur Vermeidung tierischer Produkte. Doch heute, im digitalen Zeitalter, konzentrieren wir uns auf uns selbst, unsere Familie oder unseren Freundeskreis. Auch wenn wir traurig über das Leid anderer Lebewesen sind, dauert es nur ein paar Minuten. Vielleicht sollten wir uns folgende Frage stellen: Sind wir der Meinung, dass Tiere nicht denken, nicht sprechen und daher kein Bewusstsein wie wir haben? Wenn auch das der Fall ist, gibt es eine unbestreitbare Tatsache: Sie haben ein Nervensystem wie wir und sie leiden genauso unter körperlichen Schmerzen wie wir.

Das etablierte System basiert auf dieser Gleichgültigkeit, und wir wenden sie an. Was wir nicht vergessen dürfen, ist: Solange wir uns nicht der Grausamkeit Bewusst werden, die heute Tieren gegenüber verübt wird, wird diese Gleichgültigkeit auch weiterhin gegenüber uns Menschen praktiziert werden. **Tatsachen werden niemals dadurch beseitigt, dass man sie ignoriert!**

Ist der Mensch selbst ein denkendes Tier?

Mahatma Gandhi[101] sagt: **„Die Größe und moralische Reife einer Nation kann daran gemessen werden, wie sie ihre Tiere behandelt.“**

Die moralische Reife der heutigen Menschen reagiert auf Befehle des Systems: Tiere können gehäutet und abgeschlachtet werden – sogar lebend – nach Belieben; sie sind dazu da, dass wir ihre Knochen und Hörner benutzen, mit ihnen experimentieren, sie quälen und töten und essen, uns unterhalten oder sie auf andere Weise ausbeuten. Sollte so was auf unserer Welt weiterhin passieren?

„Natürlich nicht!“

Dies erscheint uns so selbstverständlich, so normal, dass wir nicht das Bedürfnis verspüren, es wie alles andere zu hinterfragen. Der Mensch neigt oft dazu, von natürlichen Eigensinnen zu sprechen, um sein gewohnheitsmäßiges Verhalten zu rechtfertigen, und sich gleichzeitig über alle anderen Geschöpfe zu erheben, indem er sich seiner Fähigkeit rühmt, niedere Lebensformen herauszufordern. Das heißt, der Mensch passt seine eigenen Reaktionen nur an die tierische Natur an, wann und wenn es ihm passt. Können wir Menschen die „wilden Tiere“ oder die „Natur“ als Vorbild für unser moralisches Handeln nehmen? Wenn wir darüber nachdenken, wie würde unsere Lebensweise aussehen? Würden wir uns mit dem natürlichen Verhalten von Tieren bei brutalen Übergriffen, Vergewaltigungen oder Morden mit dem natürlichen Verhalten von Tieren in Verbindung bringen?

Folglich können wir nicht immer so argumentieren, dass wir zum Tierreich gehören. Wir greifen nur dann auf menschlich-tierische Instinkte zurück, wenn sie uns helfen oder unsere Argumente rechtfertigen. **Die Evolutionstheorie** besagt, dass sich Menschen aus Affen entwickelten. Darüber hinaus können wir

---

101 Führer und Staatsmann des indischen Volkes, 1869–1948

nicht einmal die Gültigkeit der „Evolutionstheorie" kennen, die als legitime wissenschaftliche Theorie in unseren Schulbüchern verankert ist. Weil viele Fragen nicht mit der bisherigen Evolutionstheorie geklärt werden können. Es gibt überall bei Tieren Merkmale, die in keinen Bereich der Evolutionstheorie passen. Auch das Fehlen jeglicher Zwischenstufen zwischen einem Lebewesen und seinem angeblichen Vorfahren im Stammbaum ist nicht zu erkennen. Um übrigens stellt sich hier eine Frage: Von wem stammt die **„Evolutionstheorie"**, die besagt, dass Menschen von Affen stammen? Wer weiß das nicht, natürlich **Charles Darwin**. Aber weiß denn jeder, wer sein Großvater war?

Es war **Erasmus Darwin**, ein bekannter Freimaurer seiner Zeit. Denken wir bitte nach: Das bedeutet wahrscheinlich, dass wir hier auch wieder manipuliert wurden.

Was auch immer es ist, die Messung unserer zivilisierten Reife liegt ausschließlich in unserem individuellen und kollektiven Bewusstsein und Tiere sind nicht dazu da, dass wir sie gnadenlos und rücksichtslos ausbeuten sollten. Der griechische Philosoph **Pythagoras** (ca. 570 v. Chr. −510 v. Chr.) sagte: **„Alles, was Menschen Tieren antun, kommt auf die Menschen zurück."**

Dieser Diskurs ist heute aktueller denn je, und im erweiterten Sinn können wir ihn ändern: Jede aktive oder passive Handlung, die wir vornehmen, erzeugt einen Dominoeffekt, der sich in der Zukunft als positiv oder negativ manifestieren wird. Und das ist die Ursache-Wirkung-Beziehung eines unvermeidlichen, universellen Gesetzes.

Ich weiß nicht, wer bereit ist, die Realitäten über Tiere zu hören und zu sehen und sich der angewandten Methoden bewusst werden zu wollen, aber der Standpunkt, an dem Menschen angekommen sind, zeigt, dass die Zeit reif ist, sich allen Tatsachen stellen. Weltweit werden jedes Jahr mehr als 115 Millionen Tiere in Tierversuchen getötet, 150 Milliarden Tiere werden wegen ihres Fleisches getötet – das sind 4.756 Tiere pro Sekunde – und Millionen werden für den Pelz-/Fellhandel systematisch und brutal geschlachtet. Tatsächlich die Schlachtung oft live bei vollem Bewusstsein des Tieres durchgeführt.

Tierhäute und Felle

Welche Tiere werden für ihre Haut getötet? Die meisten weltweit verarbeiteten Tierhäute werden von Kühen, Büffeln und Kälbern gewonnen. Leder wird aber auch mit Pferde-, Schaf-, Lamm-, Ziegen- und Schweinehäuten gearbeitet. Manche Tiere werden nur wegen ihrer schönen Haut gejagt und getötet. Die zur Herstellung von Leder verwendeten Häute werden normalerweise gewonnen, wenn Tiere für Fleisch geschlachtet werden. Es ist ein willkommenes Nebenprodukt aus Schlachthöfen. Unmittelbar nach der Schlachtung wird ihre Haut abgeschält. Anders als Zigarettenverpackungen müssen Pelzmäntel oder -mützen und pelzbesetzte Schuhe leider kein schockierendes Warnschild tragen, das dem Verbraucher die durch Pelz verursachten Schmerzen vor Augen führt. Dass ein Tier auch nur für das kleinste Haarknäuel geschlachtet, durch Stromschlag getötet oder bei lebendigem Leibe gehäutet wurde, Verbraucher können diese Tatsache leicht verdrängen. Möchten Sie wissen, was hinter den Kulissen der Modebranche vor sich geht? Nachdem Sie diese schockierenden Fellfakten gelesen haben, werden Sie sich beim nächsten Einkauf wahrscheinlich zweimal überlegen, ob Sie sich wirklich mit dem Fell eines zu Tode gequälten Tieres schmücken wollen.

Einige schockierende Fakten über Pelz:[102]
1. Es gibt keinen humanen Weg, Tiere wegen ihres Fells zu töten. Größere Tiere wie Füchse oder Marderhunde werden weltweit durch anale und genitale Elektroschocks getötet. Kleinere Tiere wie Nerze werden vergast. In Ländern wie China werden Marderhunde oft zu Tode geschlagen und getreten oder sie werden oft lebendig gehäutet.

---

102 https://www.peta.de/themen/pelzwahrheiten/

2. 85 % aller wegen ihres Pelzes getöteten Tiere werden auf Pelzarmen gehalten. Dort müssen sie in winzigen Drahtkäfigen leben. Viele Tiere entwickeln schwere Verhaltensstörungen.
3. Auch Hunde, Katzen und Kaninchen werden wegen ihres Fells getötet. Jedes Jahr werden etwa 1 Milliarde Kaninchen und 2 Millionen Hunde- und Katzenfellprodukte freigelassen. Der Kunde kann sich nie sicher sein, welches Tier sich hinter dem Fell verbirgt.
4. Tierquälerei ist in der Pelzindustrie allgegenwärtig und generell legal. Pelzfarmen in Europa sind genauso schlimm wie Pelzfarmen in China. In Pelzfarmen sind die Lebensbedingungen der Tiere weltweit stets brutal. Ein einzelnes Tier kann in einer Pelztierfarm seine Grundbedürfnisse nicht befriedigen und ist daher dauerhaftem Leid ausgesetzt.
5. Die Pelzproduktion ist extrem umweltschädlich. Die Fütterung vieler Tiere, die oft Fleisch fressen, zerstört unzählige Ressourcen; ihre Exkremente verschmutzen angrenzende Gewässer und tragen zur globalen Erwärmung bei. Damit die Häute getöteter Tiere nicht verrotten, werden sie mit giftigen Chemikalien wie **Schwefelsäure, Ammoniumchlorid oder Formaldehyd behandelt.**
6. Pelze sind giftig und können Menschen krank machen. Verschiedene Laboruntersuchungen an Pelzprodukten haben Rückstände von krebserzeugenden, allergieauslösenden Chemikalien ergeben.

Tierversuche

Was passiert mit Tieren nach Tierversuchen? Ihr Erbgut wird manipuliert, aufgeschnitten, künstlich krank gemacht oder qualvoll langsam vergiftet. Wenn sie nicht mehr gebraucht werden, landen sie im Müll. Tierversuche sind oft mit erheblichen Schmerzen und Schäden verbunden. Wenn die Schädel von Tieren durchbohrt werden, bleiben sie für lange Zeit bewegungslos;

in dieser Zeit werden sie lebend entsorgt, Organe im Körper versagen aufgrund fortschreitender Vergiftung oder sie leiden an Krebs und Parkinson – sie leiden genauso wie Menschen. Das Tierschutzgesetz regelt auch, dass niemand einem Tier ohne vernünftigen Grund Schmerzen, Leiden oder Schäden zufügen darf – dies gilt jedoch nicht für Tierversuche. Auch, wenn sie nur der Befriedigung wissenschaftlicher Neugier dienen. 2018 wurden allein in Deutschland 2.825.066 Tiere für wissenschaftliche Zwecke genutzt. Bei Tierversuchen wurden 686.352 Tiere getötet. Angesichts dieser Zahlen ist es höchste Zeit, Sinn und Zweck von Tierversuchen zu hinterfragen.

Weltweit sterben jedes Jahr mehr als 115 Millionen Tiere in Tierversuchen:

1. 58.000 Menschen sterben jedes Jahr an Medikamenten, die an Tieren getestet wurden.
2. Nur wenige Tierversuche sind auf den Menschen übertragbar. Beispielsweise können Mäuse 300-mal mehr Asbest vertragen, bevor sie an Krebs erkranken. Mäuse brauchen etwa eine Million Bakterien mehr als Menschen, bevor es zu einer Blutvergiftung kommen kann.
3. Bei Tierversuchen allein in Deutschland leiden, sterben jährlich ca. 3 Millionen Tiere. Die Dunkelziffer liegt bei 7,5 Millionen Tieren.
4. Als Ergebnis von Tierversuchen scheitern etwa 95 Prozent der Medikamente, die als wirksam und unbedenklich für den Menschen gelten, in klinischen Studien und werden nicht für den Markt zugelassen. 20-50 Prozent der zugelassenen Medikamente werden vom Markt genommen oder es wird später vor deren Einnahme gewarnt.
5. Jährliche Steuereinnahmen von 2,1 Milliarden Euro werden nur für Tierversuche mit Mäusen bereitgestellt, Forschung ohne Tierversuche wird nur mit 4-5 Millionen Euro finanziert.

Sind Tierversuche wirklich notwendig?

Übertragbarkeit: Die Stoffwechselvorgänge und das Immunsystem von Versuchstieren wie Maus und Mensch unterscheiden sich, sodass uns Menschen – je nach Versuch – noch nicht einmal die Übertragbarkeit sicher ist. Theoretisch könnten Medikamente bei Menschen funktionieren, auch wenn sie von Tieren bei Tierversuchen als nicht wirksam angenommen wurden, oder umgekehrt.

Medizinische Relevanz: Die meisten Tierversuche werden für die Grundlagenforschung verwendet. Für entsprechende Experimente an Tieren besteht in der Regel kein medizinischer Bedarf. Die Tatsache, dass es bereits Alternativen zu Tierversuchen gibt, stellt auch den Sinn von Experimenten mit Versuchstieren in Frage.

Studien bestätigen: Toxizitätstests an Tieren sind ungenauer als Tests an menschlichen Zellen: All diese Brutalität wird ohne Tierversuche durchgeführt, obwohl die Ergebnisse für uns Menschen nicht hilfreich sind. Eine internationale Studie untersuchte die Ergebnisse sogenannter LD50-Tests, die die tödliche Dosis eines Giftes bestimmen (über 50 Ratten und Mäuse). Die Studie ergab, dass die Tests die Toxizität beim Menschen mit nur 65-prozentiger Genauigkeit bestimmten. Andererseits zeigten tierversuchsfreie Testreihen mit menschlichen Zelllinien eine Genauigkeit von 75 bis 80 Prozent bei der Vorhersage der Toxizität beim Menschen.

Brutal Draize-Testbeispiel: Dieser Tierversuch zeigt, wie lange es dauert, bis sich Substanzen verändern, wenn sie in die Augen von Kaninchen gelangen. Anstatt zu messen, wie lange es dauert, bis eine Chemikalie die Hornhaut eines Kaninchenauges passiert, können Chemikalien auf dreidimensionale Gewebestrukturen aufgetragen werden, die der menschlichen Hornhaut nachempfunden sind. Hautreizungstests können auch an menschlichen Zellen durchgeführt werden.

Bei Experimenten wurde Hunden und Katzen der Bauch aufgeschnitten: Tierversuche für Heimtiernahrung umfassen invasive und sogar tödliche Experimente an Hunden, Katzen und anderen Tieren. Es wurde bereits beobachtet, dass Muskelfragmente aus den Oberschenkeln von Hunden entfernt werden. Anderen Hunden wurde ein Schlauch in den Hals eingeführt, Pflanzenöl in ihre Mägen gepumpt und ihr Blut an andere Labors verkauft. Ironischerweise werden all diese gruseligen Experimente durchgeführt, damit Unternehmen mit der Sicherheit oder ernährungsphysiologischen Eignung ihrer Produkte prahlen können.

Peeling: Kehlkopfgewebe des Hundes wird entfernt. Hunde, Katzen und andere Tiere werden seit Jahren in den Labors eingesperrt. Enge Käfige treiben Tiere in den Wahnsinn. Um zu verhindern, dass Hunde in Labors bellen, wird Hunden in dem als Bellen bekannten Prozess eine große Menge Kehlkopfgewebe entnommen. Dieser Eingriff ist mit großen postoperativen Schmerzen verbunden. Um das Bellen angeblich zu vermeiden, entfernt ein Tierarzt Teile der Stimmbänder des Hundes. Dadurch sollte das Bellen gedämpfter und weniger störend werden.

Werfen wir einen Blick auf Alternativen zu Tierversuchen, hier sind drei vielversprechende Optionen:[103]

- **In-vitro-Tests:** Diese Alternative verwendet einfach menschliches Gewebe oder Bilder, um wissenschaftliche Informationen zu erhalten. Forscher können eine Vielzahl von Gewebemodellen verwenden. Diese Initiativen sind sinnvoller und schaden niemandem.
- **In-Silico-Verfahren:** Die computergestützte Forschung ist schon weit fortgeschritten, und kann Prozesse und Krankheiten virtuell simulieren. Es gibt sogar täuschend echte Simulatoren menschlicher Patienten.
- **Freiwillige Studien:** Experimente können auch an Menschen mit niedrigen Dosen durchgeführt werden. Die Wirkung eines Medikaments auf den Körper wird bis ins kleinste Detail aufgespürt.

---

103 https://www.careelite.de/tierversuche/

PETA enthüllt Unermesslichkeit von Leid in Tierversuchslabors Von 2002 bis 2003 arbeitete ein Forscher von PETA USA zehn Monate lang in einem Auftragslabor in den USA, um Tierversuche mit Tiernahrung durchzuführen. Futtermittelhersteller haben gefilmt und mit eigenen Augen gesehen, wie sie Labore besuchten und sahen, wie Tiere aus Langeweile oder Einsamkeit in ihren Käfigen herumwurstelten oder in überhitzten Hütten gefangen gehalten wurden. Während ihrer Zeit im Labor hielt die Forscherin von PETA USA eine Hündin und ihre Welpen in einem Betonschuppen ohne Einstreu oder Decken. Obwohl die Welpen gerade geboren wurden, kümmerte sich kein Tierarzt um die Tiere.

Zum Beispiel in den USA:[104]

- Hunde wurden auf den Betonboden geworfen, nachdem ihnen große Muskelstücke aus den Oberschenkeln weggeschnitten worden waren, 27 der 60 im Experiment misshandelten Hunde wurden getötet und 2 weitere wurden tot in ihren Käfigen aufgefunden.
- Ein Hund, der von den Schmerzen hinkt, die durch die Lyme-Borreliose verursacht werden.
- Das Personal führte den Hunden einen Schlauch in den Hals und pumpte Pflanzenöl in ihre Mägen.
- Auf den Zähnen der Hunde bildete sich eine dicke Zahnsteinschicht, die für die Tiere beim Fressen schmerzhaft war.
- Die Katzen wurden in einem Betonraum mit hölzernen Ruheplätzen mit herausstehenden Nägeln „gehalten". Eine der Katzen wurde von einem herunterfallenden Brett erdrückt.
- Hundeblut wurde an andere Labors verkauft.

Auszüge aus der Online-Seite der Ärztekammer gegen Tierversuche:[105]

---

104 https://www.peta.de/themen/tierversuche-tiernahrung/
105 https://www.aerzte-gegen-tierversuche.de/de/sonstige/2588-10-beispiele-fuer-tierversuche-aus-dem-uke

1. In die Kälber von Kaninchen werden Löcher gebohrt, um das Osteoporose-Medikament zu testen:

Experiment: Unter Narkose wird die Haut der Kaninchen über dem Schienbein aufgeschnitten. In den Knochen wird ein Loch mit einem Durchmesser von 8,1 mm und einer Länge von 6 mm gebohrt. Die Knochenverletzung wird dann bei 12 Kaninchen mit herkömmlichem Knochenersatzmaterial und bei 12 Kaninchen mit experimentellem künstlichen Knochenersatzmaterial gefüllt.

2. Mäuse sterben an künstlich ausgelöster Hirnhautentzündung:

Experiment: Es wurden 4 verschiedene teilweise gentechnisch veränderte Mäuse verwendet. Trächtigen Mäusen wird eine Kortisonsubstanz injiziert, Kontrollgruppen erhalten eine wirkungslose Substanz. Zahlreiche verschiedene Experimente werden an Welpen durchgeführt. Keuchhustenbakterien werden nach zwei und vier Tagen in eine Vene injiziert. Das Immunsystem der Mäuse ist mittlerweile so empfindlich, dass es sein eigenes Nervengewebe angreift. Alle vier Beine sind gelähmt. Schwer gelähmte Mäuse werden getötet. Je nach Versuchsreihe werden die überlebenden Mäuse auch auf unerwähnte Weise getötet, um ihre Organe zu untersuchen.

3. Bei Schweinen wird ein kleiner Drahtkorb durch die Herzklappe gezogen, um die Herzklappe zu beschädigen und eine Aorten-Herzklappenschwäche zu simulieren:

Experiment: Brustbein und Herzbeutel von narkotisierten Schweinen werden aufgeschnitten. Eine Ultraschallsonde wird am Herzen befestigt. Herzbeutel und Sternum werden wieder vernäht. Ein Spezialkatheter mit einem gefalteten Drahtkorb am Ende wird über die Halsschlagader in die linke Herzkammer vorgeschoben. Anschließend wird das Drahtkörbchen geöffnet und der Katheter durch die Aorten-Herzklappe herausgezogen, wodurch diese beschädigt wird. Ein Schwein stirbt sofort, das andere ein paar Stunden später. Nach der Studie wurden die restlichen Schweine durch Injektion von Kaliumchlorid getötet.

4. Bei Mäusen mit einer Lungenquetschung heilen Knochen schlechter!

Experiment: Dazu wird den Mäusen der rechte Oberschenkelknochen durchgesägt und mit Schrauben und einer Querstange fixiert. Anschließend wird bei der Hälfte der Mäuse ein Gerät auf dem Brustkorb platziert, das eine explosionsartige Luftwelle erzeugt, die zu einer Lungenquetschung führt. Eine nicht genannte Anzahl Mäuse stirbt daran. Die überlebenden Mäuse werden später getötet.

5. Was passiert im Gehirn von Mäusen, deren Schnurrhaare sich gleichzeitig bewegen?

Experiment: Unter Narkose wird der Kopf einer Ratte an ein stereotaktisches Gerät geklemmt. Die Kopfhaut wird aufgeschnitten. In die Schädelknochen ist ein Fenster geschnitzt. Silikonöl wird auf die Gehirnoberfläche aufgetragen, um ein Austrocknen des Gewebes zu verhindern. Zwei Elektrodenträger, einer mit 4 und einer mit 5 Elektroden, werden an zwei bestimmten Hirnarealen angebracht und mit Acryl verbunden. Die Elektroden werden in das Hirngewebe eingebettet. Um Gehirnströme zu messen, während sich alle Schnurrhaare gleich bewegen, wird folgendes Gerät installiert: Vor der Maus wird ein Woofer installiert. An der Vorderseite ist eine Plexiglasscheibe mit einem Loch in der Mitte angebracht. Das Loch ist mit einem Rohr für die Schnurrhaare versehen. Wird nun ein tiefer Ton aus dem Lautsprecher abgegeben, entsteht entlang des Schlauchs eine Druckwelle, die einen gezielten Luftstoß erzeugt, sodass sich alle Schnurrhaare gleichzeitig bewegen. Am Ende der Experimente wurden die Ratten durch Injektion eines Fixativs (Formaldehyd) in ihre Arterien getötet. Das Gehirn wird in Scheiben geschnitten und untersucht.

Was bedeutet das alles, was ist dann der Hauptzweck von Experimenten an anderen Lebewesen?

Tierversuche sind moralisch nicht vertretbar und wissenschaftlich oft unsinnig. **Man muss kein Wissenschaftler oder Arzt sein, um zu fragen, was solche Experimente eigentlich bringen; es genügt nur ein kritisches und forschendes**

Bewusstsein. Keine lebende Spezies verdient es, brutal misshandelt zu werden, insbesondere unnötig gefoltert zu werden.

Tiere werden nicht nur für medizinische und wissenschaftliche Experimente verwendet, sondern auch zum Testen von Produkten aus der Kosmetikindustrie, der Tabak- oder Alkoholindustrie, Abgase-Atemexperimenten, Handystrahlungen, Chemikalien, Reinigungsmitteln und vieles mehr. Setzt man alle Puzzleteile zusammen, stellt sich die Frage: Bei diesen Tierversuchen geht es eigentlich um den Erhalt der menschlichen Gesundheit oder wird untersucht, wie man dem Menschen dauerhaft Schäden zufügen kann, die nicht sofort sichtbar sind?

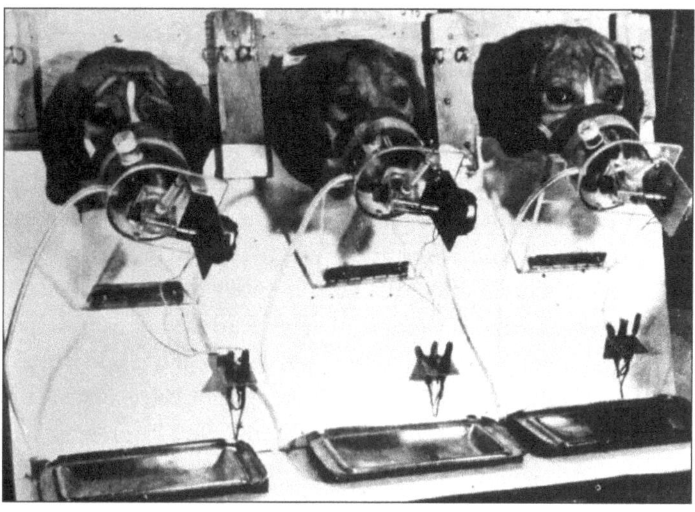

Für die Tabakindustrie werden Versuche mit Hunden durchgeführt. Hier müssen Tiere über einen Zeitraum von bis zu drei Jahren täglich bis zu sechs Stunden Zigarettenrauch inhalieren.

Fabrik-Schlachttiere

Es ist eine hoch intensive Schlachttierzuchtpraxis, die allerorten betrieben wird, um den höchsten Ertrag zu den geringstmöglichen Kosten zu erzielen. Während wir unsere Haustiere liebevoll umarmen, haben wir gegenüber Nutztieren eine Haltung mit geschlossenen Augen und zugewandtem Rücken. Fast niemand denkt, dass wir auch für diese Tiere sensibel sein sollten. Sie brauchen diese Sensibilität jedoch am meisten. Diese Tiere, die in den heutigen Massentierhaltungen ein erbärmliches Dasein fristen, leben in Massen – oft zu eng, um sich umdrehen zu können – in dreckigen Baracken, Drahtkäfigen und anderen Käfigsystemen mit Holz- und Metallstangen, sie warten einfach auf ihr Ende. Sie sind nicht weniger intelligent als Katzen und Hunde, sie sind ebenso sensible, anhängliche und soziale Wesen. Genau wie wir empfinden sie Freude, Traurigkeit und Angst und spüren genau wie wir körperliche Schmerzen. Diese Tiere werden nie von ihren Müttern aufgezogen, sie werden nicht gesäugt, manche treten in ihrem Leben nie auf Erde oder Gras, sie laufen nicht frei auf einer Weide. Sie sonnen sich nie und atmen nur einmal in ihrem Leben die frische Luft, sehen das Tageslicht, oder allenfalls nur für einige Minuten, wenn sie auf Lastwagen geladen werden, um zum Schlachthof gebracht zu werden. Die Bedürfnisse der Tiere werden nicht berücksichtigt, sie haben keinen gesetzlichen Schutz, es gibt keine Kontrolle, denn Kontrolle basiert immer auf finanziellen Interessen. Sie haben also keine Rechte. Anstatt sie als Lebewesen zu betrachten, ist ein Stück ihres Kadavers ein köstlicher Genuss, der bereit ist, auf dem Teller platziert und gegessen zu werden, oder diejenigen, die über ihren Rücken hinweg handeln, betrachten sie als **Geld-Maschinen!**

Wann begann die Massentierhaltung?
Seit Mitte des 19. Jahrhunderts verbreitete sie sich vor allem während des Zweiten Weltkriegs. Nach dem Zweiten Weltkrieg bemühten sich die Produzenten energisch um eine Steigerung

der Effizienz, um der steigenden Nachfrage in der Lebensmittelproduktion gerecht zu werden. Die Massentierhaltung konzentrierte sich immer mehr auf die industrielle Effizienz von Tierfutter. Als Rohstoff für die Maschinen- und Fleischproduktion
wurden Nutztiere eingesetzt, deren Lebewesen zur Herstellung
von Milchprodukten oder Eiern verwendet wurden. In den Sieb-
zigerjahren erreichte die Massentierhaltung in den westlichen
Ländern ihren Höhepunkt.

1973 schrieb das US-Branchenmagazin „**Hog Farm Management**" so dreist und schamlos an seine Leser: „**Vergiss es,
das Schwein sei ein Tier – behandle es wie eine Maschine
in einer Fabrik**."

Es ist ersichtlich, dass sich dieses Verständnis bis heute tief
in unsere Köpfe eingebrannt hat und wir nicht mehr den geringsten Gedanken daran verschwenden. In den letzten 40 Jahren ist es jedoch einigen Industriegiganten gelungen, die Um-
stellung der Tierhaltung auf dieses System der fabrikmäßigen
Schlachtung von Tieren zu erzwingen, und zwar unter ethisch
verwerflichen, grausamen und unhygienischen Bedingungen.
Gleichzeitig täuschen sie die Verbraucher, indem sie dieses Ka-
daverfleisch als wertvolle Bauernproduktion darstellen. Die
konsumierten Fleischprodukte stammen zu 98 Prozent von
Tieren, die ihr kurzes Leben in der Massentierhaltung unter
ungeeigneten und brutalen Bedingungen verbringen. Die Folgen dieser massiven Tierquälerei betreffen jedoch nicht nur die
Tiere, sondern auch die Gesundheit der Verbraucher.

Das Leid der Tiere in der Massentierhaltung

Die Grundbedürfnisse der Tiere werden missachtet und ihre Bewegungsfreiheit wird stark eingeschränkt. Um Tiere trotz unsachgemäßer Aufzucht auf den Beinen zu halten, ist die routi-
nemäßige Abgabe von Antibiotika oft unumgänglich und birgt
ein Risiko für die menschliche Gesundheit. Die meisten Tiere

werden zwangsweise an den verdichteten Gemeinschaftslebens-
raum angepasst, was bedeutet, dass einige Gliedmaßen amputiert werden müssen: Hörner, Ringelschwänze, Ohren, Schnäbel
und Zähne werden gekürzt und ohne Betäubung abgeschnitten.
Ebenso erfolgt die Kastration in dieser Praxis ohne Betäubung
unter großen Schmerzen des Tieres.

DAS VIEH:
- Die Grundbedürfnisse der Tiere werden missachtet, der ein-
  gezäunte Boden verursacht gefährliche Verletzungen. Die
  Bewegungsfreiheit ist stark eingeschränkt.
- Die Intensivmast von erwachsenen Rindern dauert weniger als 400 Tage; während weibliche „Mastrinder" durchschnittlich 1 kg pro Tag zunehmen, nehmen Bullen bis zu
  1,5 kg pro Tag zu.
- Generell verursachen schlechte Aufzuchtbedingungen in der
  Massentierhaltung bei vielen Rindern verschiedene Erkrankungen und Verletzungen, die zum frühen Tod der Tiere (üblich in den Kälbern alter) führen können. Im Hinblick auf
  eine möglichst effiziente Fleischproduktion werden einige
  Fleischrassen auch überzüchtet, was zu einem unbegrenzten
  Muskelwachstum führt. Das führt oft dazu, dass das Skelett
  oder innere Organe der zu großen Muskelmasse nicht stand-
  halten und es zu Schäden wie Gelenkdeformitäten kommt.
- Milchkühe werden in Milchviehbetrieben mit Laufställen
  gehalten. Tiere werden in Käfigvorrichtungen mit Halsrah-
  men oder Ketten gehalten; sie sind – im Falle des Kurzstrau-
  ches – nur 120-140 cm lang und 70-100 cm breit. Tiere, die
  dauerhaft an ein und demselben Ort angebunden sind, können sich nicht drehen, laufen oder ein natürliches soziales
  Verhalten mit ihren Artgenossen aufrechterhalten. Bei angebundenen Rindern werden die Tiere häufig mit Nackenge-
  stellen, Riemen oder Ketten an ihren Hälsen befestigt und
  stehen in einem sogenannten Anbindeständer. Im Liegeplatz
  überschneiden sich Fress- und Schlafbereich räumlich, was
  dem Verhalten der Rinder widerspricht. Der Futtertrog und

das Trinksystem befinden sich im Kopfbereich. Werden die Tränken niedrig platziert, entsteht durch chronische Muskelüberlastung beim Fressen ein Missverhältnis der Vorderbeine der Kuh, was eine zusätzliche Belastung für die angebundenen Tiere darstellt. Dort, wo sie leben, gibt es nicht einmal Einstreu und sie liegen in ihren eigenen Fäkalien, sofern sie nicht gereinigt werden. Wenn die Kuh schließlich zu krank und erschöpft ist, um weiterhin viel Milch zu produzieren, wird sie zum Schlachthof geschickt. Manchmal sind Tiere erst zwei Jahre alt und daher noch nicht einmal ausgewachsen. Schmutzig und abgemagert warten sie auf den endgültigen Tod.

- Kälber, die in konventionellen Milchviehbetrieben zur Fleischerzeugung geboren werden, werden unmittelbar nach der Geburt von ihren Müttern getrennt. Neugeborene Kälber bekommen keine Milch mehr von der Mutterkuh, sondern aus Bechern mit Saugnäpfen. Es wird so schnell wie möglich an Kalbsfleischproduzenten verkauft.

- Mastkälber werden in den ersten Lebenswochen in schmalen Einzelboxen, meist 160 bis 180 cm lang und ca. 100 cm breit, gehalten. In dieser Zeit ist der natürliche Kontakt zum Muttertier gehemmt und der Kontakt zu gleichaltrigen Artgenossen dauerhaft blockiert; die Kälber können sich nur durch die Seitenwände der Boxen sehen und riechen.

- Ein oft wiederholtes Bild ist das Schlachten trächtiger Kühe. Beim Schlachten sterben ungeborene Föten an Sauerstoffmangel. Demnach befanden sich mehr als die Hälfte der Kühe im letzten Trächtigkeitsstadium. Spätestens zu diesem Zeitpunkt können Föten Schmerzen und Angst empfinden.

SCHWEINE:

- Die Haltung von Schweinen in Aufzuchtbetrieben führt zu Verhaltensproblemen und Verletzungen, insbesondere wenn sie in Käfigen festgehalten werden.

- Schweinezucht ist das Ergebnis seit Jahren von laufenden Produktionsprogrammen vor allem in westlichen Ländern.

Daher die „Tiere mit der höchsten Fortpflanzungsleistung" in der Schweineproduktion; die wichtigsten Kriterien: Fruchtbarkeit, Anzahl der Nachkommen (10–12, einige Rassen können 20 erreichen), Anzahl der Zitzen und Milchmenge.

- In der „Besamungsstation" werden die Schweine etwa fünf Wochen lang in einem Käfig gehalten, der Kiste genannt wird. Sie stehen auf einem festen Betonboden mit halben Löchern darin. Die schmale Metallkonstruktion blockiert die Notwendigkeit natürlicher Bewegung und lässt nur die geringste Bewegung zu. Außerdem nehmen hockende Säue mehr Platz ein als stehende Säue. Aus diesem Grund sind große Tiere oft gezwungen, ihre Beine in Seitenlage zu benachbarten Kisten zu strecken. Dies ist aber nicht möglich, wenn auch ein Tier im Nachbarkäfig liegt.

- Unter natürlichen Bedingungen erreichen Schweine ihre normale Größe nach drei bis vier Jahren. Die Intensivmast dauert jedoch nur etwa sechs Monate. Das junge Skelett und der übrige Organismus können das unnatürlich schnelle Muskelwachstum nicht bewältigen. Die Belastungen können so stark sein, dass einige Schweine an Herzversagen sterben.

- Vor dem Schlachten werden sie entweder mit Gas oder Elektroschocks betäubt, dann werden sie an ihren Beinen aufgehängt, um ihnen den Bauch aufzuschlitzen und sie zu bluten. Doch leider ist der Zeitdruck im Schlachthof so groß, dass manche Tiere unfertig oder nicht betäubt bleiben. Während des gesamten Vorgangs der Betäubung- und Entblutung werden sie Zeuge, wie ihre Artgenossen in nächster Nähe getötet werden, bevor sie an der Reihe sind.

KLEINE TIERE:

- Schafe und Ziegen werden wie andere Tiere ausgebeutet. Sie sind in den Fängen der Massentierhaltung, nicht nur wegen ihres Fleisches, sondern auch wegen ihres Fells, ihrer Haut und ihrer Milch.

- Die Lämmer in Milchviehbetrieben werden kurz nach der Geburt immer wieder vom Muttertier entfernt.

- und das Schaf wie Kühe an Maschinen angebunden. Allerdings ist diese Milch eigentlich für den eigenen Nachwuchs gedacht, nicht um zu Weißkäse verarbeitet zu werden. Egal von welchem Tier die Milch und Milchprodukte stammen, die Produktion ist immer mit Tierleid verbunden.
- Schafe wehren sich gegen oft undurchsichtige Missbräuche der Pflege, da es keine spezifischen und gesetzlich geregelten Haltungsbedingungen gibt. Wie bei anderen Tieren werden ihre Grundbedürfnisse aus diesem Grund oft völlig ignoriert. Darüber hinaus werden bei Schafen auf der ganzen Welt schmerzhafte Standardeingriffe wie das Durchstechen der Ohren oder das Durchtrennen der Schwanzwirbel durchgeführt. Nur wenige Tage nach der Geburt werden die Lämmer ohne Betäubung kastriert. – auch in der ökologischen Tierhaltung sind solche schmerzhaften Praktiken nicht verboten.
- Anschließend werden die Jungtiere einige Wochen gemästet, bevor sie zum Schlachthof transportiert werden. Dann wird er einer nach dem anderen in den Lastwagen gepfercht, zusammen mit anderen großen Tieren unter ihren Füßen zerquetscht und zum Schlachthof geschickt. Dort werden die Lämmer durch Schläge an den Kopf betäubt und ihnen wird die Kehle durchgeschnitten, indem man sie kopfüber an einem Bein aufhängt. Das Fell wird geschoren. Auch hier werden oft noch nicht bewusstlose Tiere lebend gesehen, die sich des Schmerzes bewusst sind, wenn ihnen die Kehle durchgeschnitten wird oder sie gehäutet werden.
- Viele Schafe werden weltweit durch mühevolle Transporte in andere EU-Länder oder über die europäischen Grenzen hinaus transportiert. Viele Tiere werden während des tage- oder wochenlangen Transports in Lastwagen oder Airless-Werften aufgrund unzureichender Pflege oder extremer Temperaturen langsam und qualvoll getötet. Je nach dem Land, in dem ihre schmerzhafte Reise endet, werden ihnen im Schlachthof oder in den Hinterhöfen die Kehlen durchgeschnitten, manchmal ohne Betäubung.

HÜHNER:

- In der Massentierhaltung müssen sich bis zu 26 „Masthähnchen" einen Quadratmeter teilen. Überzüchtung führt zu
anderen Problemen. Wie andere Tiere kennen Küken weder
die Wärme ihrer Mutter noch die Sonne und die Natur. Sie
werden in Scheunen geboren, leben nur kurze Zeit (30–45
Tage) und werden zum Schlachten geschickt. Seit Beginn der
Intensivzucht hat sich die Wachstumsrate vervierfacht: In
den 1950er Jahren wogen „Masthähnchen" nach 120 Tagen
etwa 1,5 kg. Heutige Masthybride erreichen dieses Gewicht
in 30 Tagen oder weniger. Der Grund ist, dem Huhn in möglichst kurzer Zeit so viel Fleisch wie möglich zu liefern. Da
sie ihr ganzes Leben lang in Gefangenschaft, in Käfigen und
übermästet gehalten werden, können sich die Knochen dieser Hühner nicht genug entwickeln, um ihr eigenes Gewicht
zu tragen, und die Knochen brechen leicht, wenn sie berührt
werden. Eine Methode dieser schnellen Mast besteht darin,
künstliches Licht absichtlich fast ständig aus- und einzu-
schalten und die Tiere so zu ständigem Fressen anzuregen.
- Da Hühner wenig Bewegungsfreiheit haben, liegen sie oft
auf dem Boden. Dies fördert die Entstehung von Verhaltensstörungen und Krankheiten. Auch die ständige Überfüllung
schränkt das Wohlbefinden der Tiere stark ein: Sie stehen
unter zu großem Stress, weil sie individuelle Abstände nicht
einhalten können und keine Fluchtmöglichkeit haben. Das
Risiko, dass sich Hühner auf engstem Raum gegenseitig er-
drücken, steigt.
- Der Stahlboden wird nur einmal vor Beginn der Mast mit
Pellets, Sägespänen oder Stroh eingestreut. Die Qualität der
Einstreu verschlechtert sich während der Mastzeit durch den
anfallenden Kot zunehmend. Das Verletzungs- und Krank-
heitsrisiko steigt stetig. Nahezu alle „Masthähnchen" leiden
unter schmerzhaften Klauenerkrankungen, da sie auf einer
immer feuchteren Kot-Einstreu stehen müssen. Die Boden-
bedeckung besteht gegen Ende der Fütterung zu etwa 90 %
aus Exkrementen und nur noch zu 10 % aus Stroh.

- Hohe Ammoniakkonzentrationen im Kot schwächen zudem das Immunsystem der Hühner und machen sie anfälliger für Krankheiten. Daher werden sie wie andere Tiere mit Antibiotika vollgepumpt. Dies ist besonders kritisch zu sehen, da jeder Antibiotikaeinsatz zur Resistenzbildung bei Krankheitserregern beiträgt.
- Unnötige männliche Küken müssen für die Legeleistung getötet werden. Sie sind wirtschaftlich wertlos, da sie weder Eier legen noch das schnelle Wachstum von Mastrassen zeigen. Allein in Deutschland sollen jährlich rund 45 Millionen Küken geschlachtet werden, weltweit mindestens 6 Milliarden. Die meisten männlichen Küken werden am Tag des Schlüpfens entweder noch lebend mit einem Homogenisator (einer Maschine mit schnell rotierenden Klingen) zerstückelt oder wie Müll in Säcke gestopft und erstickt. Daher gelten diese Küken rechtlich als Brütereiabfälle.

Beutel voller Abfall von lebenden Küken

KANINCHEN:

- Kaninchen werden zu unterschiedlichen Zwecken eingesetzt: als Lieferanten von Fleisch, Fell und Angorawolle, als
Versuchstiere. In der Intensivhaltung leben Mastkaninchen
regelmäßig mit Schmerzen, Leiden und Krankheiten, die vor
allem durch unspezifische Zuchtbedingungen (Bewegungsfreiheit eingeschränkt, Grillboden) entstehen.
- Da bei der konventionellen Kaninchenfleischproduktion die
Gewinnmaximierung im Vordergrund steht, müssen die Tiere in möglichst kurzer Zeit ein möglichst hohes Gewicht erreichen. Dies wird durch die Fütterung von Kaninchen mit
besonders energiereichem Futter in Form von Trockenpel-

lets erreicht. Darüber hinaus werden spezielle Kaninchenrassen – die sogenannten Hochleistungshybriden – verwendet, um die vom Züchter geforderten Leistungsmerkmale zu verbessern: die Bildung möglichst großer Fleischportionen durch Gewichtszunahme.

- Nach der Betäubung werden die Hinterbeine der Tiere an eine Förderkette angeschlossen, die sie zu den verschiedenen Schlachthöfen transportiert: Zunächst werden die Halsschlagadern durchtrennt oder sie werden geköpft, anschließend wird das Fell abgestreift, die Krallen abgeschnitten und die Eingeweide entfernt. Abschließend werden die Tiere in Thorax- und Beinsegmente zerlegt. Die Narkose dauert nur etwa eine Minute – Kaninchen sind kopfüber hängend und geköpft bei Bewusstsein und die Tiere können dadurch große Schmerzen und Leiden erleiden.

WASSERTIERE:

- Aquakultur, also die Kultivierung von Fischen und Krustentieren in Teichen, Aufzuchtbecken, Netzkäfigen oder abgetrennten Teilen des Meeres weltweit, ist einer der am schnellsten wachsenden Sektoren kommerzieller Fischfarmen im Bereich der sogenannten Tierhaltungsproduktion. Dazu gehören Süßwasserfische wie Karpfen, Forellen, Buntbarsche oder Welse, aber auch Meeresfische wie Lachs, Dorade, Barsch oder Thunfisch und sogar Schalentiere.
- Ob und wie Fische Schmerzen empfinden, ist unter Wissenschaftlern noch immer umstritten. Einige argumentieren, dass Fische Schmerzen nicht bewusst empfinden können, weil ihnen eine hochentwickelte Großhirnrinde (Neocortex) fehlt. Im Gegenteil zeigen Fische in verwandten Studien nicht nur, dass sie relevante äußere Reize erkennen und rational darauf reagieren. Sie erinnern sich auch an positive oder unangenehme Situationen und versuchen, ihr Verhalten langfristig an diese Erfahrungen anzupassen. Sie suchen insbesondere Erleichterung, wenn sie eine Verletzung oder einen Parasiten auf ihrer Haut haben. Sogar komplexe kognitive

Verhaltensmanifestationen wie Werkzeuggebrauch oder das Erlernen von „Tricks" wurden bei einigen Fischarten berichtet. Da sich diese und andere Verhaltensmuster nicht mehr durch eine einfache Reiz-Reflex-Reaktion erklären lassen, zeigen wissenschaftliche Erkenntnisse zunehmend, dass Fische auch ohne hochentwickelte Großhirnrinde über eine bewusste Schmerzwahrnehmung verfügen.

- Krankheiten und Parasitose können Aquakulturfische ernsthaft belasten. Die Häufigkeit und die Intensität der viralen oder bakteriellen Erkrankungen, Pilzinfektionen oder Parasitenbefall können Rückschlüsse auf die Tierwohlprobleme in den Betrieben ziehen. Besonders wenn es bei eng gehaltenen Arten zu haltungsbedingtem Stress kommt, zum Beispiel aufgrund mangelnder Wasserqualität oder einer hohen Besatzdichte, kann dies zu einem Krankheitsausbruch führen.

- Wie neuere Forschungen gezeigt haben, verfügen Fische über umfangreiche kognitive Fähigkeiten sowie Wahrnehmungs-, Denk- und Verständnisfähigkeiten. Die bisherige Annahme, dass sie nur festen, unveränderlichen Verhaltensweisen folgten, ist nun sichtlich überholt. Es gibt zunehmend Hinweise aus wissenschaftlichen Studien, dass Fische Lebewesen sind, die Angst, Stress und Schmerzen erfahren können. Ähnlich wie beim Menschen steigen Herzfrequenz und Blutdruck bei Fischen unter Stress rapide an. Außerdem steigt der Spiegel der Stresshormone. Ihr Schmerzsystem ist dem von Vögeln und Säugetieren sehr ähnlich: Es gibt Schmerzrezeptoren „Nozizeptoren[106]", die über Nervenbahnen mit dem Gehirn verbunden sind.

- Laut FAO waren 2018 weltweit 6,5 Millionen Tonnen Krebstiere aus Wildfang, etwa ein Drittel weniger als durch Zucht gewonnen wurden. Allein die Fangmenge an Garnelen betrug rund 3,5 Millionen Tonnen. Inzwischen werden Krebstiere nicht nur für ihren Verzehr angebaut und gefangen, sondern

---

106 Unter Nozizeption versteht man die Wahrnehmung von Schmerzen. In der Haut liegen Nozizeptoren als freie Nervenendigungen vor.

auch für ihr Chitosan: eine chitinhaltige Substanz, die aus Stallkörpern gewonnen wird und unter anderem in Kosmetika, Lebensmitteln und pharmazeutischen Produkten vorkommt. Wer sich frei von tierischen Stoffen ernähren und pflegen möchte, sollte auf diesen Punkt achten.

- Hummer, Krebse und Garnelen werden lebend in kochendes Wasser geworfen – aber es ist wissenschaftlich bewiesen, dass beispielsweise Krebse 2,5 Minuten lang Hitze und damit Schmerzen wahrnehmen können.[107]

Bedeutet es, dass wir damit einverstanden sind, wenn wir all diese Gräueltaten gesehen, erfahren und gehört haben und sie immer noch stillschweigend ignorieren?

Töten, um Fleisch zu essen

Industrielle Massentierhaltung: Das ist Tierausbeutung, die unökologisch, unsozial, niemals ethisch und sogar äußerst gesundheitsschädlich ist. Die Gräueltaten, die in Massenfarmen/Fleischfabriken und Schlachthöfen stattfinden, werden ignoriert und unterschätzt, und wir verdrängen so viele Dinge ins Unbewusste. Die Wahrheit ist, dass bei der Fleischproduktion mit Hormonen, Antibiotika, Beruhigungsmitteln und anderen Chemikalien gewürzte Totenstücke unter dem Namen Lebensmittel in den Magen des Verbrauchers gelangen.

Die Frage, ob Fleisch an sich gesund für den Menschen ist, mag in Ernährungskreisen umstritten sein, lässt sich aber durchaus beantworten, wenn man diese Frage im Kontext der meisten heute verkauften Fleischsorten betrachtet. Wenn wir untersuchen, unter welchen Bedingungen dieses Fleisch produziert wird, dann hat es mit dem zu tun, was diese Tiere erlitten haben, was

---

107 https://albert-schweitzer-stiftung.de/massentierhaltung)

sie gegessen haben, wie sie gelebt haben, welche Medikamente sie genommen haben, bevor sie in einer schönen Verpackung getarnt in die Einkaufstasche der Verbraucher fielen.

Schon gewusst? Die Produktion von einem Kilogramm Fleisch ist für die Umwelt genauso schädlich wie eine Autofahrt von 250 Kilometern. Denn durch die Tierhaltung und Futtermittelversorgung entstehen große Mengen an Luftschadstoffen. Vor allem Rindfleisch ist die klimaschädlichste Fleischsorte: Sein CO_2-Fußabdruck ist mit rund 13 Kilogramm CO_2-Äquivalent viermal höher als bei Geflügel oder Schweinefleisch. Dies liegt auch an der Haltung der Rinder.

Manche von uns denken jetzt vielleicht: Dann essen wir nur Bio-Fleisch! Ist Bio-Fleisch gesünder?

In der Tat ist Bio-Fleisch kaum gesünder als herkömmliches Fleisch; es enthält nicht mehr Nährstoffe und ist nicht von höherer Qualität. Der größte gesundheitliche Vorteil ist der stark eingeschränkte Einsatz von Antibiotika. Die Tiere werden mit möglichst wenig gentechnisch verändertem Futter gefüttert und Antibiotika werden sparsam eingesetzt, sodass deutlich weniger Rückstände in das Fleisch gelangen. Was Tiere tun und wie sie leben, ist zweitrangig und konzentriert sich hauptsächlich darauf, Medikamente, Antibiotika und Hormone, die die menschliche Gesundheit gefährden, so weit wie möglich zu vermeiden. Zu Bio-Schnitzeln verarbeitete Schweine haben auf etwa einem Quadratmeter Stallfläche kaum genug Platz, um sich artgerecht zu bewegen oder zu leben. In einigen Fällen können auch ihre Schwänze abgeschnitten und ihre Zähne herausgezogen werden. In der ökologischen Landwirtschaft werden Rindern meist die Hörner abgeschnitten; anders als in der traditionellen Landwirtschaft werden lediglich andere Methoden angewandt, um die Wunden schneller zu heilen.

Welche Regeln werden in der ökologischen Tierhaltung eingehalten; was sind die Hauptunterschiede zur konventionellen Tierhaltung?

Die Fütterung von Tieren mit GVO und Arzneifuttermitteln in der ökologischen Tierhaltung ist verboten. Es werden keine vorbeugenden, sondern heilende Gesundheitspraktiken durchgeführt. Nach der Antibiotikagabe wird mindestens 48 Stunden lang weder Fleisch noch Milch des Tieres verwendet. Die Tiere werden nicht auf engstem Raum gehalten, sondern haben Auslauf auf offenen Flächen und auf Weiden. Scheunen werden erstellt, indem Quadratmeter pro Tier berechnet werden, damit die Tiere nicht gestresst sind. Das Ziel in der ökologischen Tierhaltung ist es, Qualitätsprodukte in einer stressfreien Umgebung bereitzustellen, um mehr Produkte zu erhalten, oder die Produktionsmenge durch Ergänzungen zu steigern. Fast keine dieser Praktiken wird in der konventionellen Tierhaltung angewendet. Die Basis in der konventionellen Tierhaltung: Es geht um Effizienz, nicht um Qualität. Jede Anwendung, die die Effizienz erhöht, wird bevorzugt. Beim Tiertransport gibt es fast keinen Unterschied zwischen Bio- und konventioneller Tierhaltung. Die Bio-Verordnung besagt lediglich, dass die Tiertransportzeit so kurz wie möglich gehalten werden soll. Dies ist offensichtlich genug, um stundenlangen Transport zu bedeuten, oft unter schlechten Bedingungen. Damit werden Bio-Tiere zu den gleichen Schlachthöfen gebracht und nach den gleichen Methoden getötet.

Die Wahrheit ist, dass es viel wirtschaftlicher ist, Menschen direkt mit Pflanzen zu ernähren, anstatt ein Tier zuerst mit Getreide und Wasser zu füttern und es dann zu schlachten. Dies gilt sowohl für Bio- als auch für konventionelle Nutztiere. Bio-Fleisch hat also nichts damit zu tun, umweltfreundlich zu sein oder einen positiven Beitrag zum Welthunger zu leisten. Wenn genügend Strenge gezeigt wird, Kontrollen durchgeführt werden und die menschliche Gier sich hier zurückzieht, dann ist Bio-Fleisch in geringerem Maß schädlicher als konventioneller Fleischkonsum Doch es kann immer Krankheiten geben und das Fleisch kann Medikamente, Hormone und Zusatzstoffe enthalten.

Lebenserwartung von Schlachttieren:

Tierarten	Natürliche Lebenserwartung	Leben als Schlachttier
Masthuhn	8 Jahre (manchmal 15)	4–6 Wochen
Eier Huhn	8 Jahre (manchmal 15)	ca. 1 1/2 Jahre
Schwein	21 Jahre	5 Monate
Kalb	30 Jahre	3–5 Monate
Kuh	30 Jahre	8-10 Monate
Milchkuh	30 Jahre	4–5 Monate
Stier	30 Jahre	18–20 Monate
Schafe	20 Jahre	6 Monate
Truthahn	15 Jahre	2–3 Monate
Ente	15–20 Jahre	3–4 Monate
Gans	35 bis 40 Jahre	Ein paar Monate
Kaninchen	10 Jahre	10–12 Wochen

Aus dem Buch von **Galina Schatalova, „Wir fressen uns zu Tode"**: Inspiriert von der hippokratischen Feststellung, dass unsere Lebensmittel unsere Heilmittel und unsere Heilmittel unsere Lebensmittel sein sollen. Sie sagt, dass der Mensch bei artgerechter Ernährung ein Lebensalter von 150 Jahren erreichen kann. Schauen wir uns die Fähigkeit der Menschen, Fleisch in ihrer Ernährung zu verwenden, mal genauer an. Zunächst sollten Sie sich fragen, was man Fleischnahrung nennen darf und was nicht. Raubtiere ernähren sich vom Fleisch von Tieren, die erst kürzlich gestorben sind, und sie haben die Fähigkeit, es zu verdauen. Der Mensch hingegen verzehrt kein Fleisch im eigentlichen Sinne des Wortes, sondern eine leblose

Kombination aus Proteinen und Fetten, die durch thermische und Kochprozesse gewonnen wird. In gewissem Sinne hat der Mensch die Fähigkeit erlangt, das Fleisch anderer Lebewesen zu verdauen, seit er das Feuer gemeistert hat.

Tatsächlich können Kühe bis zu 20 Jahre alt werden. Aber meist überleben sie nicht bis zu diesem Alter. In Deutschland werden sie höchstens etwa 5 Jahre alt. Das wirtschaftliche Hochleistungsmilchsystem ermöglicht die Ausbeutung von Tieren bis zu dem Punkt, an dem sie es nicht mehr aushalten, eine Kuh gibt ca. 8.000 Liter Milch pro Jahr. Es ist eine nicht enden wollende Folter, wenn Tiere an einen Milchzapf-Automaten angebunden sind. Kein Tier kann das lange ertragen, es bekommt entzündete Euter, geschwollene Gelenke, offene Wunden – das sind nur einige der Folgen der Ausbeutung von Kühen. Wer billig Milch kauft, muss davon ausgehen, dass die Kuh nie eine grüne Wiese sieht. Stattdessen verbringt sie ihr Leben in der Scheune, im schlimmsten Fall verankert durch eine Stahlhalterung, die sie stabil in einer Position hält. Diese Hochleistungskühe werden mit einem Kraftfutter gefüttert, das zu einer hohen Milchleistung führt, die Tiere aber auch krank macht. Viele Tiere leiden an Huf-, Magen- und Eutererkrankungen, die zum Tod führen können.

Tierarzt **Karl-Heinz Schmack** sagt: **„Die Milchleistungssteigerung schadet der Kuhgesundheit. Die Symptome sind systemisch, nicht herdenspezifisch."**

Manipulationen im Fleischhandel

Die häufig verwendeten, bunten Bilder auf den gekauften Milch-, Joghurt- und Käseprodukten sind manipulative Werbung für glückliche Tiere und grüne Wiesen, während sie nichts über das reale Tierhaltungssystem aussagen. Nachdem die Tiere getötet wurden, werden dem Fleisch viele andere künstliche Zutaten zugesetzt, angefangen bei chemischen Konservierungsmitteln aus der Dose, damit Fleisch, das normalerweise vor Tagen oder

Wochen zerkleinert wurde, keine üblen Gerüche abgibt und seine Empfänger deprimiert. Ein weiteres Problem ist, dass sich das blutabgenommene Fleisch in vielen Fällen gelblich oder graugrünlich verfärbt und daher nachträglich rot gefärbt werden muss, da es sonst keinen Abnehmer findet.

Im Interview mit **FOCUS Online** erklärt ein ehemaliger Metzger, mit welchen „Tricks" billiges Fleisch produziert wird, warum Branchenriesen über Lebensmittelkontrollen lachen und was die milliardenschwere Fleischindustrie unter Druck setzen wird.

Ein kurzer Überblick: „(…) billige Fleischreste, einschließlich Knochen, werden in einem großen Schredder zerkleinert, durch einen Druckkolben geleitet und durch einen Filter geleitet, (…) wird ein Brei ähnlich Erbrochenem erhalten. Stellen Sie sich vor, dass dies sehr gefährlich ist für Bakterien. (…) Diese Wurst mit Zusatzstoffen kostet in der Herstellung 60 bis 70 Cent pro Kilo. Sie wird im Supermarkt für 6–7 Euro verkauft. Big Player des Fleischmarktes wie Tönnies produzieren 200 Tonnen Wurst. (…) Das ist ein Milliardengeschäft. (…) Die Macht dieser Leute ist enorm – und sie nutzen sie rücksichtslos."

Eine weitere ekelerregende Kenntnis stammt aus einem Seminar, an dem zwei Journalisten teilnahmen, die sich als Fleischproduzenten ausgegeben haben. Im Seminar ging es um einen Proteinpulverhersteller, der sich für gewonnene Proteinzusatzstoffe aus Schlachtabfällen bewarb. Ein Vertreter demonstrierte, wie solche Proteine verwendet werden könnten, um Fleisch Wasser zu injizieren, um das Verkaufsgewicht zu erhöhen. Zielgruppe der Veranstaltung waren Fleisch- und Wurstproduzenten. Die Beispiele sind endlos, es gab unzählige Skandale um Tiere und tierische Produkte, und vielleicht gibt es Tausende, Hunderttausende davon. Und was sie den Verbrauchern bisher gefüttert haben, will wohl niemand wissen, und ich hoffe, dass wir von nun an bewusster darauf achten, was wir essen.

Um dieses Bewusstsein zu erlangen, müssen wir zuerst die Ähnlichkeit zwischen den Leiden von Menschen und Tieren erkennen können.

DOMINION[108]

„Dominion" ist ein australischer Dokumentarfilm aus dem Jahr 2018 und enthüllt die vielen Arten, wie Tiere regelmäßig missbraucht werden. Insgesamt werden sechs Aspekte hervorgehoben – Haustiere, Wildtiere, wissenschaftliche Forschung, Unterhaltung, Kleidung und Lebensmittel. Der Anspruch von Dominion besteht darin, die Dominanz des Menschen über das Tierreich infrage zu stellen. Dies ist eine Dokumentation, die Dinge zeigt, die wir nicht sehen wollen, aber sehen müssen, wenn wir Fleisch und andere tierische Produkte konsumieren. Es wird gesagt, dass dieser Film eine der stärksten Sensibilisierungen aller analogen Aufnahmen hervorruft, die je gedreht wurden. Er zeigt, wie die industrielle Fleischproduktion, die in Ihren Supermärkten landet, sich ihrem Ende zuneigt. Er beschreibt, wie verschiedene Tierarten auf unterschiedliche Weise genutzt und ausgebeutet werden. Von Kühen über Schweine bis hin zu Kaninchen kommen alle Arten von Tieren vor, von Hunden bis zu Pferden.

Die Bilder stammen von Drohnen sowie von versteckten und tragbaren Kameras. Diesem Spektakel auf dem Bildschirm beizuwohnen, ist definitiv nicht einfach für ein menschliches Herz. Gezeigt werden auch Bilder von Schmerz, Blut und Lebensangst mit Originaltonaufnahmen, die einem definitiv den Appetit auf Fleisch verderben. Jede Episode enthält auch internationale Persönlichkeiten und zeigt Gebiete, in denen Tiere gelitten haben. Diese Bilder wirken sich nicht nur auf die Tränendrüsen aus, sondern hinterlassen auch tiefe Narben, die sich in die Erinnerung einprägen. **Fällt es uns leichter, den Blick von der Realität abzuwenden?**

---

108 https://gamerspotion.de/dominion-der-groesste-horror-der-letzten-jahre/

Wie wir bereits erwähnt haben, ist es für uns eventuell erträglicher, die ganzen Geschehnisse hinter geschlossenen Türen ablaufen zu lassen, statt uns darüber Gedanken zu machen. Das ist auch einer der Gründe, warum wir unser Fleisch gerne verpackt kaufen. Und im Laufe der Jahrzehnte haben wir gelernt, dass es normal ist, dass Menschen Nutztiere halten und ihr Fleisch konsumieren. Daher sind wir an einem Punkt angekommen, an dem wir nicht infrage stellen, wie billiges Fleisch gewonnen wird. Wir haben vergessen, uns darum zu kümmern, wie die Inhalte von Fleischtheken und Kühlschränken erstellt werden. Genau das erklärt uns Dominion. Die Beschaffung qualitativ hochwertiger Ersatzprodukte war noch nie billiger oder einfacher als heute. Früher war es für eine Familie normal, einmal pro Woche Fleisch zu essen. Jetzt?

Wir essen nicht nur jeden Tag einmal Fleisch, sondern manche von uns morgens, mittags und abends zu ein paar Mahlzeiten. Durch Dominion müssen wir wieder anfangen, an unseren Essgewohnheiten zu zweifeln.

Zitate zum Nachdenken:

„Wer mit dem Messer die Kehle eines Rindes durchtrennt und beim Brüllen der Angst taub bleibt, wer kaltblütig das schreiende Böcklein abzuschlachten vermag und den Vogel verspeist, dem er selber das Futter gereicht hat – wie weit ist ein solcher noch vom Verbrechen entfernt?"
Pythagoras

„Wir leben vom Tode anderer. Wir sind wandelnde Grabstätten!"
Leonardo da Vinci

„Wahre menschliche Kultur gibt es erst, wenn nicht nur die Menschenfresserei, sondern jeder Fleischgenuss als Kannibalismus gilt!"
Wilhelm Busch

„Wenn die Menschen aufhören, Tiere als Gebrauchsgüter zu sehen, und die Türen blutiger Schlachthöfe verschließen, erst dann gelingt es ihnen, auch die blutigen Schlachtfelder zu überwinden. Nur durch diesen Fortschritt kann die Menschheit die universelle Zivilisationsebene erreichen, die sie verdient!"
Nurcan Gross

Dieses Foto wurde vor der Hinrichtung in einem Schlachthof aufgenommen. Es zeigt zwei Kühe, die sich tröstend Kopf an Kopf gegenüberstehen, während sie auf die Schlachtung warten.

Es ist an der Zeit, Tieren ihre Freiheit und ihren Frieden zurückzugeben!

AUSBEUTUNG VON MENSCHEN

Ausbeutung: Bedrohung, Einschüchterung oder Anwendung von Gewalt, Machtmissbrauch, Lügen, Betrug oder Täuschung sind alles verschiedene Methoden der Ausbeutung. Es ist ein Begriff, der verwendet wird, um andere in irgendeiner Weise auszunutzen oder zu benutzen, oder im schlimmsten Fall zu dominieren, indem man sorglos oder rücksichtslos das eigene Eigentum vermehrt – alles, was dem Zweck entspricht, die Profit- und Gewinngier zu befriedigen. Während sich dieser Begriff auf verschiedene Situationen der Ausbeutung bezieht, wie zum Beispiel die Aneignung der eigenen Freiheit durch Drohungen, Gewalt, Nötigung, Täuschung und/oder Machtmissbrauch, handelt es sich letztendlich um Sklaverei. Denn an dem Punkt, an dem Ausbeutung beginnt, kommt es zu einer Störung oder Verhinderung grundlegender Lebensrechte und -bedürfnisse. Ihr Leben, Ihre körperliche Gesundheit, Ihre Gefühle und Ihre Ehre spielen hier keine Rolle. Doch obwohl es keinen Staat mehr gibt, der Menschensklaverei rechtlich legitimiert, gibt es immer noch Formen der illegalen Ausbeutung, die weltweit als „**moderne Sklaverei**" bekannt sind. Einige davon sind monströse Formen von unvorstellbaren Extremen, weit jenseits der roten Linie, basierend auf körperlichen Schmerzen. Weltweit leben nach aktuellen Schätzungen derzeit über 40 Millionen Menschen in Sklaverei und ähnlicher Zwangsarbeit. Die Dunkelziffer ist viel höher. Vielleicht gibt es in jeder Zeitperiode viel mehr Menschen, die in dieser alten Form der modernen Sklaverei leben müssen. Eine Sklaverei, die sich in verschiedenen Formen manifestiert, für Millionen von Menschen.

Die historische Sklaverei basierte auf einem gesetzlich anerkannten Eigentumsverhältnis im Hinblick auf versklavte Menschen. Nach dem Verbot rechtlich legitimierter Formen der Sklaverei erweiterte sich die Bedeutung des Begriffs Sklaverei.

Wir sprechen jetzt von „moderner Sklaverei", wenn eine Person zum Zwecke der wirtschaftlichen Ausbeutung unter der Kontrolle einer anderen Person steht, die Macht und Machtmittel einsetzt, um diese Kontrolle aufrechtzuerhalten. Wenn wir zu den genannten Zahlen die derjenigen Menschen hinzufügen, die in Armut leben – weil auch sie zwangsläufig davon abhängig sind –, ebenda. Die Hälfte der Weltbevölkerung ist davon betroffen. Laut einem von der Weltbank in Washington veröffentlichten Bericht (17.10.2018) leben weltweit 3,4 Milliarden Menschen unterhalb der Armutsgrenze, während gleichzeitig immer mehr Menschen extrem arm sind. Fast die Hälfte der Weltbevölkerung kann ihre Grundbedürfnisse wie Nahrung und Wohnung kaum decken. Der Begriff „moderne Sklaverei" ist jedoch nicht streng definiert, sondern eher ein Unterbegriff für eine Vielzahl von Praktiken wie Zwangsarbeit, Schuldknechtschaft, Menschenhandel, körperliche Erpressung durch Kinderarbeit oder sexuellen Missbrauch, Zwangsprostitution, Zwangsheirat. Aus diesen Gründen kann man von „modernen Formen der Sklaverei" sprechen.

Kommerzielle Ausbeutung: günstige Produktion – egal, wo es auch sein mag!

Das Hauptziel von Riesenkonzernen ist es, so günstig wie möglich zu produzieren. Je billiger das Produkt hergestellt werden kann, desto größer ist der Gewinn. Aus diesem Grund haben globale Unternehmen, deren Hauptquartiere in der Regel in den Industrieländern liegen, ihre Produktionsstätten ins Ausland verlagert, um nach dem Profit-Nutzen-Prinzip von billigen Arbeitskräften zu profitieren. Gleichzeitig sparen sie auch an der Steuer im produzierten Land. Doch mittlerweile werden die Menschenrechte der Arbeiter in den Lieferketten ihrer Unternehmen verletzt und auch die Umwelt der Menschen vor Ort zerstört. Anders als Staaten, die völkerrechtlich dazu verpflichtet sind, sind Unternehmen nicht direkte Adressaten der Menschenrechte. Sie haben aber auch eine gesellschaftliche Verantwortung, die Menschenrechte zu respektieren. Aufgrund der Globalisierung und des grenzüberschreitenden Handels füllen sich die Regale zunehmend mit „billigen" Produkten, begleitet von attraktiven Werbeanzeigen. Jedes Unternehmen wirbt mit der Kompetenz seines Produkts, bestimmend ist aber oft letztlich der Preis: je günstiger das Angebot, desto besser der Verkauf. Um Waren möglichst günstig produzieren zu können, wird vor allem bei Arbeiterlöhnen und Rohstoffzahlungen gespart. Was wir aber nicht sehen, sind die teilweise unmenschlichen Bedingungen, unter denen Waren produziert werden, und wie wenig Geld die Rohstofflieferanten dafür bekommen. Arbeitszeiten für Niedriglöhne und Arbeitsausbeutung gelten nicht nur für Erwachsene, sondern auch für Kinder. Wir lesen oder hören immer wieder, dass in Ländern der Billigproduktion Erwachsene und Kinder zu den niedrigsten Löhnen in Kasernen oder Fabriken für die Waren arbeiten, die wir zu hohen Preisen verkaufen. Diese Meldungen werden wahrscheinlich keine Ausnahmen sein, aber es ist oft sehr schwierig, den Ankunftsweg von zurückgesandten Waren nachzuvollziehen. Meistens wollen Arbeitnehmer keine Angaben zu ihren Lebensumständen machen, weil sie Angst haben, ihren Arbeitsplatz zu verlieren oder nicht einmal wissen, bei welchem Unternehmen sie eigentlich arbeiten. Die Internationale Arbeitsorganisation der Vereinten Nationen hat berechnet, dass im Jahr 2012 weltweit etwa 168 Millionen Kinder von Kinderarbeit betroffen waren.

Die Frankfurter Rundschau (09.12.2013) schreibt mit der Überschrift „Ausbeutung für Profit": „Der Zugang zu Wasser und Nahrung ist ein Menschenrecht. Gleiches gilt für faire Arbeitsbedingungen oder den Schutz der Gesundheit. Viele Vorstände multinationaler Konzerne scheinen sich dessen nicht bewusst zu sein. Mehr noch: Menschenrechtsverletzungen, Umweltzerstörung, Ausbeutung und Korruption gehören zum Geschäftsmodell vieler Unternehmen. Die Organisation „Facing Finance" beklagt und kritisiert namhafte Unternehmen. Zum zweiten

Mal stellte die Gruppe ihren „Dirty Snows Report" 2012 vor. Der untersucht das Geschäftsverhalten von 26 umstrittenen Unternehmen mit einem Gesamtumsatz von 1,24 Billionen Euro im Jahr. Dazu gehören der deutsche Sportartikelkonzern **Adidas** und der Rüstungskonzern **Rheinmetall** ebenso wie der russische Rohstoffriese **Gazprom** und der Schweizer Lebensmittelkonzern **Nestlé**. Auch internationale Finanzkonzerne wie die **Deutsche Bank** oder die **Allianz** seien mit Krediten oder Investitionen in die Drecksarbeit verwickelt gewesen. Facing Finance wirft dem Sportartikelhersteller Adidas außerdem vor, „entlang der Lieferkette" gegen Arbeits- und Umweltstandards zu verstoßen, etwa vor den Olympischen Spielen 2012 in London wegen Bedingungen in Fabriken in Lanka, China und den Philippinen, übermäßige Überstunden, Unterdrückung von Gewerkschaften, befristete Verträge und exorbitant niedrige Löhne zu bieten. Einige Löhne betragen angeblich nur 41 Cent pro Stunde gegenüber Rüstungsherstellern. Rheinmetall Finance erinnert daran, dass das Unternehmen mit Korruption in Verbindung gebracht wird und Waffen in Länder liefert, die Menschenrechte verletzen. Gazprom wird unter anderem Umweltverschmutzung vorgeworfen. Nestlé, ein Unternehmen, das viel Geld mit Wasser verdient, wird für den sinkenden Grundwasserspiegel in Entwicklungsländern verantwortlich gemacht. Unternehmen und Firmen wählen bewusst ärmere Produktionsländer oder zahlen weniger Steuern, um Geld zu sparen. Sie errichten ihre Fabriken und Geschäfte in diesen Ländern, weil sie dort weniger an die Arbeiter oder die Regierung zahlen müssen. Je mehr Geschäfte ins Ausland verlagert werden, desto weniger Arbeit für das Unternehmen wird erübrigt. Aber auf der anderen Seite ist die steigende Arbeitslosigkeit im eigenen Land auch ein Nachteil der Globalisierung. Daher wird die Mittelschicht auch in entwickelten Ländern in Arbeitslosigkeit und Armut gedrängt. Gleichzeitig sind auch kleine Unternehmen davon betroffen und treten ihren Platz an diese internationalen Konzerne ab, weil sie nicht stark genug sind, um mit deren günstigen Produktionspreisen zu konkurrieren.

Die großen Konzerne hingegen sind heute so mächtig geworden, dass sie die internationale Handelspolitik so sehr beeinflussen können, dass sie diese Macht auch nutzen können, um Gesetze oder politische Entscheidungen zu beeinflussen. Einige Unternehmen haben fast die gesamte weltweite Warenproduktion unter ihre Kontrolle gebracht. In diesem Fall gibt es ein Monopol, und sie bestimmen, wie viel von welchem Produkt zu welchem Preis produziert wird. Mit dieser Macht können Unternehmen globale Krisen und sogar Kriege auslösen.[109]

Viele Kinder müssen arbeiten, statt zur Schule zu gehen. Vor allem in armen Ländern Asiens, Afrikas und Lateinamerikas arbeiten Kinder für wenig oder gar kein Geld. Aber auch in Europa arbeiten einige Kinder unter schlechten Bedingungen. Um weltweit auf die Ausbeutung aufmerksam zu machen, wird seit dem 12. Juni 2002 der internationale Tag gegen Kinderarbeit gewürdigt. Auch Menschen in wohlhabenderen Ländern können ihren Beitrag leisten: Viele billige Artikel werden von armen Menschen mit harter Arbeit hergestellt – im Austausch gegen Hungerlöhne. Es ist nicht ungewöhnlich, dass es Kinder sind. Es ist sehr wichtig, auf das Fairtrade-Siegel zu achten. Dem Bericht zufolge wurden im Jahr 2016 40,3 Millionen Menschen Opfer moderner Sklaverei. Davon mussten 24,9 Millionen Zwangsarbeit leisten und 15,4 Millionen wurden zwangsverheiratet. Zudem waren etwa 10 Millionen der Betroffenen Minderjährige, nämlich Kinder und Jugendliche. Die meisten von ihnen leben im asiatisch-pazifischen Raum (11,7 Millionen Menschen), Afrika (3,7 Millionen) und Lateinamerika (1,8 Millionen). In Nordamerika, der Europäischen Union, Japan und Australien werden jedoch insgesamt 1,5 Millionen Menschen unter Druck eingesetzt und beschäftigt. Schwerwiegende Ausbeutung ausländischer Arbeitskräfte ist an der Tagesordnung, wird aber oft nicht bemerkt. Vielen Verbrauchern ist nicht bewusst, dass die

---

109 https://www.demokratiewebstatt.at/thema/thema-globalisierung/schattenseiten/ausbeutung-von-menschen

Produkte, die sie in Supermärkten und Geschäften kaufen, oder die Dienstleistungen, die sie in Hotels und Restaurants in Anspruch nehmen, von ausgebeuteten Arbeitskräften hergestellt werden könnten. Ausbeutung findet in vielen Wirtschaftszweigen statt und betrifft die unterschiedlichsten Arbeitnehmergruppen. Beispielsweise werden in Ungarn Männer und Frauen aus Rumänien bei der Kartoffelernte ausgebeutet, Frauen aus Ländern südlich der Sahara werden in Frankreich als Au-pairs (Babysitter) ausgebeutet, portugiesische Männer werden in den Niederlanden im Straßenbau ausgebeutet und nordkoreanische Männer sind gering qualifiziert. Ebenso Arbeiter in polnischen Werften und Obstpflücker aus Bangladesch und Pakistan in Südgriechenland. Allen gemeinsam ist, dass sie 1 Euro oder weniger pro Stunde verdienen, zwölf oder mehr Stunden am Tag, sechs oder sieben Tage die Woche arbeiten, an einem unmenschlichen Ort leben müssen, keinen Anspruch auf Urlaub haben oder darauf, bei Lohnfortzahlung auch mal krank zu sein.

Einige der Ungerechtigkeiten, die ans Licht gekommen sind

Zugang zur Justiz:
Ein bulgarisches Ehepaar erntete auf einem Bauernhof in Frankreich Obst und Gemüse. Sie waren bei einem bulgarischen Arbeitgeber angestellt, waren rechtmäßig im Rahmen eines Arbeitsvertrags in ihrer Muttersprache beschäftigt und hatten einen regulären Aufenthalts- und Beschäftigungsstatus in Frankreich. Ihre Lebens- und Arbeitsbedingungen waren jedoch äußerst ausbeuterisch, und obwohl sie fünf Monate lang 15 bis 16 Stunden am Tag arbeiteten, erhielten sie nur sechs Wochenlöhne, und die Flugkosten wurden von ihrem Lohn abgezogen. „Bekämpfung des Menschenhandels", die in ihrem Fall die örtliche Zweigstelle der Zentralstelle zur Verhütung der organisierten Kriminalität aufforderte, die Angelegenheit zu untersuchen und den bulga-

rischen Arbeitgeber an einer weiteren Ausbeutung der Arbeitskraft zu hindern.

Kollektiver Missbrauch und Ausbeutung:
Der Markeninhaber Happy Egg, der große, britische Super-
märkte mit Eiern beliefert, wurde dabei beobachtet, wie er Eier
verkaufte, die von ausgebeuteten litauischen Arbeitern gesammelt wurden. Das Unternehmen behauptete, es „tue alles, um
den Arbeitsplatz zu einem wirklich glücklichen Ort zu machen".
Aber es stellte sich heraus, dass der Bandenchef, der die Arbeiter versorgte, sie körperlich schikanierte, ihre Löhne kürzte
und sie in überfüllte Unterkünfte pferchte. Obwohl die Arbeitsagentur ihnen die Gewerbeerlaubnis entzog, wurde kein Strafverfahren eingeleitet.

Öffentliche Auftragsvergabe:
Im Jahr 2005 wurde eine Gruppe indischer Männer, die von
einem saudi-arabischen Auftragnehmer angeworben wurden,
im Rahmen eines großen, staatlich geförderten Infrastruktur-
projekts in Malta angeworben. Sie erhielten sehr niedrige Löhne (deutlich unter dem gesetzlichen Mindestlohn) und hatten
keinen Anspruch auf Krankheitspausen oder Urlaub. Außerdem
wurden ihnen die wenigen Lebensmittel, die sie bekamen und
die nicht standardmäßige Unterkunft vom Lohn abgezogen. Ein
Außenstehender informierte die Arbeitsaufsichtsbehörde, und
statt vor Gericht zu gehen, übte eine Gewerkschaft über die Medien politischen Druck auf die maltesische Regierung aus, weil
„Arbeitgebern nur geringfügige Geldstrafen auferlegt wurden".
Die Gewerkschaft leistete den Arbeitern Rechtsbeistand und
mobilisierte deren Botschaften. Dies führte dazu, dass ihnen
volle Löhne in Höhe des lokalen Mindestlohns gezahlt wurden,
einschließlich Überstunden.

Arbeitsagenturen:
In Finnland arbeiteten 68 chinesische Staatsbürger für eine
Reinigungsfirma. Sie wurden von einer finnischen Arbeitsver-
mittlung mit Unterstützung einer chinesischen Arbeitsagen-

tur angeworben. Dies hat zu einer verwirrenden Situation für
Arbeitnehmer geführt, die nicht wussten, wer die Personalver-
mittler oder die Vertreter der Reinigungsunternehmen waren.
Dieser unübersichtliche Sachverhalt hatte auch Auswirkungen
auf die Strafverfahren: So wurden Verfahren gegen die finni-
sche Arbeitsagentur wegen erpresserischer Diskriminierung
von Arbeitnehmern eingestellt, da festgestellt wurde, dass sie
nicht im Auftrag des Arbeitgebers handelte. Daher blieben die
Täter trotz von Arbeitnehmern und schwerer Wucherei unbe-
straft. Die Opfer erhielten weder eine Entschädigung noch die
Maklerhonorare zurück und mussten einen Teil der Prozess-
kosten selbst tragen.

Haushälterin-Betreuung:
In Italien arbeitete eine Bolivianerin als häusliche Pflegekraft
in unangemessenen Verhältnissen. Sie arbeitete tagelang und
erhielt wenig Gehalt. Ihr Arbeitgeber nutzte ihre Lage aus, um
sie gefügig zu machen. In einem Haus in Spanien erledigte eine
ecuadorianische Frau den Haushalt und kümmerte sich um eine
ältere Person. Sie musste extrem lange Schichten arbeiten, wurde aber nicht ausreichend bezahlt. Sie wandte sich Hilfe suchend
an eine NGO, offizielle Beschwerden reichte sie nicht ein. Ein
nigerianisches Mädchen in Irland arbeitete für eine Familie und
kümmerte sich um deren Kind. Ihr war es verboten, sich mit
ihrer Familie oder sonst jemandem zu treffen. Ihr Arbeitgeber
schränkte sogar ihre körperliche Mobilität ein, und als sie sich
beschwerte, wurde ihr mit der Abschiebung nach Nigeria gedroht.

Rechtsmittel der Opfer:
Mehrere litauische Männer und Frauen arbeiteten auf Farmen in
Lincolnshire, einer bekannten, landwirtschaftlichen Region im
Vereinigten Königreich. Die lettische Arbeitsagentur kontrollier-
te nicht, wie sie unter schlechten Bedingungen leben und arbei-
ten mussten. Sie lebten in „Baracken", hatten praktisch keinen
Zugang zu sanitären Einrichtungen und nur begrenzten Kontakt
zur Außenwelt. Sie kamen aus sehr armen Verhältnissen. Die An-

gelegenheit wurde von der für die Überwachung der Tätigkeiten von Arbeitsvermittlungen zuständigen Behörde (Gangmasters Licensing Authority, GLA) überwacht. Trotzdem wurden keine Strafverfahren eingeleitet und die Opfer haben keinen Rechtsbehelf, da die Agentur festgestellt hat, dass sie keine Opfer von Menschenhandel sind und daher keinen Zugang zu Gerichten oder Unterstützung im Rahmen des nationalen Schlichtungssystems haben.

Politischer Wille ist die wichtigste Voraussetzung für die Bekämpfung der modernen Sklaverei. Regierungen müssen ihre Bemühungen international besser koordinieren und Informationen austauschen. Sie müssen klare Regeln für die Vermittlung von Unternehmen im Umgang mit nationalen Gesetzen zur Abschaffung der modernen Sklaverei festlegen. Die Verantwortung jedes Staates sollte sein: „Menschenrechtliche" Sorgfaltspflichten für Wirtschaftsunternehmen sollten gesetzlich geregelt und so gestaltet sein, dass ihre Pflichten verbindlich sind. Dies wäre ein äußerst wichtiger Schritt zur Eindämmung der modernen Sklaverei.

Arten der Sklaverei

Historische Bezüge werden am deutlichsten in der erblichen Sklaverei. In der Vergangenheit fielen Kriegsgefangene, Entführte oder Schuldner in sozial legitimierte Sklaverei, und ihre Nachkommen wurden gefangen geboren und tragen das Stigma der Sklaverei. Diese erbliche Form der Sklaverei existiert trotz des weltweiten Sklaverei-Verbots immer noch, wenn auch in geringerem Umfang.

Die Sklaverei endete in Afrika nie. Trotz aller Verbote ist erbliche Sklaverei in einigen Ländern Afrikas weit verbreitet. Strafverfolgung scheitert oft. Die Praxis, den Sklavenstatus zu erben, existiert immer noch in der afrikanischen Sahelzone, einschließlich Mauretanien, Niger, Mali, Tschad und Sudan. Die Menschen müssen zum Beispiel Tiere ohne Bezahlung versorgen, auf den Feldern oder in den angeblichen Häusern ihrer Besitzer arbeiten. Viele andere afrikanische Gesellschaften haben auch eine traditionelle Hierarchie, in der bekannt ist, dass Menschen von Sklaven oder Sklavenhaltern abstammen. Mauretanien verbot 1981 als letztes Land der Welt die ehemals legale Sklaverei. Doch auch dort sieht die Realität oft anders aus und die Strafandrohung bei Missbrauch dieses Verbots besteht erst seit 2007. Die Strukturen des alten Systems wirken hier noch und sind fest verwurzelt.

Der Global Slavery Index schätzt die Zahl der traditionellen Sklaven in Mauretanien auf 140.000 bis 160.000, proportional höher als anderswo. Auch die mauretanische Organisation SOS Esclaves vermutet 600.000 Fälle (das sind etwa 20 Prozent der Bevölkerung). Die herrschenden Eliten klammern sich an die Unterdrückung und verbergen sie. Die Arbeit von Menschenrechtsorganisationen wird aktiv behindert. Bisher wurden Sklavenhalter in Mauretanien nur in Ausnahmefällen verurteilt; darüber hinaus nur dann, wenn das Gerichtsverfahren zugunsten der Sklavenhalter ausfiel und die Sklaven unter der Beweislast standen. Finanzmitteilungen werden ignoriert. Der Verein Temedt setzt sich für die Abschaffung der Abstammungs- bzw. Erbsklaverei in Mali ein. Raichatou Walet Altanata ist der Vizepräsident des Vereins. „Als Menschenrechtsorganisation prangern wir dieses Phänomen seit 2006 an. Aber wir hatten noch keinen einzigen Gerichtsprozess wegen Sklaverei. Die Behörden finden immer Ausreden", sagte Altanata der DW. Manchmal wird es als Gewaltakt angesehen, manchmal als Verbrechen, aber die Sklaverei, die der Hauptgrund ist, wird nicht berücksichtigt.

Angaben der Menschen in Mali: **„Seit 2018 können wir unsere Felder nicht mehr bepflanzen. Diejenigen, die sich als unsere Besitzer ausgeben, haben uns verboten, in den Laden, aufs Feld zu gehen und das Dorf zu verlassen."**

Schuldknechtschaft:

Schuldknechtschaft ist die Rechtsstellung eines bankrotten Schuldners, der in die Knechtschaft eintritt. Als Sicherheit gegenüber dem Gläubiger muss er seine Arbeitskraft verpfänden, aber es besteht kaum eine Chance, mit der geleisteten Arbeit seine Schulden zurückzuzahlen und sich damit zu befreien. Schuldknechtschaft scheint heutzutage noch häufig zu sein. In verschiedenen Ländern vergeben Privatpersonen oder private Unternehmen Kredite zu überhöhten Zinssätzen an Bedürftige und oft an diejenigen, die keine Erwartungen haben. Oftmals führen Zinssätze dazu, dass Schulden schneller wachsen, als sie zurückgezahlt werden können. Dies kann zu einem Zwangsarbeitsverhältnis führen: Schuldner sehen sich gezwungen, ihre Schulden zu begleichen, bevor sie auch nur die geringste Chance haben, ihre Ziele mit kleinen Gewinnen zu erreichen. Arbeit findet oft unter schlechten Arbeitsbedingungen, Gewalt oder Drohungen, Missbrauch und sexueller Ausbeutung statt. Diese Schulden werden von Generation zu Generation weitergegeben, was zu einer Art erblicher Sklaverei führt.

Diese Art der modernen Sklaverei existiert auf der ganzen Welt. Sie ist am häufigsten in asiatischen Ländern. Absolut gesehen hat Indien die meisten Sklaven weltweit: Laut dem Global Slavery Index leben in Indien vermutlich rund 18 Millionen Menschen in moderner Sklaverei; die meisten davon in Gefangenschaft. Obwohl das Land die Schuldknechtschaft 1976 gesetzlich abgeschafft hat, blieb das System aufgrund der schlechten Durchsetzung des Gesetzes und der starken Verwurzelung des indischen Kastensystems intakt. Für diejenigen, die einen Job durch eine Arbeitsagentur in einem fernen Land vermittelt bekommen, ist die Abhängigkeit besonders groß. Früher erhaltene Kredite und oft beschlagnahmte Personalausweise sind mächtige Kontroll- und Ausbeutungsmechanismen, die ernst zu nehmende Auswirkungen mit sich bringen.

Anerkannte, gewohnte und legalisierte Sklaverei

In der Tat ist dies die selbstherrliche und bedingungslose Zustimmung der Verpflichtungen, die uns unter den Definitionen der staatlichen Versorgung und als die Ordnung des Rechts auferlegt werden. Aber manchmal können die Praktiken, die Staaten heute durch Exekutive, Legislative und Judikative ausüben, in eine Richtung führen, die den obigen Beispielen widerspricht. Und das fällt manchmal gar nicht unter den Begriff der Gerechtigkeit, den man von einem Staat erwartet, sondern eher in eine absolute Auferlegung. Nehmen wir zum Beispiel die an den Staat gezahlten Steuern: Wir zahlen ständig direkte und indirekte Steuern (hauptsächlich Einkommens- und Vermögenssteuern, die werden als direkte Steuern bezeichnet und Ausgabensteuern auf Güter und Dienstleistungen, die werden als indirekte Steuern klassifiziert). Eine berufstätige Person muss nicht nur ihre Einkommenssteuer an den Staat abführen, sondern als Verbraucher auch Steuern an den Staat zahlen, um alle Bedürfnisse, einschließlich Lebensmittel (Mehrwertsteuer), zu erfüllen und zu decken. Es mag für jemanden mit einem hohen Einkommen nicht der Rede wert sein, sich darüber Gedanken zu machen, aber jemandem mit einem niedrigen Einkommen wird dadurch eine schwere Last auferlegt, und infolgedessen fällt es in gewissem Sinne unter die „moderne Sklaverei".

Gerecht oder ungerecht?

Der Steuerexperte **Ozan Bingöl** sagt: „Wir zahlen 532 Arten von Steuern und Strafen unter verschiedenen Namen. Mit jedem Atemzug, den wir tun, mit jedem Schritt, den wir tun oder nicht, leisten wir viele Steuern unter verschiedenen Namen."

Der Präsident der Anwaltskammer von Ankara, **Vedat Ahsen Coşar**, argumentierte, dass die Sätze einiger Steuern über dem Durchschnitt der Europäischen Union lägen, und sagte: „Mit anderen Worten, der Staat nutzt seine Steuermacht, um die Bürger und Steuerzahler durch die Erhebung hoher Steuern zu zerstören." In seiner Rede vor dem von der Anwaltskammer von Ankara organisierten Steuerzahlerrechtsgremium erklärte Coşar, dass einer der Bereiche, in denen der Staat Gewalt anwendet, der Steuerbereich ist, und sagte: „Er erhebt Steuern nach Belieben, wenn Sie sie nicht zahlen, er wendet Gewalt an, beschlagnahmt dein Eigentum und verkauft es."

Die obigen Aussagen gelten für die Türkei, aber in Deutschland sieht es nicht besser aus. Zum Beispiel kennen wir alle obligatorische Gebühren für Beiträge des GEZ-Rundfunks, die lange Zeit für große Diskussionen gesorgt haben. Plötzlich musste jeder bezahlen, ob er ein Empfangsgerät hatte oder nicht, auch Menschen mit Hör- und Sehstörungen. Wenn dies nicht im Rahmen der modernen Sklaverei gilt, wie würden wir es dann definieren?

Focus Online[110] hat am 14.04.2014 folgende Titel: „**Schuften für den Staat – So ungerecht ist das deutsche Steuersystem**" veröffentlicht. Weiter schreibt er: „**Melkkuh der Nation**; noch ärgerlicher als die hohe Steuerquote ist die ungerechte Verteilung der Lasten. Die größte Melkkuh des Staates ist in Deutschland die Mittelschicht. Sie muss Steuern und Abgaben in einer Höhe zahlen, die weit über dem **OECD**[111]-Schnitt liegt."

Was sind die ABGABEN? Beiträge/Gebühren/Geldbußen-Straffen/Steuern?

Abgaben sind – ein Sammelbegriff für alle kraft öffentlicher Finanzhoheit zur Erzielung von Einnahmen erhobenen Zahlungen und somit ein Oberbegriff für Steuern, Gebühren und Beiträge.

Beiträge: stellen einen Aufwandsersatz für die mögliche Inanspruchnahme einer konkreten Leistung einer öffentlichen Einrichtung dar. Hier reicht die Möglichkeit, dass die Einrichtung genutzt wird.

Gebühren: sind Zahlungen für besondere Leistungen einer öffentlichen Körperschaft oder für die (freiwillige oder erzwungene) Inanspruchnahme von öffentlichen Einrichtungen. Es gibt eine tatsächliche Leistung, die bezahlt werden muss, z. B.: Müllgebühr, Abwassergebühr, Straßenreinigungsgebühr usw.

Geldbußen-Strafen: Unter Geldbuße (auch: Bußgeld) versteht man im Verwaltungsrecht eine Geldzahlung, die bei ge-

---

110 https://www.focus.de/finanzen/steuern/schuften-fuer-den-staat-so-ungerecht-ist-das-deutsche-steuersystem_id_3770061.html

111 Die Organisation für wirtschaftliche Zusammenarbeit und Entwicklung (OECD) ist eine internationale Organisation, deren Ziel eine bessere Politik für ein besseres Leben ist – eine Politik also, die Wohlstand, Gerechtigkeit, Chancen und Lebensqualität für alle sichern soll.

ringfügiger Verletzung der Rechtsnormen wegen Ordnungswidrigkeit durch Behörden verhängt wird. Im Strafrecht gibt es die vom urteilenden Gericht verhängte Geldstrafe.

Steuern: Geldleistungen, die nicht eine Gegenleistung für eine besondere Leistung darstellen und von einem öffentlich-rechtlichen Gemeinwesen zur Erzielung von Einnahmen allen auferlegt werden, bei denen der Tatbestand zutrifft, an den das Gesetz die Leistungspflicht knüpft; die Erzielung von Einnahmen kann Nebenzweck sein. (§ 3 Abs.1 Abgabenordnung). Für die Zahlung von Steuern gibt es keine direkte Gegenleistung. Es gibt somit keine Zweckbindung.[112]

Lew Tolstois Buch „**Die Sklaverei unserer Zeit**" zeigt auch: Mit dem Argument, dass die menschliche Natur böse sei, würden wir in einer viel schlimmeren Situation leben ohne diese Gesetze, die Regeln, die wir schaffen und befolgen, eine innere spirituelle Scham – menschliche Gier, das sind die wahren Ursprünge des Bösen. Es mag diejenigen geben, die behaupten, dass sie klare und sichtbare äußere Zeichen haben. Aber selbst, wenn wir akzeptieren, dass dies in gewissem Sinne wahr sein mag, bedeutet dies nicht, dass die menschliche Natur unveränderlich ist und keine Verbesserung möglich ist. (...) Gesetze werden von Staaten geschaffen und mit physischer Gewalt durchgesetzt. Uns wurde lange beigebracht, dass es für einige Menschen gut ist, Gesetze für andere zu schaffen. (...) Uns wird gesagt, dass die Menschen sehr gedankenlos und schelmisch sind und dass nichts als die starken Waffen des Gesetzes sie zurückhalten werden, und es für Menschen gefährlich ist, gegen ihre Achtung vor dem Gesetz zu handeln.[113]

---

112 https://www.molfsee.de/fileadmin/Downloads/Aktuelles_und_
    Service/verwaltungstaetigkeiten/Abgaben.pdf
113 https://anarcho-copy.org/libre/lev-tolstoy-zamanimiz-koleligi.pdf

Aldous Huxley, „**Schöne neue Welt**"[114], „Ein wirklich leistungsfähiger erfolgreicher totalitärer Staat ist einer, in dem die Exekutive eine ist, in der allmächtige politische Herrscher und ihre herrschenden Armeekader eine Bevölkerung von Sklaven dominieren. Arbeiter, die nicht gezwungen werden müssen, weil sie die Sklaverei lieben. Das Volk dieses Wissen um die Liebe zu lehren, ist die Aufgabe der Propagandaministerien, Zeitungsredakteure und Schullehrer in den heutigen totalitären Staaten."

„Die größten Triumphe der Propaganda wurden nicht durch Handeln, sondern durch Unterlassung erreicht. Groß ist die Wahrheit, größer aber, vom praktischen Gesichtspunkt, ist das Verschweigen von Wahrheit."[115]

In Huxleys Roman werden Menschen durch Konsum, Sex und Drogen sediert, manipuliert und versklavt. Heute kann dies durch Smartphones, Unterhaltung, Spiele und soziale Medien erreicht werden. In gewisser Weise sind wir alle moderne Sklaven eines massiven Systems, das vielleicht Jahrhunderte zurückreicht und bis heute perfektioniert wurde. Weil das menschliche Bewusstsein von Geburt an mit den Lehren geknetet, erzogen und geformt wurde von der Normalität, die das heutige stereotype Weltbild ist.

Wie Huxley erwähnte; **ist denjenigen, die durch Propaganda und insbesondere die Medien dogmatisch an diese Weltanschauung glauben, oft nicht bewusst, dass sie auch ein Sklave dieser Konfiguration sind.**

---

114 Der Roman »Schöne neue Welt« (Originaltitel: »Brave New World«) von Huxley erschien 1932. Geschildert wird ein futuristischer Staat mit einem totalitären System wesentlich darauf beruht, dass man in der Lage ist, Menschen künstlich zu reproduzieren und sie physisch und psychisch ihrer zukünftigen Funktion im Staat anzupassen. (Huxley, Welt, S. 1 6)

115 https://beruhmte-zitate.de/werk/schone-neue-welt-554/

Kinderarbeit

Etwa ein Viertel der modernen Sklaven sind Kinder. Viele arbeiten zu Hause oder auf Farmen und Feldern, bauen zum Beispiel Kakao oder Baumwolle an. Auch werden viele kleine Kinder Opfer von Zwangsprostitution. Weltweit sind 152 Millionen Kinder im Alter zwischen 5 und 17 Jahren betroffen, also eines von zwölf Kindern. Aber auch ohne Ausbeutung müssen sie arbeiten, um ihren Familien beim Überleben zu helfen. Diese, fast die Hälfte, wird unter gefährlichen oder ausbeuterischen Arbeitsbedingungen unterdrückt. Laut UNICEF leben die meisten von Kinderarbeit betroffenen Jungen und Mädchen in Afrika. Schätzungen zufolge heute:

- Afrika: 72 Millionen
- Asien und Pazifik: 62 Millionen
- Amerika: 11 Millionen
- Europa und Zentralasien: 5,5 Millionen
- Arabische Länder: 1,2 Millionen

Kinderarbeit stiehlt ihnen die Kindheit und zerstört ihre Zukunftschancen. Sie beeinträchtigt ihre körperliche und geistige Entwicklung, hindert Kinder am Schulbesuch und lässt ihnen wenig Zeit zum Spielen. Die Wohltätigkeitsorganisation **Terre des Hommes** benennt Armut, Diskriminierung, schlechte oder keine Schulen, eine hohe Nachfrage an billigen Arbeitskräften und rücksichtslose Behörden als Ursachen für Kinderarbeit. Mit etwa 10 Prozent der Kinder liegt die Rate in Haiti deutlich höher. Hier arbeiten Kinder als sogenannte „Restavèks", Haussklaven. Eltern schicken ihre Kinder aufgrund von Armut oft als Hausangestellte in wohlhabende Familien, wo sie durch diese Familien oft seelischer, körperlicher und sogar sexueller Misshandlung ausgesetzt sind. Das ist auch in anderen Ländern üblich.

Ein System, das furchtbar schiefgelaufen ist!

Laut UNICEF leben in Restavek in Haiti schätzungsweise 225.000 Kinder, hauptsächlich Mädchen, im Alter von 5 bis 17 Jahren. Der Einsatz von Kindern als Hausangestellte ist in

Haiti weit verbreitet. Der Begriff „**Restave**" bedeutet im haitianischen Kreol wörtlich „zusammenbleiben". Heute ist er einer der schlimmsten Bestandteile der haitianischen Gesellschaft. Das Restavek-System, das ursprünglich als System konzipiert war, um Kinder für eine bessere Ausbildung und ein besseres Leben zu wohlhabenden Verwandten in die Stadt zu schicken, hat sich in den letzten Jahren verschlechtert. Eine neue Kampagne wurde gestartet, um eine der schlimmsten Formen der Kinderarbeit zu bekämpfen, obwohl sie seit Generationen kulturell akzeptiert ist. Diese Kinder wachen vor allen anderen Mitbewohnern im Haus auf, putzen und fegen den Boden. Sie holen mehrere Eimer Wasser von der Pumpe, die Straße hinunter und tragen sie zurück zum Haus. Bei Sonnenaufgang kochen sie Kaffee und erhitzen Öl, um das Frühstück für die Familie vorzubereiten. Jeder Tag ist mit endlosen Aufgaben gefüllt, von dem Moment an, in dem sie aufwachen, bis sie ins Bett gehen. Angesichts des zunehmenden wirtschaftlichen Drucks aus dem Land, insbesondere nach dem Erdbeben im Januar 2010, ist es zu einer Form des inländischen Menschenhandels und der modernen Sklaverei geworden. Makler, die in Creole als Koutchye bekannt sind, werden manchmal dafür bezahlt, einen Restavek für Gastfamilien zu finden. Zusätzlich zu den langen Arbeitszeiten werden diese Kinder oft körperlich, sexuell und verbal misshandelt.

Die Ironie dieser Entwicklung ist verblüffend, da Haiti 1804 seine Unabhängigkeit als Ergebnis des einzigen erfolgreichen Sklavenaufstands der Geschichte erlangte und damit zur ersten freien, schwarzen Republik der Welt wurde.

Diese Botschaft der Bekämpfung und Verurteilung des unterdrückerischen Systems der Sklaverei wurde weltweit öffentlich verkündet, doch die Praxis der Sklaverei in Haiti geht weiter, sogar gegen die eigenen Bürger, die am stärksten gefährdet sind.

Große Konzerne haben lange Zeit ausgebeutete Arbeiter in Afrika, Asien, Südamerika und anderen Teilen der Welt für ihre

Zwecke benutzt. So arbeiten Kinder ab 7 Jahren unter menschenunwürdigen und lebensbedrohlichen Bedingungen in Kobaltminen im Kongo. Verena Haan, Wirtschafts- und Menschenrechtsexpertin bei Amnesty International in Deutschland, sagt: „Elektronikunternehmen verwenden Kobalt für die Akkus ihrer Smartphones, Tabletts und Laptops, also in Geräten, die aus dem Konsumalltag nicht mehr wegzudenken sind." In der Demokratischen Republik Kongo, dort, wo mehr als die Hälfte des weltweiten Kobalts abgebaut wird, riskieren Männer, Frauen und Kinder beim Mikrobergbau täglich ihre Gesundheit und ihr Leben. Haan sagte, dass zwischen September 2014 und Dezember 2015 allein im Südkongo mindestens 80 Bergleute gestorben seien.

Es gibt Millionen von Kindern weltweit, die ausgebeutet werden, am stärksten wirtschaftlich und emotional. Obwohl diese Kinder das Recht haben, in Würde und Sicherheit aufzuwachsen, braucht es mehr als das Verbot von Kinderarbeit, damit die Menschheit dies erkennt. Bildungs- und Familienstärkungsprojekte sind ein wichtiger Ansatz zur Bekämpfung der Kinderarbeit, die ihren Ursprung größtenteils in der Armut der Menschen hat. Manche der Kinder arbeiten in der Hitze auf den Feldern, zerkleinern Steine in staubigen Minen, manche in der Industrie mit gefährlichen und hochgiftigen Substanzen mit schwerwiegenden, gesundheitlichen Folgen, manche sind als Haussklaven in Gefangenschaft. Abgesehen davon ist der erbärmlichste und widerlichste Einsatz ihre Verwendung als sexuelle Objekte und die damit verbundene Ausbeutung.

Diese Produkte können durch Kinderarbeit entstehen:
Autos, Stifte, Blumen, Computer, Laptops, Diamanten, Edelsteine, Elektronik, Feuerwerk, Gewürze, Gläser, Grabsteine, Textilien, Kaffee, Kakao, Kosmetika, Stroh, Lederwaren, Natursteine, wie Saft, Blumen, Schuhe, Schokolade, Smartphones, Spielzeug, Streichhölzer, Tabak, Tee, handgewebte Teppiche.

Kindersoldaten[116]

Die Internationale Arbeitsorganisation hat den Einsatz von Kindern als Soldaten als extremste Form der ausbeuterischen Kinderarbeit. In Krisengebieten werden Kinder entführt und zwangsrekrutiert. Unter Bedingungen massenhafter Gewalt und Misshandlung werden Minderjährige zu kriegerischen Gewalttaten gezwungen, traumatische Erlebnisse, die ein Leben lang nicht verschwinden. Die Nachrichten aus dem Kongo waren skandalös: Nach Ausbruch des Bürgerkriegs 1996 wurden Zehntausende Kinder entführt und zu Kindersoldaten gemacht. Schätzungsweise 17.000 Kindersoldaten sind im Südsudan beschäftigt, wo seit 2013 der Bürgerkrieg tobt.

Kinder leiden am meisten unter Kriegen und Konflikten. Besonders grausam ist es, wenn Erwachsene sie in ihre Kriege einbeziehen und ermutigen, als Kindersoldaten zu kämpfen und zu töten. Kinder werden nicht nur in Konflikten eingesetzt, sondern auch zum Spionieren, als Diener, zum Kochen oder werden sexuell missbraucht. Mädchen, die als Kindersoldaten rekrutiert werden, sind besonders gefährdet und häufig sexueller und geschlechtsspezifischer Gewalt und Ausbeutung ausgesetzt. Meistens bleibt diese Gräueltat verborgen und unsichtbar.

Jeder Einsatz von Kindern durch Armeen und bewaffnete Gruppen ist eine schwere Verletzung der Kinderrechte und gilt als Kriegsverbrechen an Kindern unter 15 Jahren. UNICEF arbeitet weltweit daran, die Rekrutierung von Minderjährigen zu beenden, Kindersoldaten zu befreien und ihnen zu helfen, ein neues, zivilisiertes Leben zu beginnen. Im Südsudan und anderen Ländern wie der Zentralafrikanischen Republik oder der Republik Kongo ist es dem Kinderhilfswerk der Vereinten Nationen und seinen Partnern immer wieder gelungen, Kindersoldaten freizulassen und ihnen bei der Wiedereingliederung in

---

116 https://www.unicef.de/informieren/aktuelles/blog/
kindersoldaten-in-afrika-und-weltweit/72156

ihre Familien zu helfen. Aber noch immer werden Zehntausende Jungen und Mädchen als Kindersoldaten missbraucht. Beide Geschlechter sind Opfer von Gewalt und begehen selbst Gewalttaten. Vor allem aber sind sie Opfer und besonders schutzbedürftige Kinder ohne Kindheit. Und es ist sehr schwierig, sie in ein normales Leben zurückzuführen.

In vielen Ländern gibt es Kindersoldaten – obwohl in den meisten Ländern die freiwillige Rekrutierung und Einbeziehung von Minderjährigen in Kampfhandlungen verboten ist. Niemand weiß, wie viele Kindersoldaten es auf der Welt gibt. Einige Schätzungen gehen davon aus, dass es weltweit bis zu 250.000 Kindersoldaten gibt, aber dafür gibt es kaum Beweise. Die Vereinten Nationen veröffentlichen jedes Jahr einen Bericht über Kinder in bewaffneten Konflikten, einschließlich der Zahl der eingezogenen Kinder und die Namen der verantwortlichen Armeen oder bewaffneten Gruppen. Auf dieser sogenannten „Shame List" befinden sich derzeit über 60 Konfliktparteien. Schwere Menschenrechtsverletzungen an Kindern wurden in 19 Ländern oder in Konfliktsituationen dokumentiert, darunter die Rekrutierung von Kindersoldaten sowie die Tötung und Verstümmelung von Kindern oder Angriffe auf Schulen und Krankenhäuser. Insgesamt wurden 2019 mehr als 25.000 dieser schwerwiegendsten Verstöße bestätigt.

Zwangsheirat

Zwangsheirat wird ebenfalls als Kategorie der modernen Sklaverei angesehen, obwohl in vielen Ländern kulturelle Praktiken die Grundlage für Zwangsheirat oder Brautkauf bilden. Häufig sind minderjährige Mädchen betroffen. Die Gründe für solche Ehen können vielfältig sein. In armen Familien werden kleine Mädchen verkauft, um der Familie zu helfen und ihren Lebensunterhalt zu verdienen oder Schulden abzuzahlen. In Kriegsgebieten werden Mädchen manchmal entführt, misshandelt oder mit Kriegern verheiratet. Zweifellos sind es diese Formen der Zwangsverheiratung, die gewalttätig sind und die Grundlage jahrelanger körperlicher und sexueller Misshandlung und Ausbeutung bilden.

Brautkäufe beispielsweise sind in China immer noch weit verbreitet und werden oft mit Menschenhandel in Verbindung gebracht. Auch dabei ist die Armut ländlicher Familien und der Überfluss an Männern gegenüber Frauen die treibenden Faktoren. Die meisten chinesischen Familien wollen einen Jungen anstelle eines Mädchens, was zu einem Ungleichgewicht zwischen den Geschlechtern führt (Abtreibung). Traditionellerweise müssen Männer für eine Frau hohe Mitgift bezahlen, um sie heiraten zu können. Aus diesem Grund kaufen sie ihre Frauen lieber billig von professionellen Menschenhändlerbanden, die sie aus Nachbarländern wie Laos, Vietnam und Nordkorea schmuggeln. Zwangsheirat ist am häufigsten in Albanien, Bangladesch, China, Griechenland, Indien, Italien, Jordanien, der Republik Kongo, dem Kosovo, Marokko, Nigeria, Sri Lanka, Vietnam und der Türkei. Und es ist eine Situation, die in fast allen islamischen Ländern vorkommt, besonders in ihrer fanatischsten Form.

Kinderheirat

Jeden Tag werden weltweit 41.000 Kinder zwangsverheiratet. Jedes Jahr gibt es 15 Millionen Kinder, von denen mehr als 80 Prozent Mädchen sind. Kinderheirat ist eine der schlimmsten Verletzungen der Kinderrechte. Sie verstößt in vielerlei Hinsicht gegen die UN-Kinderrechtskonvention. Laut SOS sind viele dieser jungen Ehepartnerinnen Opfer von häuslicher Gewalt und sexuellen Übergriffen. Oft werden sie schwanger, bevor ihr Körper reif ist, was zu Komplikationen und sogar zum Tod führt. 70.000 minderjährige Mädchen sterben jedes Jahr während der Schwangerschaft und Geburt. In armen Ländern ist das eine der häufigsten Todesursachen in dieser Altersgruppe. Zudem bleibt vielen der zwangsverheirateten Mädchen das Recht auf Bildung verwehrt: Sie müssen die Schule abbrechen und haben kaum eine Chance auf Weiterentwicklung.

Laut der Statistik der Frühverheiratung für die Jahre 1987 bis 2006, die im **UNICEF-Dokument** von 2007 mit dem Titel „Development for Children: A Screening Report on Child Protection" aufgeführt ist, wurden weltweit mehr als 60 Millionen Frauen in der Altersgruppe der 20- bis 24-Jährigen vor dem Alter von 18 verheiratet. Laut dem Bericht der britischen Kinderhilfsorganisation Save the Children aus dem Jahr 2016 gibt es weltweit 700 Millionen Mädchen unter 18 Jahren, die verheiratet sind. Dem Bericht zufolge werden Mädchen in Ländern wie Afghanistan, Jemen, Indien und Somalia im Alter von 10 Jahren verheiratet, und diese Ehen führen zu einem Rückgang des Bildungsniveaus, einer Zunahme von Geschlechtskrankheiten und einer Zunahme bei vorzeitigen schwangerschaftsbedingten Todesfällen.

Kinderheiratsraten sind in Südasien, Subsahara-Afrika und südostasiatischen Ländern höher als in anderen Regionen. Auf internationalen Vergleichen basierende Studien zeigen die Konzentration der Frühverheiratung in ländlichen Gebieten und unterentwickelten Regionen auf und machen auf ihren Zusammenhang mit dem Wohlfahrtsniveau der Länder aufmerksam. Während 4 Prozent der Mädchen in der Altersgruppe der 15- bis 19-Jährigen in den USA und 2 Prozent in Großbritannien verheiratet sind, sind in Niger 62 Prozent und in Bangladesch 51 Prozent verheiratet.

Kinderbrautreport in der Türkei[117]: 15 von 100 Kindern wurden jung verheiratet!

---

117 https://www.ntv.com.tr/turkiye/turkiyede-cocuk-gelin-raporu-100-cocuktan-15i-cocuk-yasta-evlendirildi,uVkBex8yxUuICLLSfLgh8A

Der Bevölkerungsfonds der Vereinten Nationen hat zusammen mit der Hacettepe-Universität einen Bericht über Frühehen in der Türkei erstellt. Demnach wurde jede fünfte Frau im Alter zwischen 18 und 45 Jahren als Kind verheiratet. Außerdem wurden sie in jungen Jahren Mütter. Dem Bericht zufolge werden die meisten, die vor dem 18. Lebensjahr heiraten, Mütter, bevor sie ihre eigene Entwicklung abschließen können. Eine Schwangerschaft in einem frühen Alter gefährdet die Gesundheit des Babys sowie der Mutter.

Die Ehe mit Kinderbräuten bedeutet nichts anderes als sexuellen Missbrauch von Kindern, die ihre geistige und körperliche Entwicklung noch nicht abgeschlossen haben!

Die repressive Struktur der männlichen Energie, die Betrachtung der weiblichen als eine abhängige und untergeordnete Komponente im männlichen Machtgefüge führte zu sozialen und traditionellen Normen. Die Verfestigung solcher Hegemonie, aber auch die falsche Annahme der religiösen Überzeugungen und dazu dogmatische Besessenheit führen oft zu einer Sichtweise, die die Frau als Ware zum Kauf empfindet. Das konfrontiert uns mit der Sichtweise nicht nur von Frauen als käufliches Gut, sondern auch minderjährigen. Deshalb werden die Bedürfnisse des Kindes oder dieses jungen Mädchens nicht berücksichtigt, alle Rechte auf Leben werden ignoriert. Was hier dringend getan werden muss, ist, das soziale Bewusstsein zu schärfen und die Eltern auf Gemeinschaftsebene zu unterstützen und zu schulen.

Ein weiterer Grund, den wir nicht ignorieren sollten, sind Hunger und Armut. Und wir können sogar sagen, dass Armut die erste, grundlegende Ressource ist: Folglich treibt Armut und Abhängigkeit nicht nur die Familie in die Machtlosigkeit, sondern auch den Staat, der wiederum von anderen wohlhabenderen Staaten und Weltmächten stark unterdrückt wird. Dann ist es doch klar, dass alle Schwächsten der Gesellschaft am meisten ausgebeutet und ihren Rechten entzogen werden.

An dieser Stelle kommen wir unweigerlich zu folgender Schlussfolgerung: **Sind solche Ausbeutungen nicht Ursache-Wirkungs-Beziehungen einer bewussten und willentlichen Konstruktion?**

Sexuelle Ausbeutung – Menschenhandel

Gründe wie Armut, politische und soziale Unruhen, Ungleichheiten in der Einkommensverteilung und Geschlechterungleichheit sind die wichtigsten Faktoren, die dem Menschenhandel den Weg ebnen. Kinderarbeit, Hausangestellte, Zwangsarbeit, das Betteln oder Zwingen von Kindern zu Straftaten, die unerlaubte Entnahme von Organen gehören zu den Hauptarten des Menschenhandels, insbesondere der Zwang zur Prostitution von Frauen und Mädchen. Frauen und Kinder sind die am stärksten geschädigten Opfer dieses Verbrechens. Viktimisierung hingegen bezeichnet einen schrecklichen Prozess von der Einschränkung ihrer Freiheit bis zur Beschlagnahme ihres Einkommens, von der Einwirkung von Gewalt aller Art bis zum Kampf ums Überleben. Opfer von Menschenhandel werden von den Menschenhändlern mit dem Versprechen auf legitime und gut bezahlte Jobs in ihrem Heimatland oder anderen Ländern getäuscht. Mit dieser Hoffnung sind Opfer, die ihre Häuser, Städte oder sogar ihre Länder verlassen, in einer Umgebung, die sie nicht kennen, unsicher und verwundbar.[118]

Menschenhändler nutzen schutzbedürftige Menschen zum finanziellen Vorteil aus, indem sie (insbesondere) auf die folgenden zwei Arten täuschen oder Gewalt anwenden:
* Prostitution/sexuelle Ausbeutung (79 Prozent der Fälle)
* Zwangsarbeit (18 Prozent der Fälle, aber in einigen EU-Ländern gestiegen): Zu den weniger verbreiteten Formen der Ausbeutung gehören das Zwingen der Opfer zum Betteln und die Entnahme und der Verkauf ihrer Organe.

Laut einer Studie der ILO aus dem Jahr 2005 im Zusammenhang mit Sklaverei: Mehr als die Hälfte der Opfer von Menschenhandel im Zusammenhang mit Sklaverei stammen aus Südostasien,

---

118 https://www.goc.gov.tr/genel-bilgi56420

und daher gilt Südostasien als internationale Drehscheibe für Menschenhandel. Besonders betroffen sind Kambodscha, Laos, Thailand und Vietnam. Laut dem ILO-Bericht von 2017 erleben weltweit etwa 4,8 Millionen Menschen, davon 99 Prozent Frauen, sexuellen Missbrauch. 21 Prozent der Opfer sind Minderjährige. Der UN Global Report on Human Trafficking 2016 stellt fest, dass 51 Prozent der vom Menschenhandel Betroffenen erwachsene Frauen sind. Er stellt auch fest, dass in Europa 65 Prozent aller Fälle von Menschenhandel in der Sexindustrie aufgedeckt werden. Schätzungen gehen in die Millionen; verlässliche Zahlen gibt es nicht.

Gemäß der FIZ-Fachstelle Menschenhandel und Migration stammen die meisten der in der Schweiz aufgedeckten Fälle von Sexhandel aus Nigeria und Ungarn, gefolgt von Rumänien und Thailand. Wo immer es eine proaktive Untersuchung gibt und die Ermittlungseinheiten für Menschenhandel besser ausgebildet sind, um Opfer zu identifizieren, können solche Vorfälle aufgeklärt werden. Die Opfer werden durch falsche Versprechungen in westliche Länder gelockt und unter ausbeuterischen Bedingungen zur Sexarbeit gezwungen. Allerdings sind nicht alle Sexarbeiterinnen von Menschenhandel zum Zwecke der sexuellen Ausbeutung betroffen. Um Betroffene von Menschenhandel zu identifizieren, ist es wichtig, zwischen Menschenhandel und selbstbestimmter Sexarbeit zu unterscheiden. Frauen können nicht nur in der Sexarbeit, sondern auch in anderen Bereichen ausgebeutet und in ihrer sexuellen Integrität verletzt werden. Frauen haben weltweit weniger Zugang zu Bildung und Erwerbsarbeit als Männer und tragen die meiste Verantwortung für ihre Familien. Das macht sie angreifbar. Täter nutzen diese Schwachstelle aus. Die wirtschaftliche Instabilität und die restriktiven Einwanderungsregime in den Herkunftsländern und die Nachfrage nach billigen und gefügigen Arbeitskräften in den Zielländern treiben Frauen in die Arme von vermittelnden Dritten. Sie täuschen sie oft über die Art und Bedingungen des Geschäfts.

In der Welt des 21. Jahrhunderts ist der Kauf, Verkauf und die Ausbeutung von Menschen als Ware weder ethisch noch rechtlich akzeptabel!

Bild-Zeitung, Deutschland – 2016 gab es einen Bericht mit der Überschrift: „**Erschreckende Ermittlungen der EU zu Menschenhandel: 4.000 Euro für gestohlene Babys!**“ Im Artikel heißt es: Die Schwächsten sind die leichtesten Ziele, insbesondere Kinder und Jugendliche, die in der Europäischen Union zunehmend in die Hände von Menschenhändlern fallen.

Nach Angaben der EU-Kommission in Brüssel wurden in den Jahren 2013 und 2014 in der EU mehr als 2.300 Kinder als Opfer von Menschenhandel registriert. Es wurde erfasst, dass in diesem Zeitraum rund 15.800 Frauen, Männer, Mädchen und Jungen Opfer von Menschenhandel wurden. Die Brüsseler Behörde geht davon aus, dass es viele Dunkelziffern gibt und die tatsächliche Zahl der Opfer deutlich höher liegt. Zwischen 4.000 und 8.000 Euro zahlen kriminelle Banden für Babys im Alter von sechs Monaten und Kinder unter zehn Jahren. Dem Bericht zufolge werden in Sonderfällen sogar Preise von bis zu 40.000 Euro gezahlt. Menschenhändler zielen auf arme und sozial benachteiligte Familien ab und verschulden sie. Kinder werden dann als Rückerstattung genommen. Kinder in den Fängen von Menschenhändlern werden als Sexsklaven oder zum Betteln, Stehlen und Taschendiebstahl benutzt. Etwa zwei Drittel (65 Prozent) der registrierten Opfer stammen aus der EU. Top 5 Länder sind: Rumänien, Bulgarien, Niederlande, Ungarn und Polen. Andere kamen aus Nicht-EU-Ländern. Top 5 Länder: Nigeria, China, Albanien, Vietnam und Marokko. Aufgrund des Chaos auf der Fluchtroute in Europa geraten dem Bericht zufolge vor allem Flüchtlinge ins Visier von Menschenhändlern. Kriminelle Händler nutzen die Flüchtlingskrise in Europa zunehmend aus, um Menschen zu überwältigen, und auch zur sexuellen Ausbeutung zu verkaufen. Womöglich wurde diese Flüchtlingskrise, die wir seit Jahrzehnten beobachten, wie alles andere vor langer Zeit von „**multiparasitären Kräften**“ geplant und umgesetzt. Eins sollte uns langsam klar sein: einiges läuft auf unserem Planeten schief, sei es Kriege, Terrorismus, Hungersnot, Ausbeutung der Menschen und Tiere, Zerstörung der Natur. Hätte man das Ziel, all das zu beenden, wäre es nicht schon längst vorbei?

Anscheinend wird es nicht wirklich gewollt sein, all dem ein
Ende zu setzen. Zum Gegenteil nimmt das Leid der Planeten-
bewohner, vor allem der ärmsten und schwächsten, kontinuierlich zu. Leider gehört auch der Menschenhandel zu den Brenn-
punkten unseres Planeten. Es gibt internationale Abkommen
zur Verfolgung von Menschenhändlern. In vielen Teilen der Welt
sind sie jedoch nicht praktikabel, entweder aufgrund fehlender
Rechtsstaatlichkeit oder einfach aufgrund von Eigeninteressen
hochrangiger Beamter.

Die Bild-Zeitung veröffentlichte am 29. Oktober 2016 einen Artikel über Korruption in der Flüchtlingskrise. Die Titel
lautete: „Millionengeschäft – Korrupte Beamte verdienen an
Flüchtlingen". Bei zwölf von insgesamt 35 Verfahren, die die
Bundespolizei 2015 zur Organisierten Kriminalität (OK) geführt hat, haben Schleuserbanden mit korrupten Mitarbeitern
aus der öffentlichen Verwaltung in Süd- und Osteuropa zusam-
mengearbeitet. In einem Fall war sogar ein Politiker beteiligt.
Wen wundert es, Korruption ist überall in unserer Umgebung
allgegenwärtig. Eine Schlagzeile trifft uns nicht sonderlich,
da wir daran gewöhnt sind. Der globale Materialismus hat uns
das Verständnis des Besitzes von Vermögenswerten als erstes,
grundlegend lebenswichtiges Ziel vermittelt. Wie effektiv kann
individuelles Bewusstsein sein, solange es kein kollektives Bewusstsein gibt?

In dieser Zeit breitet sich das Böse unaufhaltsam über die
ganze Welt aus, während wir in Ignoranz verharren. Es ist bereits zu erahnen, wohin sich die Menschheit wandelt, da die
negativen Ereignisse uns in eine Richtung führen, die nicht
sonderlich erfreulich ist. Das Böse hat keine Nationalität, keine ethnische Herkunft und auch keine religiöse Ausrichtung,
sodass es überall und in jedem Land zu finden ist.

Vor Jahren verbreiteten sich die „**Protokolle der Weisen
von Zion**" ausgehend von Russland schnell in der westlichen
Welt. Gerüchten zufolge ist es ein Dokument der Freimaurer-
Weltverschwörung. Ein kurzer Auszug lautet wie folgt: „Wir
müssen alle Völker mit Neid und Hass, mit Streit und Krieg, so-

gar mit Armut, Hunger und der Ausbreitung von Krankheiten so zermürben, dass sie keine andere Wahl haben, als sich vollständig unserer Souveränität zu unterwerfen."

Pädophilie – Kinderliebhaber

Gerade dieses Thema kann einen herzzerreißenden Schmerz auslösen, der uns sehr nahekommt, denn die verletzlichsten und hilflosesten in unserer Gesellschaft sind die Kinder, die leicht zu beherrschen sind. Pädophilie ist eine Tendenz, bei der erwachsene Menschen sexuell von Kindern angezogen werden, die vor der Pubertät sind und jünger als 10–12 Jahre alt sind. Obwohl Pädophilie nicht automatisch bedeutet, diese Neigung auch auszuleben, kann die letzte Scheu in geeigneter Umgebung leicht verschwinden. Viele Bewährungshelfer und Psychologen sind sich einig: Sobald der Täter eines solchen Verbrechens freigelassen wird, wird er es erneut versuchen. Viele Täter, etwa Kinderschänder, sind bekannt dafür, Menschen mit traumatischen Erfahrungen in der Familie, Menschen mit Persönlichkeitsstörungen, Empathie Schwierigkeiten oder der Tendenz, sich und anderen zu schaden, zu sein. Manche Täter missbrauchen Kinder, weil ihnen die sozialen Fähigkeiten fehlen oder sie Angst vor Beziehungen mit Erwachsenen haben. Andere wiederum tun dies aus einer Besessenheit heraus, um ihre Macht auszuüben. Die polizeiliche Kriminalstatistik verzeichnet jedes Jahr eine große Zahl von Kindesmissbrauchsfällen. Da die meisten Taten jedoch im familiären oder sozialen Umfeld der Opfer stattfinden, muss von einer hohen Dunkelziffer ausgegangen werden, weil die Opfer zu klein oder die Scham zu groß sind. Körperliche und seelische Schäden wirken sich oft lebenslang auf diese Kinder aus.

Kinder haben das Recht auf gewaltfreie Erziehung. Körperliche und seelische Verletzungen und andere erniedrigende Taten sind niemals akzeptabel!

Die meisten Täter, die in die Schlagzeilen geraten sind, stammen in der Regel aus dem Umfeld der Familie des Kindes. Es besteht kein Zweifel, dass es denselben Schmerz beinhaltet, aber was wir hier thematisieren werden, ist die Kriminalisierung auf höchstem Niveau, organisiert, geplant und sogar auf der ganzen Welt vernetzt.

Vermisste Kinder

Etwa 460.000 Kinder werden jedes Jahr in den Vereinigten Staaten als vermisst gemeldet. 113.000 in Großbritannien und 100.000 in Deutschland, mehr als 45.288 jedes Jahr in Kanada, ungefähr 45.000 in Russland seit 2015, ungefähr 96.000 jedes Jahr in Indien, ungefähr 20.000 jedes Jahr in Spanien und 1.984 Kinder wurden seit 2015 in Jamaika als vermisst gemeldet. Das International Center for Missing and Exploited Children hat diese Zahlen erhoben und veröffentlicht. Das Problem: „**Viele Länder haben nicht einmal Statistiken über die Zahl der vermissten Kinder**", so das Zentrum. Auch die Zahl der Kinder, die in Kriegsgebieten oder auf der Flucht „verloren gehen", ist schwer abzuschätzen. Nach Angaben des UN-Kinderhilfswerks **UNICEF** sind unbegleitete, geflüchtete Kinder und Jugendliche besonders gefährdet, Opfer von Ausbeutung, Missbrauch und Gewalt zu werden. Sie sind oft auf kriminelle Schmuggler angewiesen, die sich nicht scheuen, deren Not auszunutzen.

Zwischen 2018 und 2020[119] verschwanden in Europa mehr als 18.000 Flüchtlingskinder und Jugendliche aus staatlicher Obhut. Das zeigen Daten des Forschungsnetzwerks „**LOST IN EUROPE**". Diese Kinder sind besonders von Ausbeutung bedroht. Verena Keck von der internationalen Kinderrechtsorga-

---

119 https://www.tagesschau.de/investigativ/rbb/fluechtlinge-kinder-verschwunden-101.html

nisation ECPAT geht daher davon aus, dass die wahre Zahl der vermissten Kinder deutlich höher liegt. Sie kritisiert das Fehlen eines europaweit einheitlichen Systems zur Erfassung von Vermissten: „Für Kinder und Jugendliche kann dies fatale Folgen haben, da sie in Missbrauchssituationen und Suchtverhalten geraten können. Aber wenn niemand von diesen Kindern und Jugendlichen weiß, sucht auch niemand. Diese Kinder leben unter schwierigen Bedingungen, sind auf enge Räume beschränkt, erhalten zweifellos sehr wenig Nahrung und werden außerdem körperlich und seelisch gefoltert. Kinder werden oft durch physische und psychische Gewalt zum Gehorsam konditioniert und an unbekannten Orten festgehalten. Die sprachliche und geografische Isolation verstärkt den Zugang der Menschenhändler zu ihren Opfern, die nicht entkommen können. Zum Beispiel: Mütter und Väter in Kenia sind sehr besorgt. Immer mehr Kinder verschwinden spurlos. In Nigeria, Westafrika, machen Entführungen von Kindern und sogar das Verschwinden ganzer Schulklassen Schlagzeilen. Dahinter stehen oft islamistische Kämpfer und manchmal kriminelle Banden; die Grenzen zwischen diesen Gruppen sind nicht immer klar zu ziehen.

„Die Zahl der entführten Kinder in der Türkei hat sich in den letzten 10 Jahren verdreifacht."[120]

Mit der Behauptung, dass die Zahl der vermissten Kinder zwischen 2016 und 2021 explodiert sei, hat der Abgeordnete Gürsel Tekin dem Präsidium der Großen Türkischen Nationalversammlung eine parlamentarische Anfrage gestellt: „Mehr als 100.000 Kinder werden derzeit in unserem Land vermisst; die Nachricht vom Verschwinden von Dutzenden von Kindern wird fast täglich an die Öffentlichkeit gebracht, aber es gibt nicht einmal eine einzige Institution, die die Daten über die Zahl der vermissten Kinder für die letzten 4 Jahre bekannt geben kann.

---

120 https://www.fatihhaber.com/kayip-cocuklar-yuzbinleri-gecti/3532/

Genauso ist dies bei Gewalt gegen Frauen der Fall. Wir haben keine stabile und zuverlässige Datenbank zu diesem Thema."

Beim Thema vermisste Kinder geht es nicht nur um das vermisste Kind und seine Familie. Es ist auch eine Staatsangelegenheit. Dieses soziale Problem, das alle Teile der Gesellschaft betrifft, ist kein Thema, das vertuscht werden sollte. Es sollten dringend Methoden entwickelt werden, um die Daten über vermisste Kinder zu prüfen und vermisste Kinder so schnell wie möglich zu finden, bevor ihnen Schaden zugefügt wird. Da es keine Informationen darüber gibt, wie viele Kinder vermisst werden, wie viele Opfer von Gewalt wurden, wie viele leben oder tot sind, kann keine genaue Analyse vorgenommen werden. Es ist undenkbar, dass der Stadtrat dem gleichgültig gegenübersteht, während die Ernsthaftigkeit des Bildes offensichtlich ist. Es sollte eine Kommission im Parlament eingerichtet werden, um Maßnahmen zu ergreifen, um das Verschwinden von Kindern zu verhindern und das soziale Bewusstsein zu erhöhen, und die Fälle von vermissten Kindern sollten im Detail untersucht werden. Es ist auch schwer vorherzusagen, wie viele Kinder in Kriegsgebieten oder auf der Flucht vermisst werden. Nach Angaben des UN-Kinderhilfswerks **UNICEF** sind unbegleitete Kinder und geflüchtete Jugendliche besonders gefährdet, Opfer von Ausbeutung, Missbrauch und Gewalt zu werden. Sie sind oft auf kriminelle Schmuggler angewiesen, die nicht zögern, ihre schlechte Situation auszunutzen.

Einige enthüllte Fälle:

KANADA

Das erste der Kircheninternate, das als größter Kindesmissbrauch in der kanadischen Geschichte gilt, wurde Anfang der 1880er-Jahre eröffnet und das letzte wurde 1996 geschlossen. In diesen kirchlichen Internaten, in denen mehr als 150.000 indigene Kinder gewaltsam aus ihren Familien und Kulturen entfernt wurden, um in Gemeinschaften mit weißer Mehrheit „integriert" zu werden, war die Mehrheit dieser Kinder körperlicher, sexueller und psychischer Gewalt und Misshandlung durch Priester, Nonnen und andere Lehrer ausgesetzt und es wurde auch festgestellt, dass sogar medizinische Experimente an Kindern durchgeführt worden. Es wurden Hunderte von Gräbern von diesen Kindern entdeckt, die bisher nicht in offiziellen Aufzeichnungen zu finden sind.

PAKISTAN

Die pakistanische Polizei hat mindestens sieben Personen wegen Kindesmissbrauch und der Verbreitung von Videoaufnahmen festgenommen. Laut lokalen Medienberichten gibt es etwa 300 Fälle von Missbrauch in Pakistan. Das jüngste Opfer ist sieben Jahre alt, teilte die Polizei mit. Laut einem Beamten aus dem Distrikt Kasur im Osten Pakistans beschlagnahmten die Behörden Dutzende von Videos. Diese Filme zeigen den Missbrauch von Kindern in der Umgebung. Die Polizei sagte, sie suche nach zehn weiteren Verdächtigen. Dies ist möglicherweise der erste Fall in Pakistan, in dem die Polizei gegen ein organisiertes Netzwerk von Missbrauchern vorgegangen ist. Saba Sadiq, Leiter der örtlichen Kinderrechtsbehörde, bezeichnete den Fall als „den größten Kindesmissbrauchsskandal in der pakistanischen Geschichte". Latif Ahmed Sara, Sprecher der Familien der Opfer, sagte, dass mindestens 280 Kinder von einer Gruppe von 25 Personen missbraucht und dabei gefilmt wurden. Später versuchten die Täter, die Eltern der Opfer zu erpressen. Sie drohten, die Videos öffentlich zu machen. Seit 2007 werden Kinder aus dem Dorf Hussain Khanwala zu sexuellen Handlungen gezwungen. Laut lokalen Medienberichten wurde dies in mehr als 400 Videos festgehalten. Laut Sara wurden etwa 300 Videos im Dorf verteilt. Jedes zweite Kind in Hussain Khanwala soll Opfer einer Täterbande sein.

DEUTSCHLAND

Münster: Die Polizei hat 2020 einen schweren Fall von Kindesmissbrauch aufgedeckt und elf Tatverdächtige festgenommen. Im Missbrauchsfall Münster war besonders schockierend, dass der Hauptverdächtige den Behörden kein Unbekannter war. Die Münsteraner Polizei hat einen bundesweiten Ring von Pädo-Kriminellen aufgedeckt. Die Polizei glaubt, nur die Spitze des Eisbergs entdeckt zu haben. Die Kinder sind fünf, zehn und zwölf Jahre alt.

Lügde: Der Missbrauchsfall ist ein Strafverfahren wegen grober sexueller Ausbeutung von Kindern sowie Herstellung und Verbreitung von Kinderpornografie im nordrheinwestfälischen Lügde. Der Tatort ist ein touristischer Campingplatz namens „Oak Forest" in der Gegend von Elbrinkssen. Diese seit 2008 andauernden Missbräuche dauerten bis zur Festnahme des Haupttäters am 6. Dezember 2018 an. Diese seit 2008 andauernden Missbräuche wurden bis zur Festnahme des Haupttäters am 6. Dezember 2018 endlich ins Licht gerückt. Die Staatsanwaltschaft Detmold geht davon aus, dass es in etwa 10 Jahren zu Hunderten von Einzelfällen und dem Missbrauch von mehr als 24 Kindern (4–13 Jahre) gekommen ist. Der Fall wurde am 29. Januar 2019 von den Ermittlungsbehörden öffentlich gemacht und der Vorfall entwickelte sich zu einem Polizeiskandal.

Bergisch Gladbach: „In zwei Jahren kommen insgesamt 65 Kinder frei; die Ermittler ziehen Bilanz. Das jüngste Opfer ist erst drei Monate alt!". Als im Herbst 2019 der Fall des sexuellen Missbrauchs in Bergisch Gladbach bekannt wurde, war niemandem bewusst, welche Dimensionen dahinterstecken. Eine bisher bundesweit einmalige "Besondere Aufbauorganisation" (BAO) stellte sicher, dass diese nicht geheim blieben. 26 Monate nach der Übernahme der Ermittlungen in einem der größten Betrugsfälle aller Zeiten wurde die „BAO Berg" aufgelöst und die Situation wird evaluiert.

Es ist eine Bilanz des Schreckens! (Bild Zeitung 12.01.2022)[121]

---

121 https://www.bild.de/regional/koeln/duesseldorf-aktuell/
    missbrauchskomplex-bergisch-gladbach-65-kinder-in-zwei-
    jahren-befreit-78798530.bild.html

Die Ermittler haben insgesamt 439 Tatverdächtige identifiziert. Darunter auch Personen in der Schweiz, in den Niederlanden, in Österreich, Schweden, Frankreich und den USA. Bundesweit gab es 27 Festnahmen, davon allein 13 in NRW. Bei den Ermittlungen wurden 4.729 Datenträger aller Art beschlagnahmt. Zum Beispiel: Ermittler fanden 133.068 Fotos und 1.348 Videos auf nur einem Handy! Im ganzen Land wurden 347 Männer und Frauen identifiziert. An diesen Aktionen beteiligten sich auch neun Spitzenstaatsanwälte. 3.257 Spuren wurden erfasst. In fünf Fällen wurden dringende Akten per Hubschrauber transportiert.

AMERIKA
Insel Epstein: Jeffrey Epstein (1953–2019), US-amerikanischer Investmentbanker und verurteilter Sexualstraftäter. Obwohl Epstein in den Medien oft als Milliardär bezeichnet wurde, war die Größe seines Vermögens unbekannt. 2019 wurde ihm vorgeworfen, einen Ring zur sexuellen Ausbeutung Minderjähriger getrieben zu haben. Gestorben in Haft während der Vorbereitung auf den Prozess: Suizid, laut Obduktionsbericht. Die Umstände seines Todes lösten nach Spekulationen über eine mögliche Auslandsverschuldung einen Justizskandal aus. Gegen Eppstein wurden neue Anklagen erhoben. Laut Anklage betrieb er zwischen 2002 und 2005 einen Ring zur sexuellen Ausbeutung von Kindern und Jugendlichen in Florida. Er und Gislaine (seine Freundin) sollen Hunderte von minderjährigen Mädchen sexuell angegriffen und zur Prostitution angestiftet und mit Menschen zum Zwecke der sexuellen Ausbeutung gehandelt haben. Die neuen Dokumente enthüllen Eppsteins Karibikinsel Little St. James. Sie zeigen, dass die Gäste der Sex Orgien auf der Insel L. St. James keine Unbekannten sind. Ghislaines Versuch, die Veröffentlichung der Dokumente zu verhindern, blieb erfolglos. Immer mehr Dokumente der Verleumdungsklage und der damit verbundenen Untersuchungen tauchen auf und zeichnen ein genaueres Bild davon, was 2015 bei Orgien passiert ist. Beispielsweise zeigt eines der Dokumente: Prominente

wie Schauspielerin und Model **Naomi Campbell** sowie der frühere Präsident **Bill Clinton** waren daran beteiligt, als sie sich angeblich an Bord von Eppsteins Privatjet aufhielten. Auch der britische **Prinz Andrew** aus dem Königshaus war angeblich oft dabei und in diesen Missbrauchsskandal verstrickt.[122]

„Pedophile Island", „Epsteins Privatjet Lolita Express"

Laut Staatsanwaltschaft wurden Dutzende minderjähriger Mädchen sexuell belästigt und bildeten ein Sexsklaven-Netzwerk, gab Epstein zu. Epstein wurde bereits 2008 in Florida vor Gericht gestellt. Doch obwohl 24 Mädchen Anzeige gegen ihn erstattet haben, blieb Epstein durch eine Einigung mit der Staatsanwaltschaft eine Haftstrafe erspart, obwohl viele seine Taten als Skandal empfanden. Nach 13 Monaten Sozialarbeit wurde er freigelassen.

Er nannte seine Boeing 727 „**Lolita Express**" und flog mit dem Jet nach Florida zu seiner Villa in Palm Beach sowie auf seine karibische Privatinsel Little St. James; viele berühmte und prominente Gäste sind mitgeflogen. Und jedes Mal wurden auch minderjährige Kinder an diesem Flug mitgenommen, ob die Kinder jemals wieder zurückgekehrt sind, ist nicht bekannt.

Das bestätigen auch die Aussagen des Piloten. Die Insel Littel St. James wurde „Insel der Pädophilen" getauft. Epstein wurde erneut festgenommen, aber nach einer Weile, bevor er vor Gericht erscheinen konnte, wurde er tot in seiner Zelle aufgefunden und soll Selbstmord begangen haben. Freundin **Ghislaine Maxwell** wurde gefasst, im Juli 2020 verhaftet und Stand von Ende November bis Ende Dezember 2021 in New York vor Gericht. Ihr wurde vorgeworfen, eine zentrale Rolle beim sexuellen Missbrauch von Minderjährigen gespielt zu haben.

MEXIKO-AMERIKA

Der Tagesumsatz der organisierten Kriminalität liegt bei zweistelligen Millionen-Dollar-Beträgen. Und diese Arbeit wird durch das mehr als eine Billion Dollar schwere Konjunkturprogramm der US-

---

122 https://www.wmn.de/buzz/epsteins-sexorgien-id32612

Regierung unterstützt. Ohne ihre Eltern werden Kinder irgendwo in Südamerika entführt und massenhaft an die amerikanische Grenze gebracht. In den Mainstream-Medien wird dies als Auswanderung in die USA verkauft, und wenn Kinder einmal in die USA eingereist sind, steht weiteren Leiden nichts mehr im Wege. Jetzt können wir besser verstehen, warum **Trump** gleich nach seinem Amtsantritt die mexikanische Grenze blockieren wollte.

WAYFAIR

Im Juli 2020 beschuldigten einige Sozial-Media-Nutzer das Einrichtungshaus Wayfair des Kinderhandels. Diese schwerwiegende Anschuldigung basierte nicht auf Polizeiberichten, Dokumenten aus erster Hand, Finanzunterlagen oder eingehenden Ermittlungsberichten. Vielmehr basierte sie auf der Tatsache, dass bestimmte Artikel bei Wayfair im Vergleich zu anderen ähnlichen Produkten zu exorbitanten Preisen angeboten wurden. Es ist zum Beispiel bemerkenswert, dass ein kleiner, einfacher Schrank für 10.000 oder ein normales Kissen für über 5.000 Dollar verkauft wird. Und nur einige dieser Artikel, die ziemlich teuer verkauft wurden, erhielten menschliche Namen, wobei Untersuchungen zeigten, dass diese Namen mit den Namen einiger vermisster Kinder übereinstimmten.

Möbelhaus Wayfair

PIZZAGATE

Ein massiver Skandal, „Pizzagate" genannt, erschütterte die
politische Elite, da es auch um Kindesmissbrauch und rituelle
Morde an Kindern ging, an denen Personen beteiligt waren, deren Namen für die höchsten Kreise stehen. Die Medien schwie-
gen völlig darüber, aber das Internet brummte. Die Geschichte
beginnt mit dem Hacking von **John Podesta** (dem Stabschef
des Weißen Hauses). Ermittler hatten also Zugriff auf alle E-
Mails, die sie dann heruntergeladen und an **Wikileaks** weiter-
geleitet haben. Auch prüfte Wikileaks die Echtheit der E-Mails
und veröffentlichte sie im Vorfeld der US-Wahl 2016. Wurde
Wikileaks-Gründer und -Sprecher **Julian Assange** deshalb
festgenommen und inhaftiert?

Der Skandal, der durch die Namen Hillary und Bill Clinton
verursacht wurde, betrifft das **Comet Ping Pong Pizza Restaurant** in DC. Es wird angenommen, dass das Restaurant als
Front eines pädophilen Sexrings mit einem Hintergrund für
Kindesentführung und Menschenhandel dient.

Eine dieser E-Mails besagte, verschlüsselt:

„Obama spent about \$65'000 flying in pizza/dogs from Chi-
cago for a private party at the White House."

Entschlüsselt bedeutet der Satz: „Obama hat 65'000 Dollar
für das Einfliegen von Mädchen und Jungen aus Chicago für
eine Orgie im Weißen Haus ausgegeben."[123]

HOLLYWOOD

Elijah Wood, der Schauspieler, den wir aus „Herr der Ringe"
kennen, sagt: **„Hollywood wimmelt von Pädophilen."** Er sagte auch, der Missbrauch habe ungehindert stattgefunden, weil
die Opfer „sich nicht trauten, laut darüber zu sprechen. Das ist
die Tragödie, die unschuldigen Menschen passiert, (...) Die Opfer unterdrücken es, was sie erlebt haben. Aber es wird ihr Le-

---

123 http://alles-schallundrauch.blogspot.com/2016/11/was-ist-
     pizzagate-und-wer-ist-involviert.html#ixzz7HabLJdXI

ben irreparabel ruinieren (...) Offensichtlich ist in Hollywood etwas Großes abgelaufen. Es war alles organisiert."

Corey Feldman, ein weiterer Kinderschauspieler, der in den 1980er-Jahren arbeitete, erzählte 2012 einer britischen Boulevardzeitung, dass er als kleiner Junge von Pädophilen „belagert" wurde und ältere Männer ihn „wie Geier umkreisten", als er 14 und 15 Jahre alt war. Diese Schauspieler hatten Glück; ihre Familien beschützten sie, wachten über sie und hinderten sie daran, zu einigen Partys zu gehen. Aber viele naive Schauspieler hatten nicht das gleiche Glück, viele von ihnen begingen entweder Selbstmord oder suchten Trost in Drogen.

Die Presse verfolgte diese Themen systematisch und tat alles, um das populäre Image der Prominenten zu wahren. Wieso das?

Weil: „Die Hand, die das Essen gibt, wird nicht gebissen. Ohne diesen Schutz könnten Täter ihre Opfer jahrelang unbehelligt und in der Öffentlichkeit missbrauchen.

TÜRKEI

Der Artikel mit dem Titel „**Schrecklicher Nizip-Bericht: 1-jährige Kinder missbraucht**" beschrieb den sexuellen Missbrauch von 30 Kindern im Flüchtlingslager im Jahr 2015. Nachdem der sexuelle Missbrauch im Flüchtlingslager in Gaziantep, in dem sich Syrer aufhielten, bekannt wurde, erstellte die Ärztekammer von Antep-Kilis einen Gesundheitsbericht über das Lager. In dem Bericht, der feststellte, dass das größte Problem im Lager der Missbrauch von Kindern sei, hieß es, dass „Kinder im Alter von 1–2 Jahren, die gerade das Laufalter erreicht haben, ebenfalls missbraucht werden".

Der CHP-Abgeordnete Doğan Türkman bezeichnete die Misshandlung von Kindern als nur die Spitze des Eisbergs. Türkman sagte, Soldaten hätten ein CHP-Ermittlungsteam daran gehindert, die Bedingungen im Lager zu untersuchen. Sie hinderten die vergewaltigten Kinder auch daran, mit ihren Eltern zu sprechen. Medienberichten zufolge sind türkische Flüchtlingslager zu Zentren für Kindervergewaltigungen und Organverkäufen geworden. Nachdem bekannt wurde, dass 30 Jungen im Alter zwischen 8 und 12 Jahren in dem der Desaster and Emergency Management Presidency (AFAD) angegliederten Flüchtlingslager vergewaltigt wurden, was Bundeskanzlerin **Angela Merkel** mit Ministerpräsident **Ahmet Davutoğlu** am 23. April, dem Kindertag, besuchte, und als makellos präsentiert wurde, verschwanden 3 klagende Kinder. Eine Person ohne Vorstrafen wurde festgenommen. Viele Fragen kamen mir in den Sinn: Warum wurde das CHP-Team blockiert, wurde der sexuelle Missbrauch von 30 Kindern von einer einzigen Person begangen, warum sind die klagenden Kinder verschwunden, wo sind sie?

Das sind alles schwere Vorwürfe, warum hört man sowas nicht als Schlagzeile?

Im Allgemeinen gilt: **Mainstream-Medien** interessieren sich nicht so sehr für diese Themen. Fast alle von diesen Vorfällen haben keine Schlagzeilen gemacht. Also, sind es bloß nur „Fake News"?

Satanische Rituale

Das ist das Thema vieler Filme, wir kennen die Existenz solcher widerwärtigen und beschämenden Strukturen in der Geschichte. Wir denken, dass die heutigen zivilisierten Menschen sie längst hinter sich gelassen hätten. Aber wenn solche Organisationen und Überzeugungen nicht mehr existieren, wohin sind sie dann verschwunden und wie sind sie so schnell verschwunden?

Unser Versuch, diese Antworten zu suchen, kann uns zu Verschwörungstheorien führen.

Lassen Sie uns daher, ohne auf diese Theorien einzugehen, kurz über **Adrenochrom** sprechen: Das ist eine endokrine Sekretion, die aus reinem Adrenalin gewonnen wird, das aus Angst aus den Nebennieren von Menschen gewonnen wird. Adrenochrom, das als eine Art Betäubungsmittel gilt, weil es süchtig macht, lässt die Person sehr schnell altern und verursacht Halluzinationen, wenn es nicht regelmäßig verwendet wird. Das notwendige Adrenalinhormon wird bei Kindern **im Alter von 0–9 Jahren** vermehrt ausgeschüttet, weil sie stärkeres Adrenalin synthetisieren. Adrenochrom ist die potente, hormonelle Vorstufe des Adrenalins, das in Momenten intensiver Angst, Wut oder wahrgenommener lebensbedrohlicher Gefahr in großen Mengen vom Körper freigesetzt wird. Sein Zweck, wie von Wissenschaftlern bestimmt, ist es, sowohl die Adrenalinreaktion der Muskeln und Nerven des Körpers zu optimieren als auch das Körpergewebe und die Organe vor den Strapazen des Adrenalinrausches zu schützen, indem es sowohl als Puffer als auch als Optimierer wirkt, um den adrenalingeladenen Flug oder den Kampfmechanismus der menschlichen Angstreaktion in Überlebenssituationen zu beschleunigen.

Eine Studie aus dem Jahr 1939 ergab, dass die Adrenochrom-Perfusion[124] das Herz eines Frosches regenerierte und neu startete, wodurch das Tier wiederbelebt wurde. Die Verwendung von Adrenalin/Epinephrin bei Herzinfarktpatienten ist seitdem zur Standardtherapie geworden. Es wird behauptet, dass viele Prominente Adrenochrom verwenden, von dem bekannt ist, dass es die Alterung um 60 Prozent verlangsamt, indem es für die Zellerneuerung sorgt. Natürlich sind das nur Spekulationen und Gerüchte! …?

Menschliche Experimente

Laut Nietzsche (Jenseits von Gut und Böse): „Fast alles, was wir »höhere Kultur« nennen, beruht auf der Vergeistigung und Vertiefung der Grausamkeit – dies ist mein Satz; jenes »wilde

---

124 Der Begriff Perfusion bezeichnet in der Medizin den Durchfluss von Flüssigkeiten durch Organe, Gewebe (z. B. Herzmuskelgewebe) bzw. Blutgefäße (z. B. Herzkranzgefäße).

Tier« ist gar nicht abgetötet worden, es lebt, es blüht, es hat sich nur – vergöttlicht."

Seit der Antike, begleitet von modernen Veränderungen in der Medizin nach dem Mittelalter, wurden medizinische Experimente am Menschen von Generation zu Generation weitergegeben und gerieten erstmals im 19. Jahrhundert in die öffentliche Kritik. Bei den Opfern in den Diensten dieser sogenannten Wissenschaft handelt es sich angeblich um Arme, Prostituierte, Kriminelle, Behinderte, Geisteskranke, Kolonisierte, Kriegsgefangene oder Personen, die in der Gesellschaft als minderwertig gelten. Ein Menschenversuch gilt allgemein als selbstverständlich und akzeptabel, wenn die Testperson dem Experiment freiwillig zustimmt und vollständig über die möglichen Konsequenzen informiert wird. Dies ist jedoch nur ein vorläufiges Vorgehen und noch keine ethisch hinreichende Voraussetzung. Es gibt unzählige Beispiele in der Geschichte von Versuchen, die gegen den Willen von Menschen oder ohne ihr Wissen unternommen wurden. In den meisten Fällen geht es darum, den Menschen lediglich als „Versuchsmaterial" zu betrachten und so zu handeln.

Herophilos von Chalcedon (ca. 330 v. Chr.–255 v. Chr.): Er war ein griechischer Arzt und lehrte in Alexandria, Ägypten. Er gilt als führender Leiter des Anatomiestudiums der alexandrinischen Schule. Er führte zahlreiche Autopsien in seinen Studien der menschlichen Anatomie durch. Er war auch bekannt für seine Verwendung von lebenden Tierversuchen sowie für Vivisektionsoperationen auch an lebenden Menschen (angeblich an zum Tode verurteilten Verbrechern). Er forschte über 40 Jahre lang am menschlichen Körper. Dabei missbrauchte er den menschlichen Körper durch öffentliche Operationen. Die Pharaonen, denen Herophilos diente, lobten seine Arbeit und erlaubten es ihm, verurteilte Verbrecher zu zerstückeln oder einer Vivisektion zu unterziehen. Angeblich soll dieser Arzt bis zu 600 Menschen bei lebendigem Leib zerschnitten und ihre inneren Organe untersucht haben.

Robert Koch und die Verbrechen der Ärzte in Afrika:
In der Kolonialzeit war es üblich, dass Forscher, insbesondere deutsche, skrupellose Experimente an Afrikanern durchführten. Auch **Robert Koch** zwang kranke Menschen in Konzentrationslager und probierte neue Gegenmittel an ihnen aus. Die Gräueltaten der kolonialen Tropenmedizin dauern bis heute an. Daher spielte die Medizin eine Schlüsselrolle bei der Kolonialisierung Afrikas. Ohne ihren Fortschritt wäre Afrika niemals entdeckt und ausgebeutet worden. Die berühmtesten Tropenmediziner kamen damals aus Deutschland, allen voran Nobelpreisträger Robert Koch. Schon als Kind träumte er davon, wie sein Vorbild Alexander von Humboldt ein Wanderforscher zu werden. Mit der Kolonialherrschaft wurde dieser Traum wahr. 1883, im Alter von 39 Jahren, begleitete er eine der ersten tropenmedizinischen Expeditionen nach einer tödlichen Epidemie. Koch verbrachte bald die Hälfte seiner Zeit auf Reisen: Südafrika, Deutsch-Ostafrika, wo er 1906 im Auftrag der deutschen Regierung für zwei Jahre auf die Sese-Inseln im Viktoriasee zog. Dort fand er eine Epidemie der Schlafkrankheit, die innerhalb weniger Jahre im heutigen Uganda eine Viertelmillion Menschen tötete. Koch wurde von den britischen Behörden eingeladen; schließlich war er ein weltbekannter Wissenschaftler, 1905 erhielt er den Nobelpreis.

Wer würde sonst ein Heilmittel für die Schlafkrankheit finden, wenn nicht der beste und berühmteste Forscher der Welt? Er nahm seine Frau und viele seiner Assistenten mit. Koch hatte alle Ressourcen, die er brauchte, war mächtig und privilegiert und wurde von den britischen Kolonialministern respektiert. Als Medizin testete er die arsenhaltige Substanz Atoxyl. Es war bekannt, dass sie in hohen Dosen giftig war. Allerdings erhöhte er nach und nach die Dosis auf ein Gramm Atoxyl, das in Abständen von sieben bis zehn Tagen injiziert wurde; dadurch ist er verantwortlich für den Schmerz, die Blindheit und den Tod von Tausenden von Menschen. Diese Experimente wurden in Deutschland an Tieren durchgeführt. Für Menschen war es verboten. Aber in Afrika benutzte Koch Menschen als Versuchspersonen, die in Deutschland niemals erlaubt gewesen wären. Er isolierte Tausende von sogenannten Patienten in Konzentrationslagern, um täglich an ihnen zu forschen. Da fehlte alles: Decken, sauberes Wasser und oft gab es nur Mehl und Salz zum Essen. Wie viele Menschen allein aufgrund dieser Zustände starben, weiß niemand. Nicht nur auf den Sese-Inseln, sondern überall, wo europäische Ärzte hinkamen, um Epidemien zu besiegen, gab es Konzentrationslager, in denen viele Menschen inhaftiert und willkürlich mit Injektionen experimentiert wurden.

Professor Wolfgang Eckart, ehemaliger Leiter des Instituts für Geschichte und Ethik der Medizin an der Universität Heidelberg. Als erster deutscher Gelehrter rekonstruiert er die Gräueltaten deutscher Ärzte in den ehemaligen afrikanischen Kolonien und veröffentlichte 1997 sein Buch „**Medizin und Kolonialimperialismus – Deutschland 1884–1945**". Er erzählt wie folgt: „Am meisten hat mich bei diesen Forschungen überrascht, dass es vielen dieser jungen Ärzte gar nicht so sehr um die Verbesserung der Lebensbedingungen an der kolonialen Peripherie ging, sondern dass sie ehrgeizigere Pläne hatten, nämlich in die Forschung einzusteigen und Medikamente an der kolonialen Peripherie auszuprobieren. Das heißt also, afrikanische Forschung an der Peripherie für Präparate, die im Mutterland eingesetzt werden sollten." Vielleicht besteht der Hauptzweck dieser Kolonieärzte darin, ihr Ego zu befriedigen, das heißt, zu beweisen, dass sie die Höchsten, Edelsten und Weisesten sind, und andererseits, die Ausbeutung der Schätze der Kolonie so bequem wie möglich zu gestalten.

Die medizinischen Experimente der Nazis:[125]
Block 10 in **Auschwitz** war berüchtigt. Alle, die dorthin gebracht wurden, fielen in die Hände von SS-Ärzten. Aber nicht nur in

---

125 https://www.news.de/panorama/855614513/grausamemenschenexperimente-in-der-geschichte-unit-731-naziexperiemente-herophilos-tuskegee-syphilis-studie/1/

Auschwitz, sondern auch in anderen Konzentrationslagern wie Buchenwald und Sachsenhausen wurden brutale Experimente mit Häftlingen durchgeführt. Dazu gehörten Sterilisationen, bei denen Frauen verstümmelt wurden. Dazu wurden zum Beispiel die Eileiter verklebt. Andere verbrannten ihre Genitalien buchstäblich mit intensiven Röntgenstrahlen. Viele überlebten die Operation nicht. Den Frauen wurde die falsche Blutgruppe verabreicht oder ihnen wurde viel Blut abgenommen, weil es für die Lazarette der Wehrmacht benötigt wurde. Bei der Kombination der Wörter „Experiment" und „Mensch" darf natürlich ein Name nicht fehlen: Josef Mengele. Er führte Tierversuche durch, nähte Zwillinge und Halbgeschwister zusammen, um ein neues Wesen zu erschaffen, goss eiskaltes Wasser auf die nackten Körper von Menschen und setzte sie der Kälte aus, um zu sehen, wie lange sie überleben würden. Menschen mit potenziell erblichen Krankheiten wurden sterilisiert. Die besten Sterilisationsmethoden wurden auch durch Experimente ermittelt. Außerdem wurden Sinti und Roma nur mit Salzwasser ernährt. Sie trockneten vor Schmerzen aus.

Einheit 731:

Japaner führten auch Experimente an Menschen durch. Während des Zweiten Weltkriegs und des zweiten chinesisch-japanischen Krieges wurde in einem berühmten Forschungskomplex „geforscht". Der japanische „Josef Mengele" hieß Shiro Ishii und stand seinem deutschen Pendant in nichts nach. Er lernte auch vom alten Herophilus und der Vivisektion ohne Betäubung. Er fror auch die Gliedmaßen ein, taute sie wieder auf und ließ sie schließlich amputieren. Die amputierten Gliedmaßen wurden dann wieder an einem anderen Körperteil befestigt. Den hilflosen Gefangenen der Einheit 731 wurde Meerwasser oder Tierblut injiziert, sie wurden mit sexuell übertragbaren Krankheiten infiziert, bis sie starben. Bei Waffentests wurden sie in verschiedenen Abständen um eine explodierende Granate herum aufgestellt, um zu sehen, wer welche Verletzungen hatte oder wie viele Meter weit die Waffe tödlich war. Die meisten Versuche wurden an chinesischen Gefangenen, aber auch an Russen und Amerikanern, unternommen. Etwa 100.000 Menschen sollen durch brutale Experimente gestorben sein. Aber Ishii führte auch Experimente außerhalb der Mauern durch und ließ beispielsweise Fliegen, die mit Cholera-Bakterien verseucht waren, in chinesische Dörfer strömen. Die Zahl der Todesopfer stieg auf eine Viertelmillion.

Tuskegee-Syphilis-Studie:
1997 musste sich **Bill Clinton** für eine wirklich grausame Tat entschuldigen. Von 1932 bis 1972 wurden in den USA unter der Leitung des United States Department of Health Studien mit dem Namen Tuskegee Syphilis Studien durchgeführt: 399 mittellose Bauern wurden künstlich mit Syphilis[126]infiziert. 1940 wurde entdeckt, dass Penicillin zur Behandlung von Syphilis eingesetzt werden kann. Doch das Gesundheitsamt wollte untersuchen, wie die Krankheit ohne Behandlung abläuft. Das Ministerium lockte die armen Dorfbewohner nach jeder Untersuchung und ärztlichen Behandlung mit einer warmen Mahlzeit – sonst gab es einfach kein Geld für sie. Von den 399 Syphilis-Infizierten starben 28 während des Experiments und 100 an den Folgen der Krankheit. Besonders auffällig: **Alle Opfer waren schwarz; die behandelnden Ärzte hingegen alle weiß.**

All dies sind Ereignisse, die vor vielen Jahren in der Vergangenheit stattgefunden haben. Und es wird angenommen, dass solche Fälle heute nie mehr vorkommen können. Ist es wirklich so?

---

126 Syphilis ist eine sexuell übertragbare Erkrankung, die durch das Bakterium Treponema pallidum verursacht wird. Die Übertragung erfolgt durch direkten Kontakt mit einer erkrankten Person, in der Regel beim Geschlechtsverkehr. Betroffen ist meist der Genital- und Analbereich.

Lassen Sie uns einen Blick auf unsere sehr jüngste Vergangenheit werfen. Vielleicht können Sie dann die Standpunkte derjenigen besser verstehen, die heute gegen Impfversuche sind.

Impfskandal, Afrika – 2012:
Vor 12 Jahren lebte **Ahmat Hassan** noch im **Tschad**. Er arbeitete im Bildungsministerium in Gouro, einem 8.000-Einwohner-Dorf am Rande der Sahara. Zwei Toyota-Pickups kamen mittags an, der Kofferraum voller Spritzen und Fläschchen. In den Autos befanden sich außerdem zehn Männer, die vom Gesundheitsministerium ausgebildet wurden, um Dorfkinder gegen Meningitis zu impfen. „Dieses Team hat etwa 500 Kinder im Alter von 1 bis 15 Jahren geimpft. In kürzester Zeit erkrankten drei Kinder und ihr Zustand verschlechterte sich. Sie schüttelten den Kopf, erbrachen und hatten Durchfall. Sie setzten die Impfung trotzdem bis zum dritten Tag fort." 106 von 500 Kindern erkrankten. 40 davon sehr schwer. Ihre Familien brachten sie in das 250 km entfernte Krankenhaus. Zwei Wochen später kam der Präsident zu Besuch. Er brachte 38 Kinder in zwei Krankenhäuser in der Hauptstadt N'Djamena und sieben Kinder zu weiteren Tests nach Tunesien. Dies wird durch ein Regierungsdokument belegt. Doch anstatt dem Fall auf den Grund zu gehen, umstellte der Präsident das Krankenhaus mit Militär, erinnert sich Hassan.

Er hat einen Artikel für die Bürgerzeitung „**la voix**" geschrieben. Er schickte eine E-Mail an die Bill & Melinda Gates Foundation, die die Impfkampagne unterstützte. Briefe an die Regierung blieben jedoch erfolglos. In der offiziellen Mitteilung hieß es, die Kinder seien genesen. Ahmat Hassan sagt, das sei nicht wahr. Was am 12. Dezember 2012 in Gouro passiert ist, ist für ihn ein Impfskandal. Er fragt: „**Warum wurde niemand zur Rechenschaft gezogen? Gibt es in Afrika andere Regeln als in Europa? Wir sehen, dass die WHO etwas verschweigt und dass unsere Regierung – wenn auch überraschend – mitspielt.**"
Bei **Gouro** ist das Vertrauen in Pharmaunternehmen, internationale Finanziers und vor allem in die Regierung des

Tschad nicht mehr vorhanden. Demnach würden sie sogar einen illegalen Test eines nicht-genehmigten Impfstoffs brutal durchführen.

Indische Ärzte verklagen Bill Gates – 2015:
Es gibt Berichte, dass viele der Verbrechen gegen die Menschheit, für die die Bill & Melinda Gates Foundation in Form von illegalen Impftests an unschuldigen Kindern verantwortlich war, endlich vor Gericht gestellt werden. Die indische Regierung versuchte zu verhindern, dass der „**Todesengel**“ weitere Babys und Kleinkinder tötete. Dies ist die Begründung des Falles.

Der Oberste Gerichtshof von Indien führt derzeit eine umfassende Untersuchung der betrügerischen Machenschaften der Bill & Melinda Gates Foundation durch; dazu gehören viele Tests von tödlichen Impfstoffen an Kindern aus sozial schwachen und oft ungebildeten Schichten in Entwicklungsländern ohne Zustimmung und Vorwissen der Eltern oder Erziehungsberechtigten. Die Anklage auf dem Nachrichtenportal Healthimpactnews.com konzentriert sich den Angaben zufolge vor allem auf illegale Versuche an Menschen mit zwei bestehenden Impfstoffen gegen das Humane Papillomavirus[127] (HPV); einer dieser Impfstoffe ist **Cervarixis** des Pharmaunternehmens Galaxy & Co. und der andere **Gardasil** von Merck & Co. Im Jahr 2009 finanzierte die Bill & Melinda Gates Foundation stillschweigend Gardasil-Experimente an etwa 16.000 indigenen Kindern in Schulen in abgelegenen Gebieten im indischen Bundesstaat **Andhra Pradesh**.

In einem im August diesen Jahres in der **Economic Times** of India veröffentlichten Artikel wurde festgestellt, dass die Mehrheit der behandelten Kinder kurz nach Erhalt des Impf-

---

127 Papillomviren sind Krankheitserreger, die Entzündungen und Hautveränderungen hervorrufen können. Manche kommen nur beim Menschen vor. Sie heißen deshalb Humane Papillomviren.

stoffs schwer erkrankte. Dem Bericht zufolge wurden mindestens fünf Kinder getötet und Hunderte weitere schwer verletzt. In beiden Experimenten wurde eine große Anzahl von Einwilligungserklärungen offensichtlich gefälscht, und oft wurden ungebildete Eltern gezwungen, die Einwilligungserklärung mit ihren Fingerabdrücken zu unterschreiben, ohne zu wissen, was sie tatsächlich taten.

Im folgenden Jahr wurde bekannt, dass die **Bill & Melinda Gates Foundation und die Impfallianz GAVI** unschuldige Kinder in Pakistan gezwungen hatten, fünfmal mit zuvor ungetesteten Polio-Impfstoffen geimpft und getestet werden. Die meisten der behandelten Kinder erlitten anschließend einen akuten Schlaganfall und eine Lähmung. Den Berichten zufolge waren die Impfungen doppelt so oft tödlich wie die Kinderlähmung selbst.

Bill Gates globale Impfagentur: Ein Psychopath herrscht über Leben und Tod, indem er die ganze Welt impft!

Sind Impfstoffe für Bill Gates philanthropische Vorhaben oder treibt er sein Geschäft mit strategischer Absicht voran und verschafft sich diktatorische Kontrolle über eine Weltklasse-Gesundheitspolitik und damit über Leben und Tod?

Organhandel

Spenderorgane können nicht einfach Leichen entnommen oder bis zum Bedarf gelagert werden. Sie müssen schnell entfernt und implantiert werden. Aber was nur Wenige wissen, ist, dass den Toten keine Organe entnommen werden können. Eine Person muss noch am Leben sein, damit ihre Organe verwendet werden können. Angehörigen wird deshalb oft gesagt, dass der Betroffene „hirntot" sei, Herz, Kreislauf und alle anderen Organe aber noch einwandfrei funktionieren. Patienten mit „Hirntod" und Koma können nach mehreren Wochen, Monaten und manchmal sogar Jahren aus ihrem Koma erwachen.

Blutige Handel mit Organen in China: Verdacht auf Massenmord in 700 Kliniken![128]

China ist offiziell das zweitgrößte Transplantationszentrum der Welt und hat nach westlichen Maßstäben kein Spendersystem. Die Kultur der Organspende ist sehr gering. Laut einer neuen Studie wurden jedoch 16 Jahre lang jedes Jahr bis zu 100.000 Organtransplantationen durchgeführt. Diese Explosion der Zahlen, die seit dem Jahr 2000 fast aus dem Nichts begann, lässt sich Experten zufolge nur durch Massenmorde erklären. Mindestens 700 Kliniken in China sind an Transplantationen beteiligt. Auch durch die Forschung und die Ausbildung von Ärzten bestehen vielfältige Verbindungen zu Deutschland. Nach 1999 ereigneten sich in China einige ungewöhnliche Ereignisse. Dazu gehört das exponentielle Wachstum der Transplantationsbranche und extrem kurze Wartezeiten für Käufer. Während man im Westen 2–3 Jahre auf ein passendes Organ warten muss, dauert es in China nur zwei Wochen oder sogar 1,2 Tage. Die internationalen Ermittler sind zunächst Zhiyuan Wang, ein ehemaliger Krankenhausarzt aus China und derzeitiger Leiter der **WOIPFG**[129]. Er sammelt seit zehn Jahren Beweise und hat als V-Mann mit etlichen Tätern telefoniert, die überraschend auskunftsbereit waren. Ihm zufolge besteht kein Zweifel daran, dass der Organraub ein Staatsverbrechen ist, an dem Mitarbeiter vieler staatlicher Institutionen beteiligt sind und dessen sich hochrangige Beamte bewusst sind.

---

128 https://marbec14.wordpress.com/2016/07/08/china-blutiger-organhandel-700-kliniken-unter-massenmord-verdacht-videos/
129 Weltorganisation zur Untersuchung der Verfolgung von Falun Gong

FRACKING (HYDRAULISC GRUNDBRUCH)

Laut Wikipedia: Beim **Fracking** wird eine Flüssigkeit (Fraxfluid)[130] gegen den geologischen Horizont gepresst und dort unter hohem Druck, typischerweise mehreren hundert Bar, aus einem Bohrloch gefördert. Fraktional ist Wasser, das oft mit Stützmitteln vermischt wird, dem etwa Quarzsand und Verdickungsmittel zugesetzt werden. Üblicherweise werden zunächst mehrere abgelenkte Bohrungen (lateral) am Zielhorizont durch Richtbohren erstellt und die Bohrkrone parallel zu den Schichten ausgerichtet. Dadurch ist die verfügbare Bohrerlänge im Bett deutlich länger, was im Allgemeinen die Produktionseffizienz erhöht. Beim hochvolumigen, hydraulischen Fracking werden große Flüssigkeitsvolumina verwendet, über 1000 m³ pro Frakturphase oder insgesamt mehr als 10.000 m³ pro Bohrloch. Seit den späten 1940er-Jahren wird der Zerkleinerungsprozess vor allem bei der Öl- und Gasproduktion sowie bei der Entwicklung von Tiefengrundwasserleitern zur Wassergewinnung und zur Verbesserung des Wärmetransports in der tiefen Geothermie eingesetzt. In späteren Fällen sind keine Stützmittel oder chemischen Zusätze erforderlich. Seit Anfang der 1990er-Jahre und insbesondere in den Vereinigten Staaten um das Jahr 2000 konzentriert sich die Produktion durch Cracking auf sogenanntes unkonventionelles Rohöl und Erdgas (einschließlich „Schiefergas"). Der dortige Cracking-Boom hat den US-Energiemarkt dramatisch verändert und die Preise einbrechen lassen. Dies löste eine Debatte über die Realisierbarkeit des Verfahrens aus. Aus diesem Grund unterstützt die

---

130 Fracfluide sind Fluide (Flüssigkeiten, Gase), die in das Bohrloch eingebracht werden und mit hohem Druck in der gasführenden Zielformation künstliche Risse zu erzeugen.

US-Regierung seit 2013 die Bemühungen zur Steigerung der Flüssigerdgasexporte nach Europa und Japan, unter anderem durch beschleunigte Genehmigungsverfahren. Während einige Stimmen diese geostrategische Komponente durch die Verschiebung internationaler Verflechtungen betonen, entfachen die Umweltrisiken und potenziellen Gesundheitsgefahren des „Fragmentierungsbooms" insbesondere in Europa, eine kontroverse und anhaltende fachliche, politische und gesellschaftliche Debatte. Einige Länder und Regionen haben das Cracken von Erdgas in ihren Regionen verboten.

Mögliche Schäden:

Die umstrittene Methode zur Gewinnung von Erdgas oder Öl besteht darin, undurchlässige Gesteinsschichten zu trennen und ein Gemisch aus Wasser, Sand und Chemikalien unter hohem Druck in den Boden zu pressen. Fracking ist ein umweltschädliches Verfahren, da eine erhebliche Menge gefährlicher Chemikalien verwendet werden. Zu diesen eingesetzten Chemikalien gehören auch solche, die als gesundheitsgefährdend, ätzend, umweltgefährdend und giftig eingestuft sind. Wo geologische Formationen unter mechanischer Belastung stehen, kann ein Bruch stärkere Erdbeben auslösen oder Erdrutsche verursachen. Rückseitenbeschichtungen können oberflächenschädigende Vibrationen verursachen. Bohrlöcher, die Grundwasserschichten durchdringen, können austreten und dadurch das Grundwasser kontaminieren. Giftige Flüssigkeiten auf der Oberfläche können den Boden verunreinigen, zum Beispiel durch undichte Rohre.

„Dark Eden – Der Albtraum vom Erdöl"

Dokumentarfilm, Deutschland 2018 – Regie, Drehbuch: **Jasmin Herold, Michael Beamish**. „**Dark Eden**" ist ein existenzielles Drama über Segen und Fluch fossiler Brennstoffe. Jasmin Herold und Michael Beamish erleben hautnah große Hoffnungen, geplatzte Träume und eines der größten Umweltverbrechen unserer Zeit. Der sehr persönliche Dokumentarfilm wurde mit dem „Grimme Preis 2020", dem „Förderpreis Deutscher Dokumentarfilm" und dem „Green Horizons Award" als bester Film zum Thema Nachhaltigkeit ausgezeichnet.

Fort McMurray liegt im Norden Kanadas, die Athabasca Ölsande bilden das drittgrößte Erdölvorkommen der Welt. Dort leben ca. 100.000 Menschen. Viele arbeiten auf den Ölsandfeldern vor den Toren der Stadt und sind Teil eines der größten Industrieprojekte der Welt. Menschen aus aller Welt zieht es hierher, denn mit Öl lässt sich gutes Geld verdienen. Dieses Geld wird auf Kosten der Naturzerstörung und der menschlichen Gesundheit verdient. Mit dramaturgischem Scharfsinn verbindet DARK EDEN sein titelgebendes Thema der Nutzung unserer Ressourcen mit dem Schicksal der Bewohner von Fort McMurray, unter der Prämisse des puren Konsums, eine sehr persönliche Geschichte, die Herold und Beamish im Film deutlich widerspiegeln. Öl ist ein Segen für die neuen Arbeitsplätze, insbesondere nach der Wirtschaftskrise des Landes ist es nicht mehr selbstverständlich, einen Job zu bekommen. Die industrielle Übernutzung der Natur führt aber auch zur Freisetzung vieler schädlicher Giftstoffe. Der Film bewertet nicht die Positionen und Erklärungen der Menschen, aber Herold ist klar in seinen Beobachtungen, die er beruflich verfolgt, auch wenn sein eigenes Leben von anderen Umständen beeinflusst wird. Mit seiner persönlichen und einzigartigen Geschichte beleuchtet DARK EDEN nicht nur, sondern greift auch ein wichtiges Thema auf, das uns auf der ganzen Welt bewegt, das auf vielen Ebenen ergreifend und faszinierend ist. Die Nächte der Stadt sind tiefschwarz, aber schwärzer noch sind die Rauchwolken, die unaufhörlich in den Himmel gepumpt werden. Und alle Lebewesen des Ortes – also Mensch, Tier, Natur –, fast alle sind prädestiniert, krank zu sein. Ein Fracking-Projekt von Shell.

CHEMTRAILS

Gemäß den Nachrichten in der Schweiz – **Magazin Raum &
Zeit**, Ausgabe 127/2004; Titel: „**Chemtrails – Zerstörung des
Himmels, globale Chemiekriminalität in der Atmosphäre**"

„Klingt nach einer unglaublichen Horror-Fantasie, doch die
neuesten Enthüllungen haben sich bestätigt: Im Rahmen des US-
Projekts sprühen Flugzeuge auch über Europa ein gefährliches
Gemisch in den Himmel, in unsere Ozonschicht, dessen chemischer Dampf die Erdatmosphäre kühlen und reinigen soll. Nebenwirkung: Gesundheit und Umwelt unkalkulierbarer Schaden."

Der Artikel zitiert unter anderem, dass Militär- und Zivil-
flugzeuge im Rahmen verdeckter US-Projekte Aluminium- und
Bariumverbindungen in die Atmosphäre emittiert haben und
dass sich diese Chemikalien entwickelt haben – ähnlich wie bei
der Bildung von Kondensstreifen.[131]

Laut Wikipedia: „Der Begriff Chemtrails und manchmal giftige
Wolken wurde in Verbindung mit einer sogenannten speziellen
Art von Kondensstreifen verwendet, einer Verschwörungstheo-
rie, die seit den 1990er-Jahren weit verbreitet ist", schreibt es.

Also, was ist diese Verschwörungstheorie?

Im Laufe der Jahre wurden mysteriöse Spuren in einer Reihe
von Ländern gesehen, die in einem riesigen Gittermuster ange-
ordnet sind. Nach der Chemtrail-Theorie sollen mächtige Persönlichkeiten (Elite) giftige Chemikalien auf die Dampffahnen
von Flugzeugen sprühen, um der Bevölkerung zu schaden. Der
Kernpunkt der Chemtrail-Theorie besteht darin, dass selbst bei
wolkenlosem Himmel weiße Linien zu sehen sind. Zudem stam-

---

131 https://www.raum-und-zeit.com/r-z-online/artikel-archiv/raum-
zeit-hefte-archiv/alle-jahrgaenge/2004/ausgabe-127/chemtrails-
die-zerstoerung-des-himmels.html

men sie nicht von allen Flugzeugen. Auch die Form der Linien und die Beobachtung, dass einige von ihnen besonders lange in der Luft verharrten, bestärken den Glauben der Verschwörungstheoretiker. Es gibt auch Bilder, wo die Spuren immer mal wieder abbrechen und in scheinbar gleichmäßigen Abständen neu beginnen. Dies ist ein Beweis dafür, dass der Pilot gelegentlich den Knopf drückte und die Substanzen freisetzte. Eine weitere Feststellung ist, dass, während sich die Spuren anderer Flugzeuge bewegen und nach kurzer Zeit in der Luft auflösen, die Spuren dieser Flugzeuge lange Zeit, minutenlang -manchmal halber Stunde-, bewegungslos bleiben und sich viele von ihnen kreuzen und Linien bilden.[132]

Gibt es Erkenntnisse?

Die Behauptung über Chemtrails, dass (unabhängig von früheren Wetterbedingungen) durch Kristallisation Wasserdampf aus Flugzeugen freigesetzt wird, kann nicht wahr sein. Es wird im Grunde gesagt, dass sich diese Spuren nach Regen auf natürliche Weise aufbauen, sodass sie dazu neigen, zu kristallisieren und am Himmel zu bleiben. Das ist aber falsch, weil Chemtrails auch in der Sonne und bei hohen Temperaturen erscheinen. Nach mehr als einem halben Jahr Beobachtung bestimmter Flugrouten sind an manchen Tagen verbliebene Spuren (manchmal Stunden danach) am Himmel zu sehen. An anderen Tagen, an denen keine Spuren von Chemikalien versprüht wurden, lösten sich die Gase der Flugzeuge innerhalb von Sekunden auf. Es ist unvorstellbar, dass in dieser Zeit das Wetter so selektiv sein könnte, um die Kristallisation von Wasserdampf nur an bestimmten Wochen-

---

132 http://www.chemtrail.de/die-totale-wetterkontrolle-und-ihre-zerstorerischen-umwelt-gesundheitsauswirkungen-geoengineering-chemtrails-srm-haarp/#more-11091

tagen durchzuführen. Untersuchte Flugrouten ergaben, dass Flugzeuge, die nicht speziell auf dem Radar identifiziert wurden, Chemtrails versprühten. Dies deutet darauf hin, dass es in gewisser Weise militärische oder zumindest private Flugzeuge gibt, die diese Aktivität ausführen. Darüber hinaus bewegen sich diese Flugzeuge, die Chemtrails versprühen, eindeutig ohne Embleme, ohne Markierungen, und daher ist es ein Rätsel, wem sie gehören. Es ist fraglich, ob dies gesetzlich erlaubt ist, dass es unidentifiziert, unkenntlich und auf dem Radar unsichtbar ist. Vor dem Jahr 2000 wurden fast keine Chemtrails auf Fotos und in Filmen gesehen, und schon gar nicht vor 1990. Heute können Sie Chemtrails in Fotos und Filmen entdecken. Viele Menschen, die den Himmel beobachten, bestätigen dies.

Sie sind fast überall und in jedem Land!

Deutschlands CDU-Abgeordnete forderte eine Antwort auf Chemtrails:[133]

Der bekannteste Vorstoß fand im September 2015 in Niedersachsen statt. Der CDU-Abgeordnete Martin Bäumer forderte

---

133 https://www.lvz.de/Region/Wurzen/Die-Chemtrail-Geschwader-ueber-dem-Landkreis-Leipzig

von der Regierung eine solide Datenbank: Er wollte der Sache auf den Grund gehen und Leichtmetalle wie schwimmendes Aluminium, Barium oder Strontium untersuchen. „Gibt es Chemtrails und lassen sich die angeblichen Inhaltsstoffe in Niedersachsen nachweisen?", war seine Frage. Eine konkrete Antwort darauf hat es nie gegeben, weil Niedersachsen noch immer nicht auf Metalle getestet. Die Materialprüfung in Höhe von ca. 50.000 Euro wurde von der Landesregierung aus Kostengründen abgelehnt.

Der frühere **FBI-Chef Ted Gunderson** sagte, die chemischen Streifen am Himmel seien real und müssten gestoppt werden: „Chemtrails werden in den USA, Großbritannien, Irland und Nordeuropa entsorgt und versprüht, und ich habe sie persönlich in Mexiko und Kanada gesehen. Vögel sterben auf der ganzen Welt und Hunderttausende Fische. Das ist Völkermord, Vergiftung, das ist Mord durch die Vereinten Nationen. (...) Ich habe Informationen über 2 Orte, an denen sich die Flugzeuge befinden."

Auch **Pernilla Hagberg**, Vorsitzende der schwedischen Grünen, sagte im Oktober 2012: „**Toxische Chemtrails sind keine Verschwörungstheorie!**"[134]

Was ist der Unterschied zwischen echter Schweifspur (Kondensationsspur) und Chemtrails?

Flugzeugheckspuren werden durch Kondensation über der Troposphäre in der Stratosphäre in Höhen von über 30.000 Fuß (etwa 9 km) gebildet. Kondensstreifen bilden sich normalerweise bei -70 Grad Fahrenheit (-57 Grad C) und einer hohen Luftfeuchtigkeit von 70 Prozent. Schweifspur sind normalerweise sehr kurzlebig und verschwinden nach einigen Sekunden hinter dem Flugzeug, wobei sie ihm scheinbar über den Himmel fol-

---

134 http://blauerhimmel.info/?page_id=4979

gen. In der Troposphäre, wo wir leben und atmen, bilden sich sehr selten Kondensationsstreifen. Manchmal treten tatsächlich noch Spuren von Kondenswasser auf, diese sind jedoch nur von kurzer Dauer und verschwinden innerhalb weniger Minuten. Kondensstreifen bilden sich sehr selten in der Troposphäre, in der wir leben und atmen. Wenn echte Kondensationsspuren bestehen bleiben, geschieht dies manchmal nur für kurze Zeit und sie verschwinden innerhalb weniger Minuten. Die Linien, die wir fast jeden Tag am Himmel sehen, sind keine normalen Kondensstreifen. Es gibt geotechnische Aerosolsprays (Gasschienen), die in niedrigeren Höhen unterhalb der Stratosphäre (untere Stratosphäre) auftreten. Sie werden manchmal als „Chemtrails" bezeichnet und von einigen manchmal fälschlicherweise als „Langlebigkeit-Kondensationsstreifen" bezeichnet. Geoengineering-Programme versprühen Aerosole von nicht gekennzeichneten Flugzeugen in Höhen von weniger als 20.000 Fuß (ca. 6 km). Diese ausgestoßenen Streifen sind langlebig und breiten sich dann horizontal über den Himmel aus, wodurch eine unnatürliche Wolkendecke und ein weißer Schleier über dem zuvor blauen Himmel entstehen. Aerosole erzeugen eine globale Dimmung, bestehen aus toxischen Metallen, anderen Chemikalien und biologischen Substanzen. Der Aluminiumgehalt in einigen Wasserproben ist so dominant und weit verbreitet, dass es sich um eine „neue", weit verbreitete und große Kontaminationsquelle handeln muss.[135]

Dr. Ilya Sandra Perlingieri war die Autorin von „**The Uterine Crisis**", dem Ergebnis von 15 Jahren unabhängiger Forschung, die die Reproduktionskrankheiten von Frauen mit unsichtbaren Umweltgiften in Verbindung brachte. Jahrzehntelang wies Dr. Perlingieri auf die Zusammenhänge zwischen chronischer Exposition gegenüber Umweltgiften und dramatischem Anstieg von Krankheiten hin. Dr. Ilya Perlingieri erwähnte 2013:

---

135 http://blauerhimmel.info/?page_id=6075
     http://www.chicoskywatch.org/

„In den letzten 15 Jahren hat ein geheimes Militärprogramm, je nachdem, wo man lebt, damit begonnen, giftige Chemikalien in die Luft zu sprühen. Es begann in den USA, dann kamen NATO-Staaten hinzu. Jetzt bedeckt dieses tödliche Aerosolspray die ganze Welt. Militär-, Privat- und Verkehrsflugzeuge werden eingesetzt, um unser globales Wetter dramatisch zu verändern. Ohne öffentliche Debatte oder Nachrichtenberichte hat das Militär einen äußerst giftigen und anhaltenden Angriff auf uns Lebewesen gestartet. Der populäre Begriff für diese Aerosole ist Chemtrails, ein Begriff, der auch vom Militär verwendet wird.“

„HAARP"-Forschungsprogramm[136]

Man sagt, es sei das gefährlichste Projekt der US-Regierung, so als ob man einen Todesstern bauen würde. Das Projekt besteht seit mehreren Jahren, es halten sich Verschwörungstheorien im Bereich der Anwendung von Funkwellen. Angefangen hat es in einem verlassenen Gebiet nordöstlich von Gakona, Alaska, um die Eigenschaften und das Verhalten der Ionosphäre zu untersuchen. Die Mission wird gemeinsam von der US-Marine, der US-Luftwaffe und der University of Alaska durchgeführt. Es ist eine Idee, die zuerst von dem serbisch-amerikanischen Wissenschaftler **Nikola Tesla** vorgebracht wurde. Das Projekt gibt es seit den 1980er Jahren und es sollte ursprünglich nur bis 2014 dauern. Das Projekt und die dazugehörige Einrichtung wurden 2015 an die University of Alaska übergeben und seitdem an Forscher vermietet. Ziel von HAARP war die Erforschung der oberen Atmosphäre. Dort sollte zunächst die sogenannte Ionosphäre genauer untersucht werden. Radiowellen wurden von der Einrichtung in Alaska zu Forschungszwecken gesendet. Diese haben eine Vielzahl von Frequenzen.

Darüber hinaus sollen auch die Ausbreitung von Funkwellen sowie Kommunikation und Navigation untersucht werden. Die Ionosphäre ist jener Teil unserer Atmosphäre, der die meisten freien Elektronen und Ionen enthält. Der Beginn der Ionosphäre liegt etwa 80 Kilometer über dem Meeresspiegel und endet bei etwa 1.000 Kilometern über dem Meeresspiegel am Übergang zum Weltraum.

Schweden verfügt derzeit über die stärkste, größte und leistungsstärkste **HAARP-Anlage** der Welt. Das deutsche Kraftwerk

---

136 Englisch: High Frequency Active Auroral Research Program. Kurz HAARP.

Rostock/Marlow ist ein 500-Megawatt-Spitzenlastkraftwerk.
Wenn wir davon ausgehen, dass ein normaler Mittelwellensender eine Leistung von 500 KV hat, produziert das Lastkraftwerk
Rostock die tausendfache Menge und diese enorme Leistung
wird über den Sender in die Ionosphäre gesendet. Sie ändern
den Jetstream[137] und erzeugen Hochdruckfelder, um das Wetter, die Zugrichtung von Hochdruckfeldern usw. zu verbessern.
Sie können das sehr stark beeinflussen. Seit einigen Jahren
kommen zunehmend Zweifel hinsichtlich der Anwendung von
Radiowellen auf. Diesen Theorien zufolge soll elektromagnetische Strahlung eine gezielte Einflussnahme auf das Denken
und Handeln von Menschen ermöglichen (mind control-Gedankenkontrolle). Außerdem behauptet man, dass HAARP-Systeme
Naturkatastrophen (z. B. Erdbeben, Vulkanausbrüche, Brände,
Überschwemmungen) systematisch für geplante Zwecke auslösen können. Solche Ansätze entbehren laut Behörden jeder
wissenschaftlichen Grundlage und sind nicht beweisbar. Aber
warum wird dies geheim gehalten, die Öffentlichkeit nicht darüber informiert und kritische Ansätze (z. B. YouTube-Videos)
werden blockiert? Alle aktuellen Erdbeben wurden in einer Tiefe
von etwa 4 km (Epizentrum) ausgelöst. Kann mit HAARP das
Wetter beeinflusst oder gar Erdbeben ausgelöst werden?

HAARP wurde für die Erdbeben in Sitchuan, Haiti, verantwortlich gemacht – aber auch für die extreme Hitze mit
Bränden in Russland und Überschwemmungen in Pakistan,
Bangladesch und China. Durch HAARP kann der Jetstream,
der das Wetter beeinflusst, seine Richtung ändern und so zu
stagnierenden Wetteranomalien führen. Die Archivseite des
HAARP-Wissenschaftlers Bernard Eastlund enthält einige Beweise dafür, dass HAARP und ähnliche Systeme hochmoder-

---

137 Jetstream ist schnell bewegender Luftstrom in der Meteorologie
der Anglizismus für ein sich dynamisch verlagerndes Starkwindfeld, das meist im Bereich der oberen Troposphäre bis hinunter zur
Tropopause auftritt.

ne, militärische Technologien sind. Wenn ein HAARP-System MEV-Elektronen entlang von Magnetfeldlinien in der Atmosphäre beschleunigen kann, dann ist dies die größte Bedrohung für die moderne militärische Satellitentechnologie. Ein Geosatellit kann in 20 Minuten abgeschaltet werden. Es gibt Hinweise darauf, dass andere Länder wie China an solchen Technologien arbeiten.[138]

Anti-HAARP-Aktivisten behaupten, es sei das gefährlichste Projekt, das die US-Regierung jemals begonnen habe. HAARP ist der unschuldig aussehende, tödliche Rochen. Alternative Forscher glauben, dass HAARP-Übertragungen tatsächlich verwendet werden, um dieselben elektromagnetischen Bedingungen zu aktivieren oder auszulösen, die tektonische Bewegungen verursachen könnten. Darüber hinaus kann HAARP verwendet werden, um Wetterwechsel, Gedankenkontrolle und das Verursachen von Erdbeben zu steuern. HAARP kann Wolken bewegen, wenn es abgefeuert wird. Es kann Erdbeben und Tsunamis verursachen, wenn es auf den Boden gerichtet wird. Laut Jerry Smith, einem Anti-HAARP-Aktivisten, besteht der Wunsch des US-Militärs darin, das Wetter auszunutzen und es als Waffe einzusetzen. Der russische Militärexperte Juri Bobylow glaubt, dass manche Katastrophen menschengemacht sind. Bobylow sagt: „Wir haben die Situation unter Beteiligung verdeckt arbeitenden geophysikalischen Waffenexperten analysiert und sind heute zu einem überraschenden Schluss gekommen: Alles, was 2004 im Indischen Ozean geschah, war das Ergebnis von Tests einer radiophysikalischen und geospatialen Superwaffe der USA im HAARP-Programm."

---

138 http://web.archive.org/Eastlundscience.com

Anlage Haarp, Alaska

General Fabio Mini (italienischer Generalleutnant, Kommandant der KFOR bis 2002–2003, KFOR ist die von der NATO für den Kosovo aufgestellte Truppe) sagt: „**Der globale Umweltkrieg hat bereits begonnen.**" Fabio Mini erklärte, dass Klimakontrolle und geopolitische Kriegsszenarien, in denen Umweltzerstörung durch künstliche Katastrophen angestrebt wird, eine strategische Rolle spielen. Er sprach in diesem Zusammenhang von der „Manipulation atmosphärischer Bedingungen durch die Anwendung biochemischer Substanzen für militärische Zwecke" und der Anwendung von Technologien, die dazu dienen, die Erdatmosphäre elektromagnetisch zu beeinflussen. Letzteres ist auf ein ziemlich komplexes Radar- und Satellitensystem angewiesen. Auf die Frage, was er zu HAARP zu sagen habe, antwortete **Mini** lapidar: „**Das muss heruntergefahren werden! Es wird nicht das erste und nicht das letzte Mal sein, dass ein System heruntergefahren wird.**".

Der ehemalige KFOR-Kommandeur lernte den Einsatz von Wetterwaffen in realen Szenarien. Mini sprach darüber, wie und warum die Manipulation der Wolken während des Kosovo-Krieges von strategischer Bedeutung war und in die Praxis umgesetzt wurde. Bewölkung kann künstlich erzeugt und auch unnatürlich aufgelöst werden. Es ist nicht nur die Möglichkeit zum Gebrauch einer Waffe, es ist bereits passiert. Er sagte zu Beginn der Konferenz, eine Region könne leicht durch einen Luftkrieg in die Knie gezwungen werden. Technologien sind verfügbar. Erinnern wir uns an die Naturereignisse im Jahr 2021: Waren Brände, Überschwemmungen, Wirbelstürme usw. wirklich natürliche Aktivitäten?

Zum Beispiel, Waldbrände in der Türkei: Die verheerenden Waldbrände im Jahr 2021 verursachten nicht nur Umweltschäden, sondern auch mehrere Menschenleben. Die Erklärung für diese Brände scheint lächerlich zu sein. Es wurde berichtet, dass einige Kinder im Wald Feuer gespielt und die Brände verursacht haben. Hierbei vermitteln die privaten Videoaufnahmen einen ganz anderen Eindruck. Das Feuer beginnt an einem Punkt und verbreitet sich je nach Windrichtung weiter. Aber es kann nie wie eine kilometerlange Linie beginnen und sich von fast überall gleichzeitig ausbreiten; das Feuer in der Türkei zeigt, dass es genauso stattgefunden hat.

Die folgende Liste enthält einige Einträge in der Kategorie Naturkatastrophen, Stand 2021, laut Wikipedia (Möglicherweise einige sind inszeniert):

Feuer	Flut	Stürme	Erdbeben	Sonstiges
Bootleg-Feuer, Caldor Fire, Waldbrände in der Türkei, Waldbrände in Arizona, Brände in Kalifornien, Algerien, Sibirien	Hochwasser in Henan, Überschwemmungen in West- und Mitteleuropa, Überschwemmungen in Brasilien, Überschwemmungen in China, Überschwemmungen in der Türkei, Überschwemmungen in Indonesien und Osttimor, in Maharashtra, Überschwemmungen in Malaysia	Atlantik-Hurrikan, Pazifischer Hurrikan, Pazifischer Taifun, Sturm in Gambia, Sturm Luciano, Tornado in Deutschland, Kiel, Tayfun Rai, Orkan in Südmähren, Hurrikans im Mittleren Westen der USA, Sturm in Österreich	Erdbeben auf Kreta, Erdbeben südwestlich von Acapulco, Haiti-Erdbeben, Sulavesi-Erdbeben in Ost-Java	Dürre in Nordamerika 2020/21, Erdrutsch in Atami, Hitzewelle in Nordamerika, Hitzewellen in Südeuropa und der Türkei, Hitzewellen in Osteuropa und Sibirien, Vulkanausbruch auf La Palma

Solche Experimente begannen tatsächlich im letzten Jahrhundert. Eine der Hunderten von Erfindungen des genialen Gelehrten, Physikers und Elektroingenieurs **Nikola Tesla** (1856–1943) war die Methode, Elektrizität in beliebiger Entfernung durch die Natur zu übertragen, mit der Möglichkeit, den Energiestrahl auf jeden Punkt der Erde zu fokussieren. Tatsächlich haben wir zwar bereits kostenlose Energie und Strom – wer weiß, vielleicht wird es in naher Zukunft möglich sein – aber dies wurde von einigen Kräften blockiert. Auch Teslas Erfindungen wurden beschlagnahmt, einige seiner Erfindungen wurden anderen Wissenschaftlern zugeschrieben. Tesla starb allein in einem Hotelzimmer. An dem Tag, an dem er starb, überfielen und plünderten Spezialagenten sein Labor und sein Zimmer, alle seine Notizen und Arbeiten wurden beschlagnahmt und unter Verschluss behalten. Zwar kennen wir alle den Namen **Einstein**, aber der Name **Tesla** ist uns nicht so sehr bekannt oder wir haben von ihm noch gar nichts gehört.

Nikola Tesla: „Der Instinkt übersteigt das Wissen. Es besteht kein Zweifel, dass wir einige empfindliche Sinnesfasern haben, die es uns ermöglichen, Tatsachen wahrzunehmen, wenn die logischen Schlussfolgerungen des Gehirns oder bewusste Bemühungen keinen Sinn ergeben!"

HAARP und Chemtrails sind eindeutig sehr eng miteinander verwandt![139]

Die Existenz von Chemtrails wird immer noch von allen Regierungen geleugnet, aber manchmal werden sie im kleinen Rahmen akzeptiert; dann scheinen sie angeblich durch Aluminiumpartikel eine Isolierschicht zu bilden, die die Sonnenstrahlen reflektieren und dadurch die Erwärmung global zu neutralisieren. Andererseits wird angenommen, dass die Bariumoxidation dazu führt, dass Kohlendioxid als angebliches Treibhausgas gebunden und neutralisiert wird (, was nicht der Fall ist). Vermutet wird, dass dahinter andere Motive stecken, wie die Manipulation der Luft durch die Metallpartikel selbst, sowie der

---

139 http://antikorruption.ch/downloads/haarploisalpenparlament.pdf

dadurch mögliche Beschuss mit HF- und VLF-Wellen. Aber das Erste, was auffällt, ist, dass beides abseits der Medien und außerhalb des normalen Zugangs zu Regierungen und Parlamenten stattfindet. Politiker wissen nichts davon, oder sie leugnen es hartnäckig! Dann müssen auf der Erde Mächte, Eliten, illegale kriminelle Organisationen oder Logen über ihnen stehen!

Zitate zum Nachdenken

„Wir sind, was wir denken. Alles, was wir sind, entsteht aus unseren Gedanken. Mit unseren Gedanken formen wir die Welt!"
Buddha

„Irrtümer werden erst dann zu Fehlern, wenn man sich weigert, sie zu korrigieren!"
John F. Kennedy

„Eine neue Art von Denken ist notwendig, wenn die Menschheit weiterleben will!"
Albert Einstein

„Kindern erzählt man Geschichten zum Einschlafen – Erwachsenen, damit sie aufwachen!"
Jorge Bucay

„Manche Wahrheiten sind so brennend, doch das erklärt nicht, weshalb manche Menschen sich ihnen nicht nähern. Es sei denn, sie selbst bestehen aus Pappe!"
Nurcan Gross

SCHLUSSWORT

Die Menschheit steht an einem historischen Scheideweg; ihre Zukunft hängt von den Entscheidungen ab, die wir jetzt treffen. Jeder Einzelne ist gefragt: **WOHIN?**

Woher wissen wir, welchen Weg wir gehen sollen, was richtig und was falsch ist?

Seit unserer Geburt sind wir in einem Zustand gefangen, der uns in einer Reihe von Lehren, Daten, Kenntnissen und Schulungen abhängig macht. Was wir sehen, hören, lesen und unsere eigenen Erfahrungen sind Informationsquellen, die unsere Weltanschauung geformt und konstituiert haben. Was wäre, wenn diese Informationsquellen falsch vermittelt würden oder manipulativ Fehlschlüsse daraus gezogen hätten?

Was wäre, wenn unsere Weltanschauung nur aus einem Bruchteil der Realität und dem Rest einer Scheinwelt bestehen würde?

Wie kann man behaupten, Quellen seien zuverlässig und genau – abgesehen von unseren eigenen Erfahrungen?

Alle Informationen basieren lediglich auf den uns vermittelten Daten, aber nicht auf von uns selbst erforschten. So nehmen wir all dieses Wissen automatisch an, verinnerlichen es und geben es von Generation zu Generation weiter. Als die Informationen zunahmen, vervielfachten sich die Theorien, während sich die Theorien vervielfachten, wurden sie zu Praktiken. Die Lehren, die uns im Laufe der Geschichte überschüttet haben – in religiöser, philosophischer, wissenschaftlicher und politischer Hinsicht – wurden gemäß den Bedingungen und dem Zeitgeist geformt und in uns verankert. Zuerst wurde uns schon im Kindesalter „gehorsam sein" beigebracht, dann wurden gesellschaftliche Regeln und Normen vermittelt. Wir haben verinnerlicht, dass alles richtig ist.

Als die Bevölkerung zunahm, wurden neue Regeln und Institutionen geschaffen, um Ordnung zu schaffen und die Kontrolle nach Bedarf des Überwachungssystems zu gewährleisten. Eine gewisse Autorität wurde stärker und breitete sich aus; Anforderungen wurden zu Regeln, Regeln wurden zu Gesetzen. Wir haben fast alle akzeptiert, adoptiert und assimiliert. Wie bewusst oder unbewusst haben wir sie an die nachfolgenden Generationen weitergegeben? Als der Machtmechanismus selbst wuchs, entwickelte er Ehrgeiz. Sein unersättlicher Ehrgeiz führte dazu, dass er nach mehr Macht strebte. Als er erkannte, dass rohe Gewalt, Tyrannei, nicht sonderlich produktiv waren, gab es keinen Zweifel daran, dass er auf andere, heimtückische Weise dominieren konnte. Und das tut er auch bis heute noch erfolgreich. Propaganda spielte hier eine zentrale Rolle. Gute Propaganda/ Werbung ist der Grundbaustein, nicht nur für den Verkauf eines Produktes, sondern auch für den Verkauf einer Idee. Werbung = Manipulation: Ist es uns jetzt bewusst, dass unsere Denkweise Schwächen haben kann?

In der Menschheitsgeschichte gab es immer schreckliche Ereignisse, die sich in Zyklen ereigneten. Dies war sowohl zeitlich als auch regional begrenzt. Aber heute gibt es keinen Ausweg aus den tödlichen Angriffen der Globalisten, die ihre perversen Ideen umsetzen wollen. Ob Europa, Asien, Amerika oder sonst wo, gleich, in welchem Staat, wir sind auf allen Seiten von der sogenannten „neuen Weltordnung" umgeben. Sie betrachten uns, als wären wir ihre eigenen Hofgüter, denn wir leben ja in einer Massenmenschenhaltung. Bereits 2015 sagte **Bill Gates** in einer Erklärung: „**Es ist notwendig, eine globale, militarisierte, westlich geführte supranationale Autorität zu etablieren, die entschieden auf Epidemien von Infektionskrankheiten reagieren kann.**"

Nicht nur er, sondern auch viele andere waren sehr vorausschauend, denn vor dem Ausbruch der Corona-Pandemie haben sie dieses Szenario mindestens zweimal international geprobt. 2017 fand in Berlin und 2019 in New York eine Art Krisensimulationsübung statt. Zahlreiche prominente Gäste wurden von Wissenschaftlern, Vertretern der Wirtschaft, Vertretern des Gesundheitsministeriums und Vertretern der Vereinten Nationen eingeladen, und Experten diskutierten, welche Maßnahmen in welchen Bereichen erforderlich wären. Es ist damit nicht genug: Das außerordentliche Engagement dieser Menschen waren offensichtlich sehr bemerkenswert, da sie mit diesen Übungen zum Wohle der Menschheit ganz weise agierten. Es gab jedoch noch jemanden, der die anderen bereits vor 40 Jahren mit seinen vorausschauenden Eigenschaften übertraf, nämlich **Jacques Attali** (Ökonom und Berater des ehemaligen französischen Präsidenten Mitterrand). Er war vorausschauender als die anderen. Attali hat in seinem vor 40 Jahren verfassten Buch „**Die Zukunft des Lebens**" unter anderem seine Gedanken über die Epidemie und die dazugehörigen Behandlungen zum Ausdruck gebracht.

Die Zukunft des Lebens

In dem Buch beschreibt **Jacques Attali: „In Zukunft wird es darum gehen, einen Weg zu finden, die Population zu reduzieren."**

Attali drückt es hier ziemlich brutal aus, aber sein Buch dient für uns als Augenöffner. Es zeigt, womit sich die Elite hinter dem Vorhang beschäftigt.

- Wir fangen mit den Alten an,
- dann die Schwachen,
- dann die Nutzlosen,
- und vor allem schließlich die Dummen.

Natürlich werden wir nicht in der Lage sein, Menschen hinzurichten oder Lager zu errichten. Wir werden sie los, indem wir sie glauben machen, dass es zu ihrem eigenen Besten ist. Die Überbevölkerung, und meist nutzlose Menschen, und meist das wirtschaftlich zu kostspielig ist. Auch gesellschaftlich ist es viel besser, wenn die menschliche Maschine abrupt zum Stillstand kommt, als wenn sie sich allmählich verschlechtert.

Wir werden etwas finden oder verursachen, eine Pandemie, die auf bestimmte Menschen abzielt, eine echte Wirtschaftskrise oder nicht, ein Virus, es spielt keine Rolle, die Schwachen werden ihm erliegen, die Ängstlichen und Dummen werden daran glauben und sich behandeln lassen. Wir werden dafür gesorgt haben, dass die Behandlung vorgesehen ist, eine Behandlung, die die Lösung sein wird. Die Selektion der Idioten erledigt sich dann von selbst: Sie gehen von selbst zur Schlachtbank.”

Es ist schwer zu verstehen, dass einige Wirrköpfe ihre Meinung mit solcher Arroganz und Perversion zu äußern. Aber vergessen wir andererseits nicht, dass wir ihnen dieses Recht gegeben haben, indem wir nicht hingesehen, gehört und geschwiegen haben. Da bin ich mir sicher, dass eines Tages die natürliche Selektion stattfinden wird und diejenigen mit dieser Art von Denkweise von selbst eliminiert werden, und dieser Tag könnte näher sein, als wir gedacht haben!

Jeder von uns trägt die Verantwortung für die zukünftige Entwicklung der Menschheit. Also, es ist inakzeptabel, dass wir die Verantwortung, die das grundlegende Prinzip der fortschrittlichen Zivilisation ist, von uns als Individuum abstrahieren und an jemanden anderen weitergeben.“

Genaue deshalb: **Höre nie auf nachzudenken, denke nie daran, aufzuhören Fragen zu stellen!**

Über das Buch

Die Autorin erhebt keinen Anspruch auf Authentizität für den Inhalt des Buches, da sie nur ihre eigene Sichtweise durch eine intensive Recherche zusammen komprimiert hat und wiedergibt. Insofern schließt die Autorin Haftungsansprüche jeglicher Art aus, die durch falsche Schlussfolgerungen entstehen könnten.

Darüber hinaus erhebt sie keinen Anspruch auf die Richtigkeit und Gültigkeit aller in diesem Buch zusammengestellten Erkenntnisse, insbesondere zu naturwissenschaftlichen und technischen Fragestellungen. Ebenso gilt das für die Beschreibungen der Personen, deren Namen in diesem Buch genannt sind. In der Regel beruhen diese auf bereits veröffentlichten Informationen. Sie enthalten nur Auszüge aus bereits geschriebenen Büchern, Artikeln in den Medien oder sind eine Zusammenstellung ihrer eigenen Diskurse.

DIE AUTORIN

Nach einem Kunst- und Architekturstudium lebt Nurcan Gross derzeit als freischaffende Künstlerin und Autorin in Köln. Ihre vielseitigen Interessen reichen von Illustration, Grafikdesign bis hin zu Kunsthandwerk und Gestaltungen im Möbelbau. Diese kreative Ader lebt sich auch im schriftstellerischen Bereich aus. Bisher hat die Autorin Gedichte, Kurzgeschichten und zwei Sachbücher veröffentlicht. Nach „Entpuzzelt" ist „Verstrickt, vernetzt, verpuzzelt" bereits die zweite Veröffentlichung der umtriebigen Autorin im Vindobona Verlag. Die Vielseitigkeit der Autorin drückt sich besonders in diesem Text aus, wo es darum geht, Schlussfolgerungen in verschiedenen Bereichen zu ziehen und dabei das große Ganze nicht aus den Augen zu verlieren.

DER VERLAG

VINDOBONA
VERLAG · SEIT 1946

ein Verlag mit Geschichte

Bereits seit 1946 steht der Vindobona Verlag im Dienst seiner Bücher und Autoren. Ursprünglich im Bereich periodisch erscheinender Journale tätig, präsentiert sich der Verlag heute als kompetenter Partner für Neuautoren am deutschen, österreichischen und schweizerischen Buchmarkt. Engagement, Verlässlichkeit und Sachverstand – das sind die Grundpfeiler, auf denen der Verlag seit jeher sicher steht.

Sie möchten mit Ihrem Werk das vielseitige Verlagsprogramm bereichern? Der Vindobona Verlag garantiert Ihnen eine professionelle Prüfung Ihres Manuskriptes durch das Lektorat sowie eine zeitnahe Rückmeldung.

Genauere Informationen zum Verlag
finden Sie im Internet unter:

www.vindobonaverlag.com